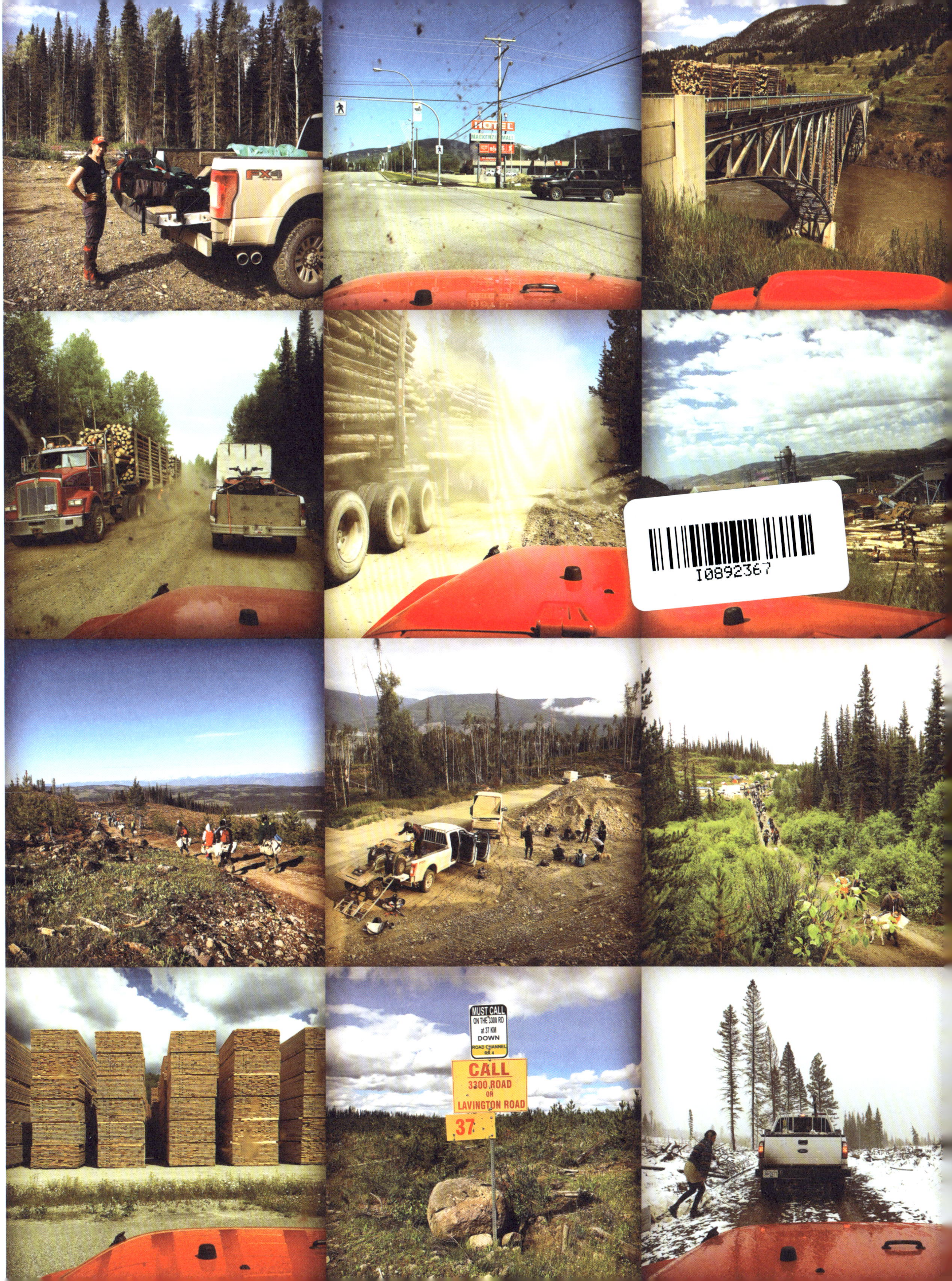
FX4
HOTEL
MUST CALL
ON THE 3300 RD
at 37 KM
DOWN
ROAD CHANNEL
RR 4
CALL
3300 ROAD
OR
LAVINGTON ROAD
37

FOREST FOR THE TREES

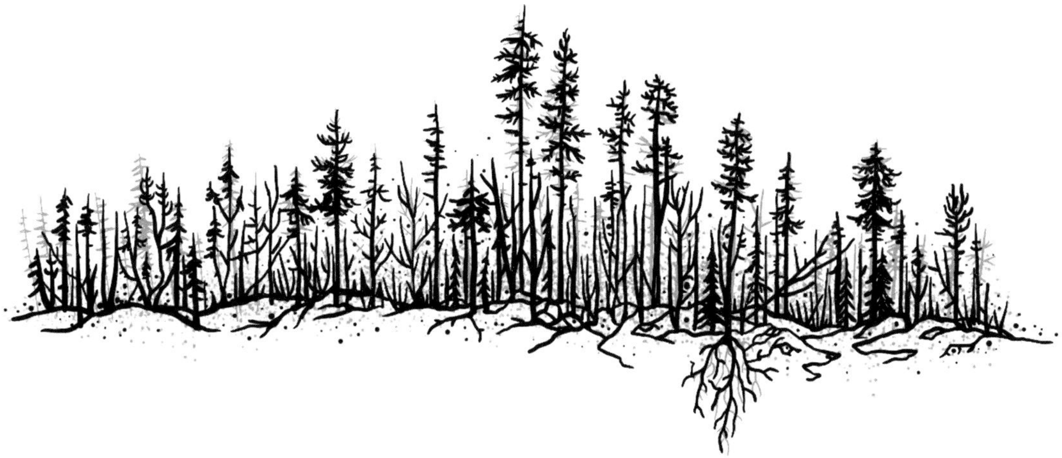

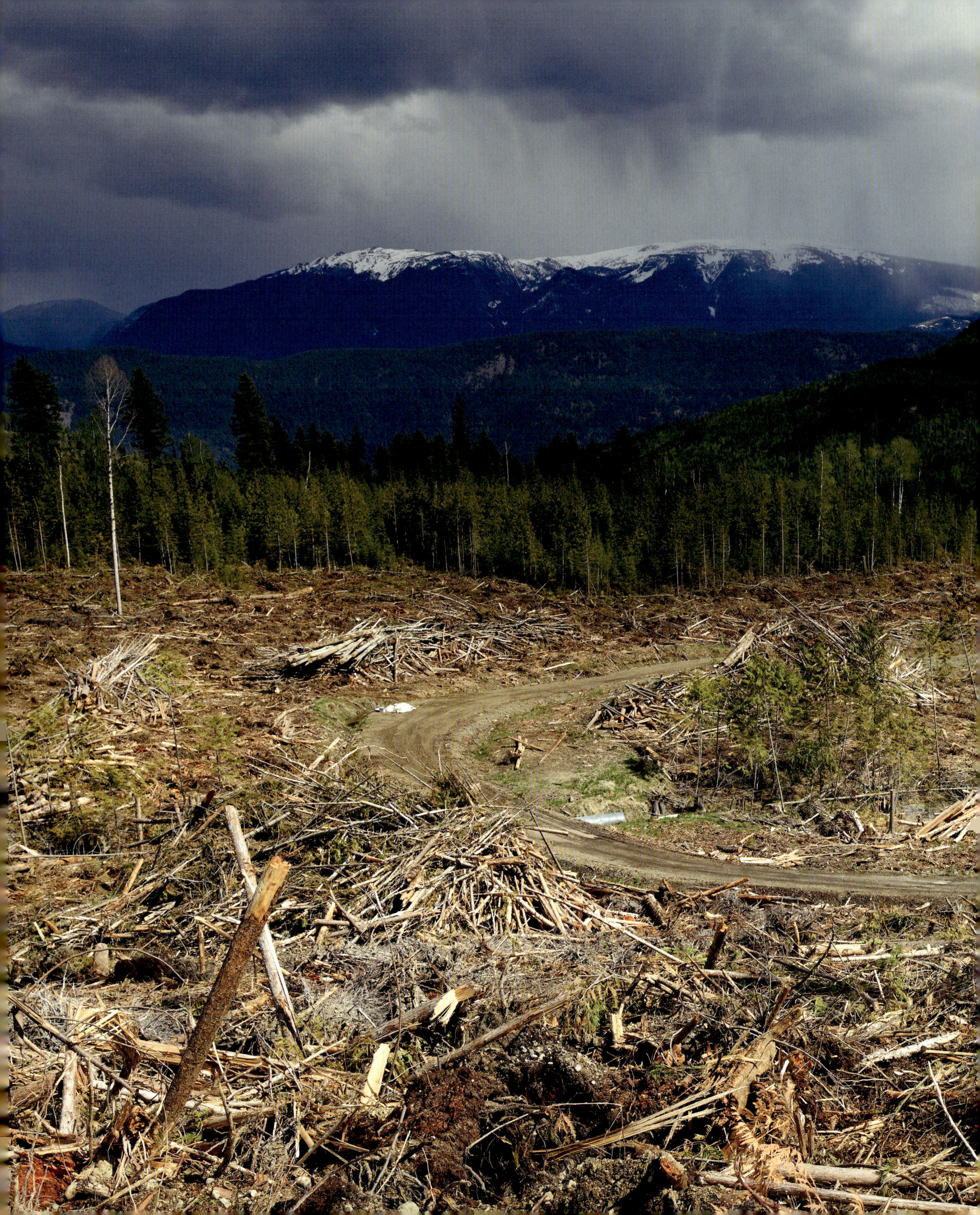

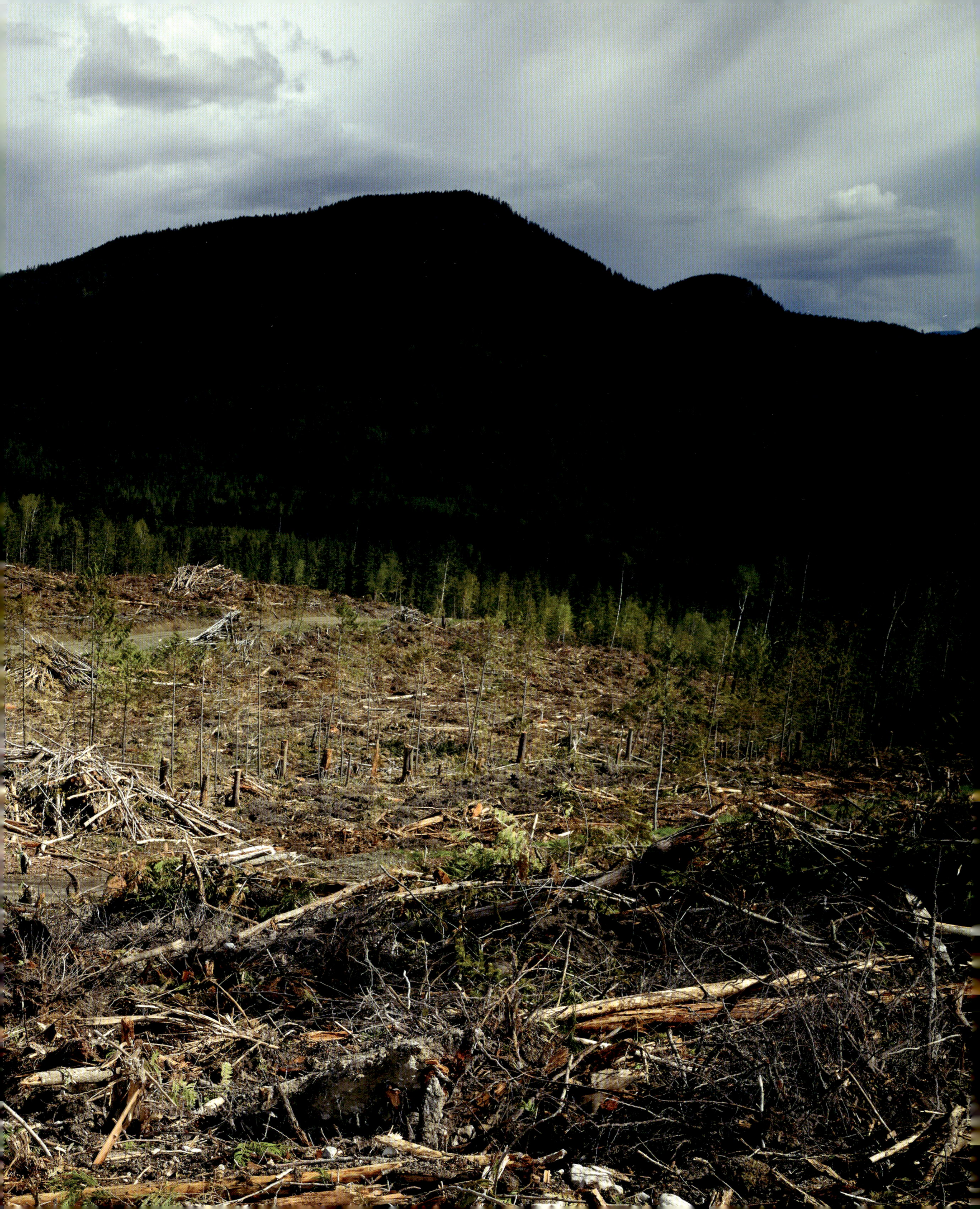

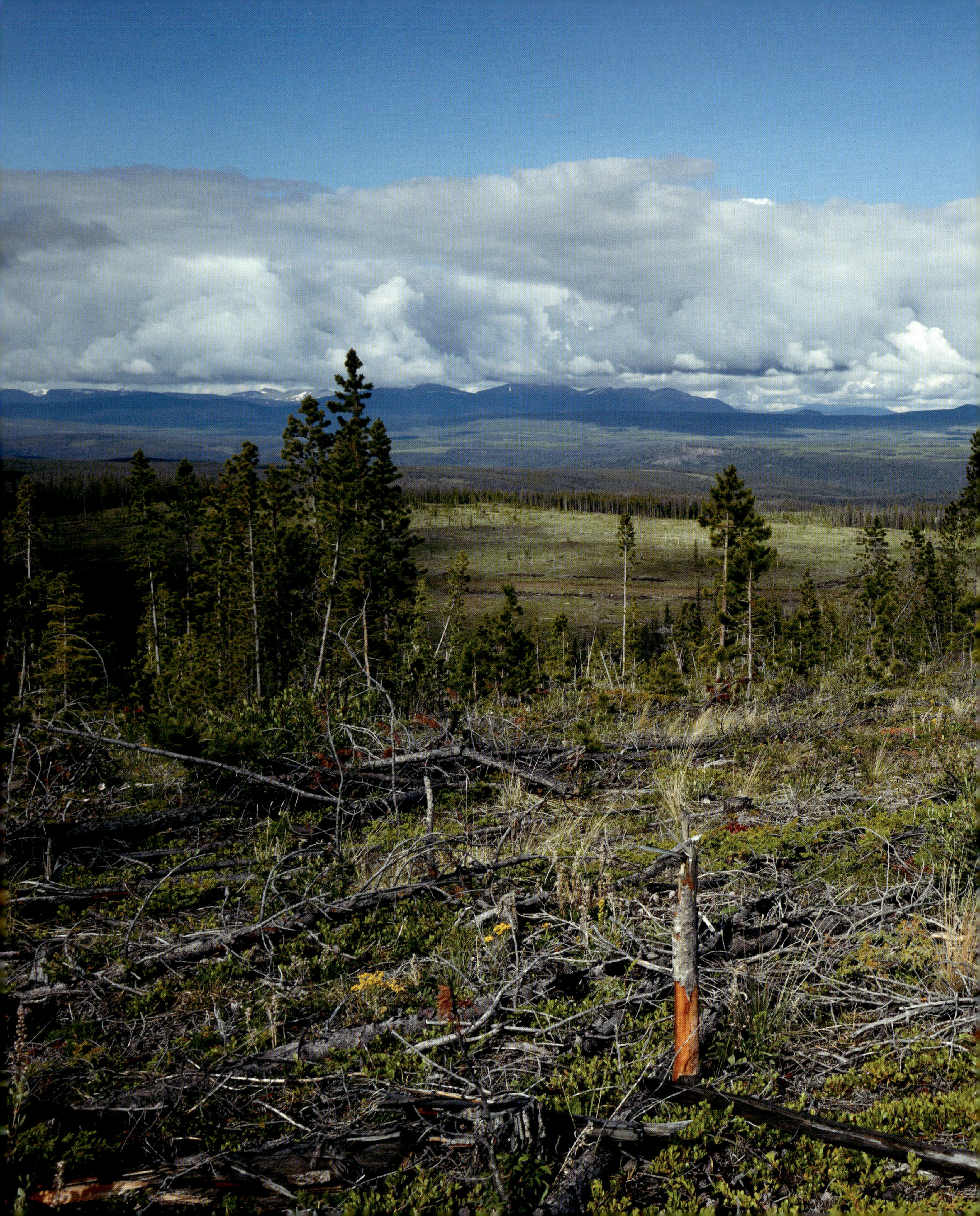

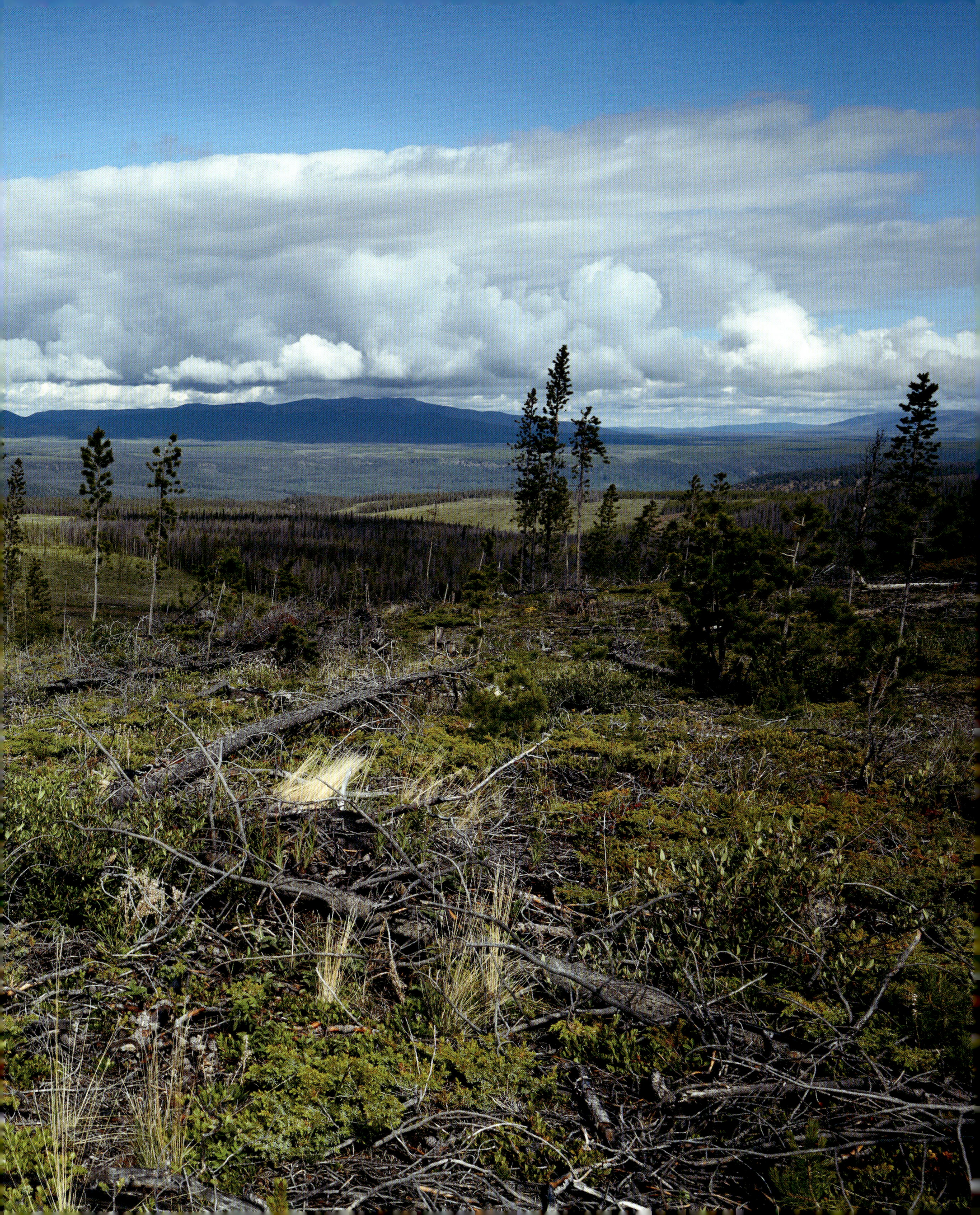

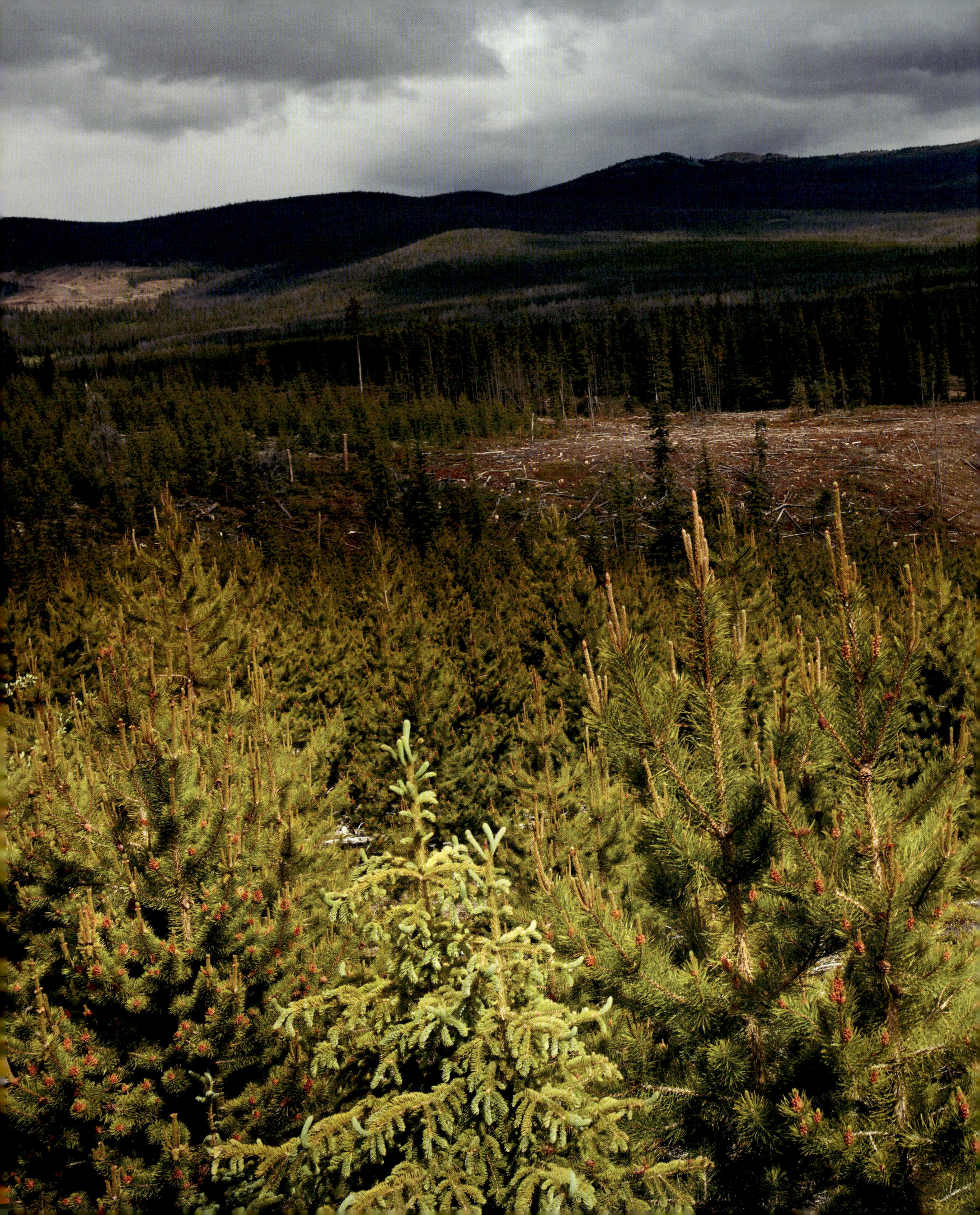

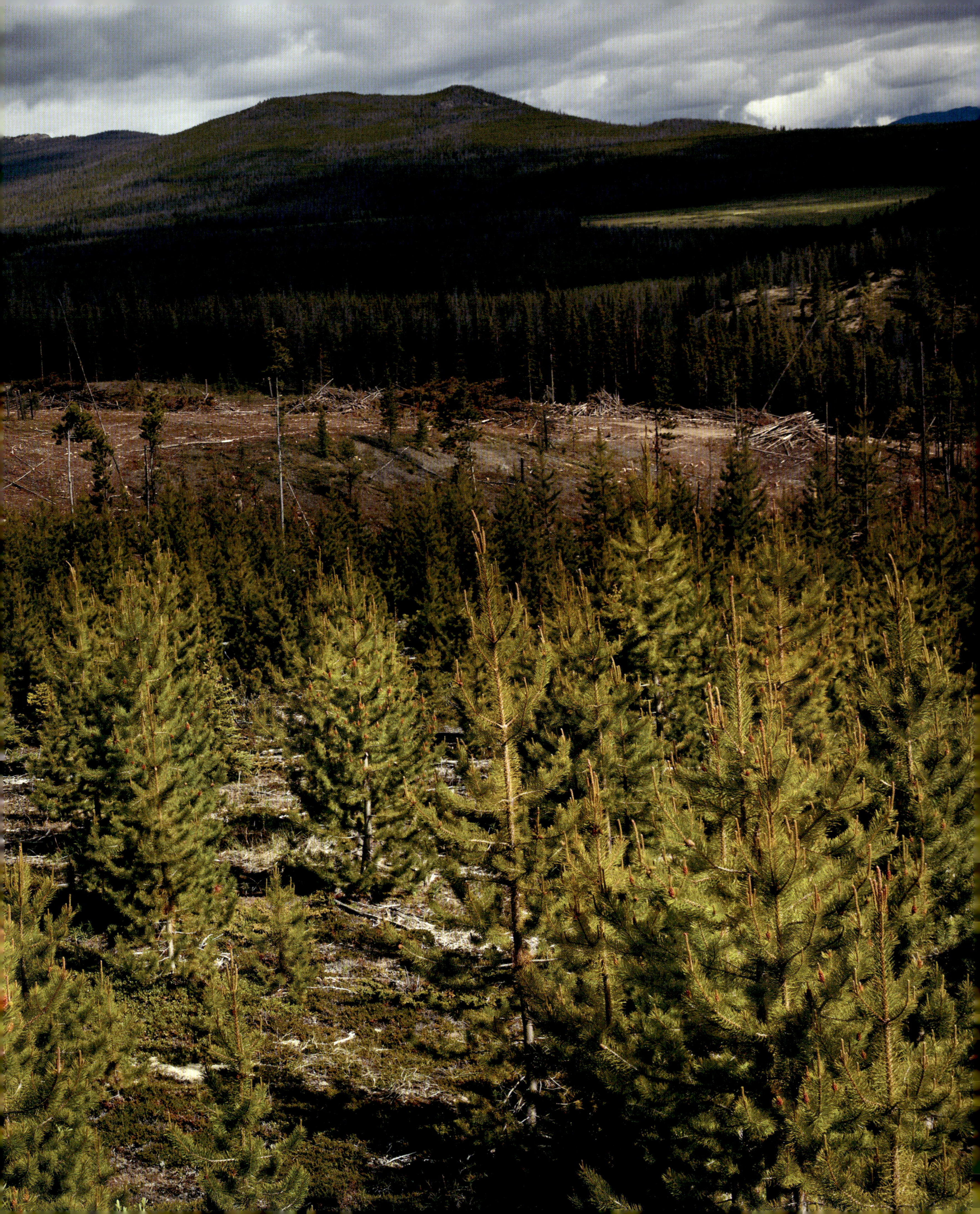

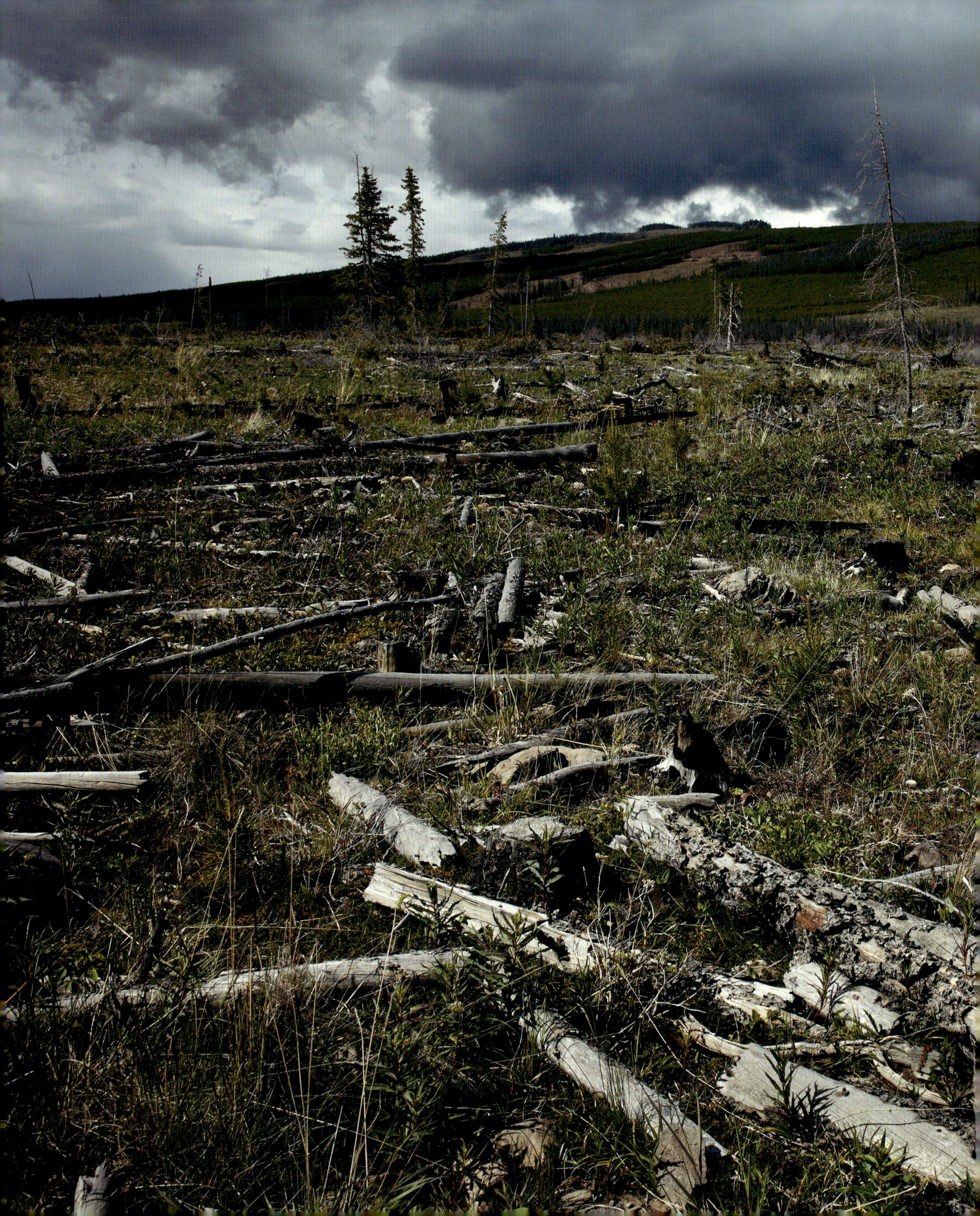

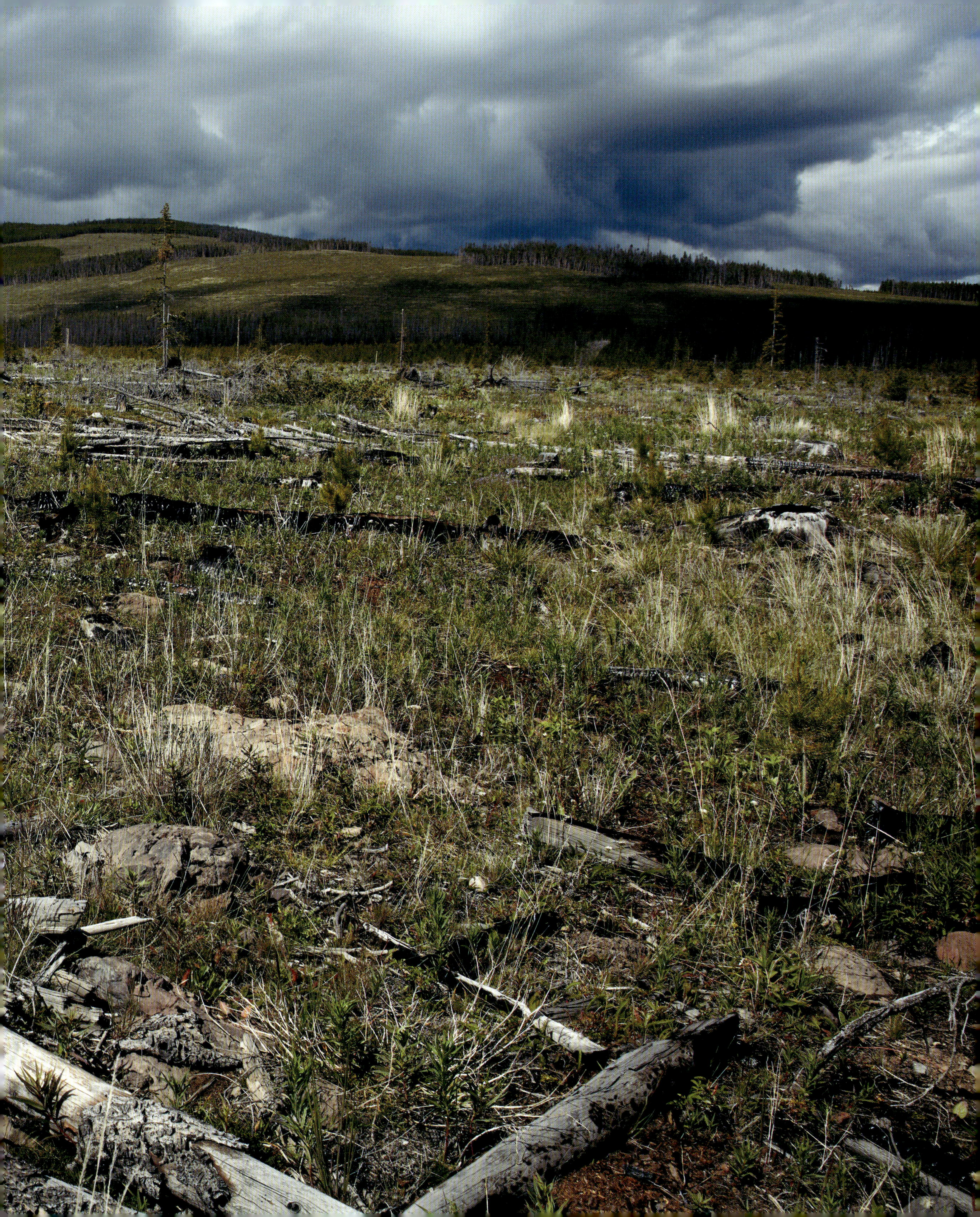

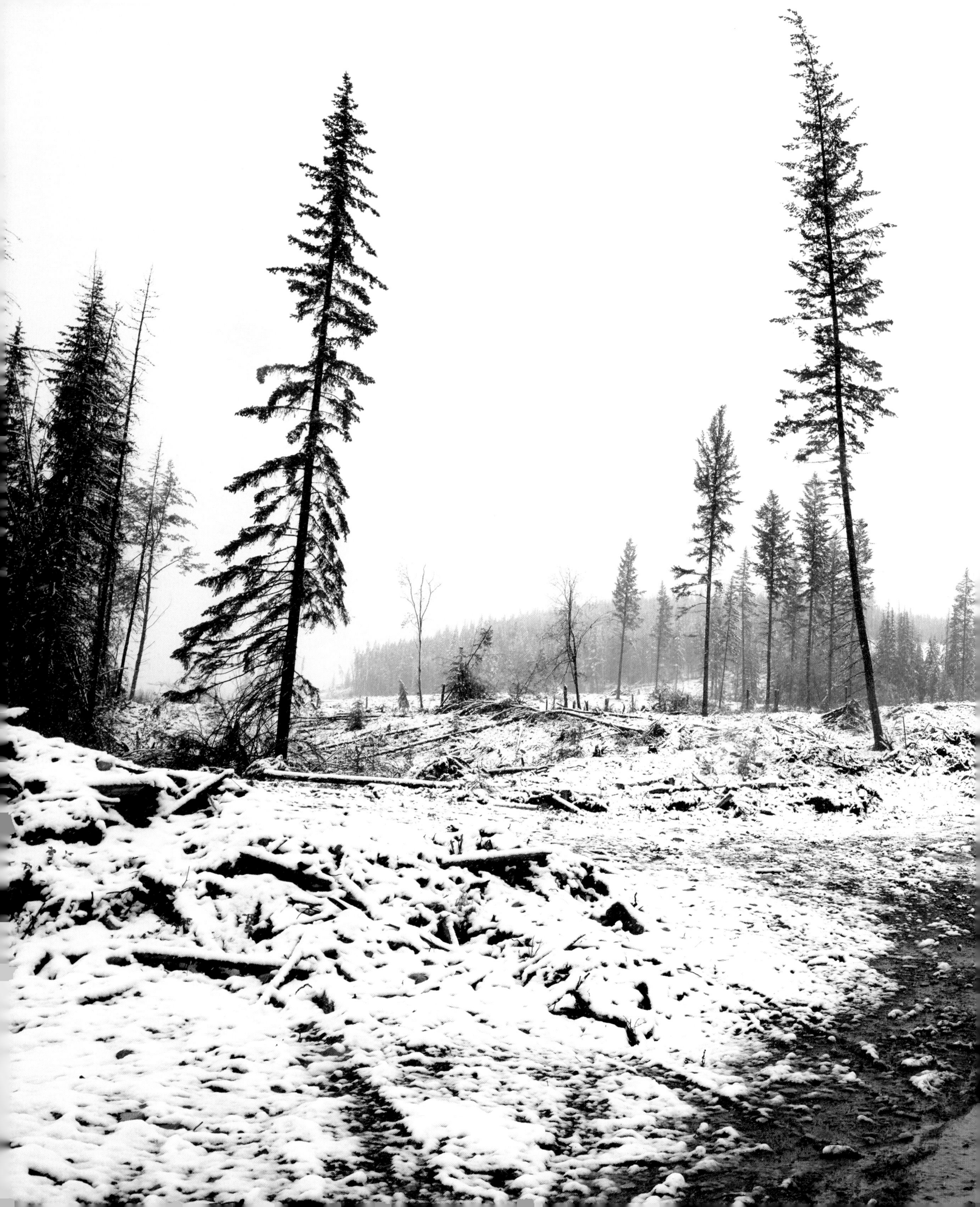

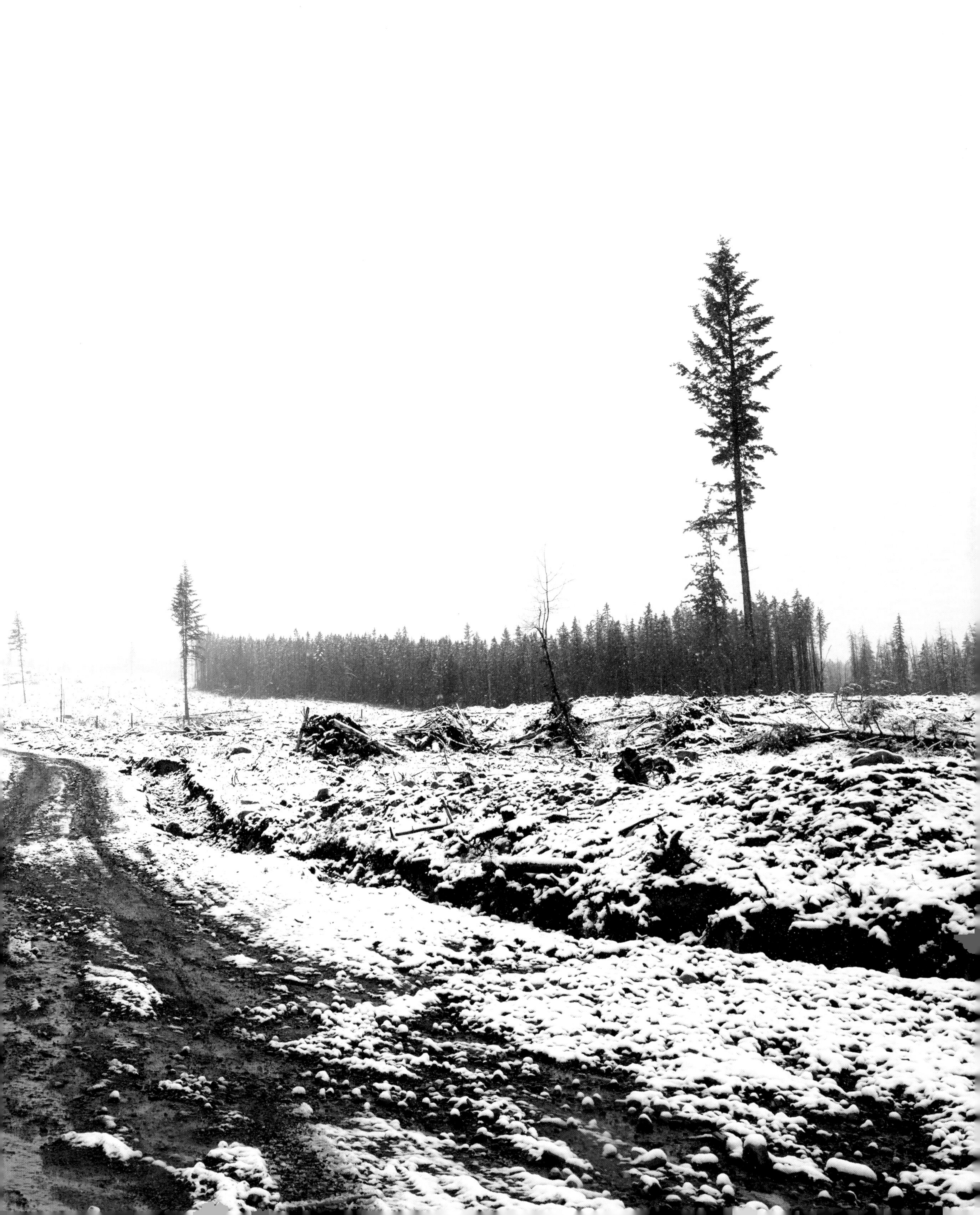

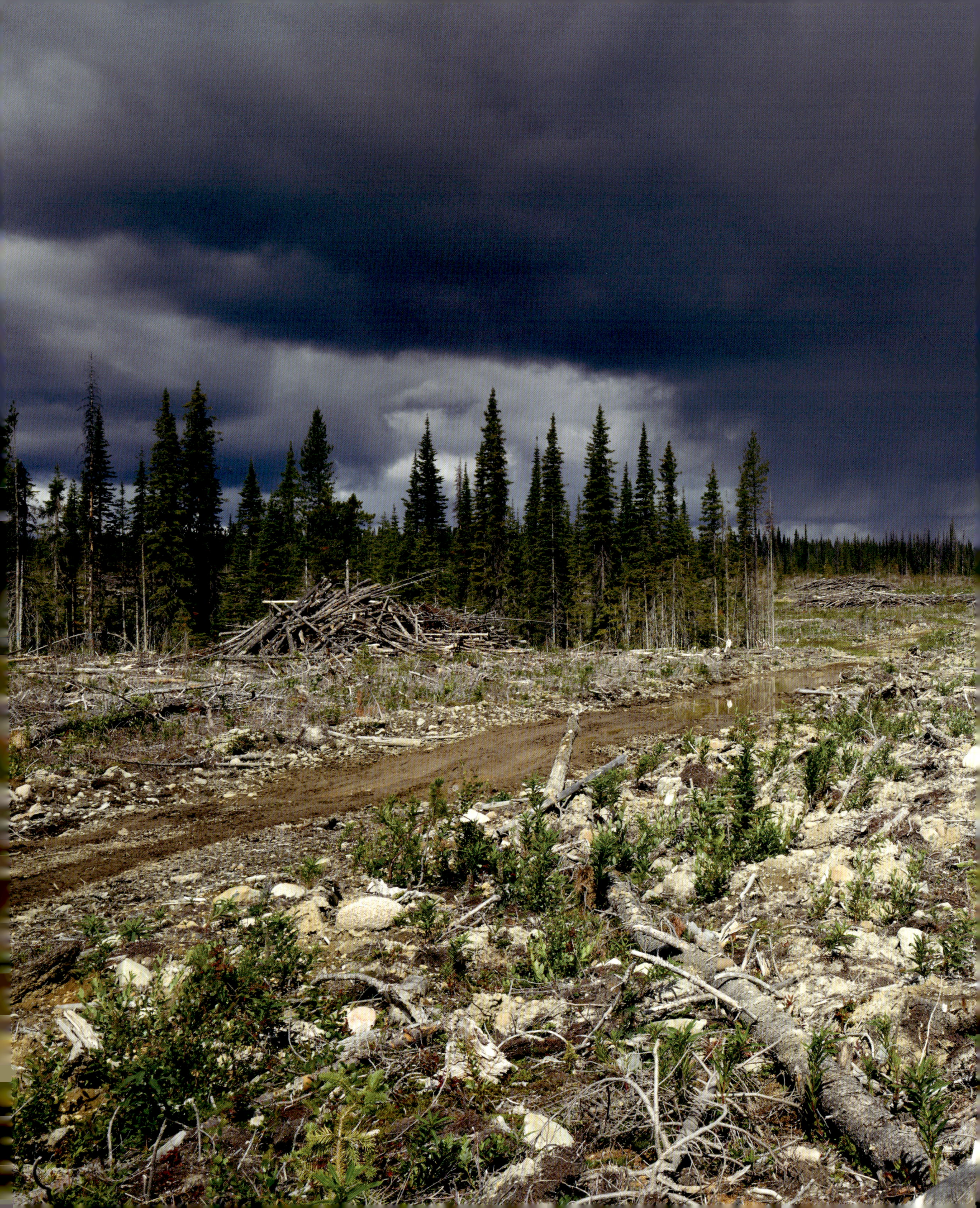

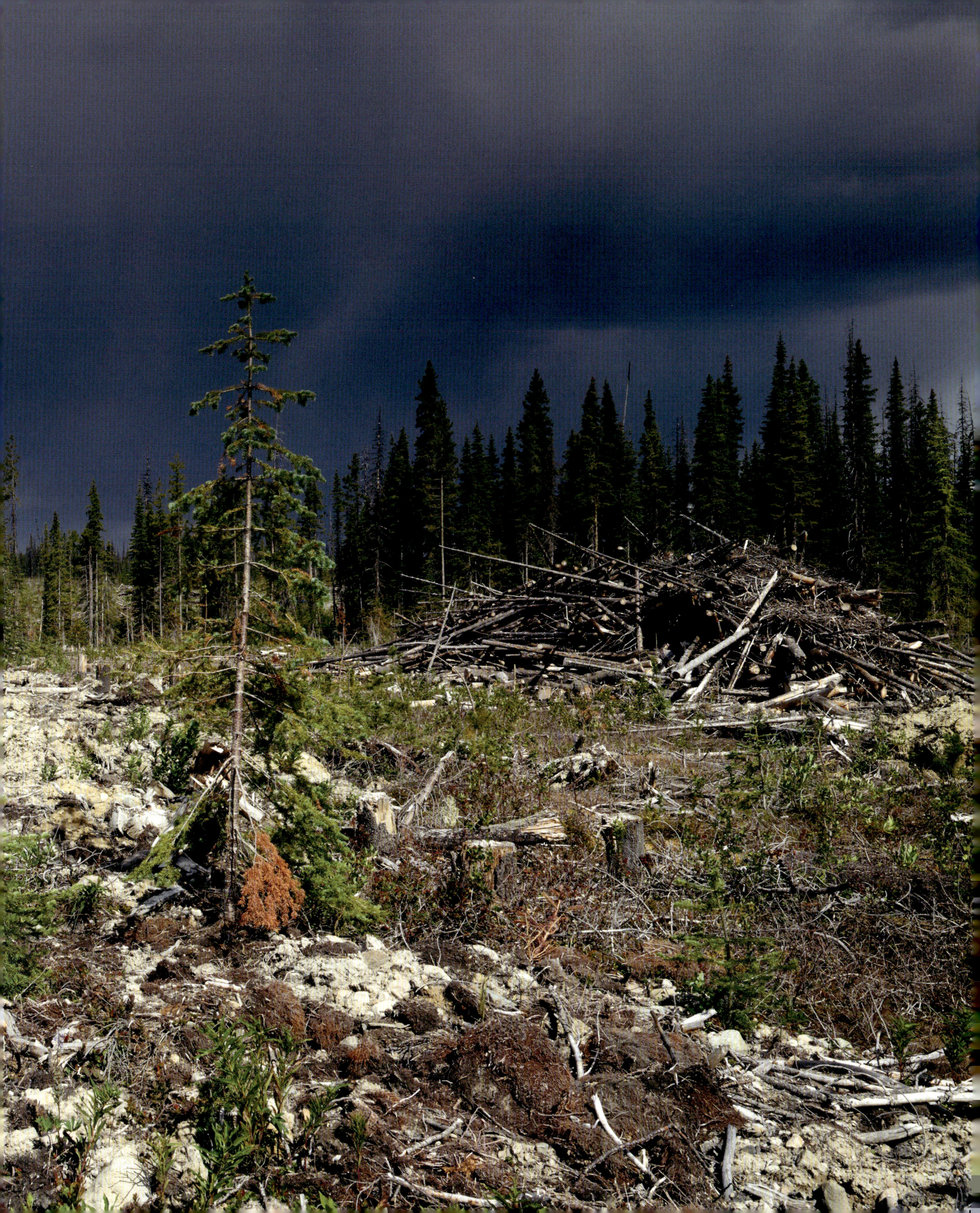

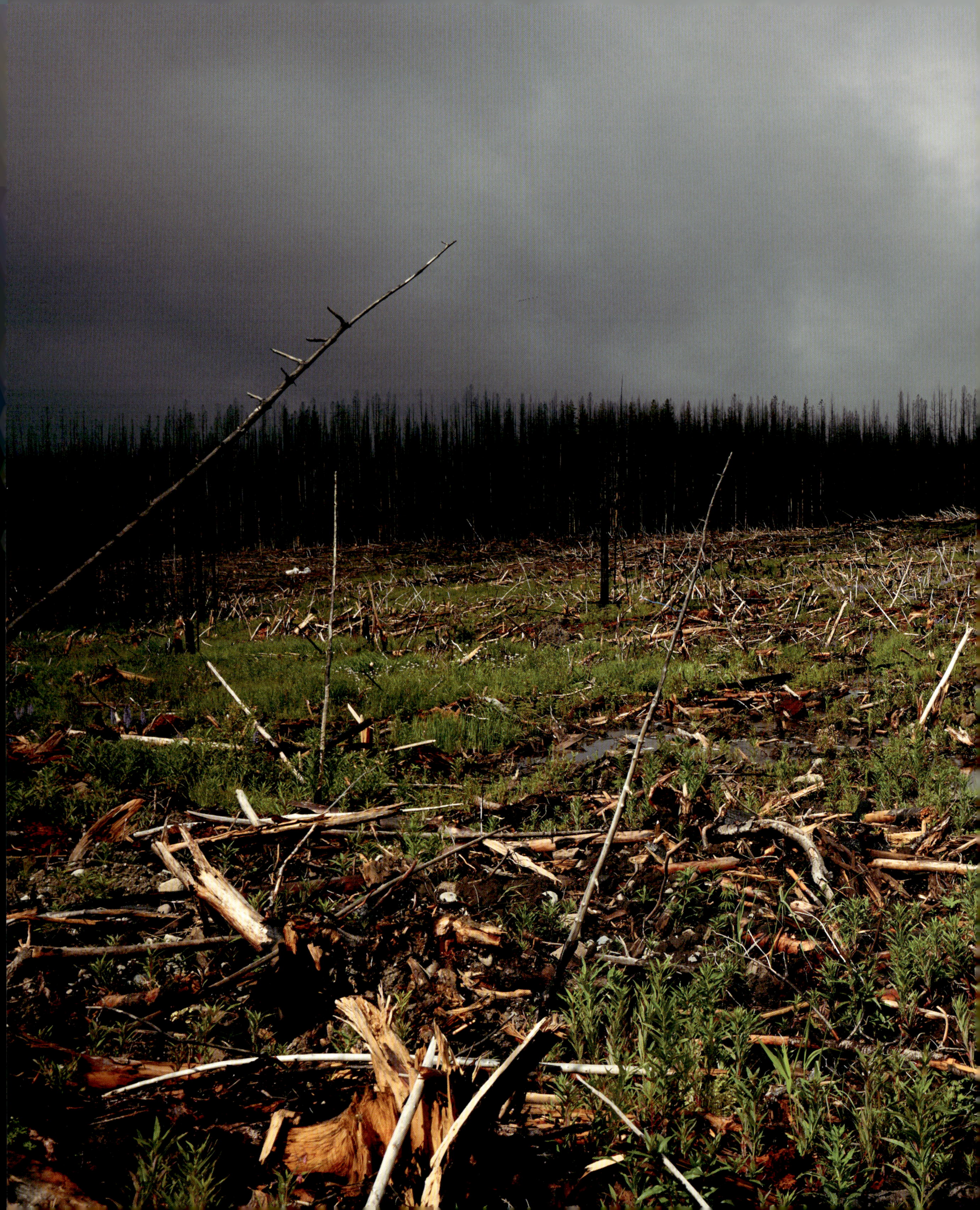

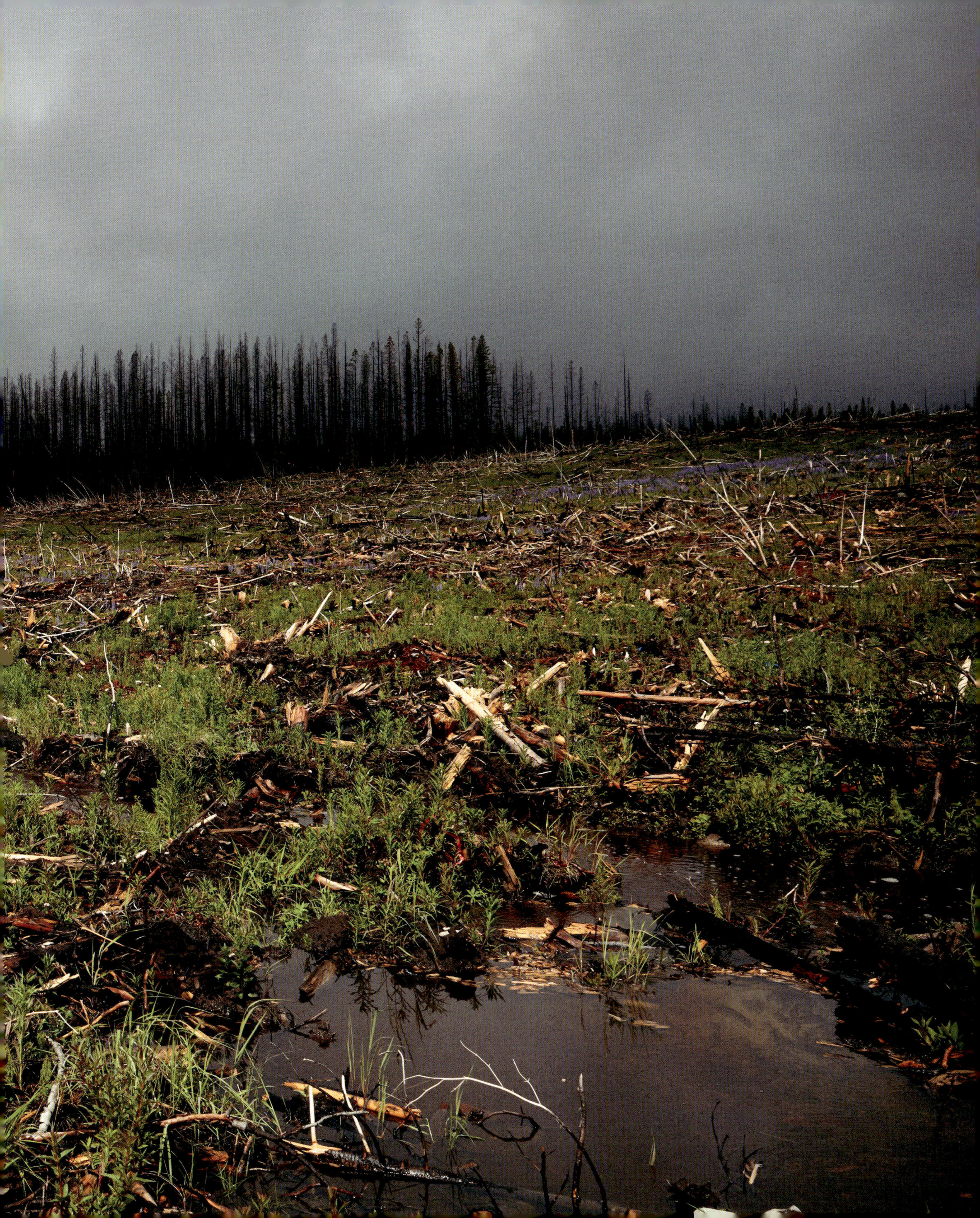

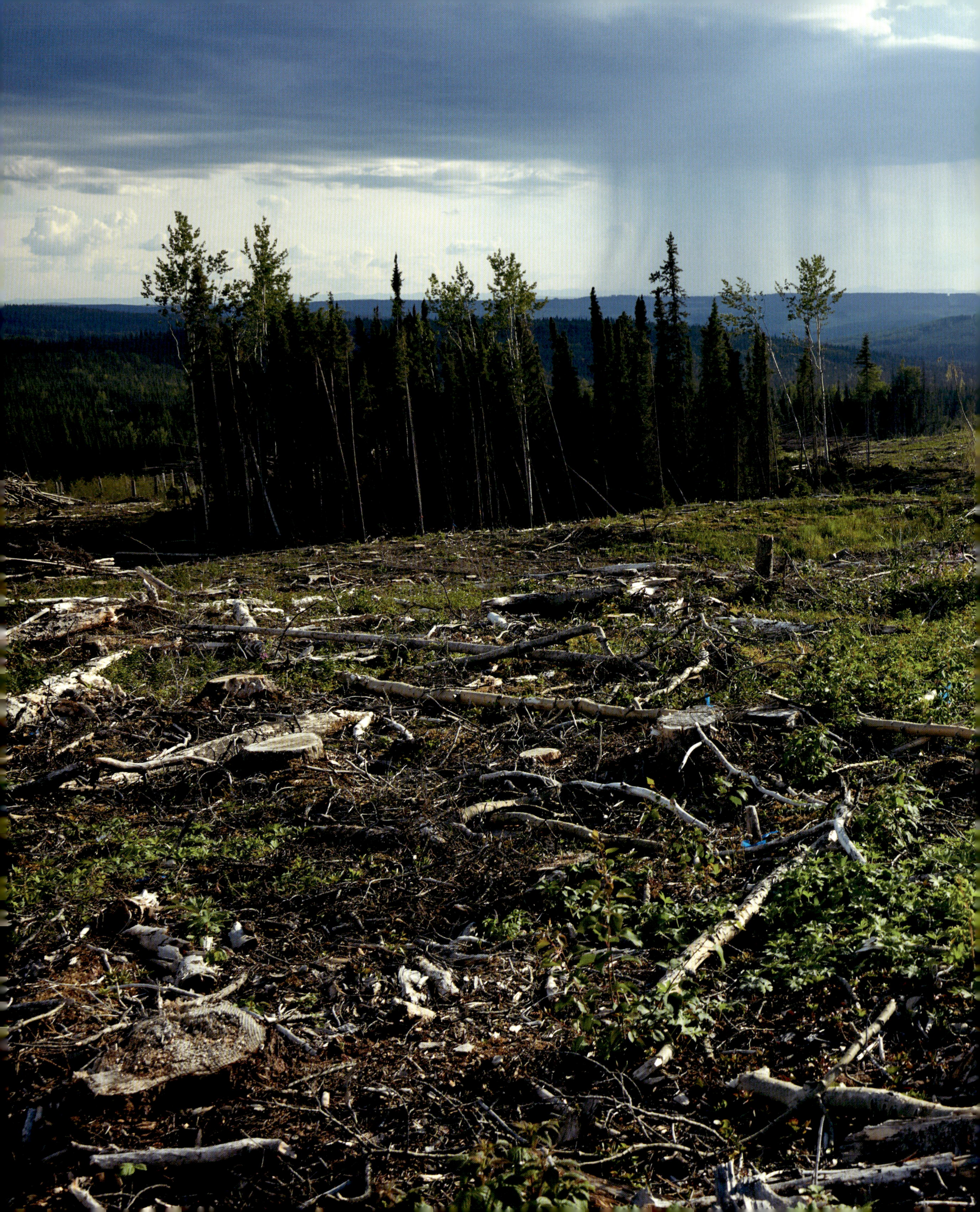

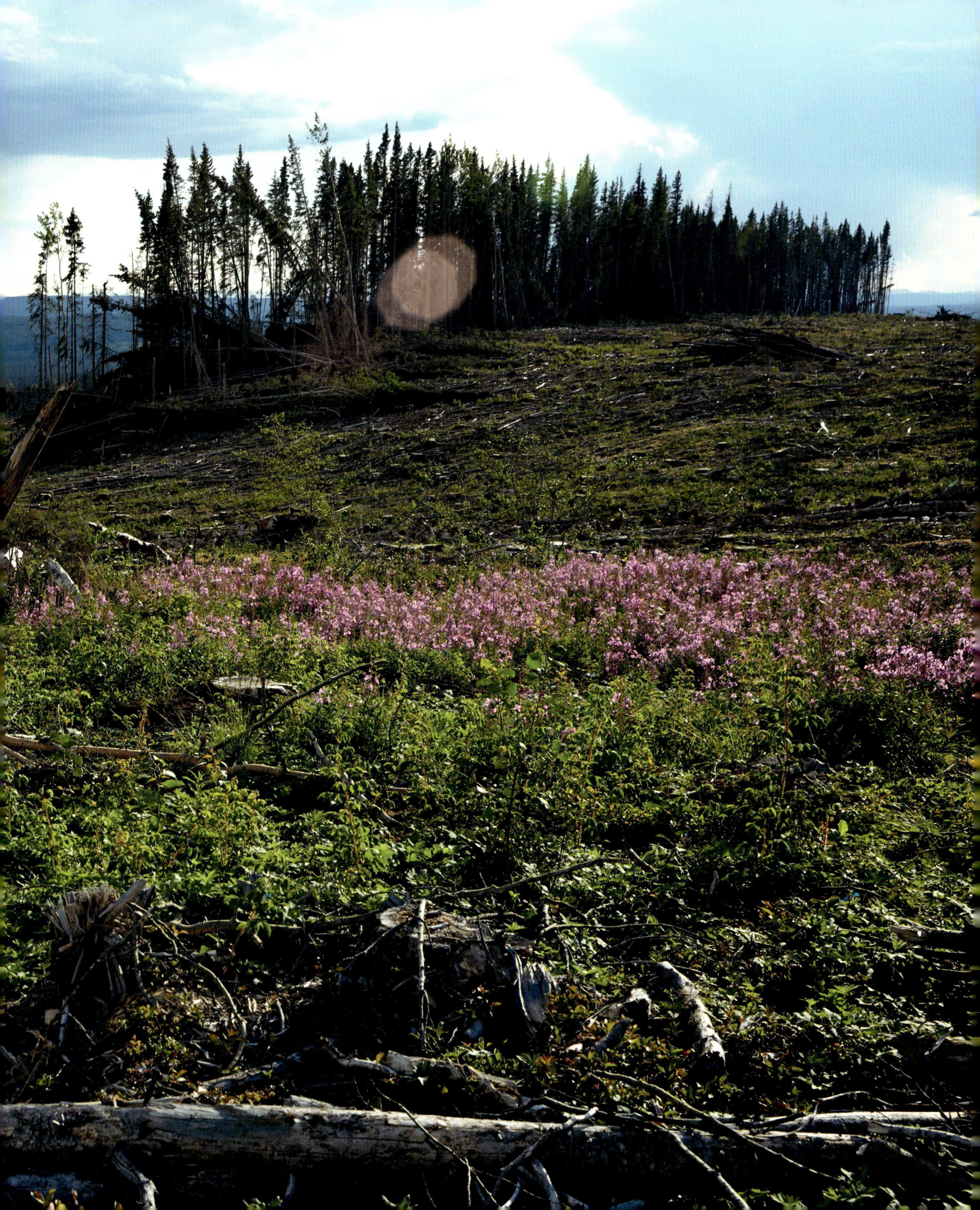

First published in the UK in 2021 by
Dewi Lewis Publishing
8 Broomfield Road, Heaton Moor
Stockport SK4 4ND, England

www.dewilewis.com

ISBN: 978-1-911306-75-7

Design & Layout: Rita Leistner & Dewi Lewis
Print: EBS, Verona, Italy

www.ritaleistner.com
Rita Leistner is represented by
The Stephen Bulger Gallery, Toronto
www.bulgergallery.com

FOREST FOR THE TREES

The Tree Planters

Photographs/Photographies

Rita Leistner

In conversation/En conversation

Don McKellar

Texts in English & French

DEWI LEWIS PUBLISHING

From 2016 to 2019, over the spring and summer seasons in the British Columbia Interior in Canada, Rita Leistner lived with and documented the subjects of this book, a community of 100 tree planters in the planting camps of Coast Range Contracting, owned by her old tree planting friend, Garth Hadley. They worked as far south as Kamloops, near the American border, to as far north as Wonowon on the Alaska Highway. It encompasses an area of about five hundred thousand square kilometres.

Number of photographs shot: 20,000
Hours of video footage made: 400
Number of interviews conducted: 125
Number of kilometres driven: 50,000
Number of trees planted: 45 million
Area of land planted: 26,000 hectares
Equivalent number of football pitches: 48,000

Entre 2016 et 2019, pendant les saisons de l'été et du printemps dans l'intérieur de la Colombie-Britannique au Canada, Rita Leistner a vécu avec et a documenté les sujets de ce livre, une communauté de 100 planteurs d'arbres dans les camps de Coast Range Contracting, appartenant à son vieux copain Garth Hadley. Ils ont travaillé aussi sud que Kamloops près de la frontière des États-Unis, jusqu'à aussi nord que Wonowan sur l'autoroute d'Alaska. Ça entour une aire d'à peu près cinq cent mille kilomètres carrés.

Nombre de photographies faites : 20,000
Heures de vidéo tirées : 400
Nombre d'entrevues effectuées : 125
Nombre de kilomètres conduites : 50,000
Nombre d'arbres plantés : 45 millions
Aire de terrain plantée : 26,000 hectares
Nombre équivalent de terrains de football : 48,000

To the tree planters

With thanks, love and trees to

Garth Hadley
and to all the Tree Planters,
Camp Supervisors, Crew Bosses,
Cooks, Checkers and Tree Deliverers
of the Coast Range Contracting
2016-2019 Seasons

for welcoming us into your world

Danielle Adams
Nicholas Adamson
Maria Agueci
Adrian Alonso
Jarrod Anderson
Eric Assaad
Thalia Austin
Christian Bagshaw
Sarah Bailey
Kylie Barwise
Belal Basse
David Basterfield
Zoe Battie
Mathieu Beauchamp
Gabriel Bélanger
Chelsea Bennett
Holly Bennett
Ian Bennett
Sarah Bennett
Samantha Bergdahl
Franco Berti
Meaghan Bissett
Thomas Bissett
Andrew Dallas Blackstone
Brian Blaymires
Danyal Boehlke
Philippe Boudreau-Guay
Océanne Bourque
Louis-Antoine Boutin
Sam Brearley
Alex Brown
Riley Sean Brown
Anthony Bulfon
Evan Alan Fraser Bull
Matthew Burnett
Sarah Callens
Andrew Campbell
Cleo Carpenter
Spencer Carroll
Katie Chong
François Chouinard-Lafond
Valerie Chung
Noelle Collins
Jim Colville
Christopher Conley
Celine Coschizza
Katie Cox
Cambel Croft
Alexandre Cucchiara
Hayley Currier
Alia Dallas-Peterson
Gabriel Delannoy
Joel Dietz
Eva Dillerin
Mouhamed Thialaw Diop
Francis Dobri
Sonia Domarchuk-White
Colin Dooley
Frank Dooley
Emily Downey
Justin Dragan
William Dumont
Édouard Dupuis-Beaupré
Matthew Eby
Taylor Edison
Lina Elenbaas
Véronique Ellyson
Sally Enns
Artau Escales Cases
Morgan Evans
Danica Faessler
Lucas Findlay
Dylan Flagler
Sydney Flannigan
Ryan Foott
Elie Fortin
Brett Foster
Melissa Fournier
Zachary Fox
Tessa Frame
Maëlle Gabirot
Timothée Gabirot
Pascal Gagnon-Gilbert
Mackenzie Gamble
Hanna Garbig
Evan Gibson
John Gilchrist
William Goelen
Gilbert Gosselin
Isabelle Gosselin
Marshall Gosselin
Hamzatou Goumbala

Elisha-Kay Graham
Xavier Gransden
Christina Gray
Clayton Gray
Jonathan Gudbranson
Dawa Gyeltshen
Janel Halenko
Matthew Hamming
Alisha Hamming
Josie Hartlin
Allie Hasbany
Eva Hassell
Ian Hawks
Matt Holbrook
Tyler Hooper
Cameron Horack
Rachel Humphrey
Isabel Hurtado
Adrian Hutchinson
Dan Ihnatowycz
Alex Illing
Caroline Ilnyckyj
Gareth Imrie
Sarah Isaac
Aja Ison
Carter Ann Jewett
Janeil Johnston
Stephen Jones
Neil Kabesh
Hayley Kaskens-Edwards
Jose Kaze
Everett Kehew
Dana Kittilsen
Nick Kleiner
Martin Kline
Paige Klinkman
Alex Komza
Michael Kriese
Samantha Lacourse
Myles Landry
Philippe Langlois
Mélanie Lapointe
Jacob Larocque
Guillaume Lavoie-Harvey
Chad Lawless
Alex Lawson
Chris Lawson
Lily Anne Leclipteux
Kate Lightstone
Samantha Linton
James Lobb
Arnaud Lombard-Dionne
Natalie Love
Bobby Lyttle
Taviana MacLeod
Sébastien Marchand
Abdoul Wahab Marega
Frédérique Marin-Marcoux
Bry Martin
John McCall
Cheryl McCullough
Andrea McFarlane
Tara McGowan-Ross
Cameron McIntyre
Alaska Elisabeth McMillan
Sheena McNally
Cole John McQueen
Kat Merks
Devon Milford
Esme Millar
Alexander Miller
Erik Miller
Jennifer Miller
Jacob Millman
Arnaud Milot-Chouinard
Evan Minthorn
Ryan Mitchel
Hanna Moore
Laurence Morin
Melissa Morrison
Adalaine Mueller
Paige Mueller
Chloe Murphy
Vanessa Murphy
Matthew Muzzatti
Lukas Myhal
Kendall Nagy
Louis Nagy
Patrick Ndayikengurukiye
Alex Nemet
Gracenne Newell
Sadie Nielsen
Lukas Normandeau
Maeve O'Neill Sanger
Katlyn O'Reilly
Megan O'Brien
Kimberly Oliver
Jason Ortynski
Sheala Osborn
Chad Packman
Sonja Panozzo
Adam Paquette
David Parent
Zoë Parker
Connor Parry
Madelynn Pase
Max Patzelt
Amelia Perry
Sarah Pérusse
Christopher Peters
Josef Pichette-Lefebvre
Logan Pippolo
Marianne Portelance
Jacienda Potts
Mercedes Potts
Dagny Prendergast
Rowan Prendergast
Stephanie Proulx
Hans Pujol
Vanessa Purves
Hillary Quinn-Austin
Bennett Racher
Tom Ravisé
Jamie Richards
Julien Robertson
Russell Robertson
Jeremy Robinson
Stephen Robinson
Bailey Roe
Mouhamadou Falilou Sady
Joe Sammon
Justine Scobie
Stef Seon
Natasha Serbin
Heather Sidaway
Michael Simiana
Adrian Sims
Stephanie Sinclair
Mickey Sontrop
Doudou Soumare
Salam Djibril Sow
Alexandrea Strachan
Jory Strachan
Steven Summers
Annabella Szep
Marie-Sarah Tardif
Tom Thackray
Kurtis Thornton
Lewis Tignanelli
Emily Tonacia
Chelsea Tough
Paddy Travers
Sydney Trotter
Kenneth Tubungbanua
Jillian Usher
Leslie Usher
Sydney Van De Wiel
Cynthia Veitch
Jennifer Veitch
Francis Verstraete
Jackson Walters
Sam Walters
Caprice Waterman
Megan Webster
Makaila Wenezenki
Josh Whissell
Stephen Willett
Gene Williamson
Aaron Wong
Hayley Wooff
Dylan Yates
Nikolaus Zimmerman

In Memoriam
Sam Koyanagi

Mouhamadou Sady, 2017

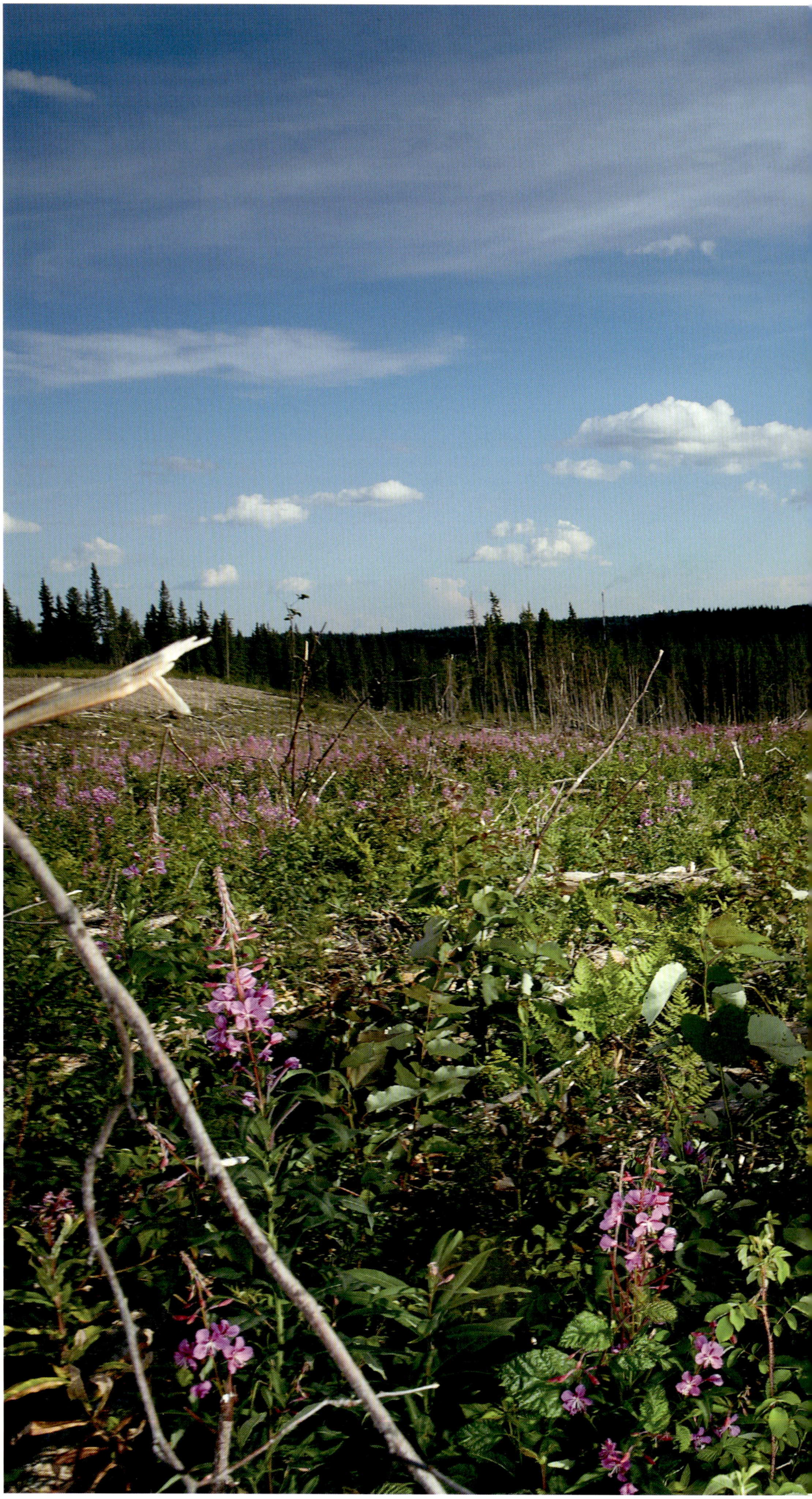

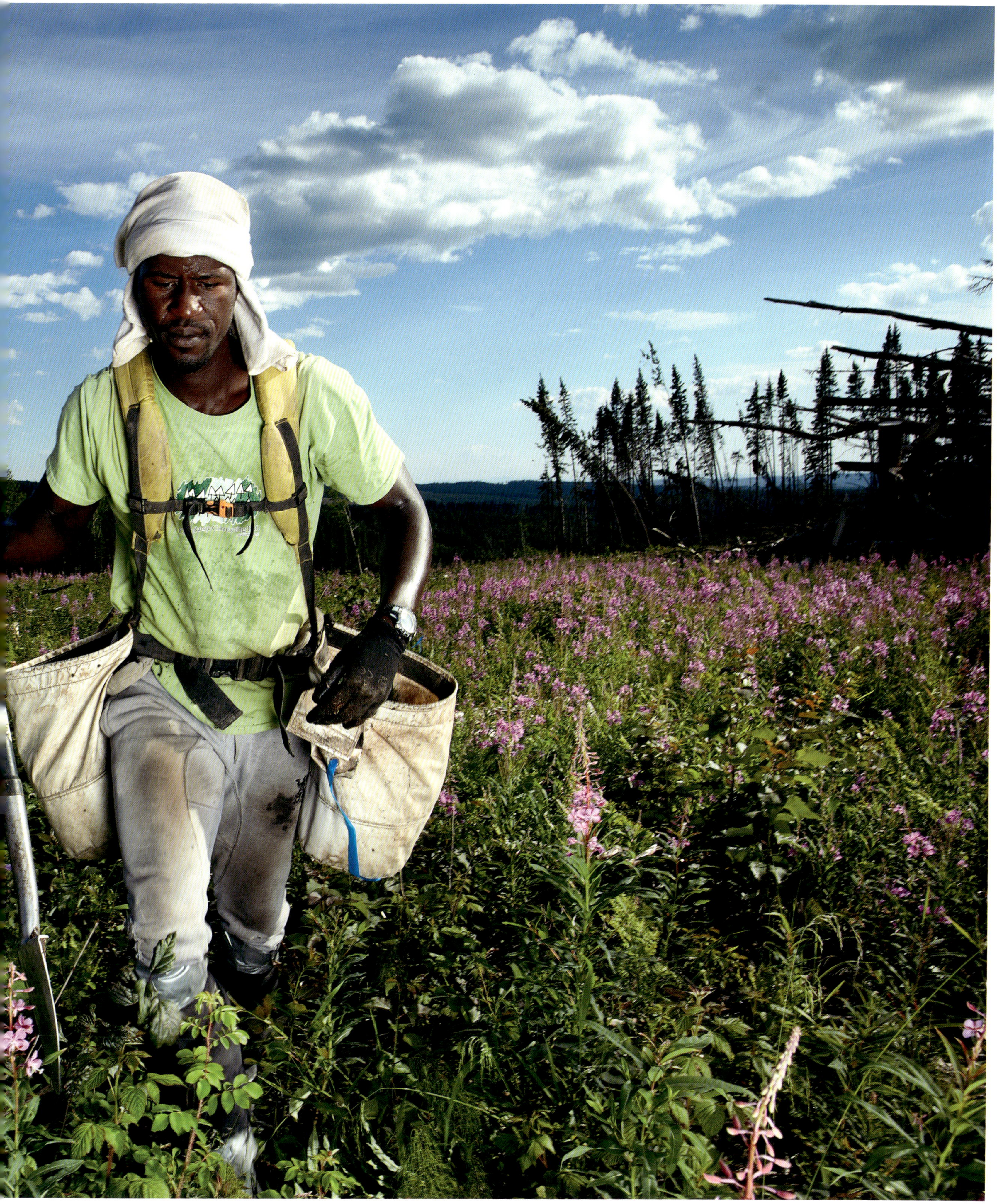

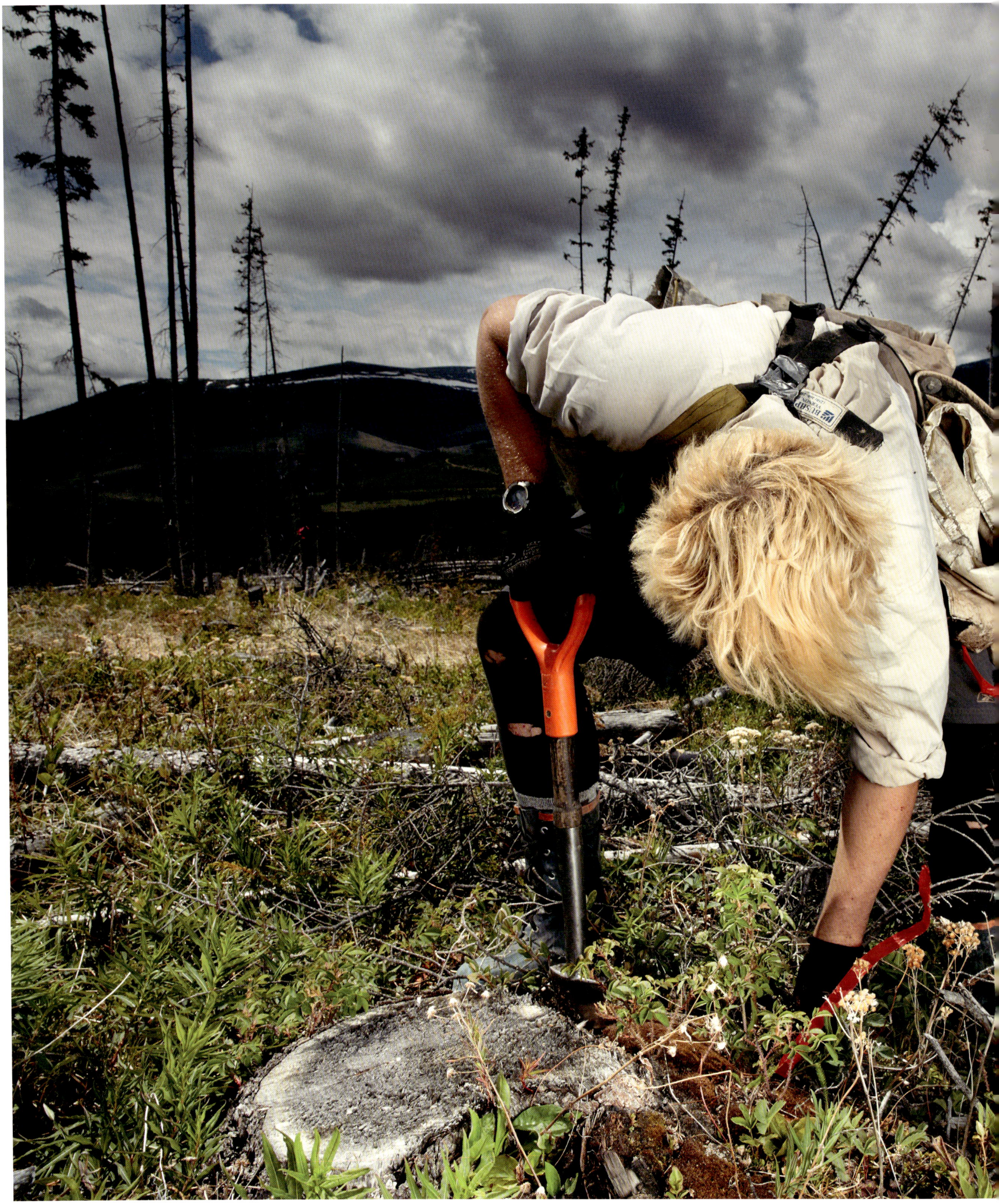

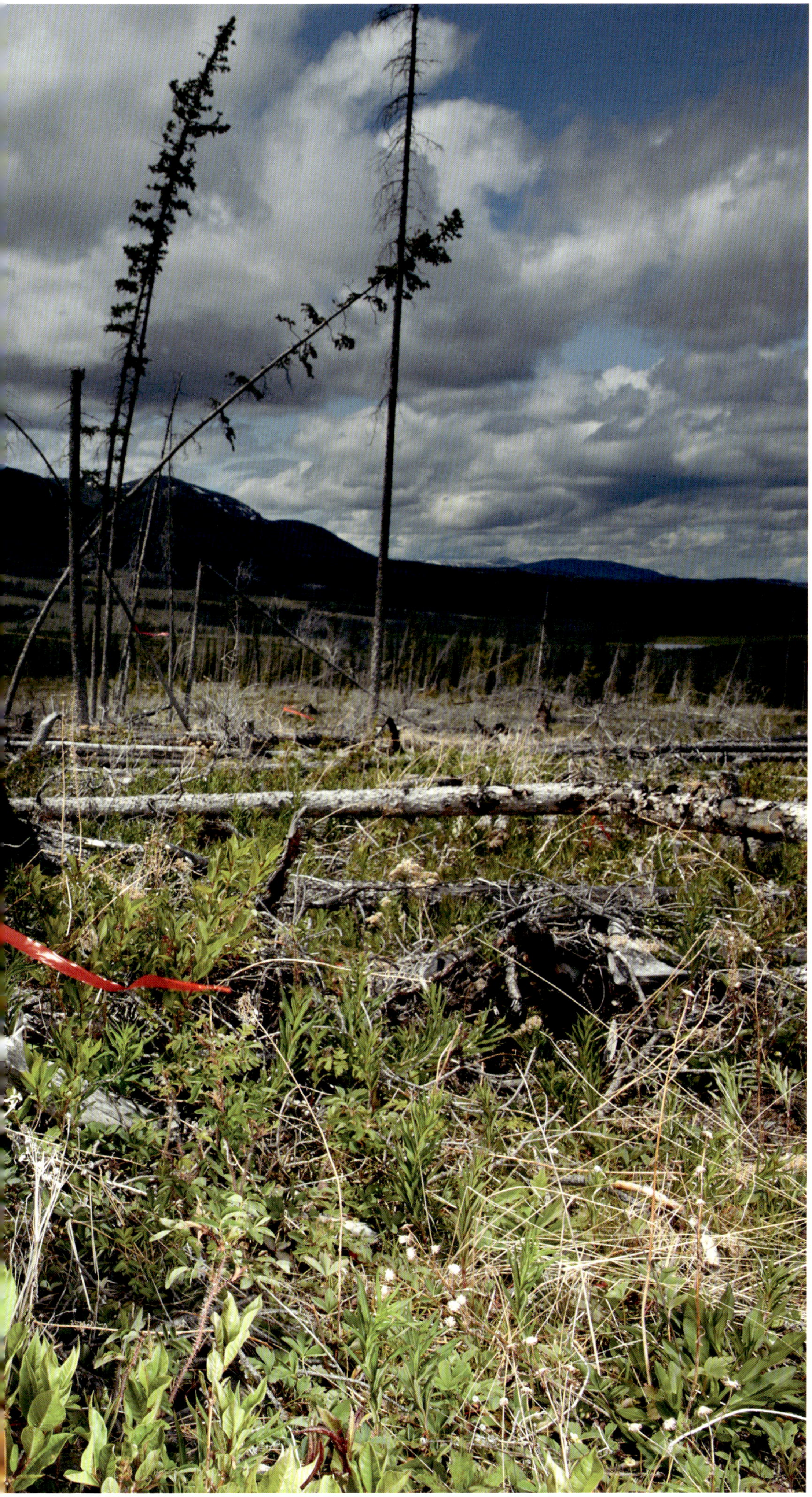

Matt Holbrook, 2016

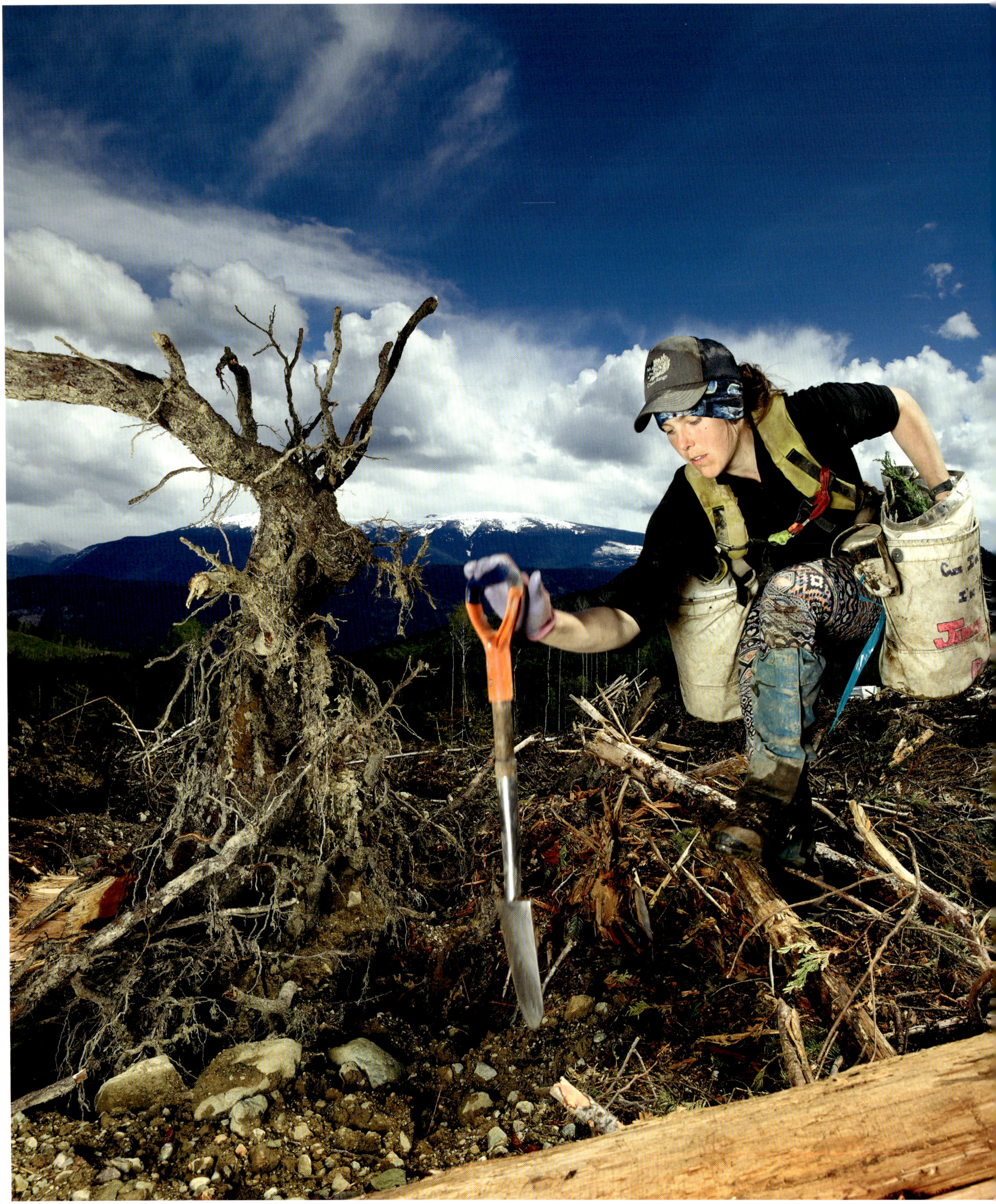

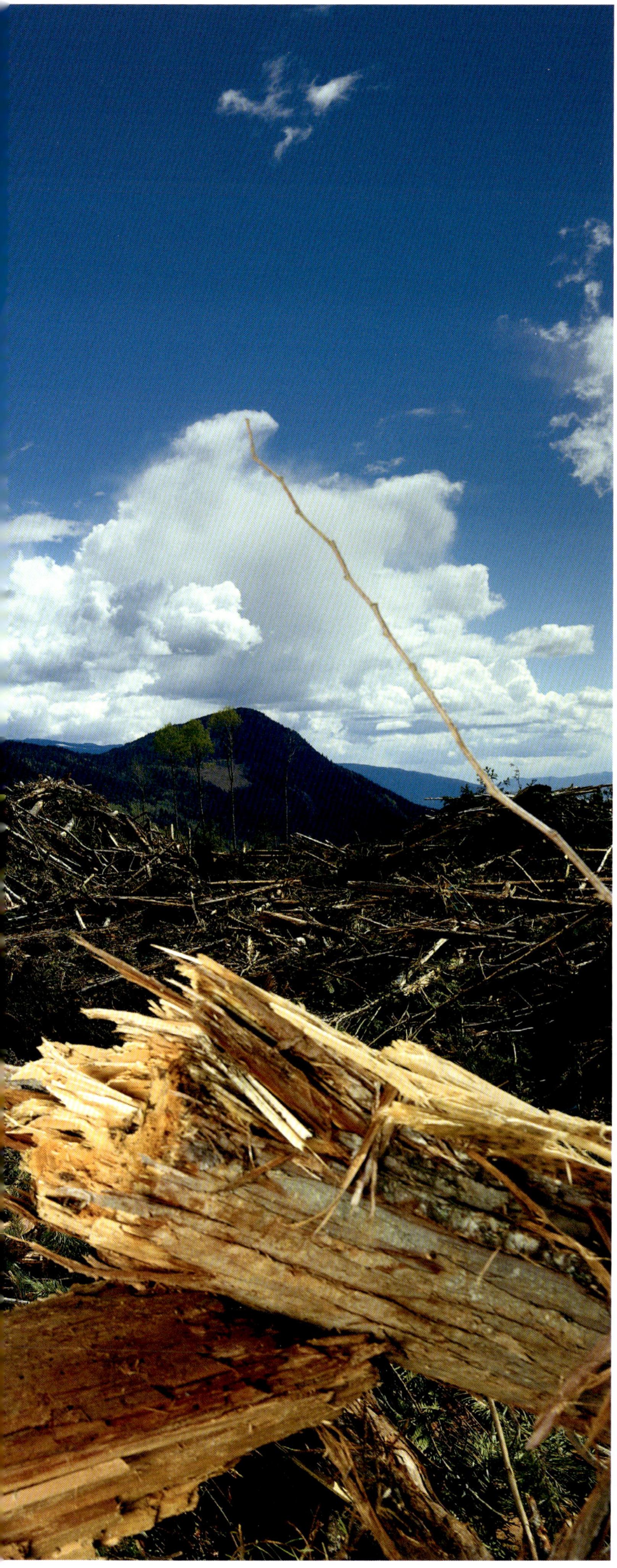

Jennifer Veitch, 2017

Russell Robertson, 2017

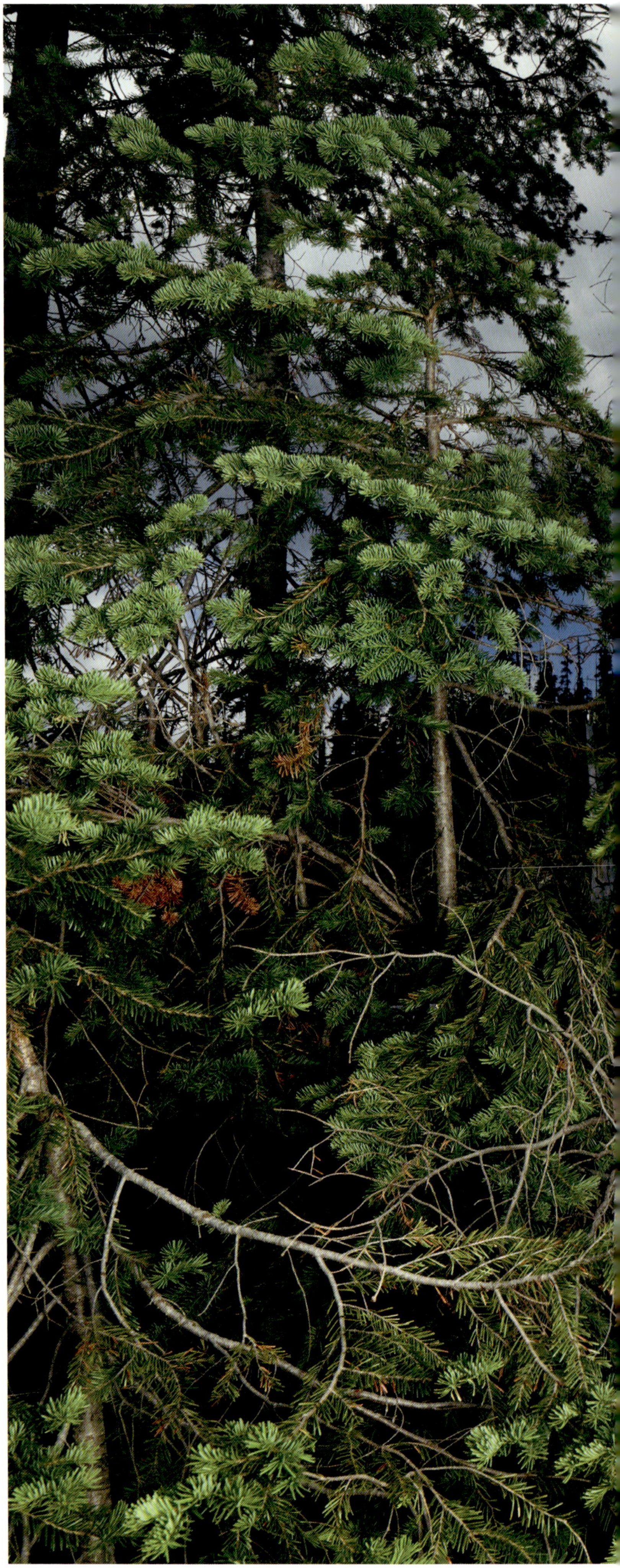

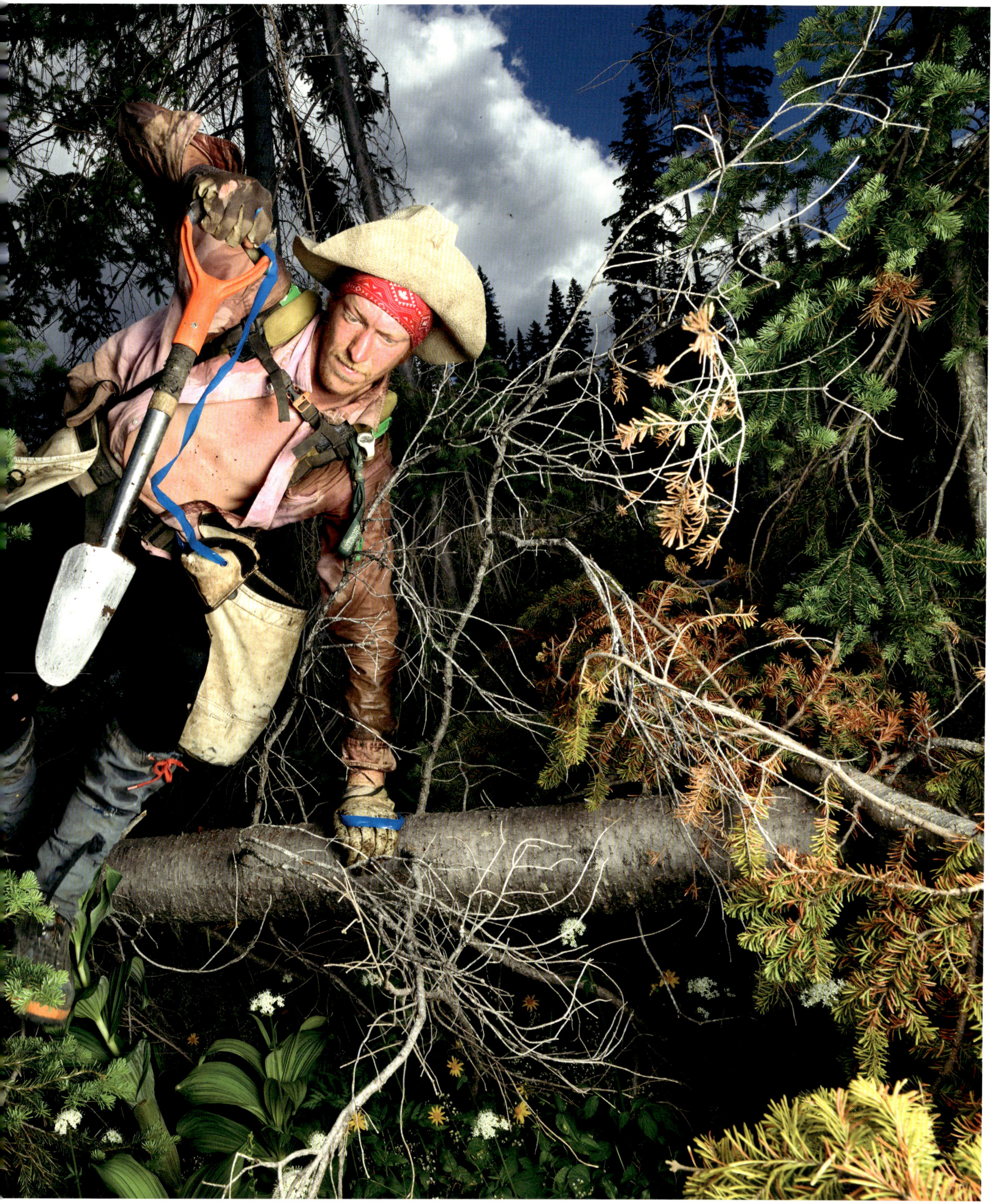

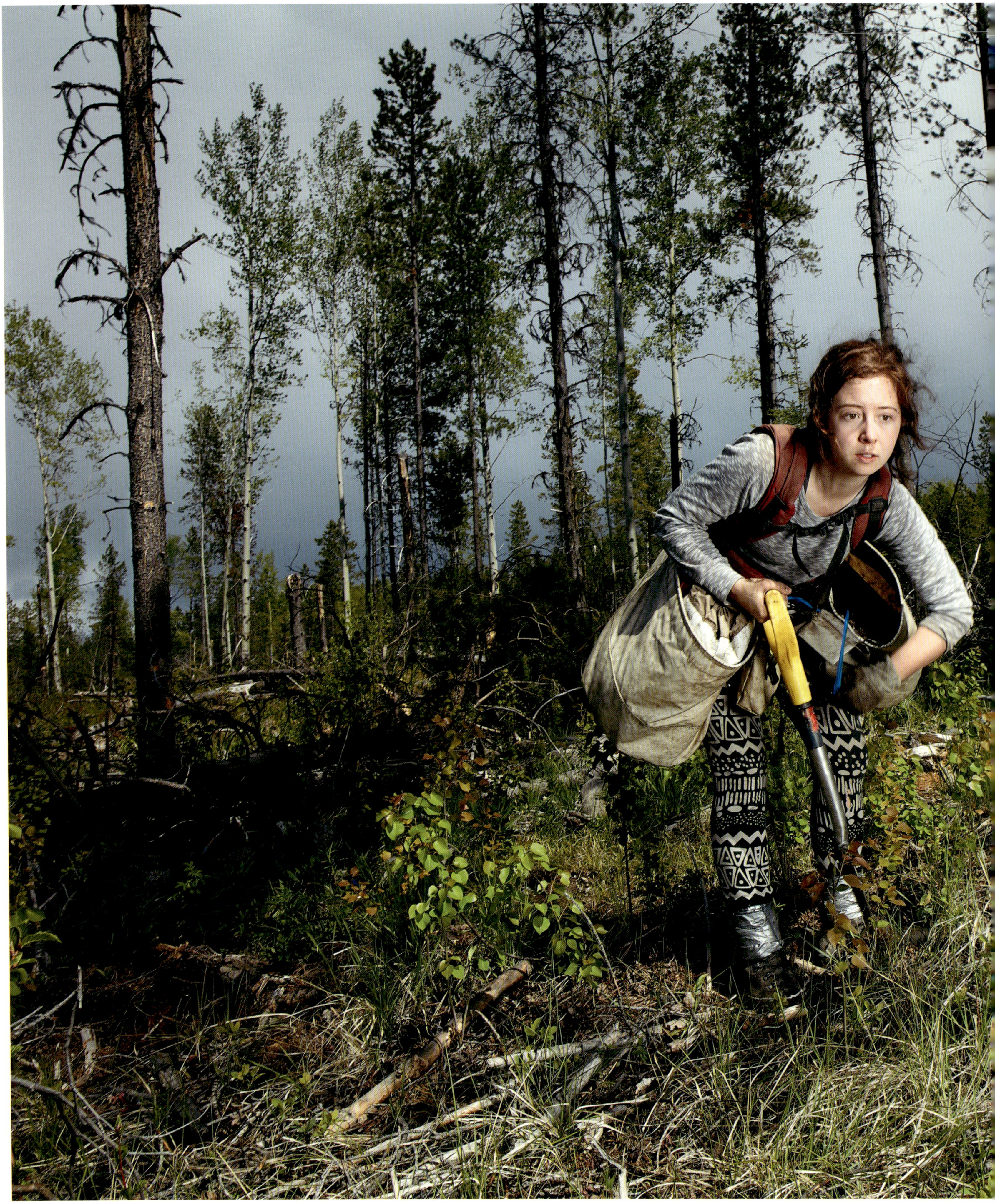

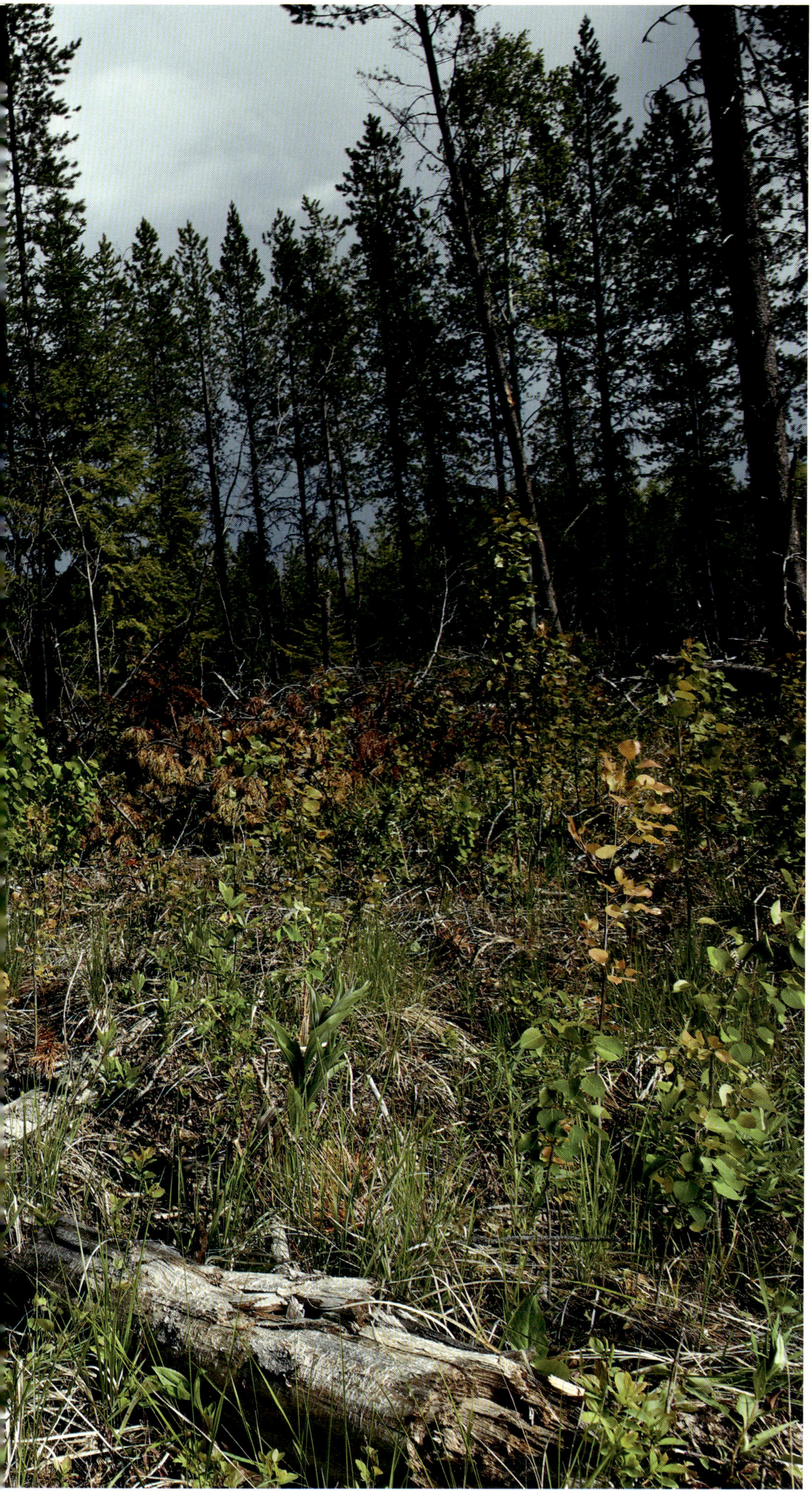

Meghan Bissett, 2016

Océanne Bourque, 2016

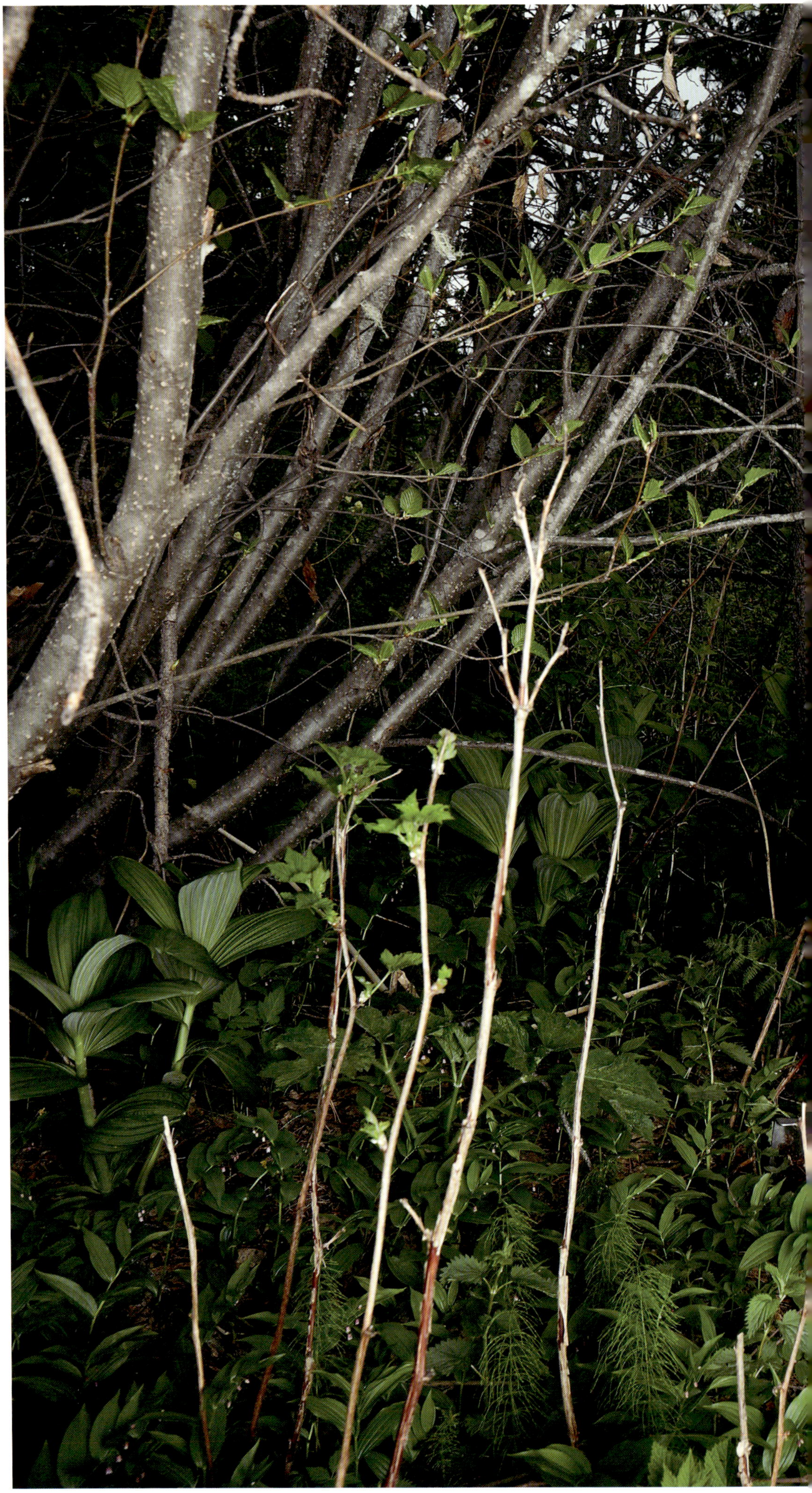

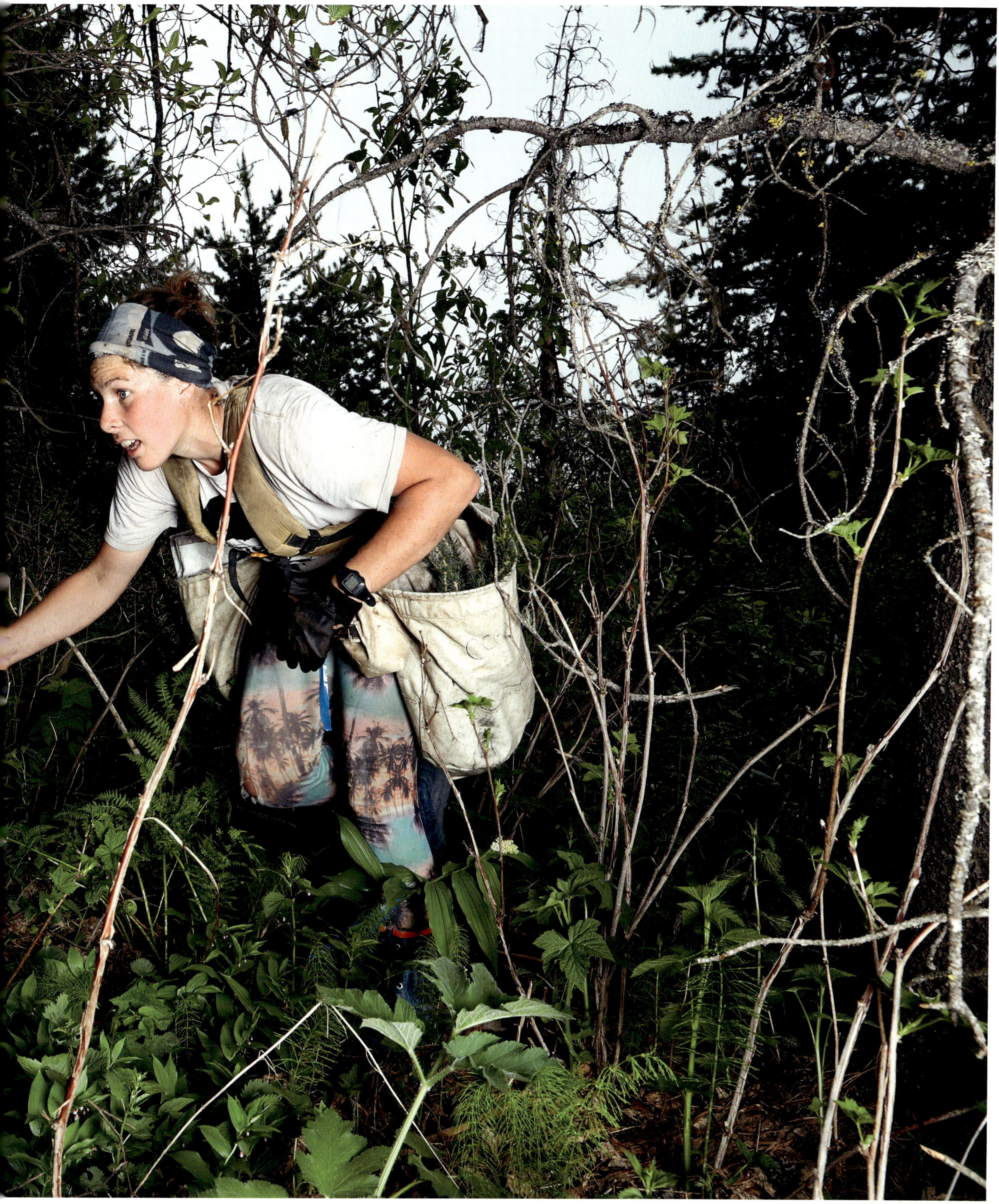

Matthew Muzzatti, 2016

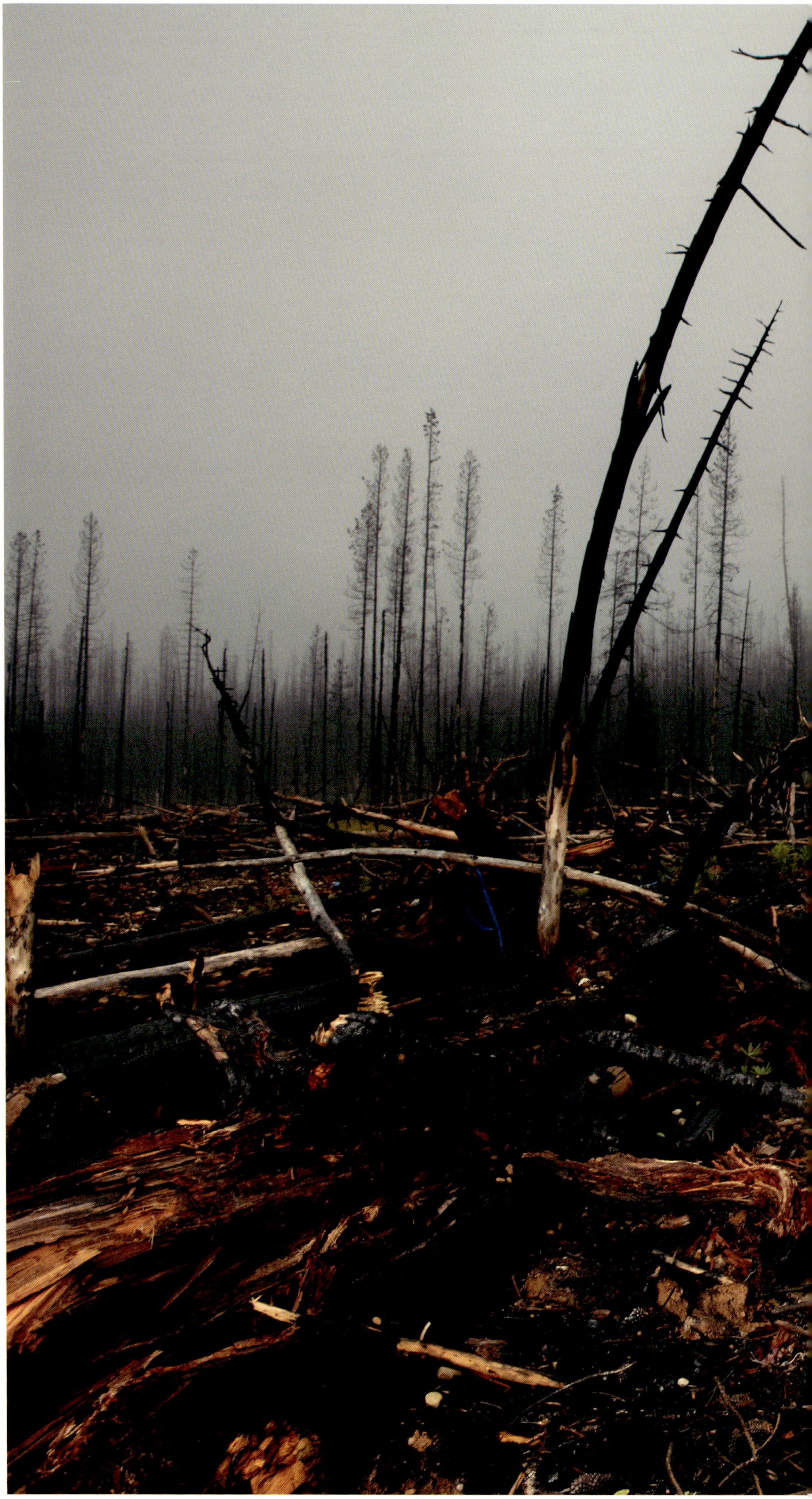

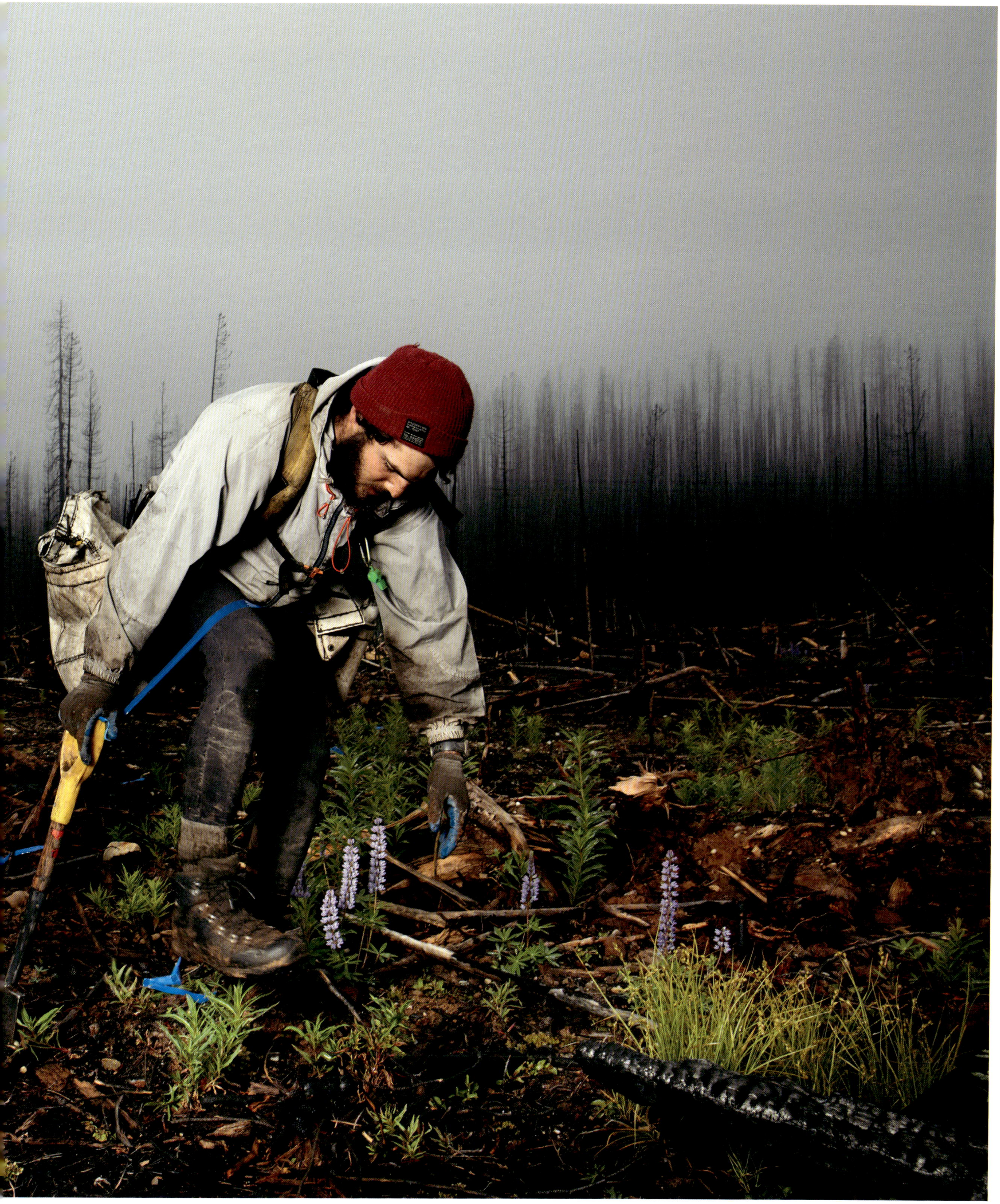

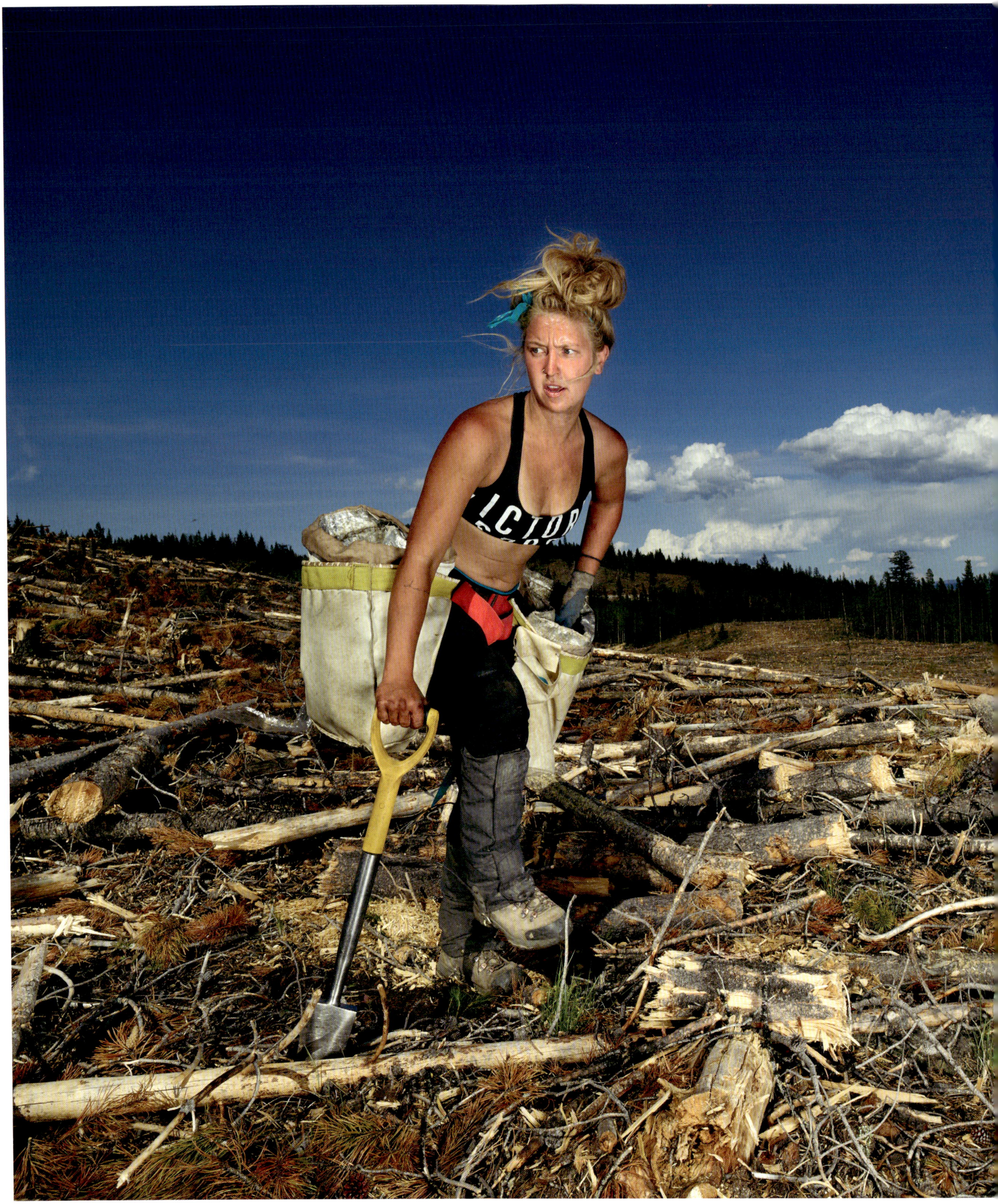

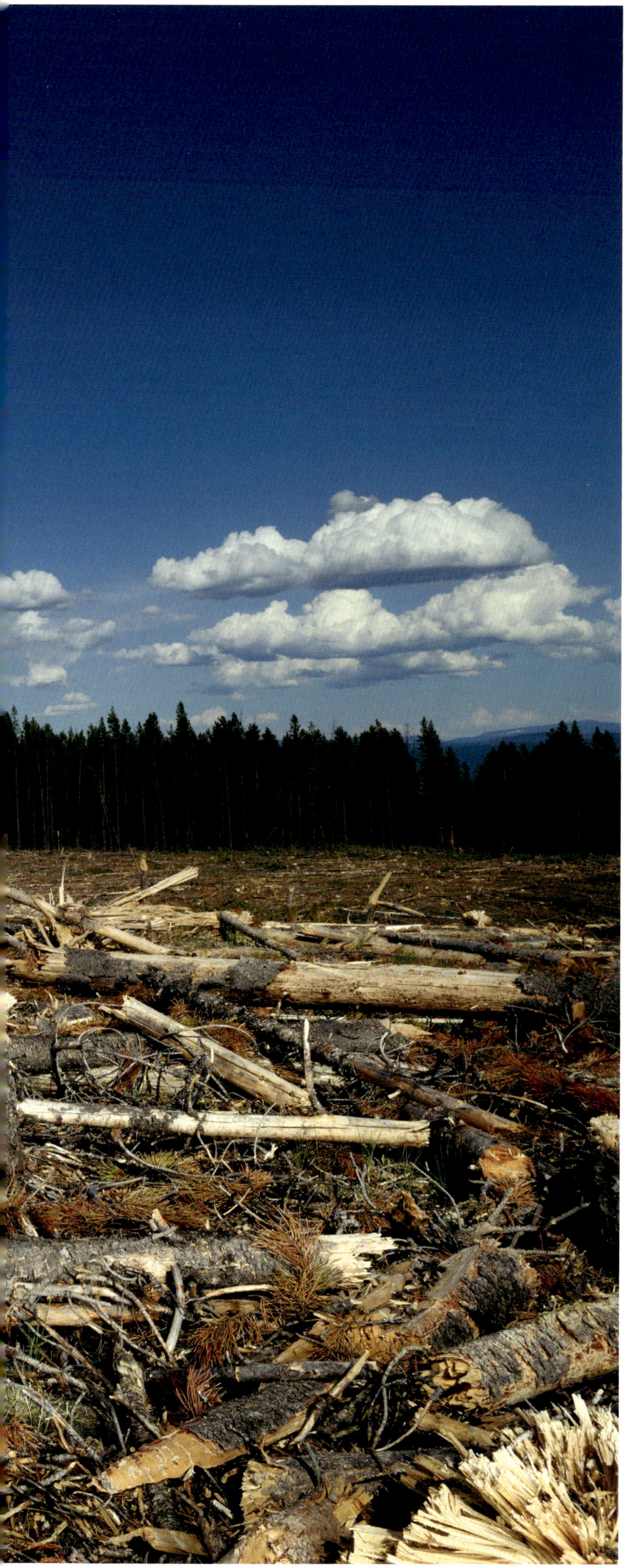

Taviana Macleod, 2017

Julien Robertson, 2017

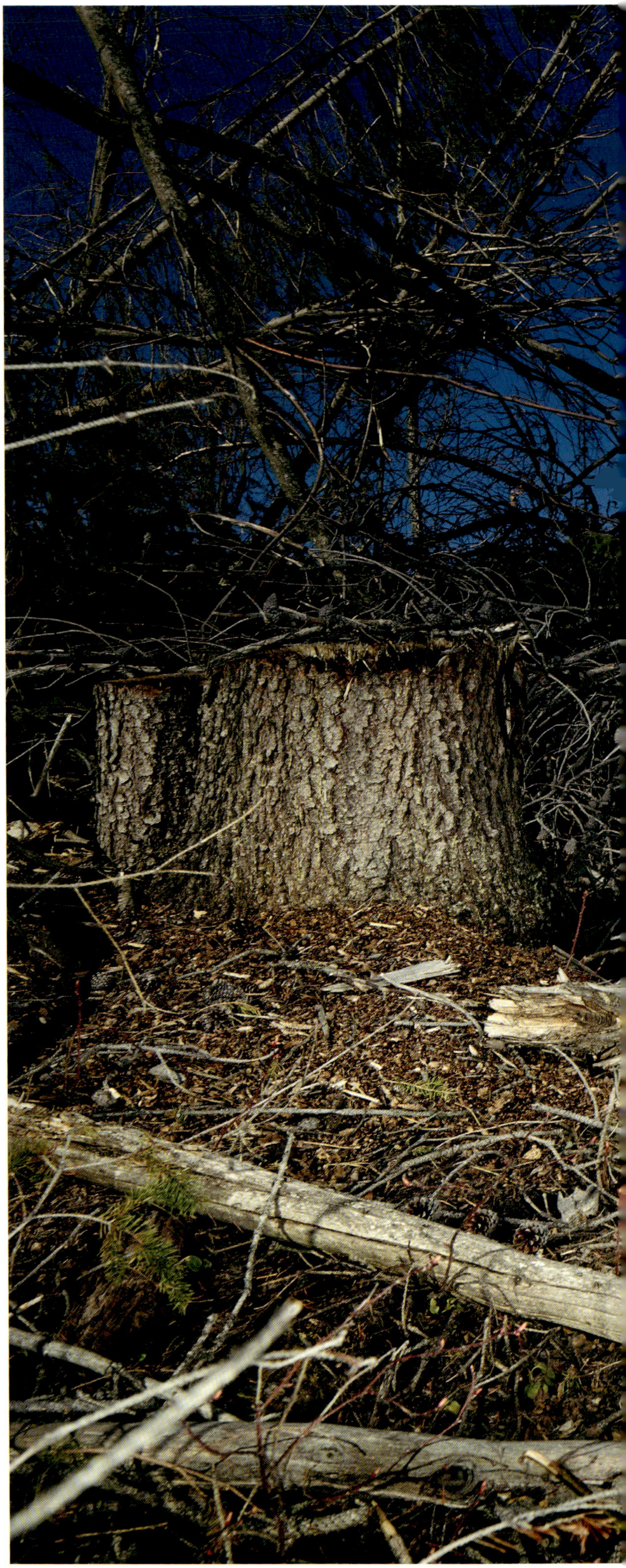

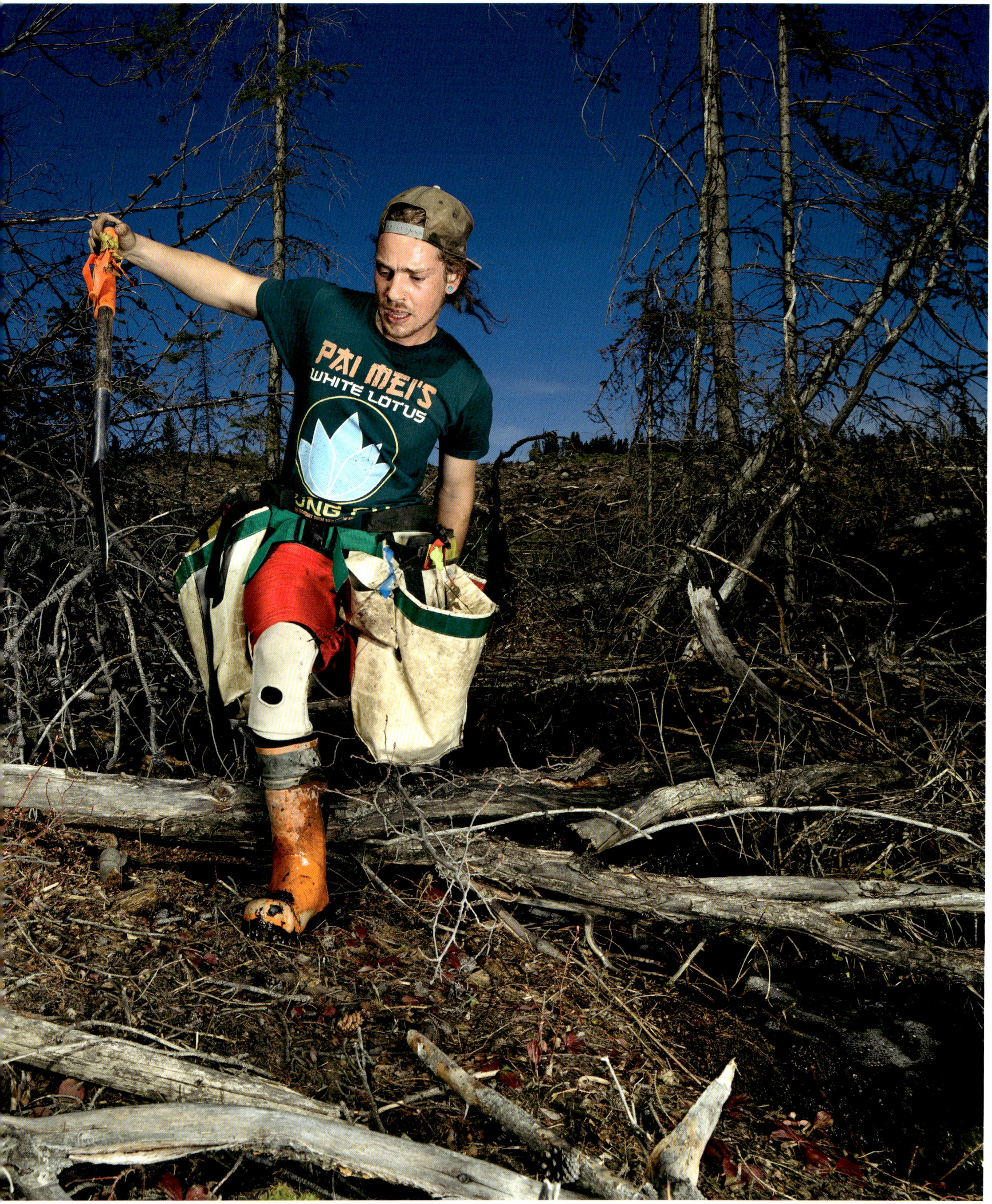
PAI MEI'S
WHITE LOTUS

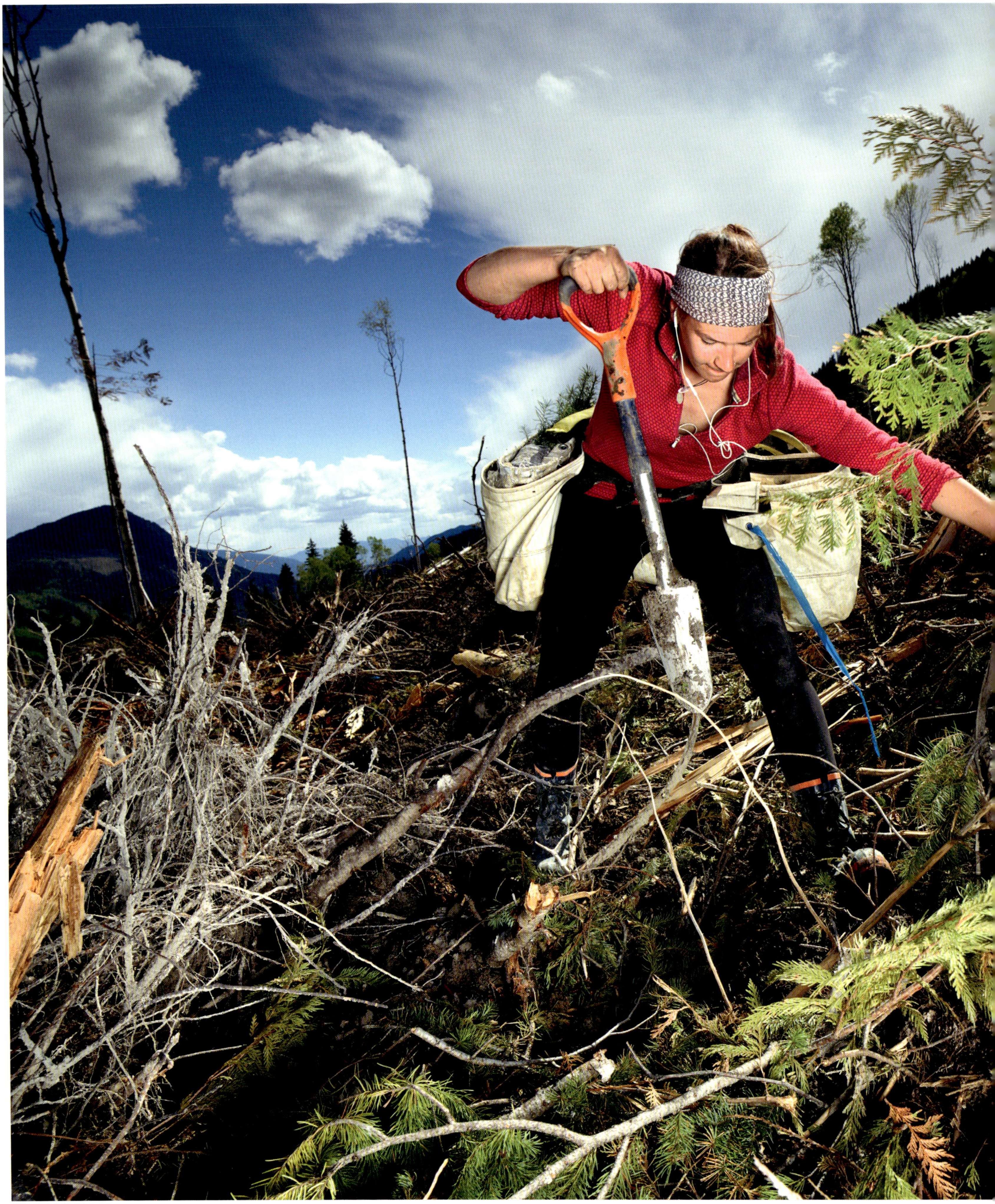

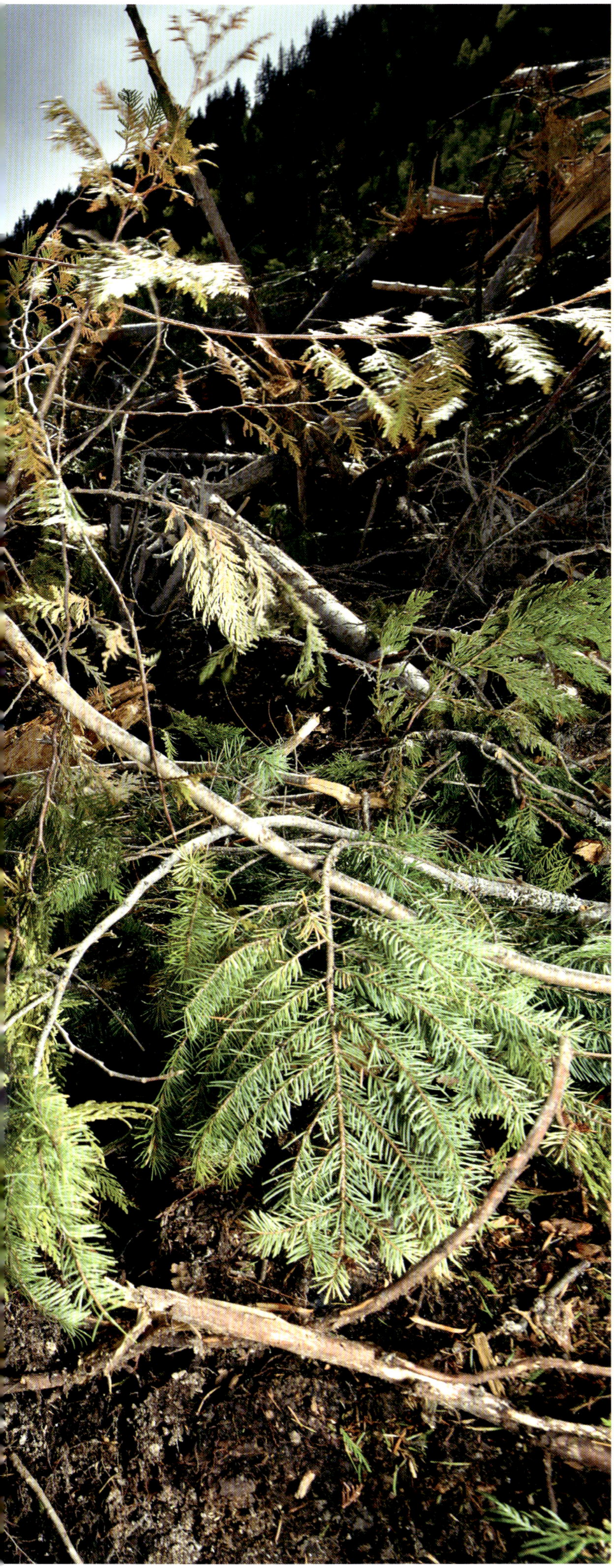

Cheryl McCullough, 2017

Philippe Langlois, 2017

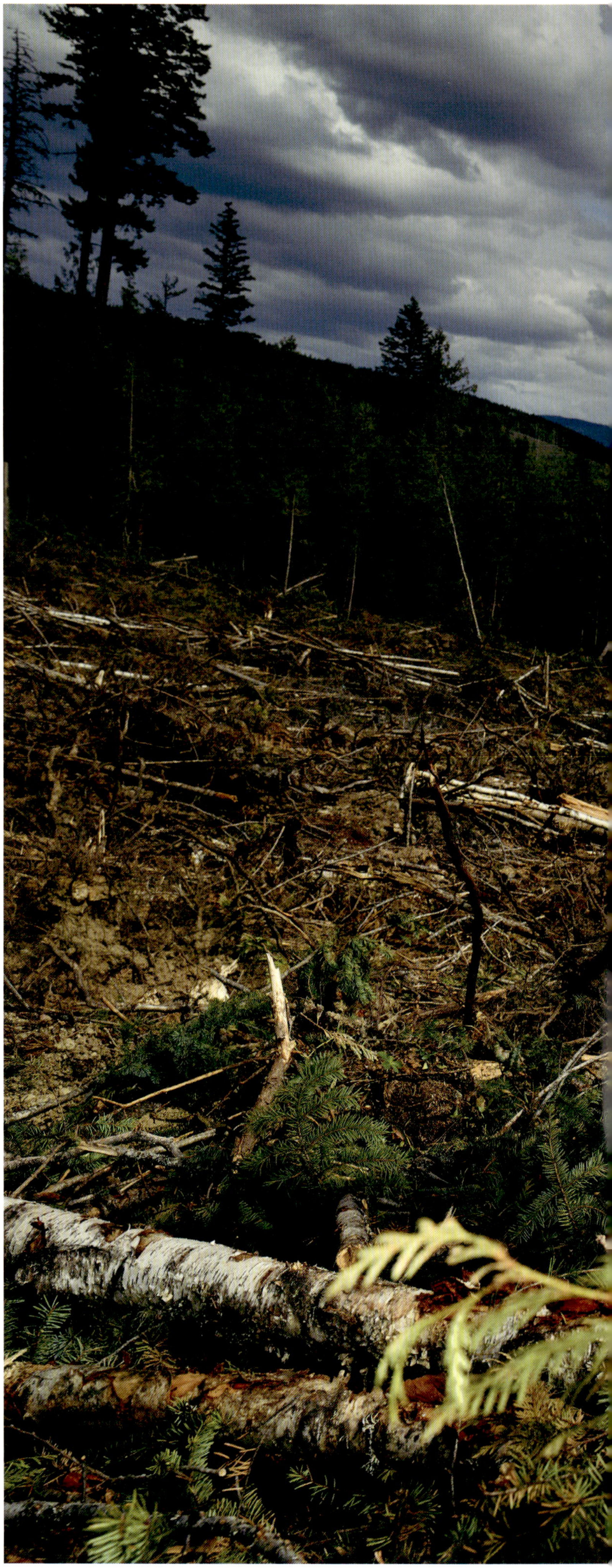

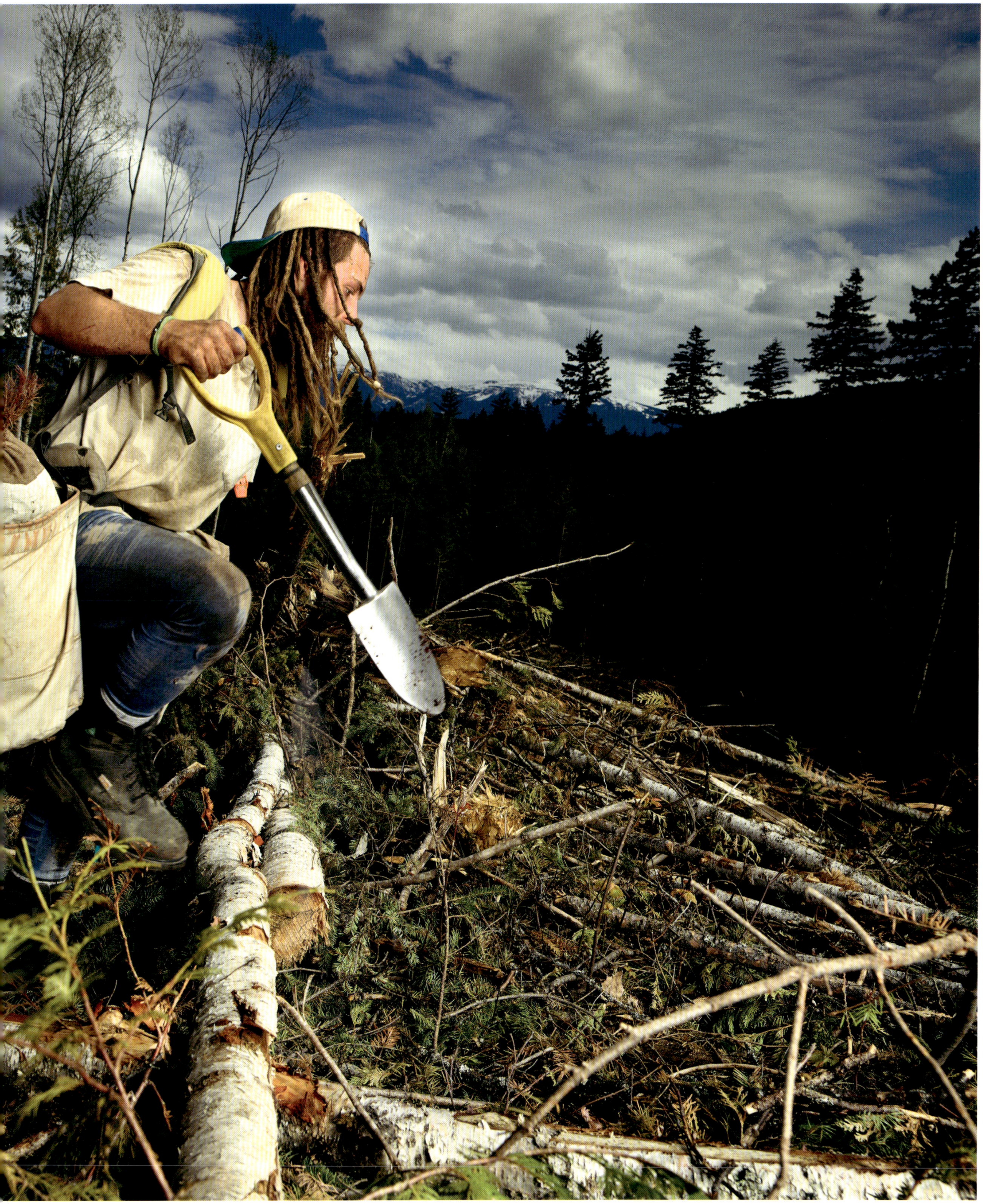

Jose Kaze, 2016

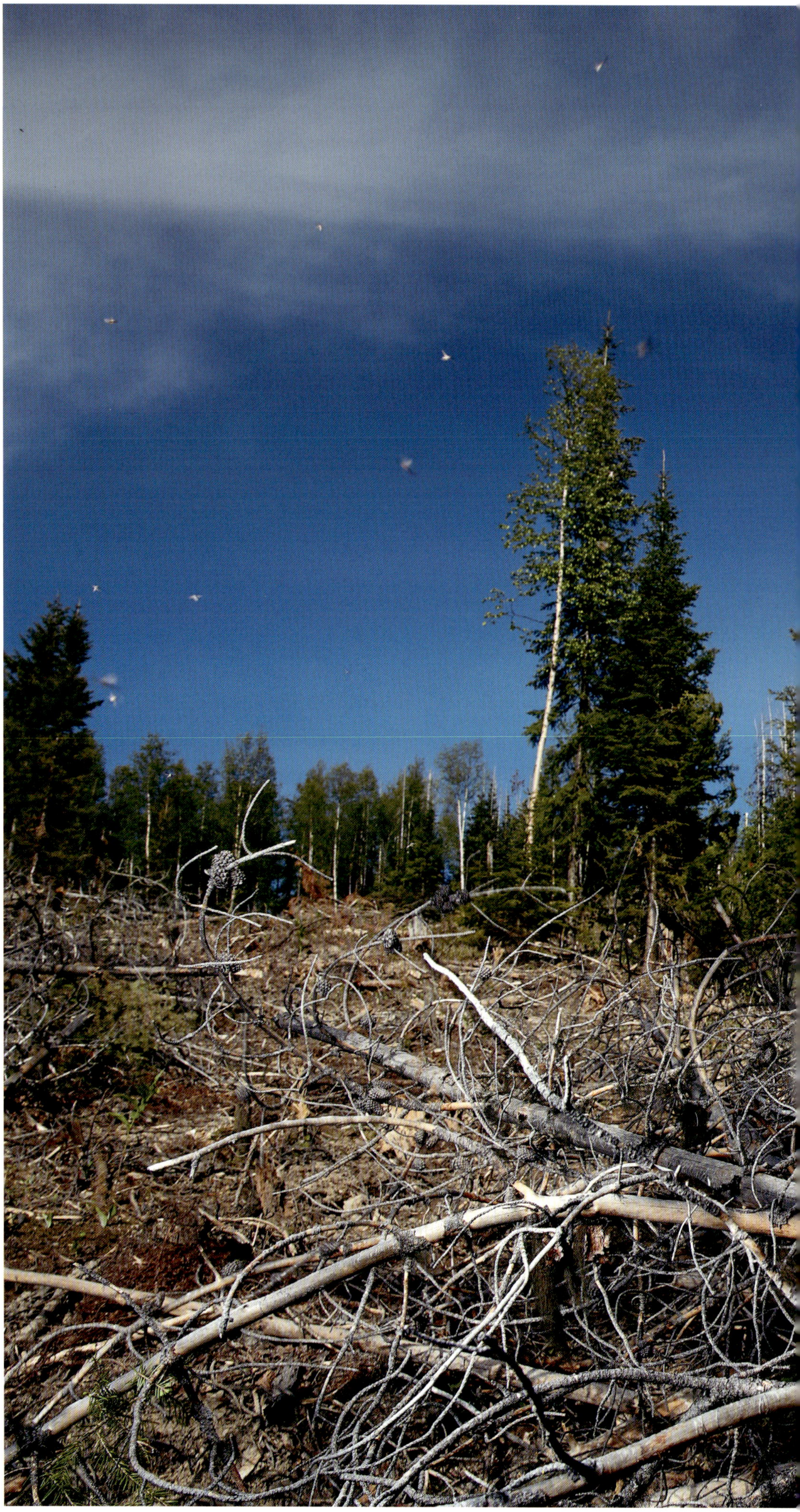

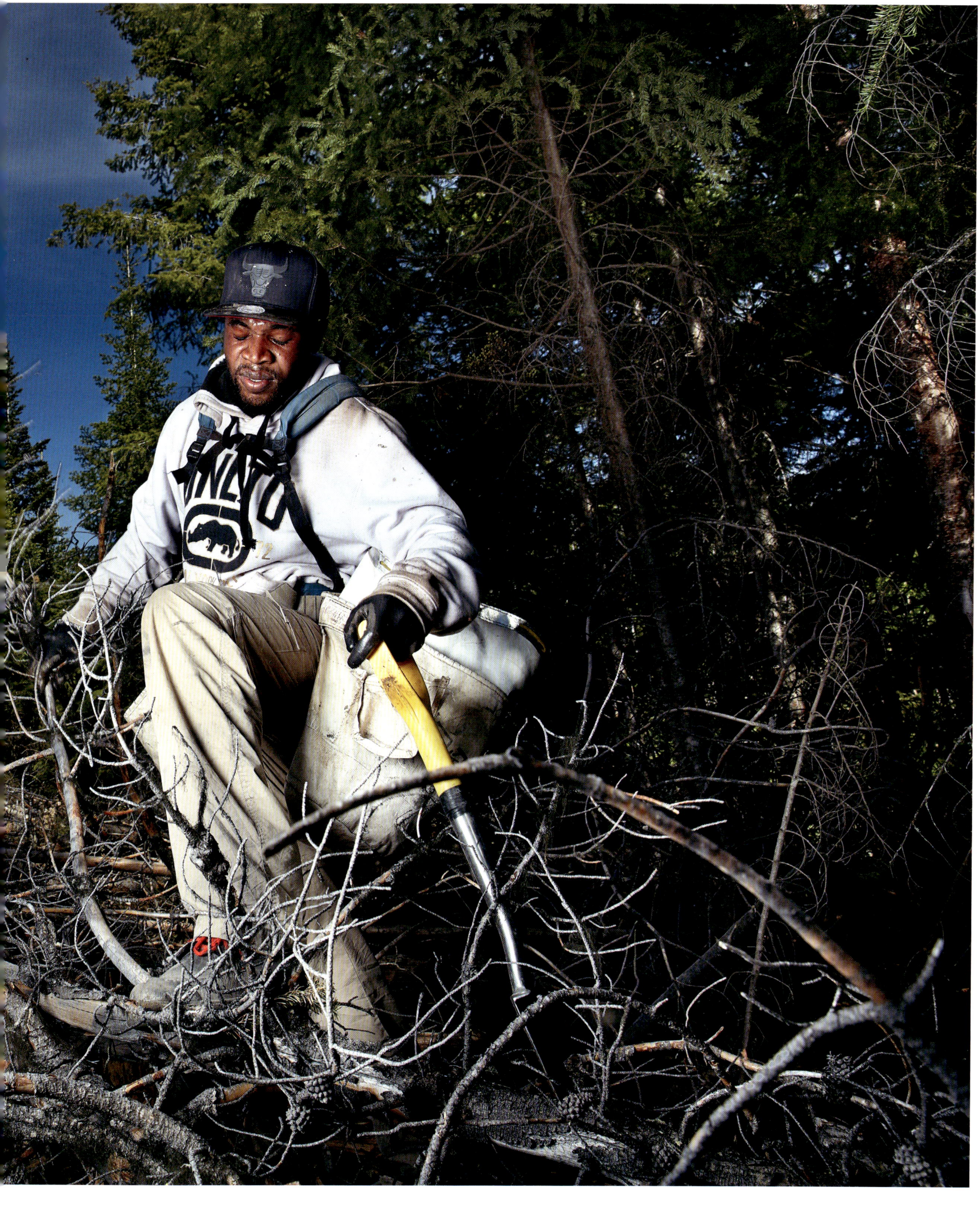

Sandy Miller, 2016

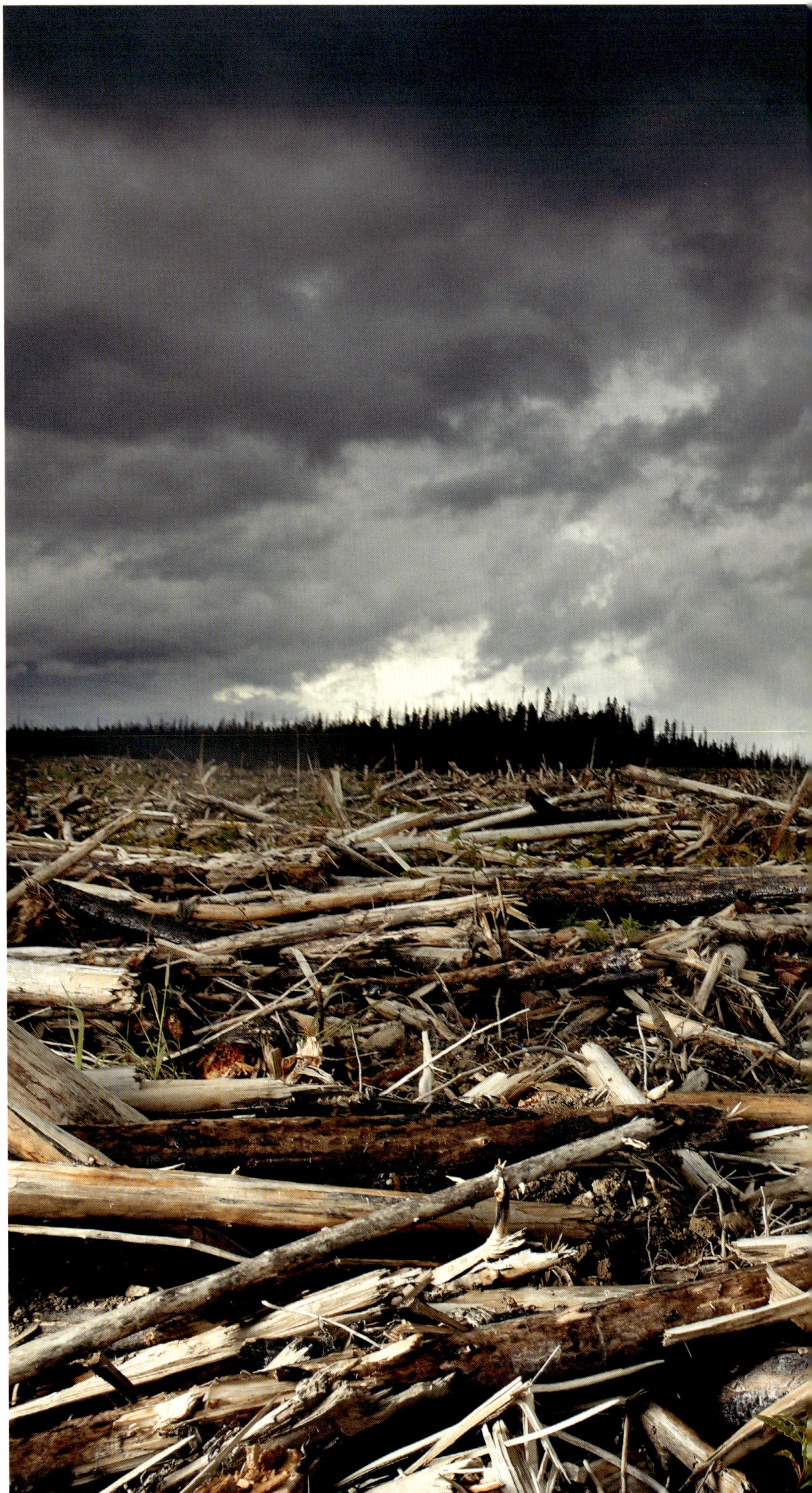

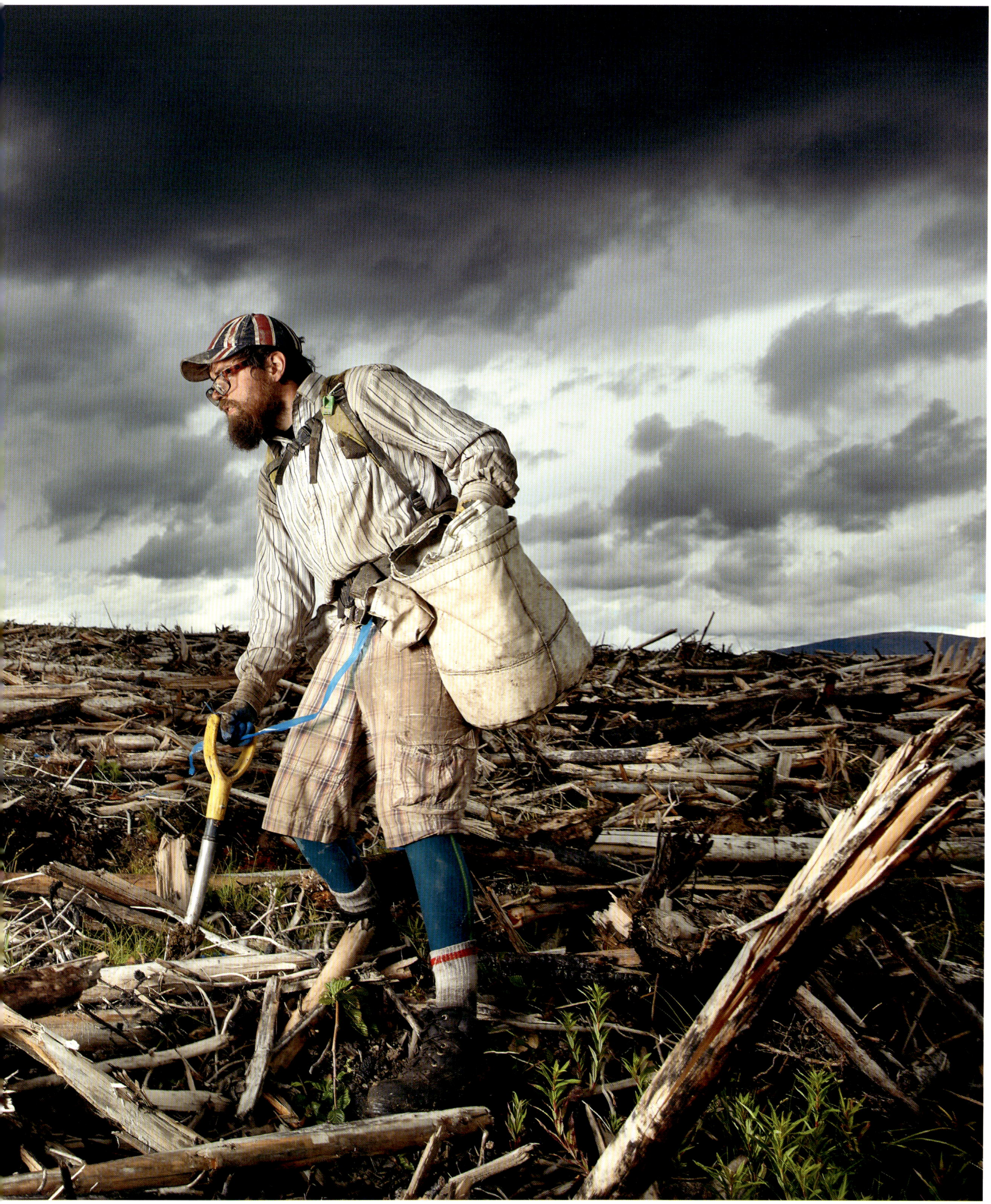

Cynthia Veitch, 2017

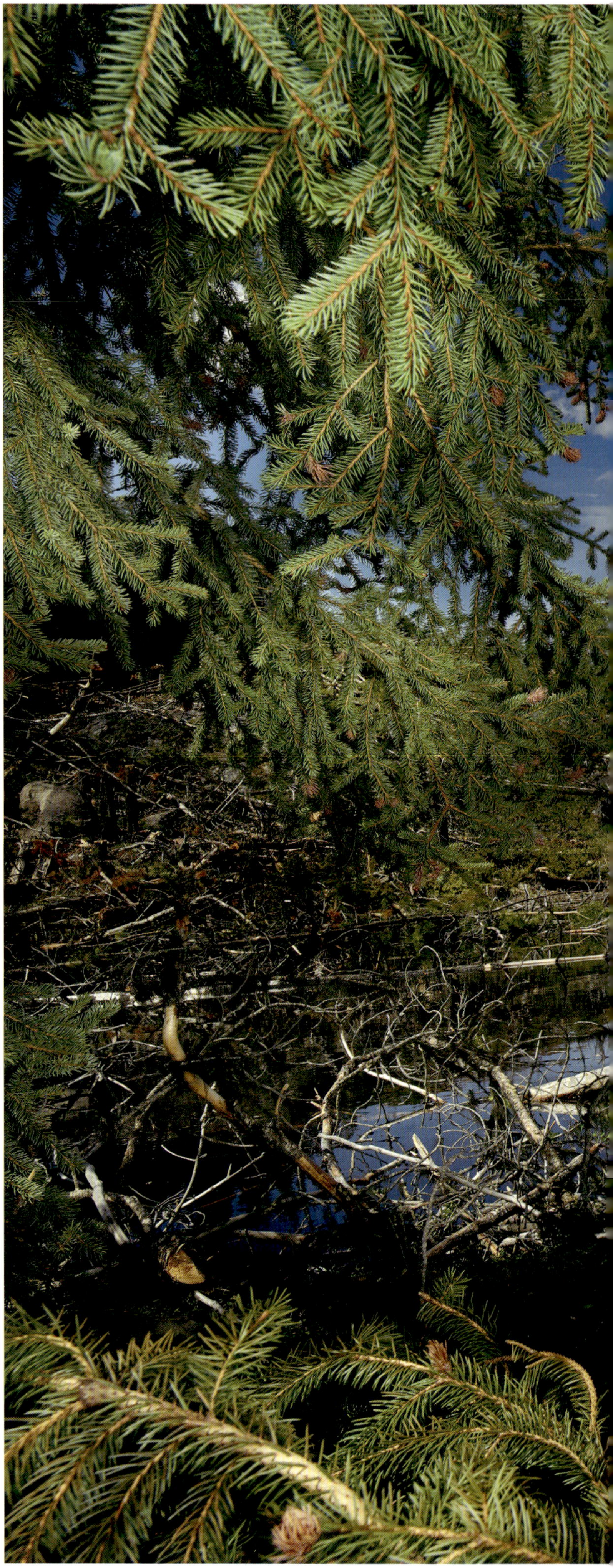

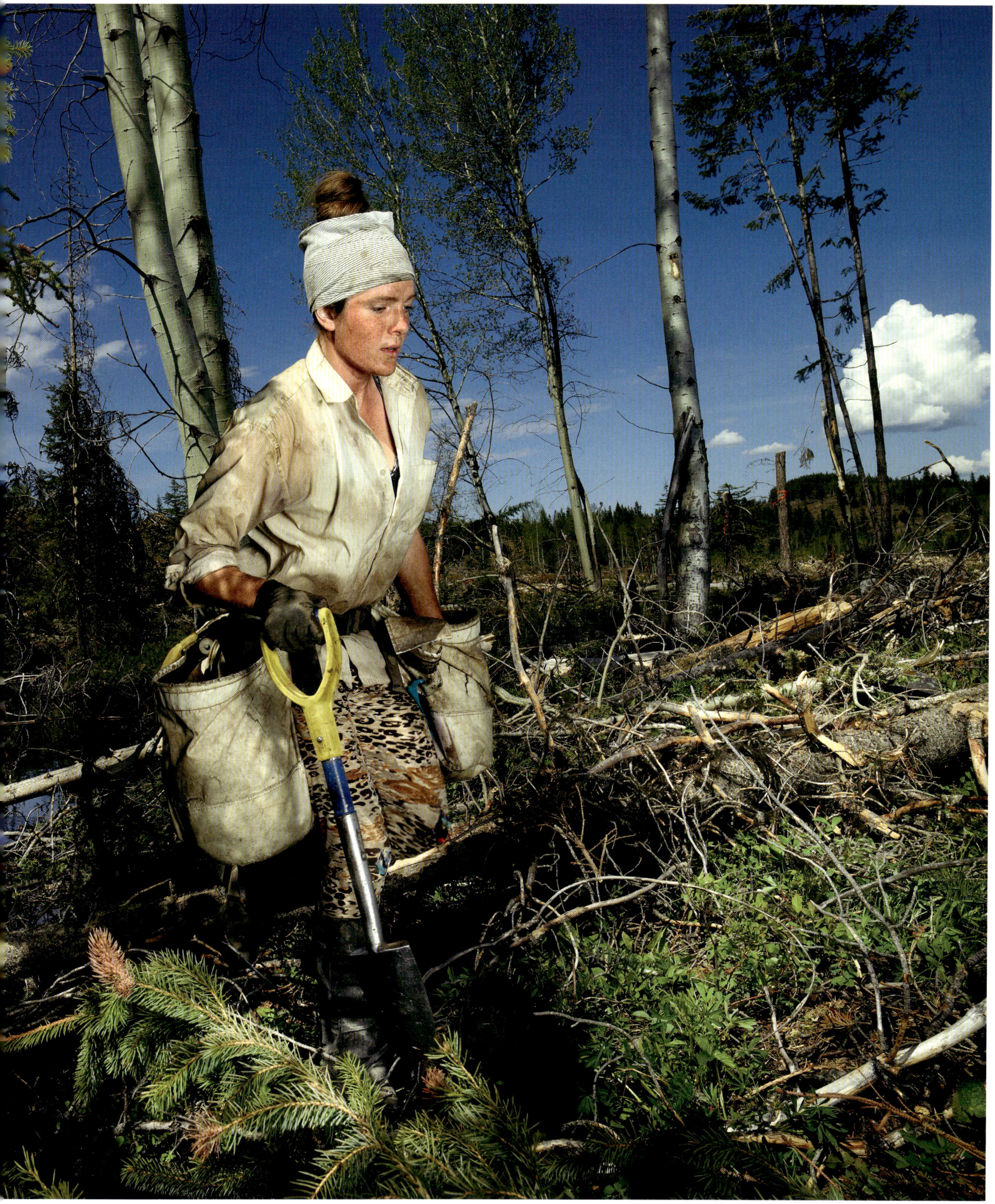

Nikolaus Zimmerman, 2017

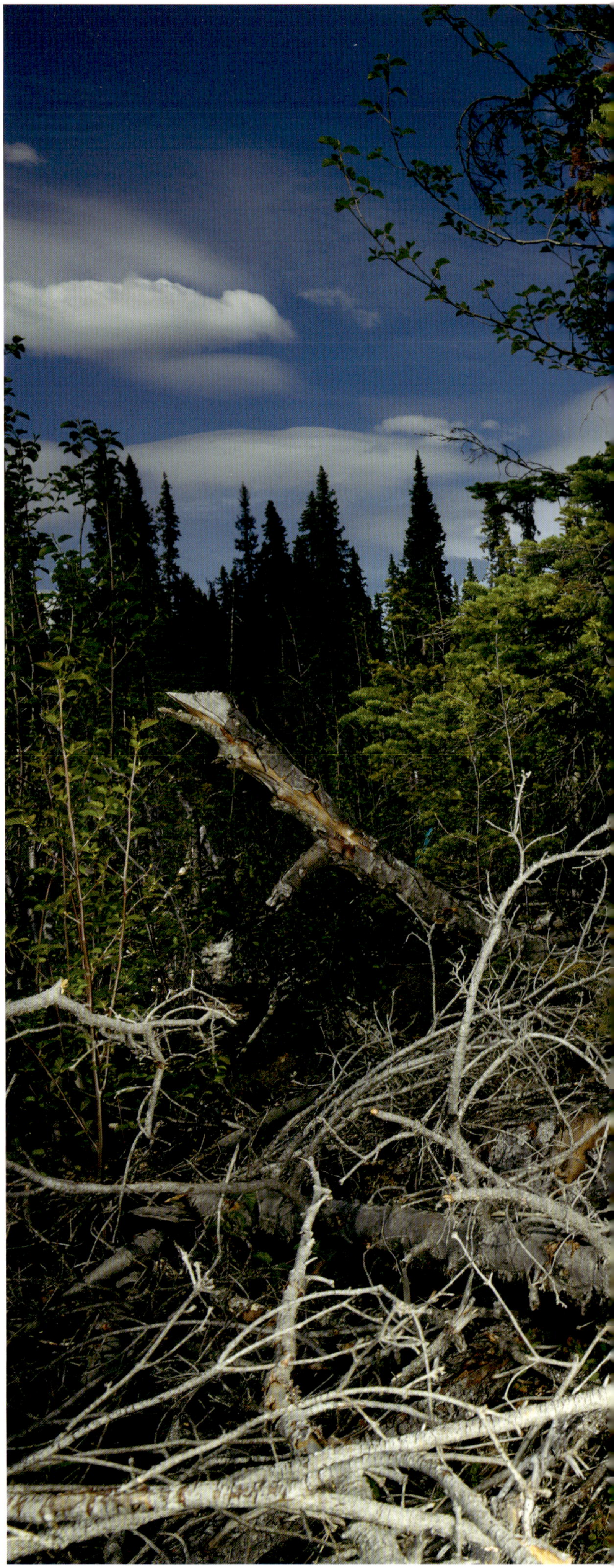

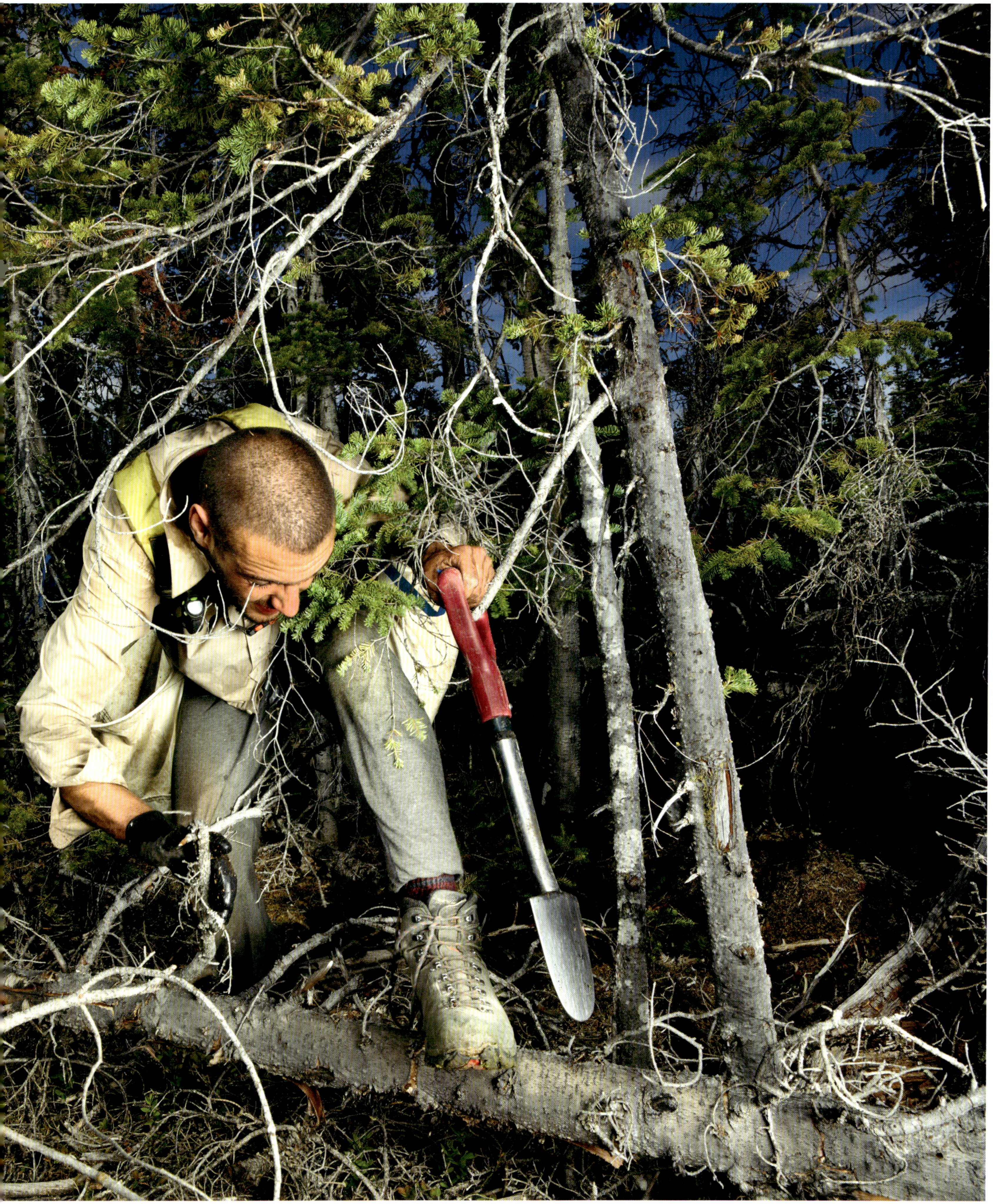

Maria Agueci, 2016

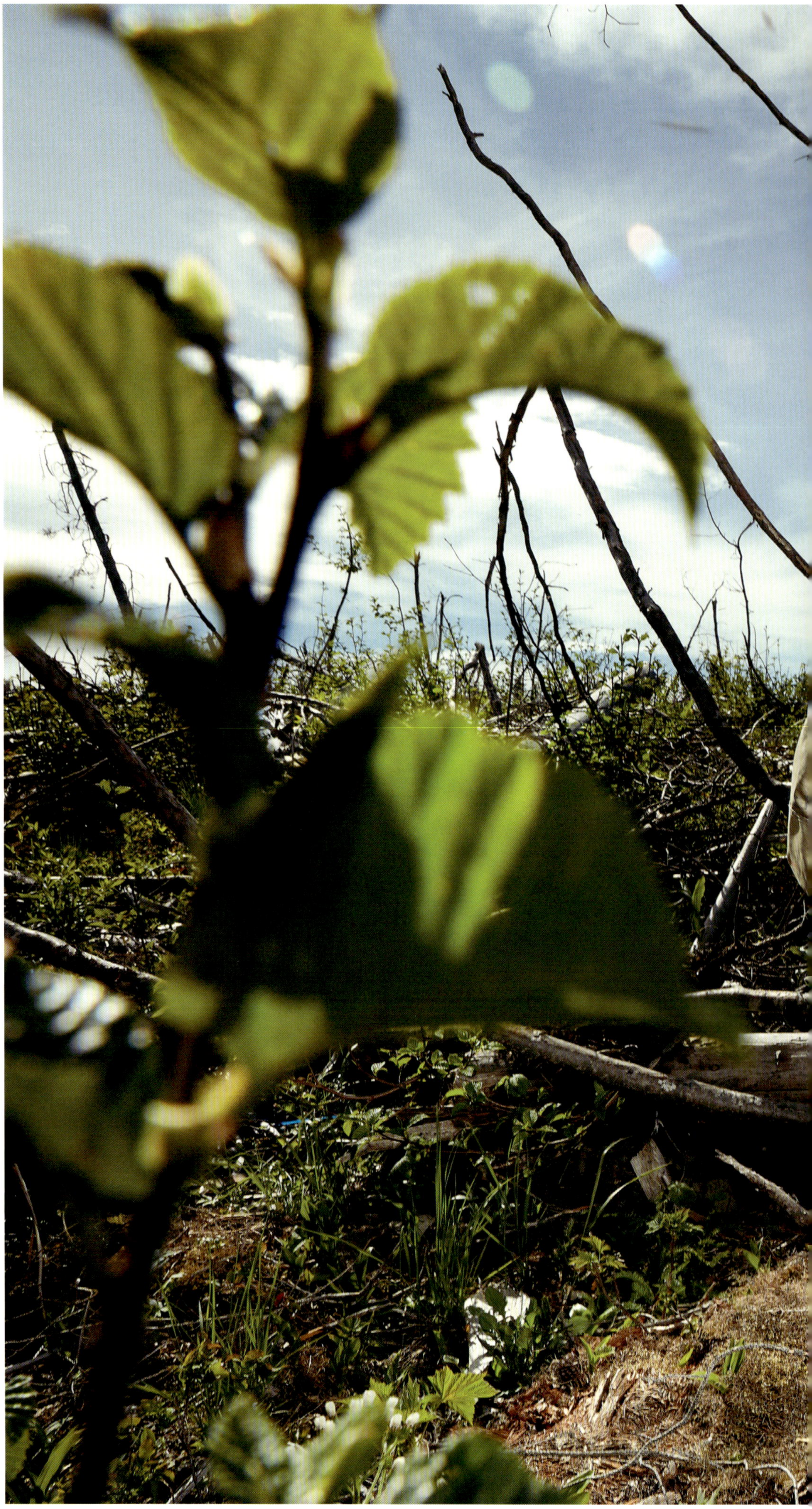

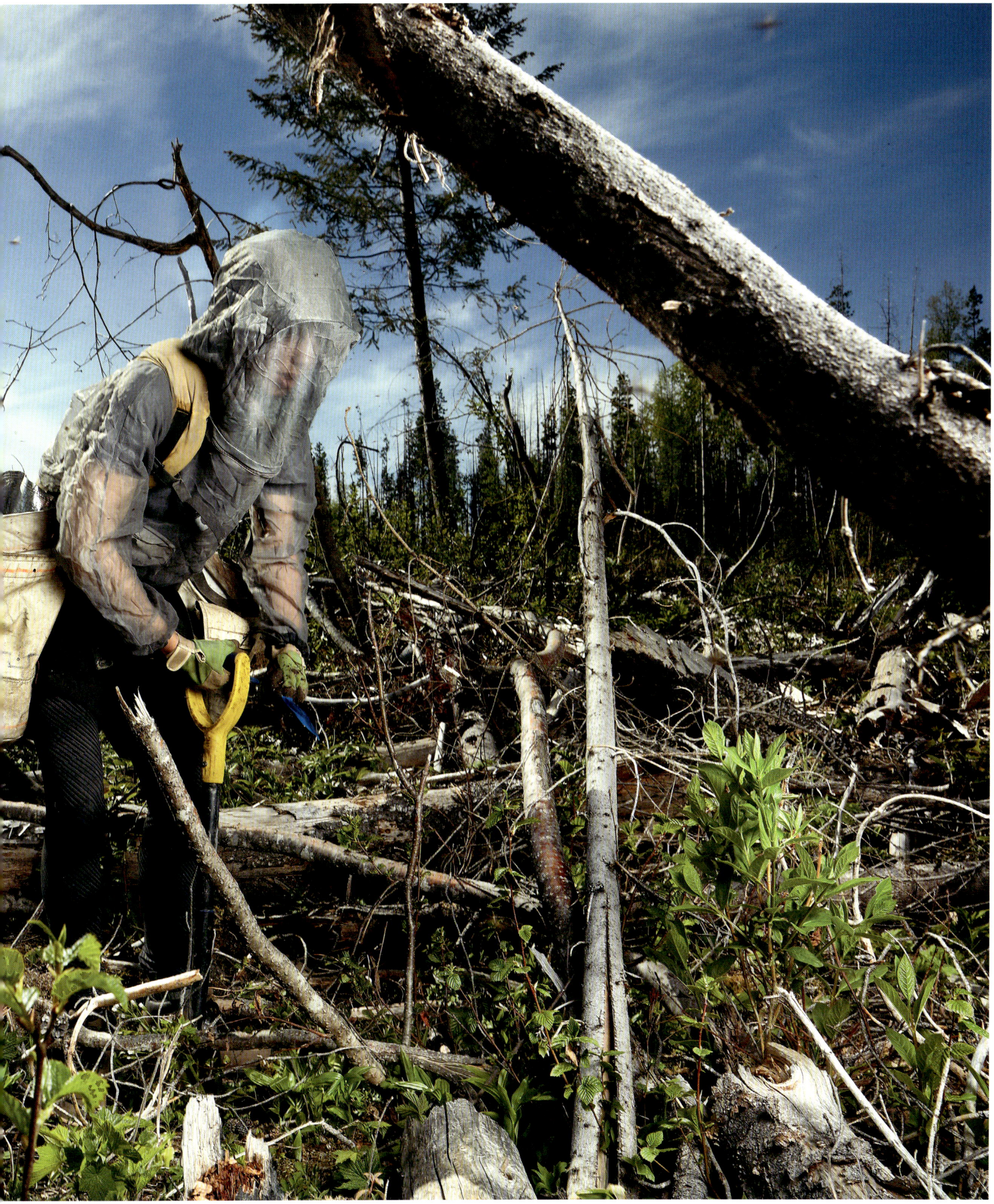

Aaron Wong, 2017

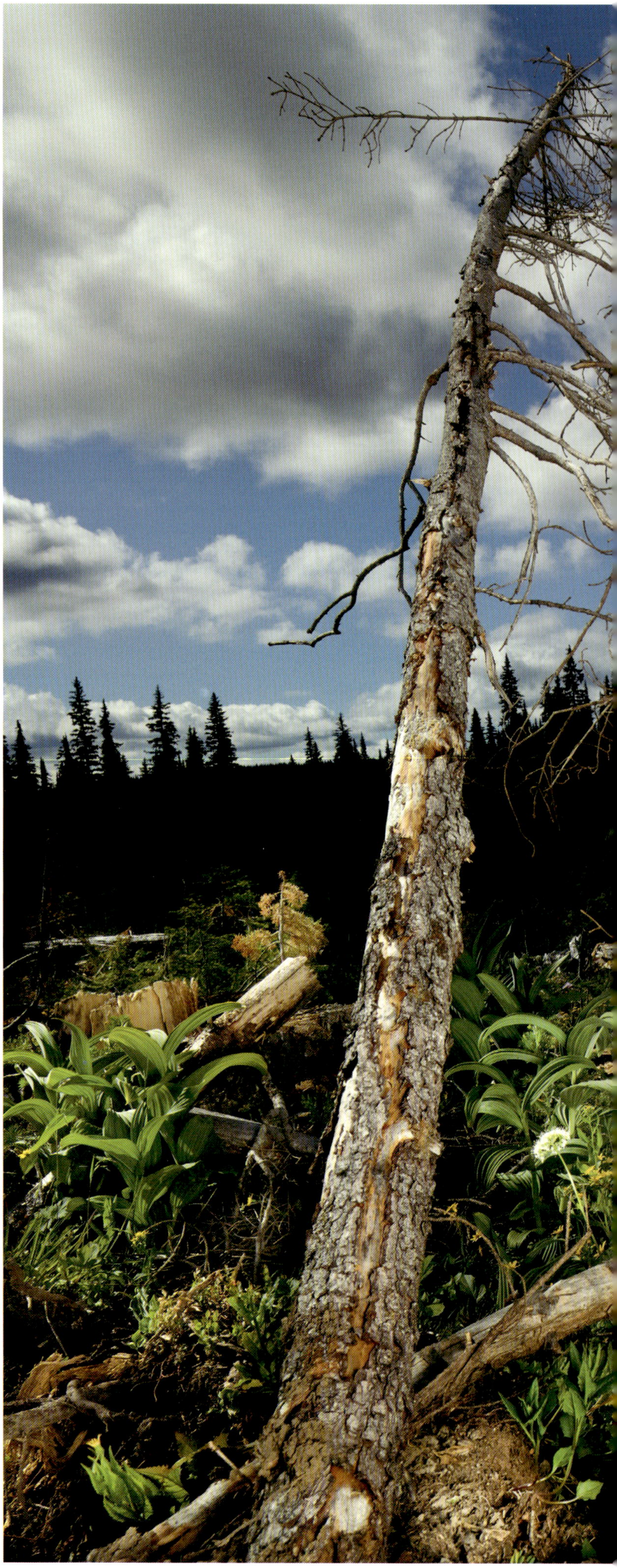

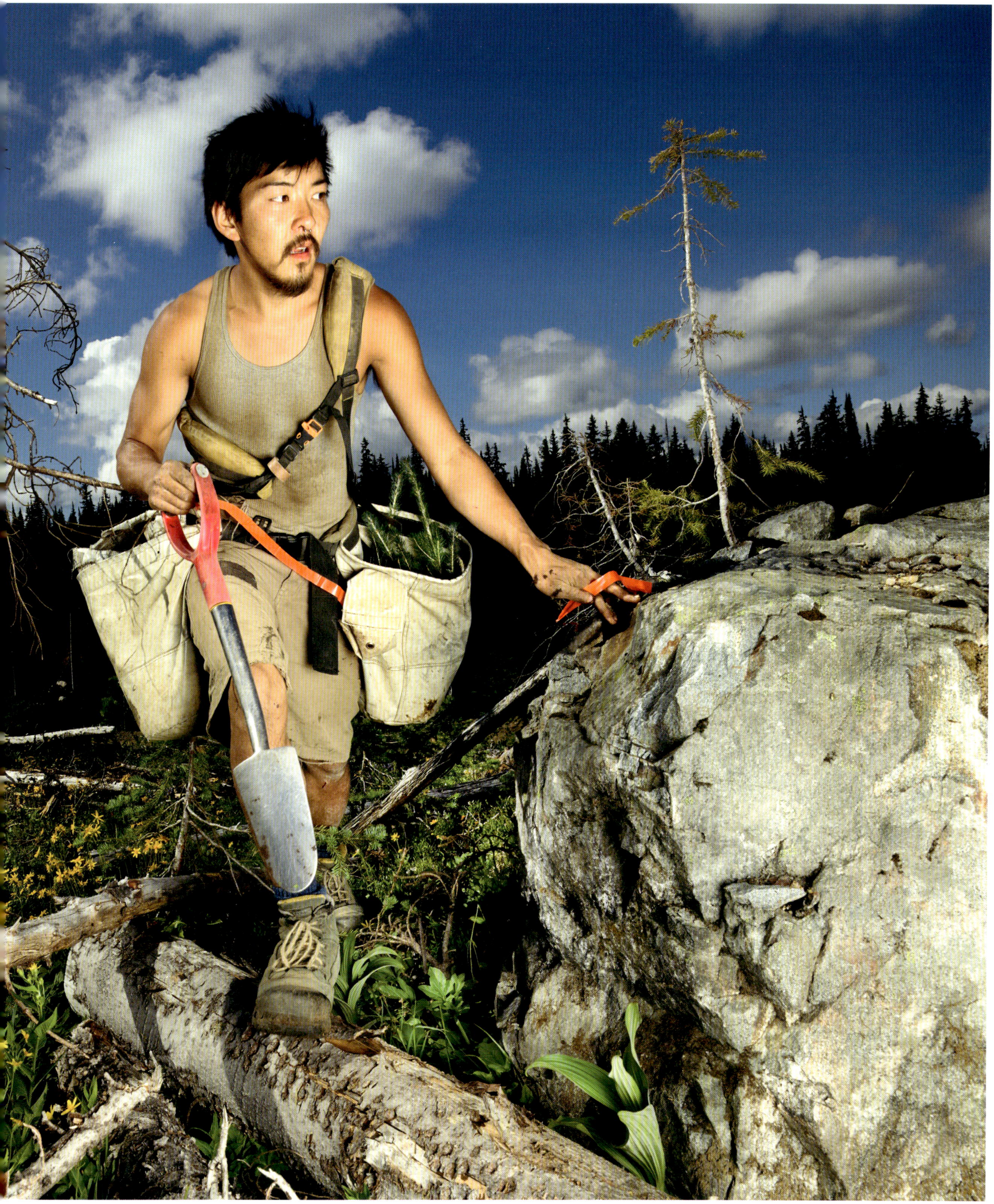

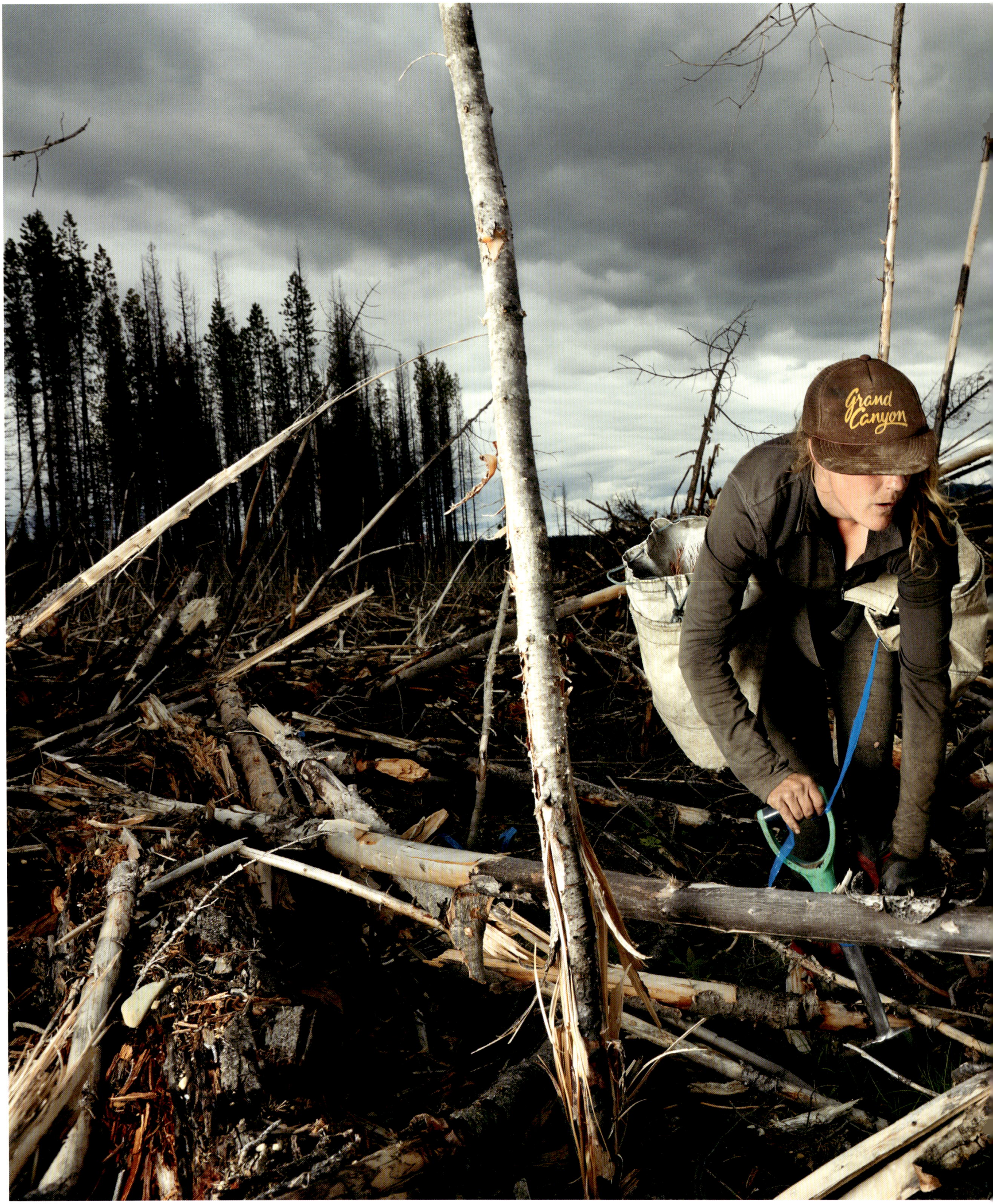
Grand
Canyon

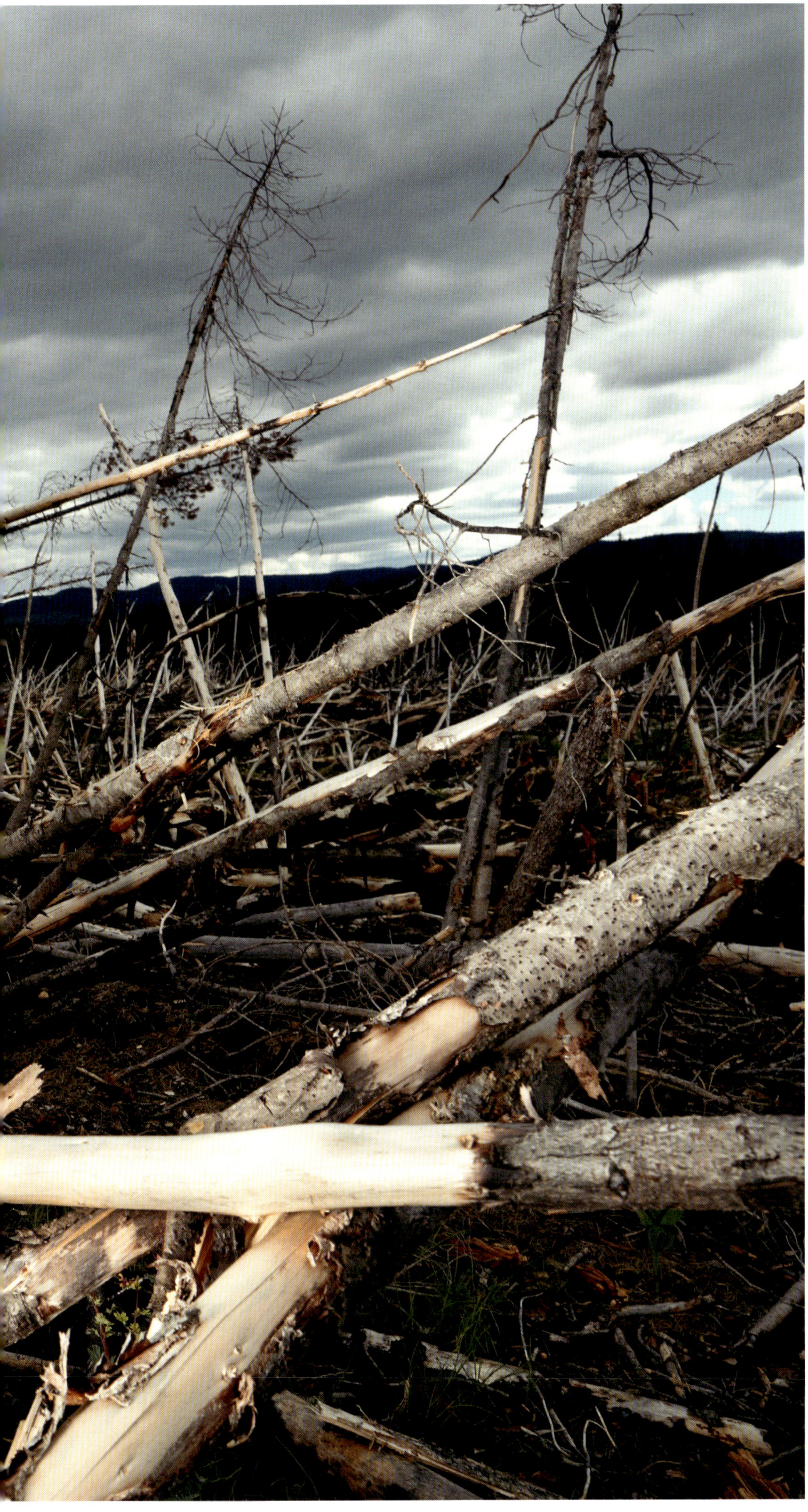

Cleo Carpenter, 2016

Franco Berti, 2016

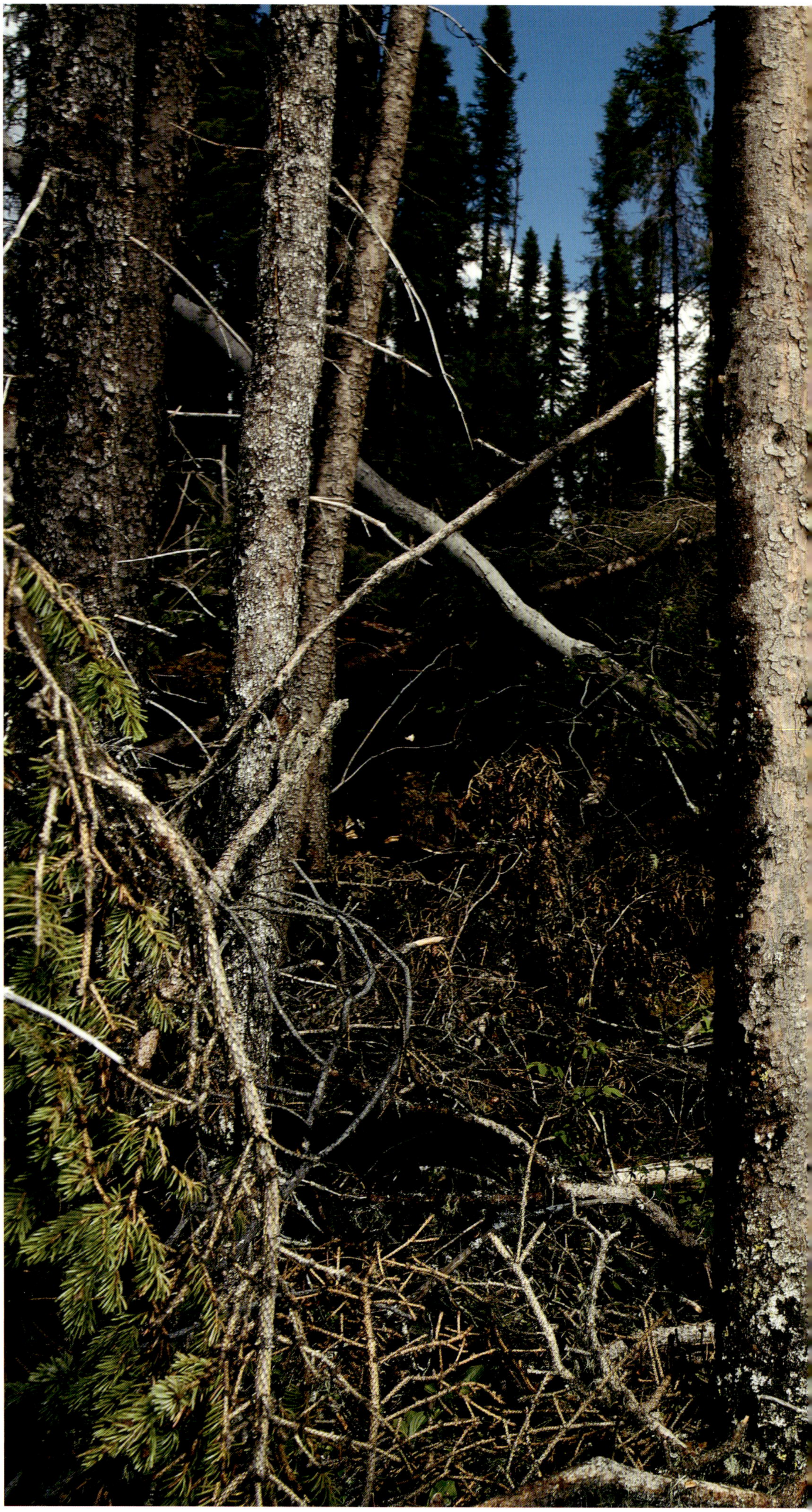

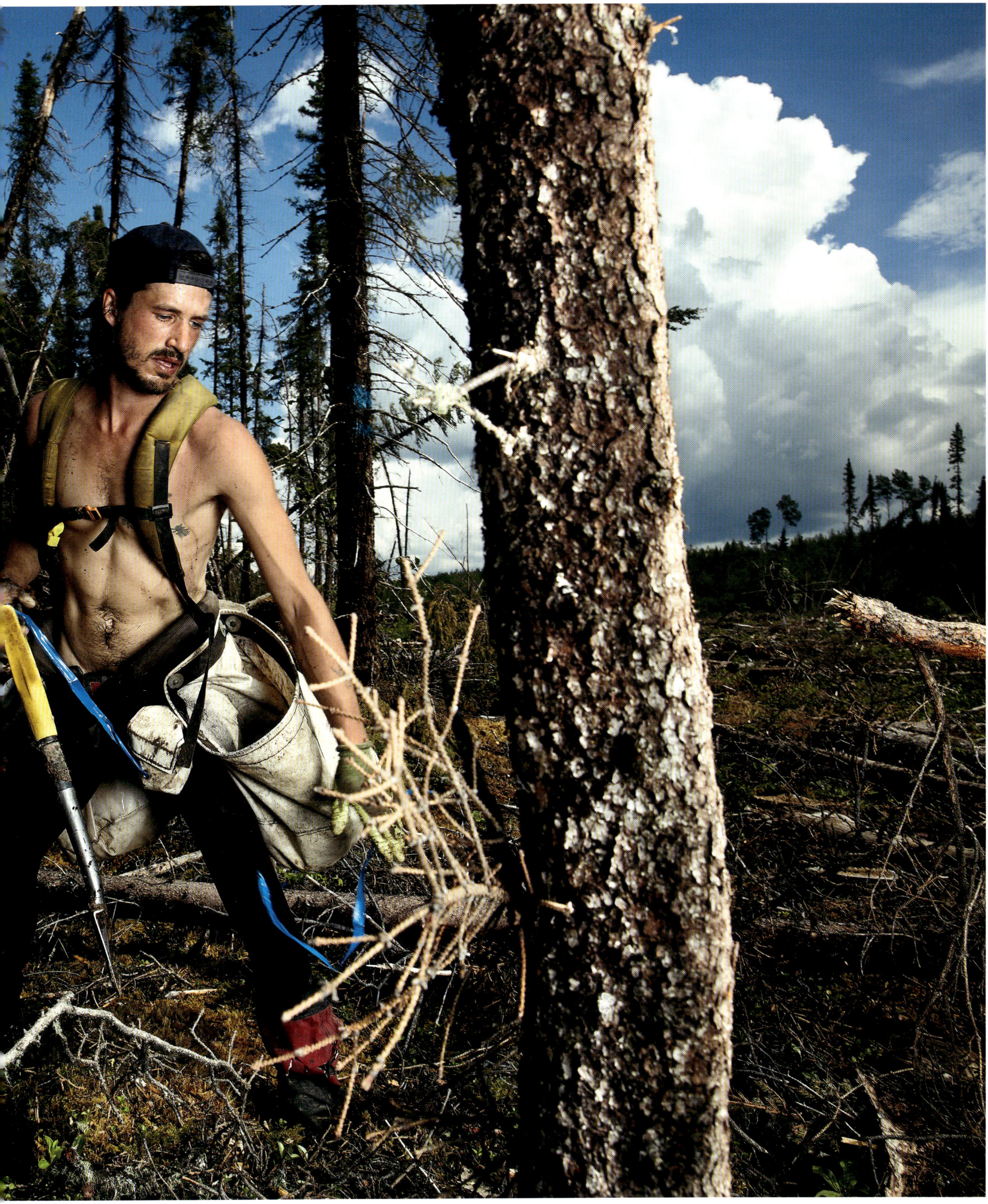

Maeve O'Neill Sanger, 2017

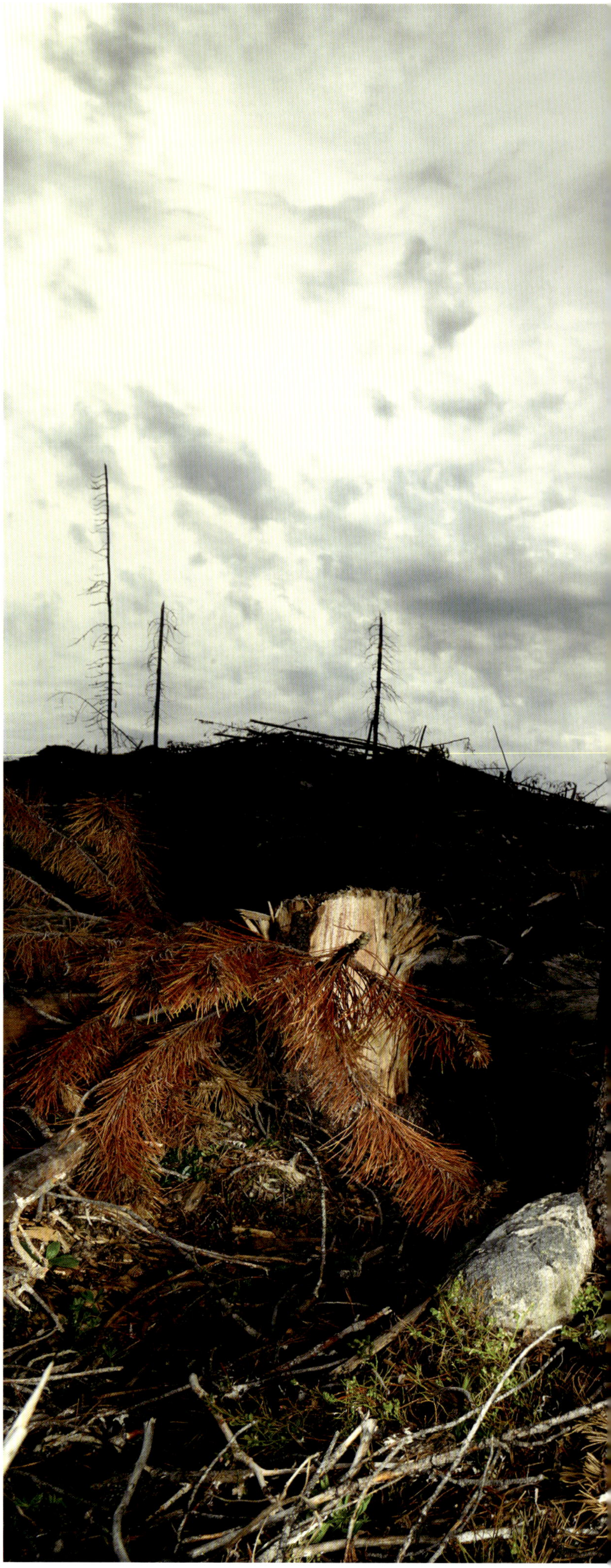

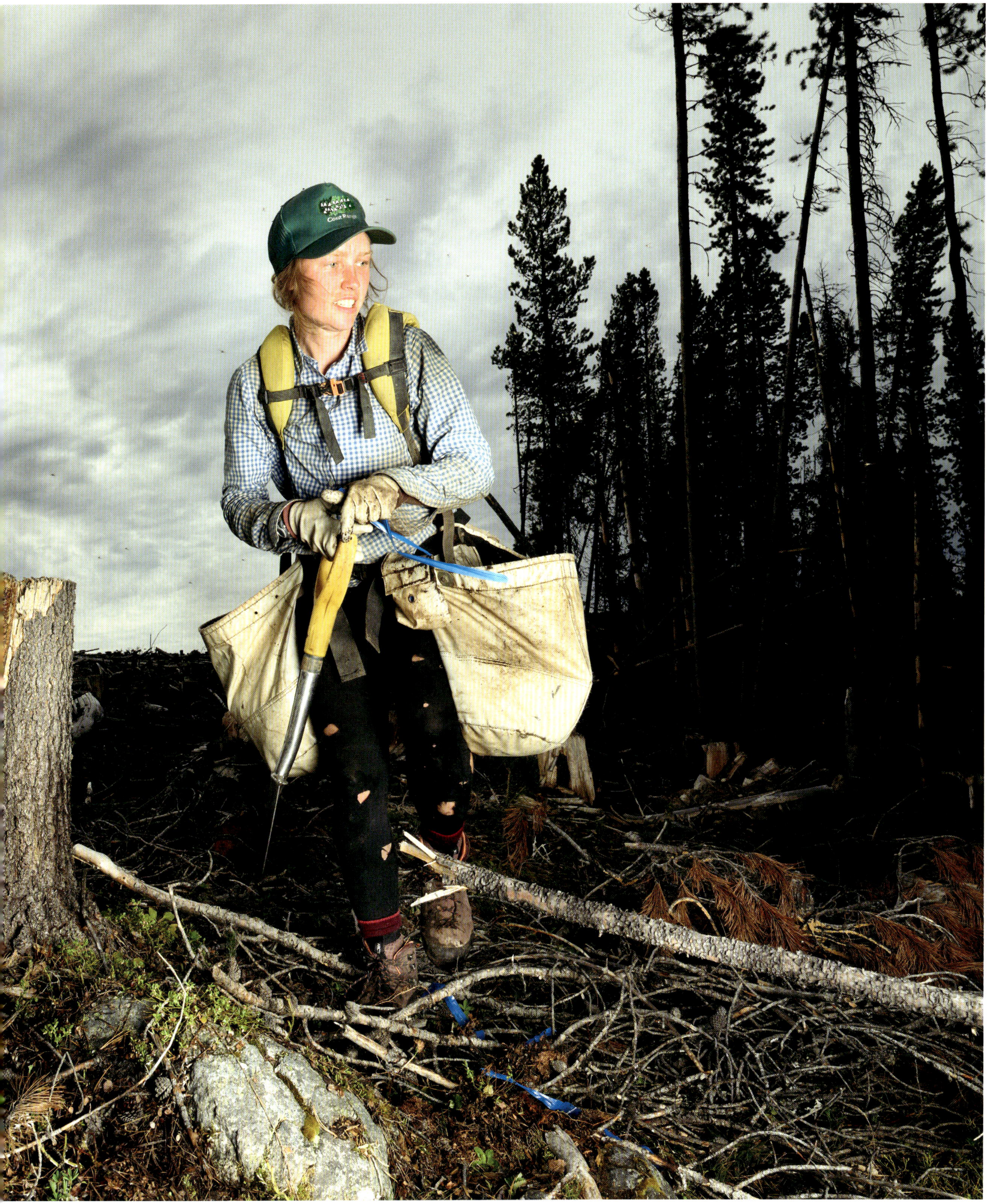

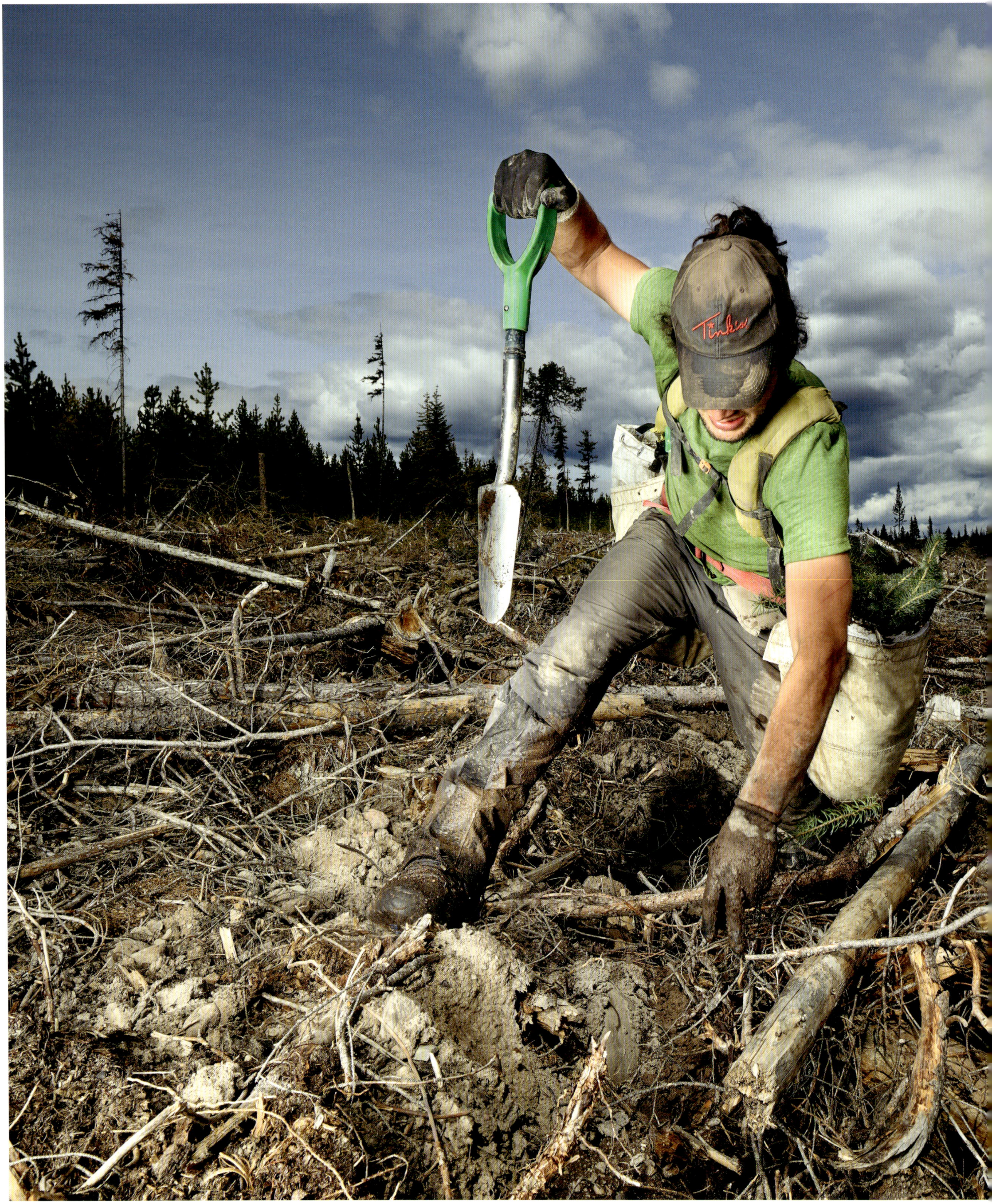
Tink's

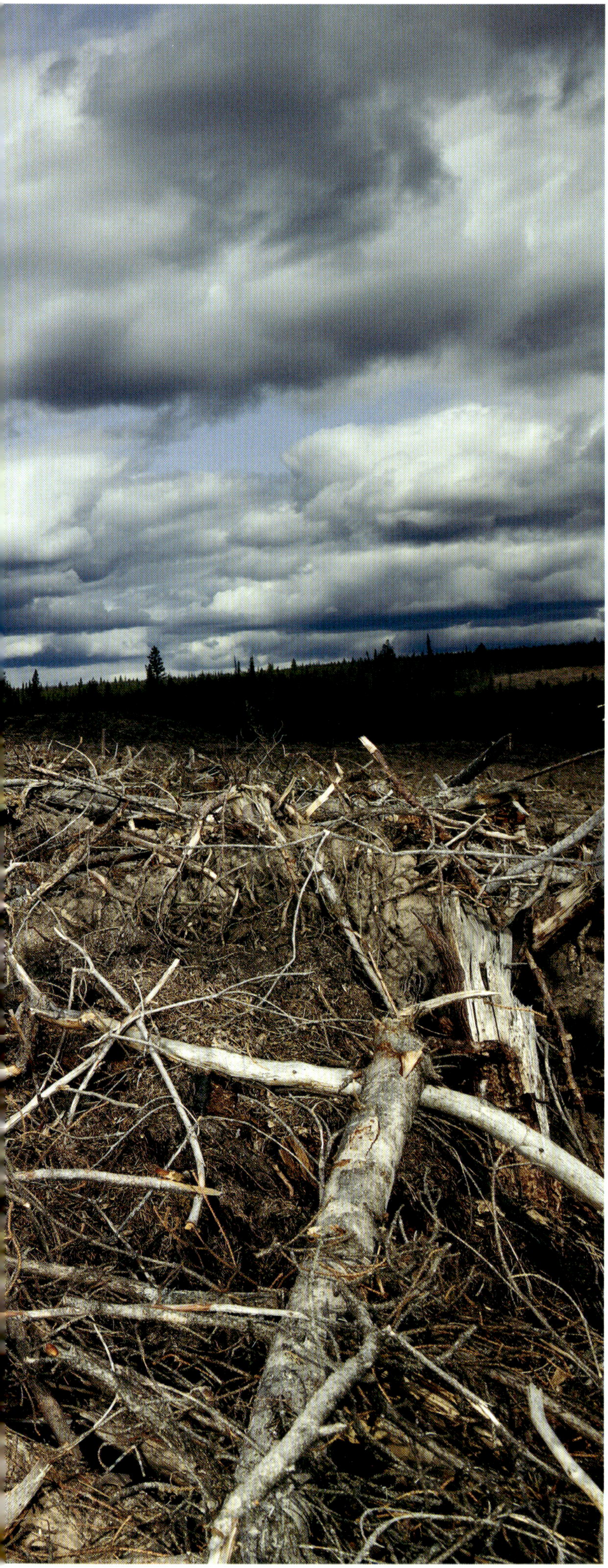

Gilbert Gosselin, 2017

Laurence Morin, 2017

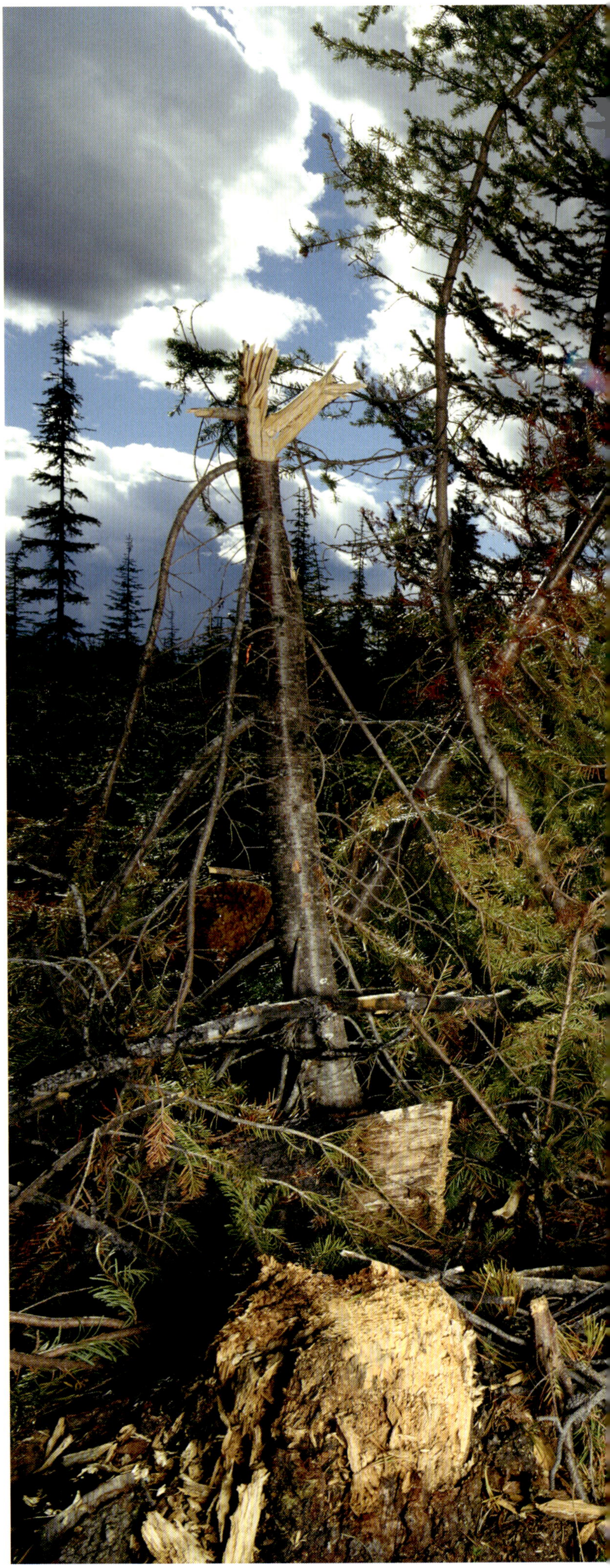

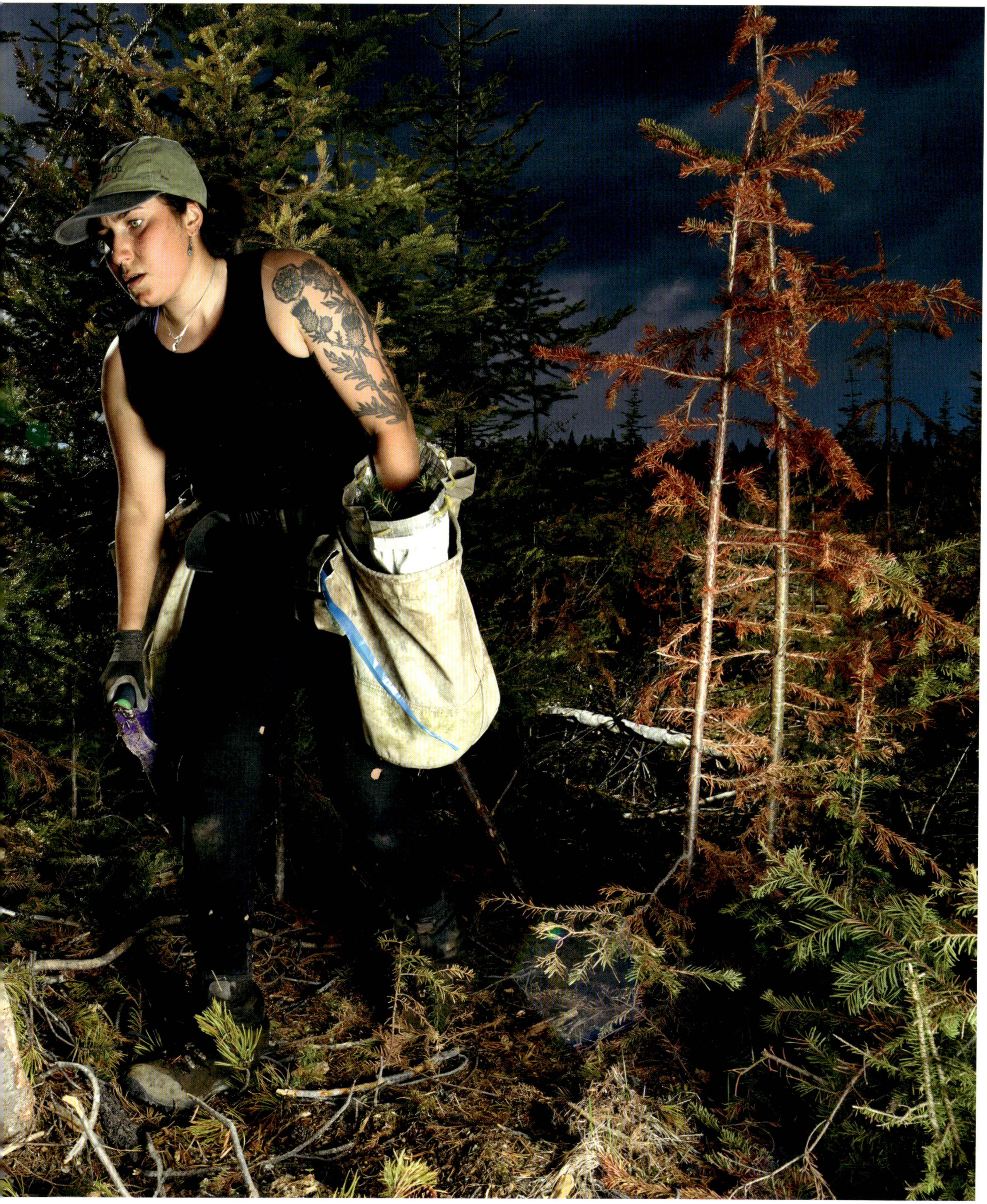

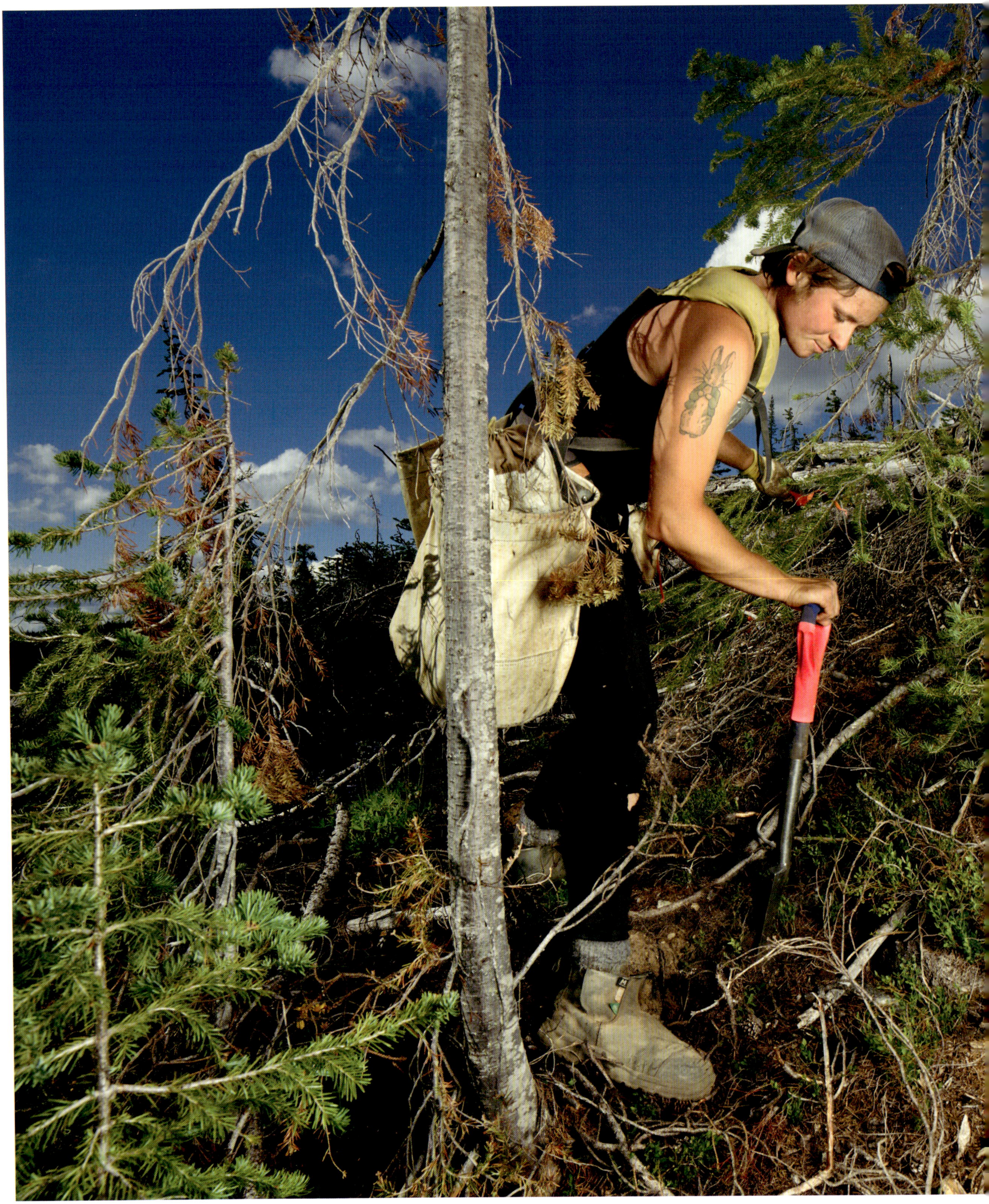

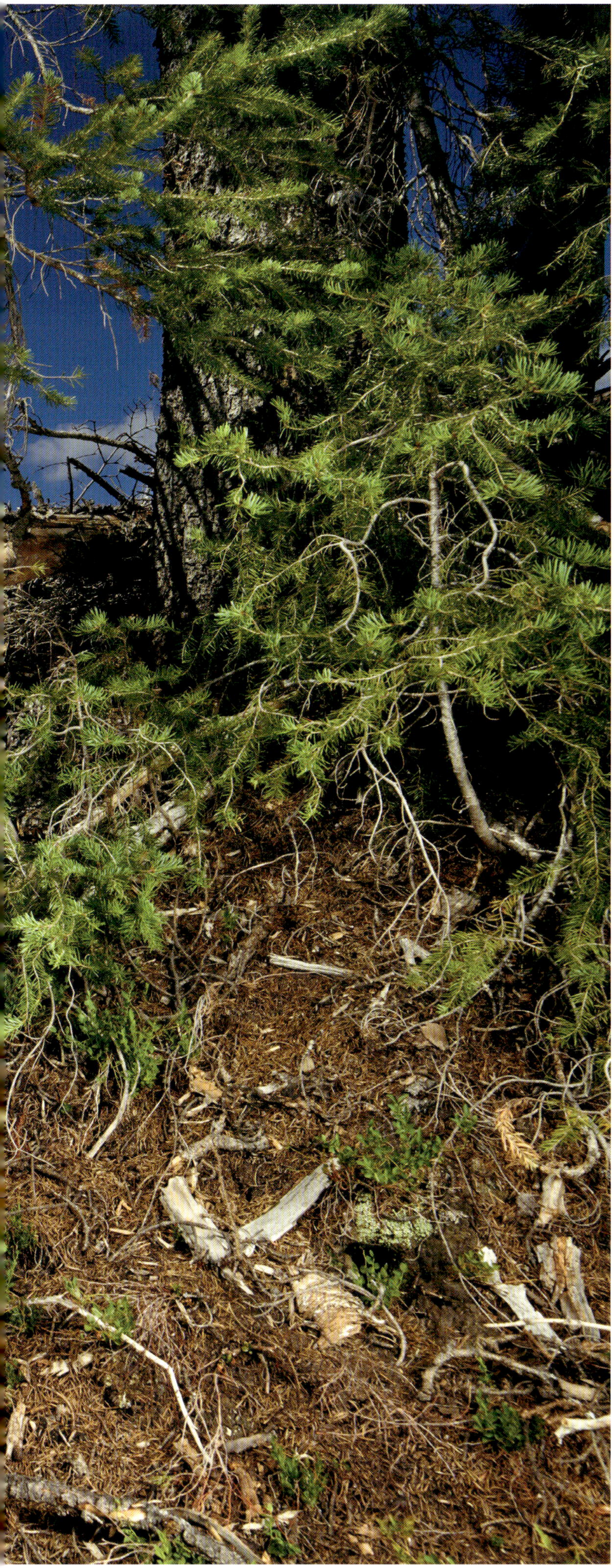

Sally Enns, 2017

Bilal Basse, 2017

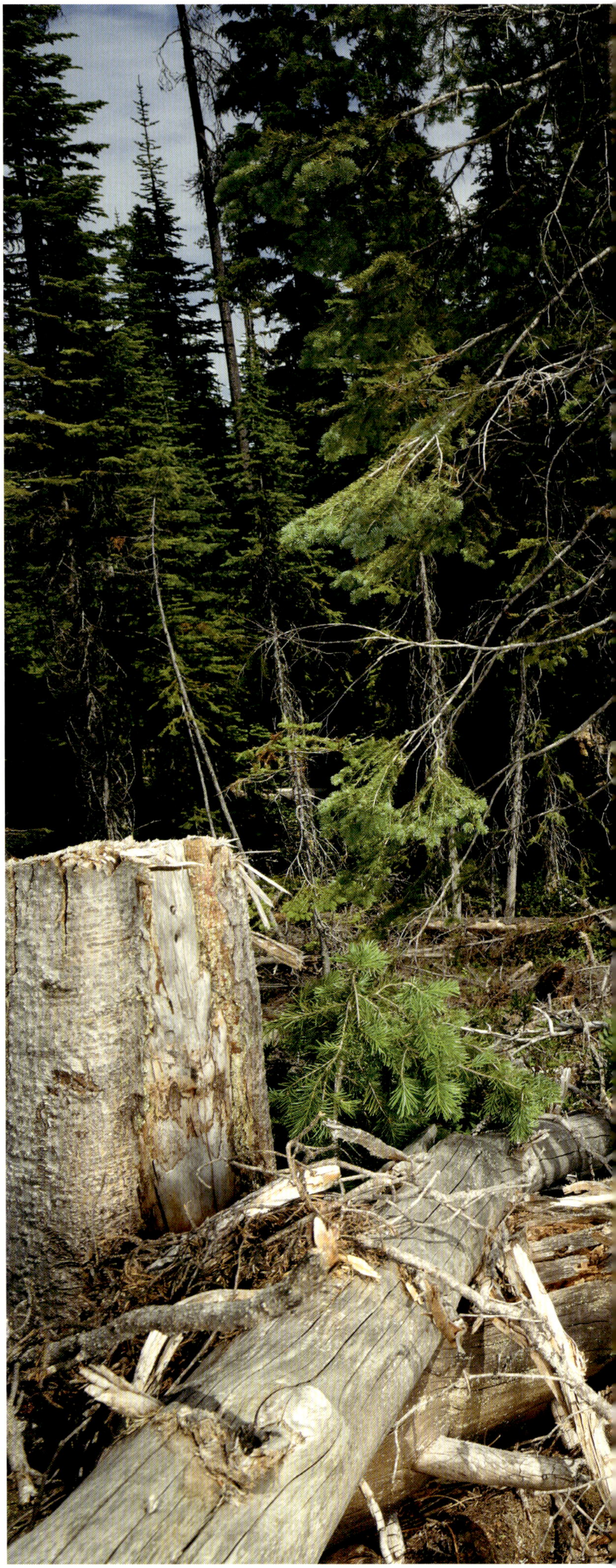

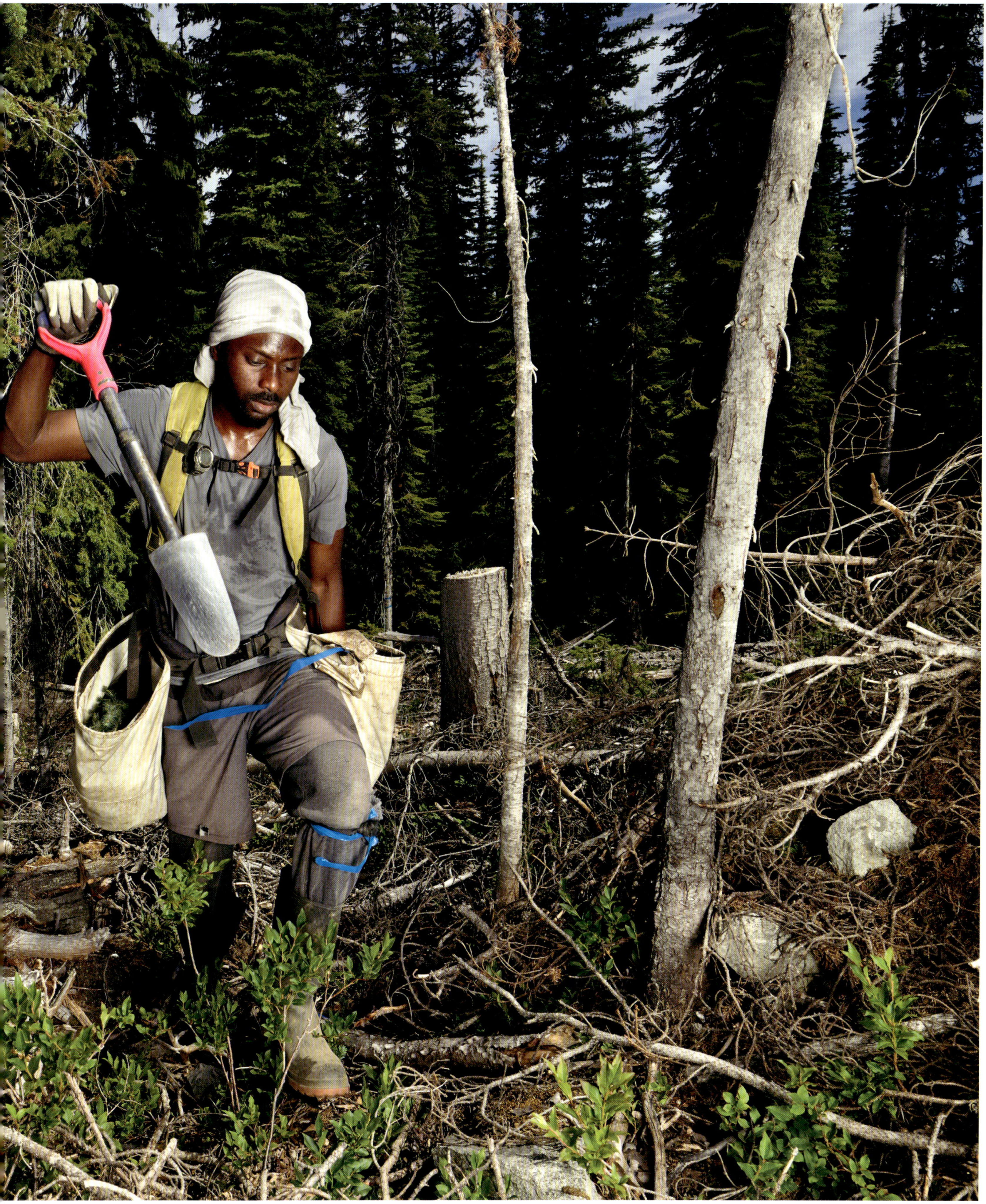

LilyAnne Leclipteux, 2017

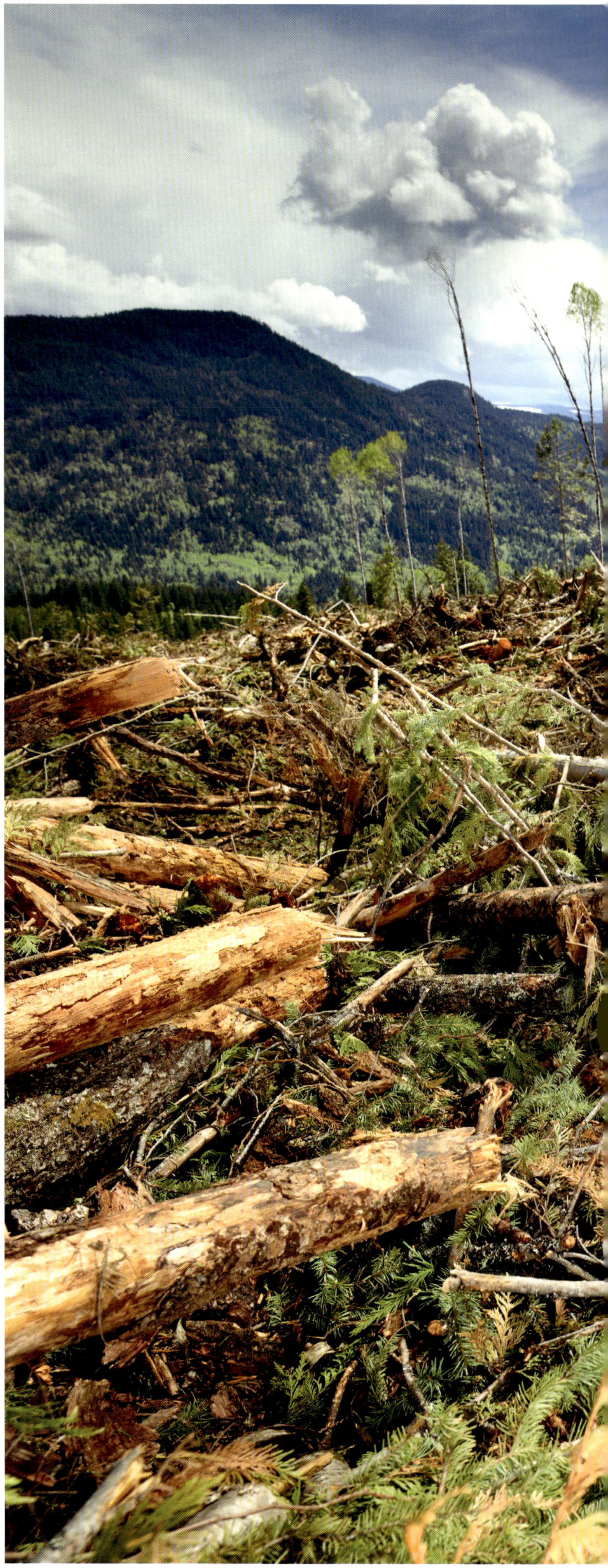

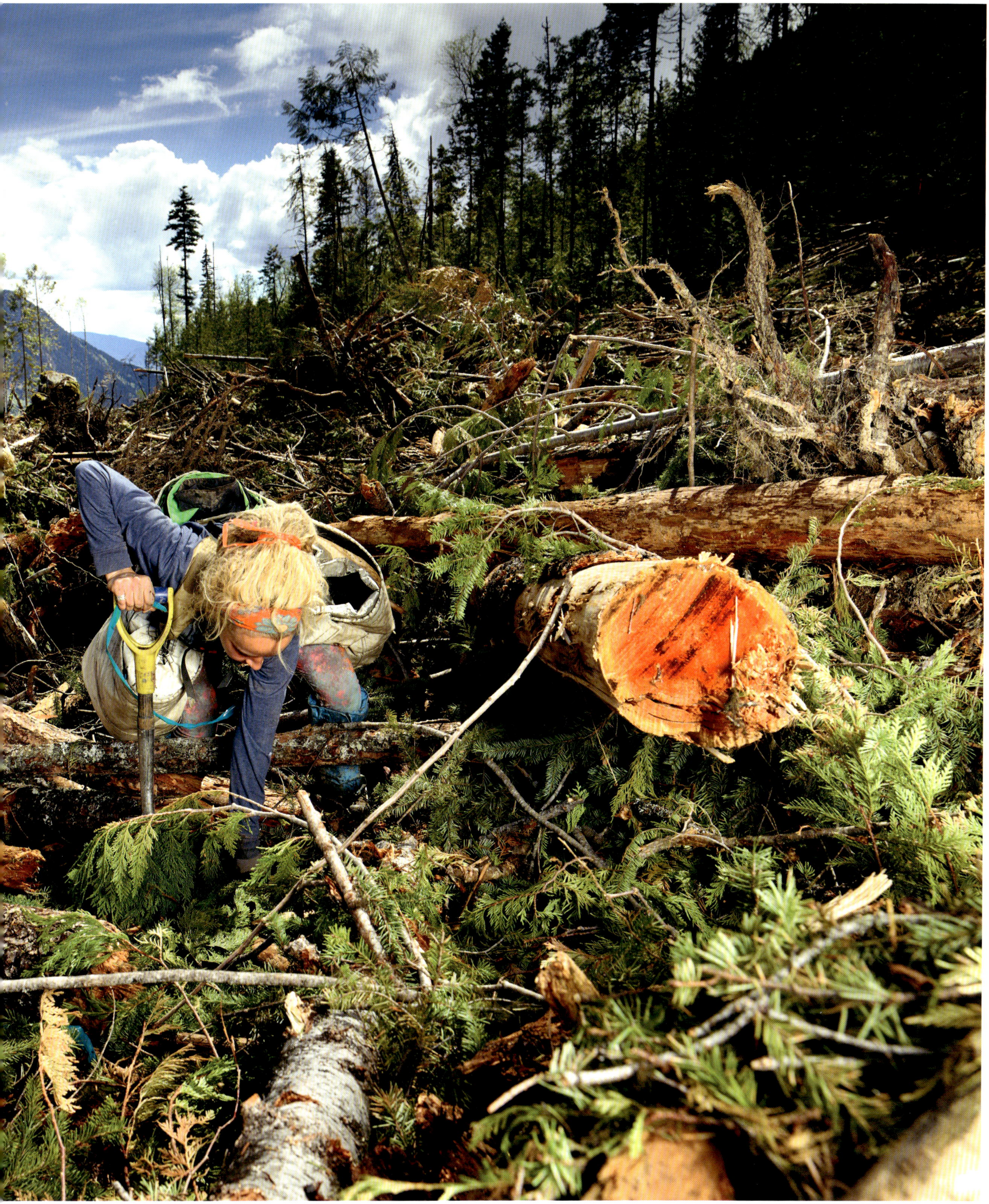

Andrew Dallas Blackstone, 2017

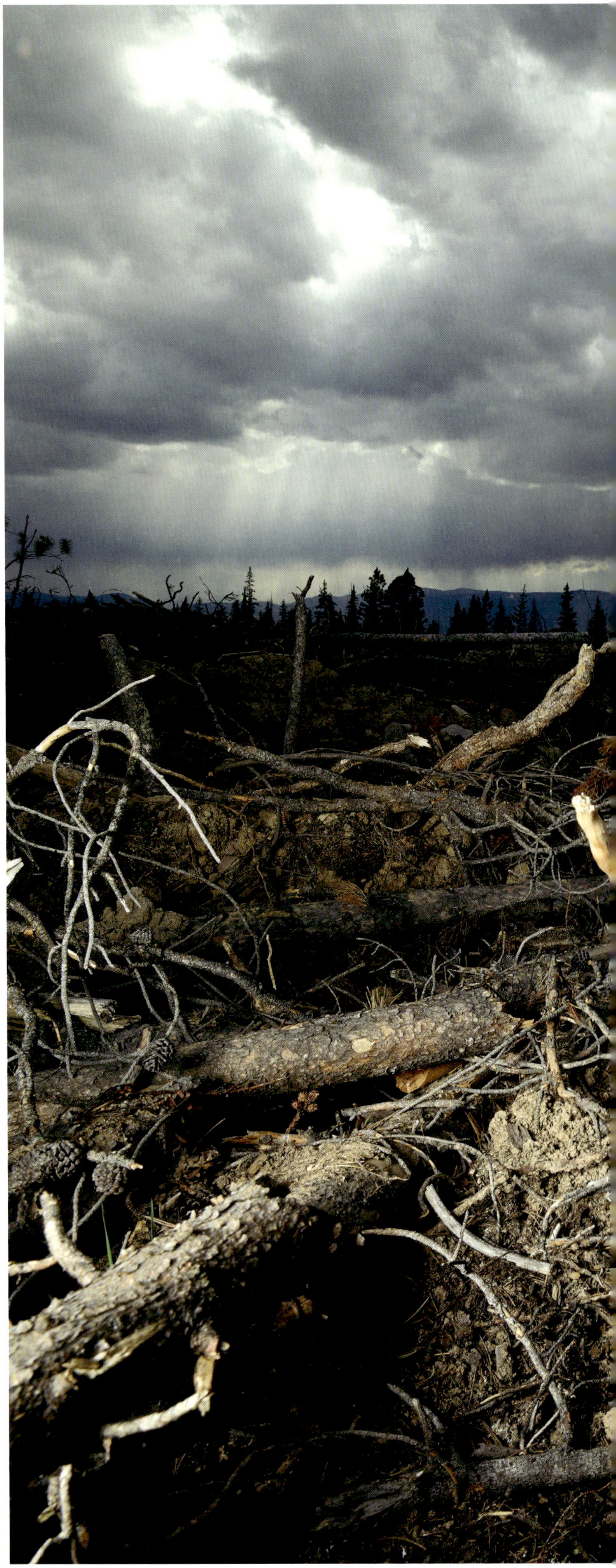

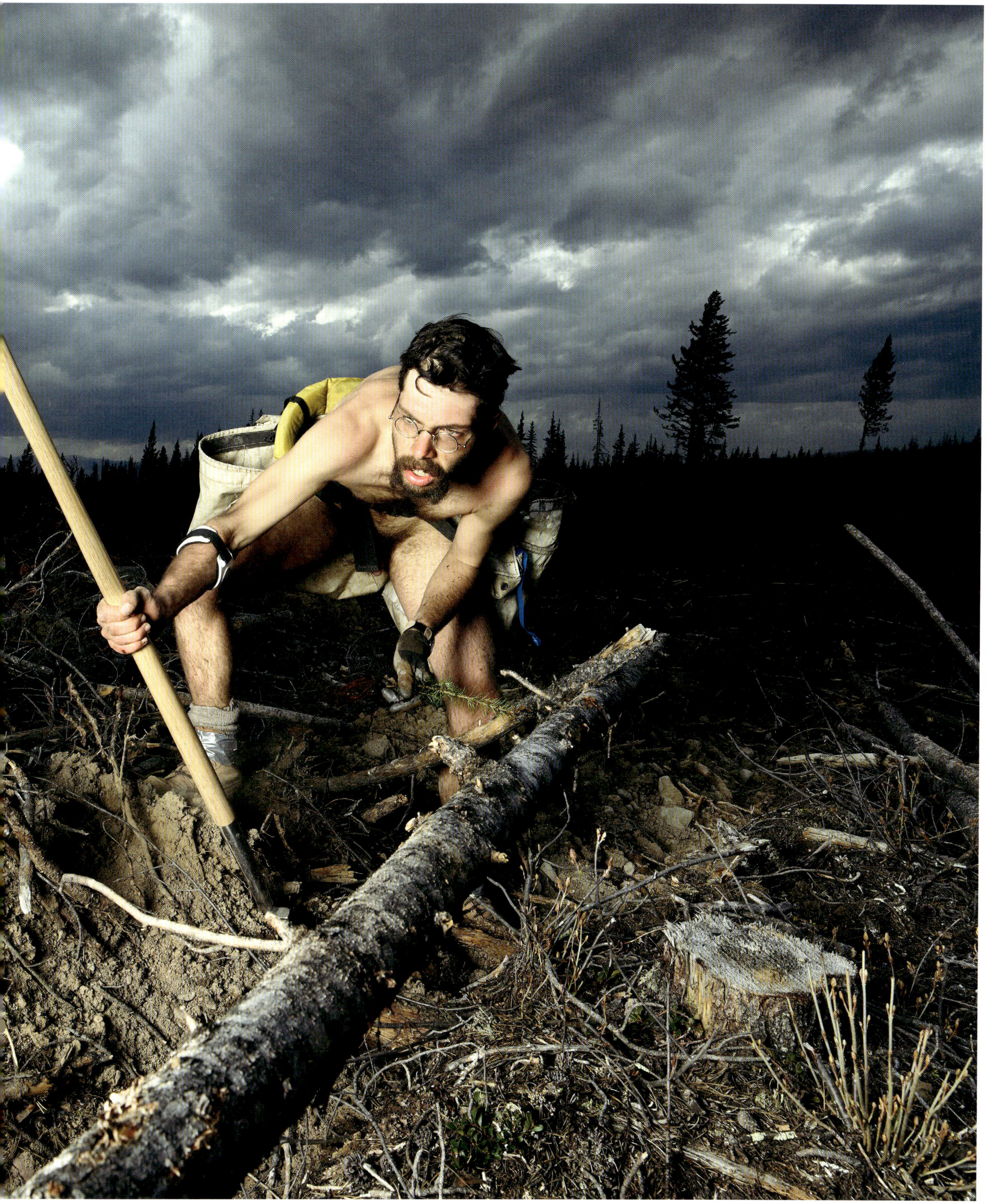

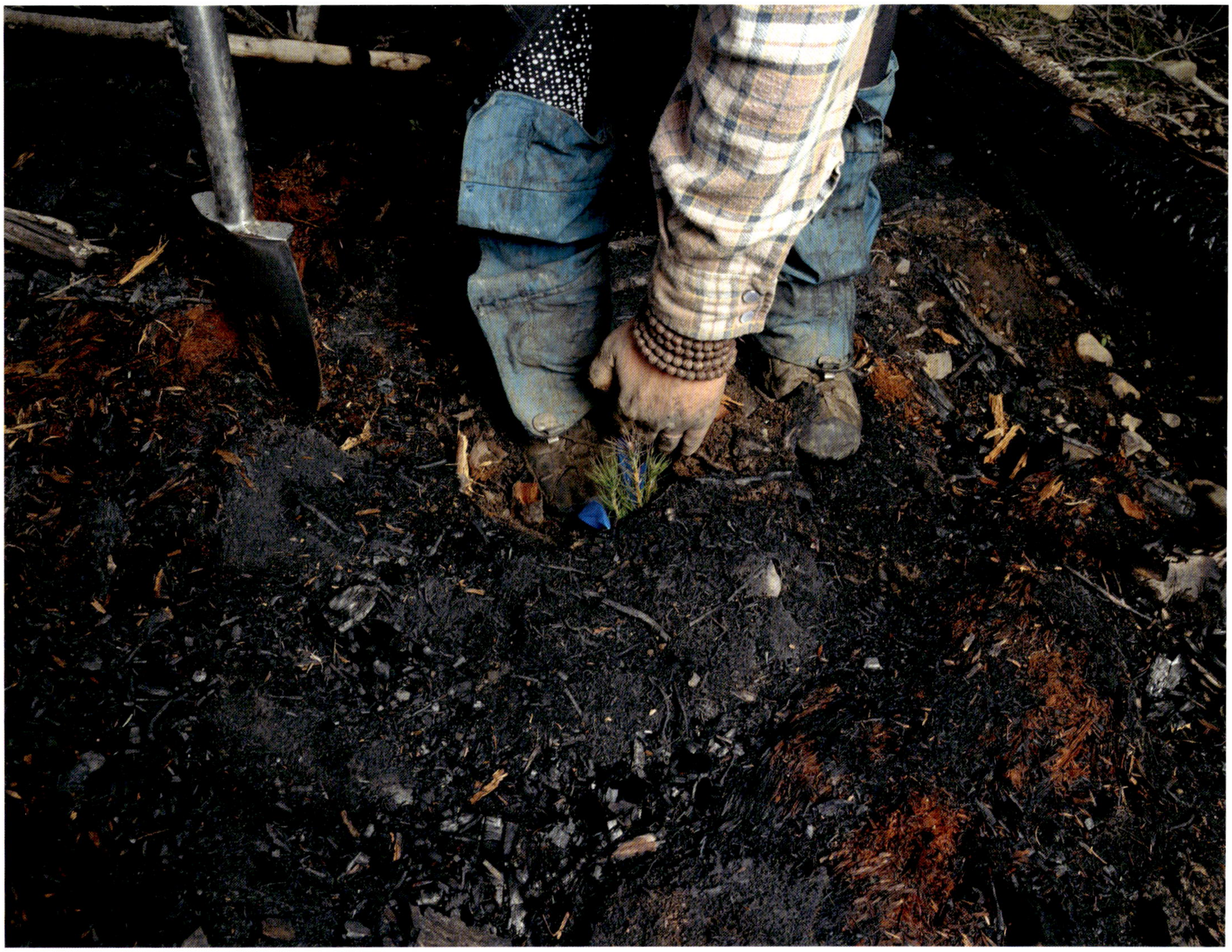

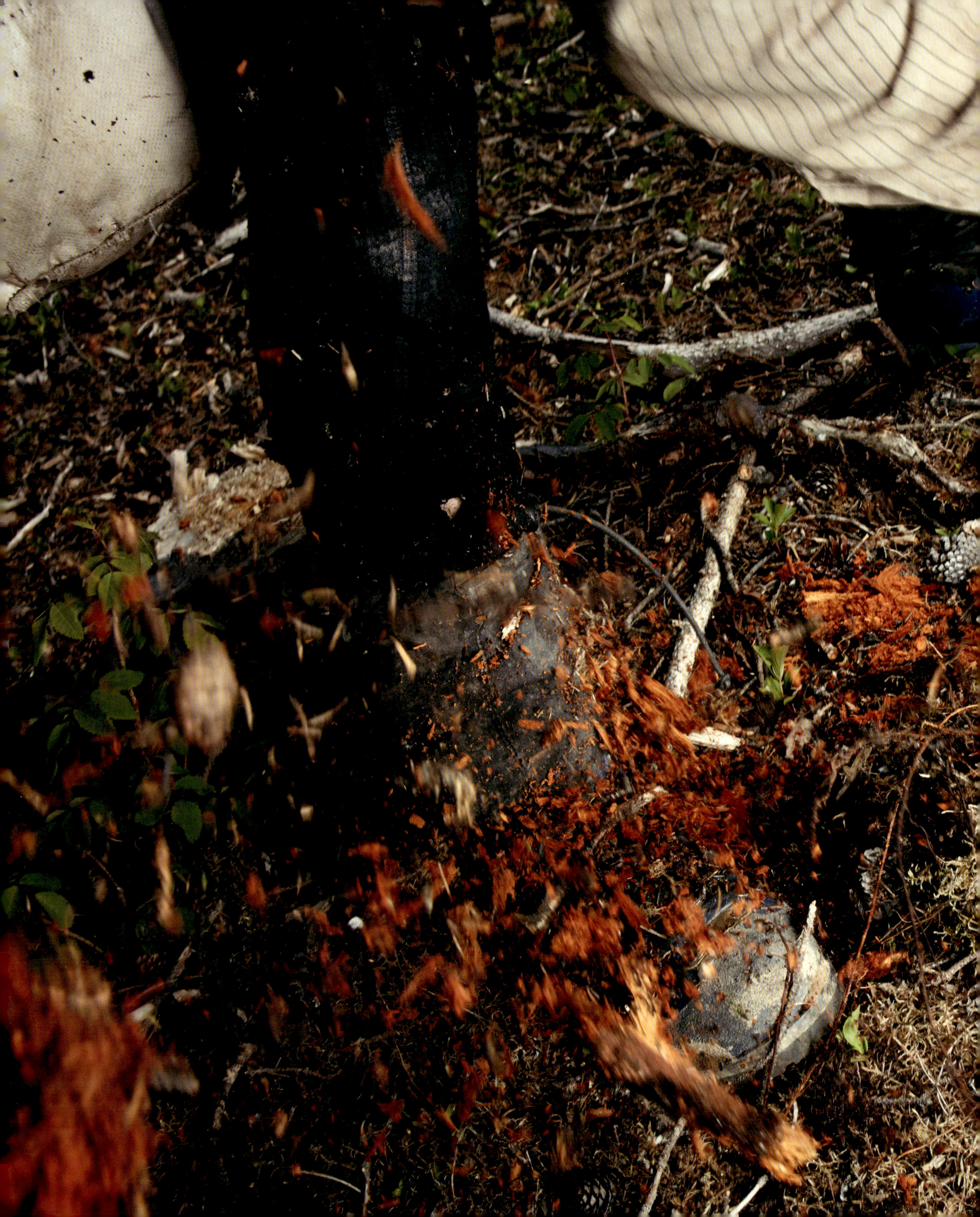

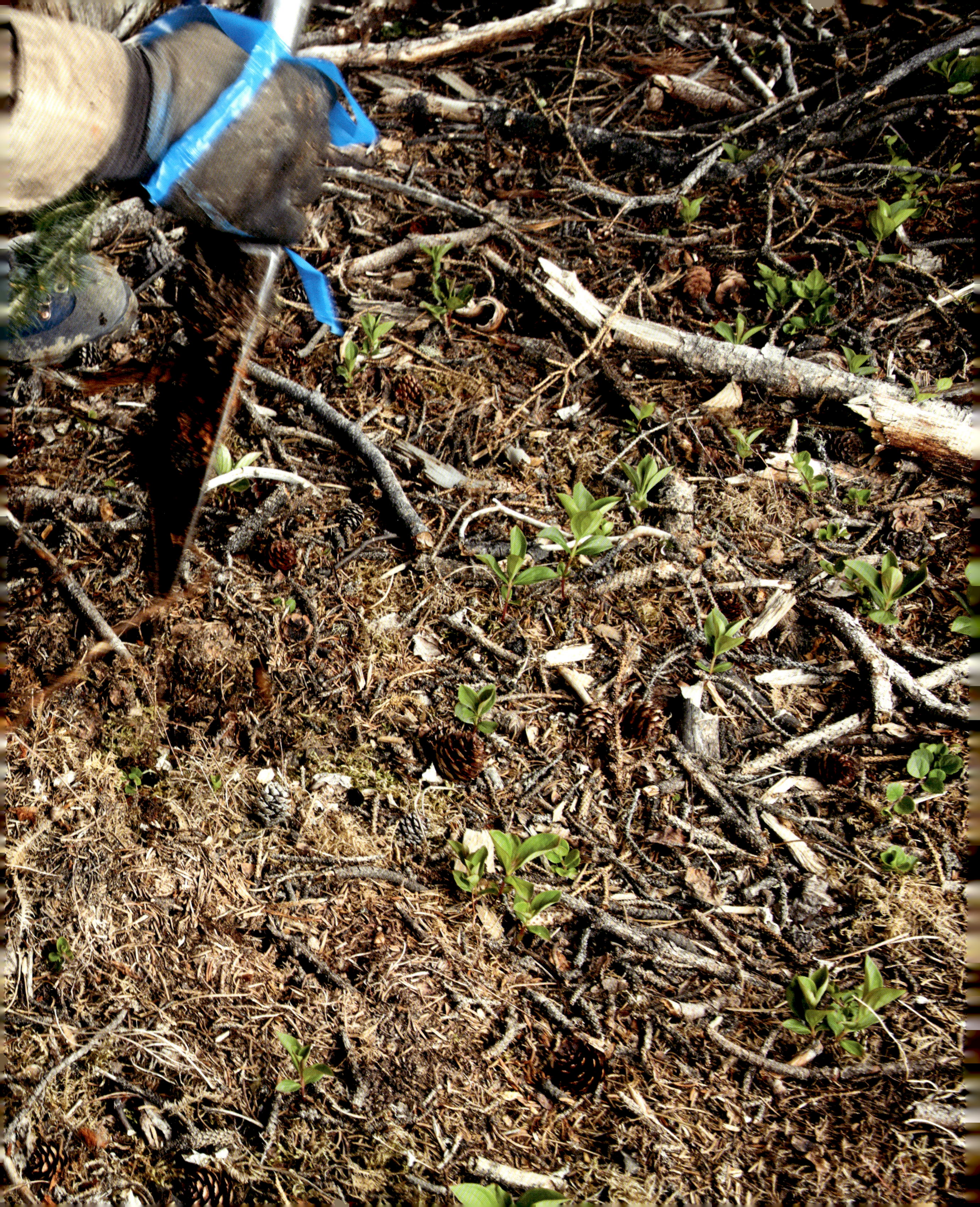

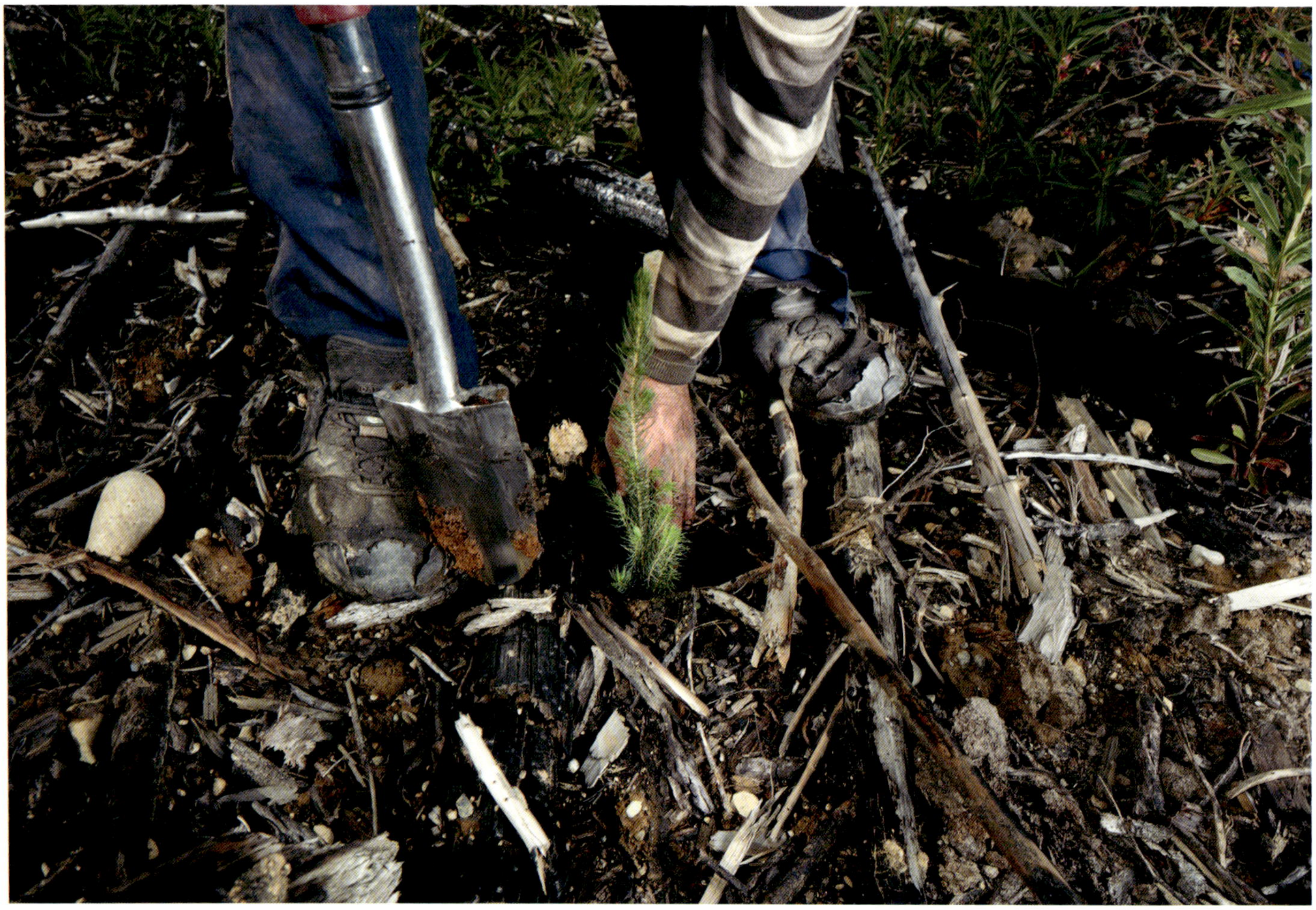

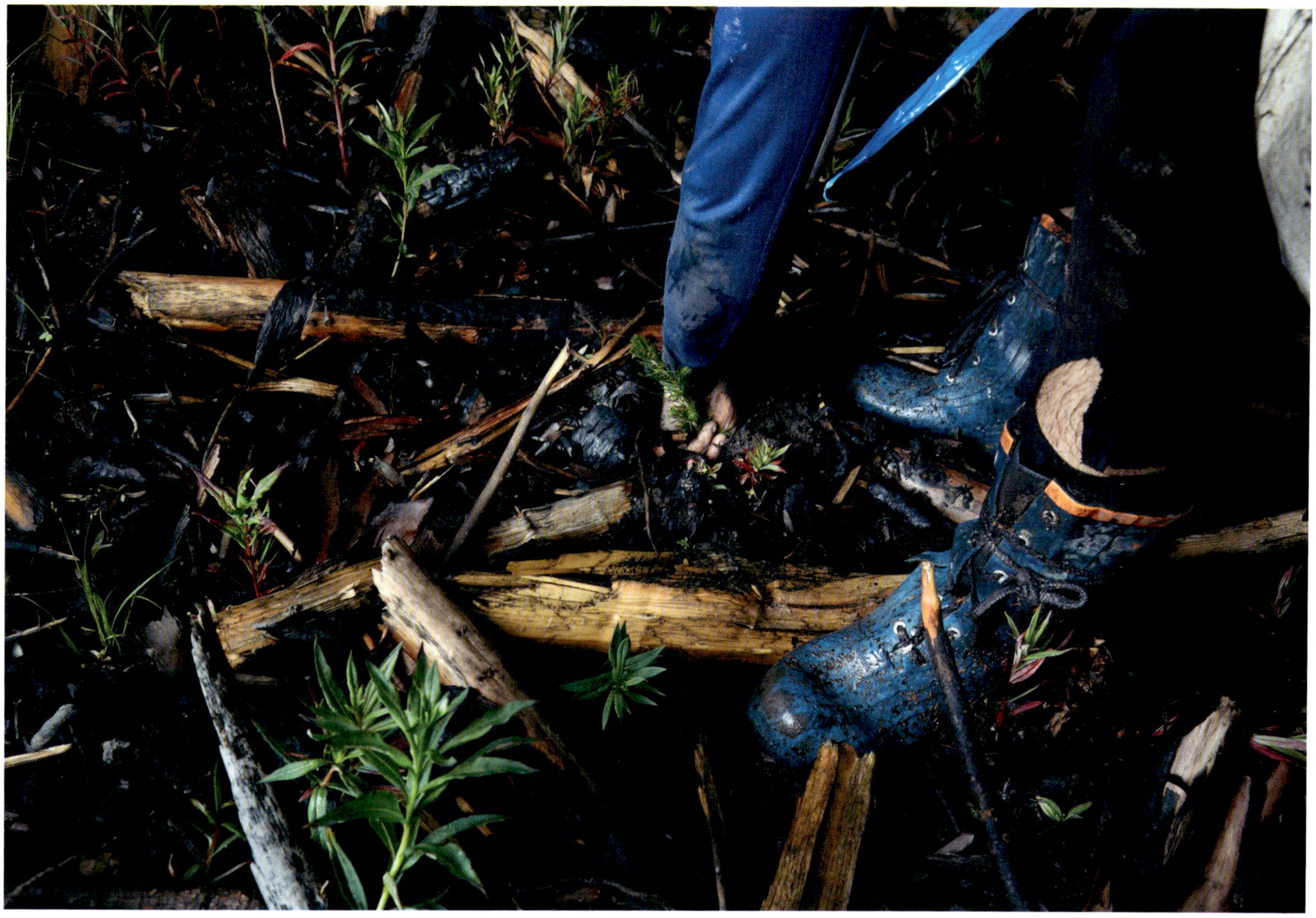

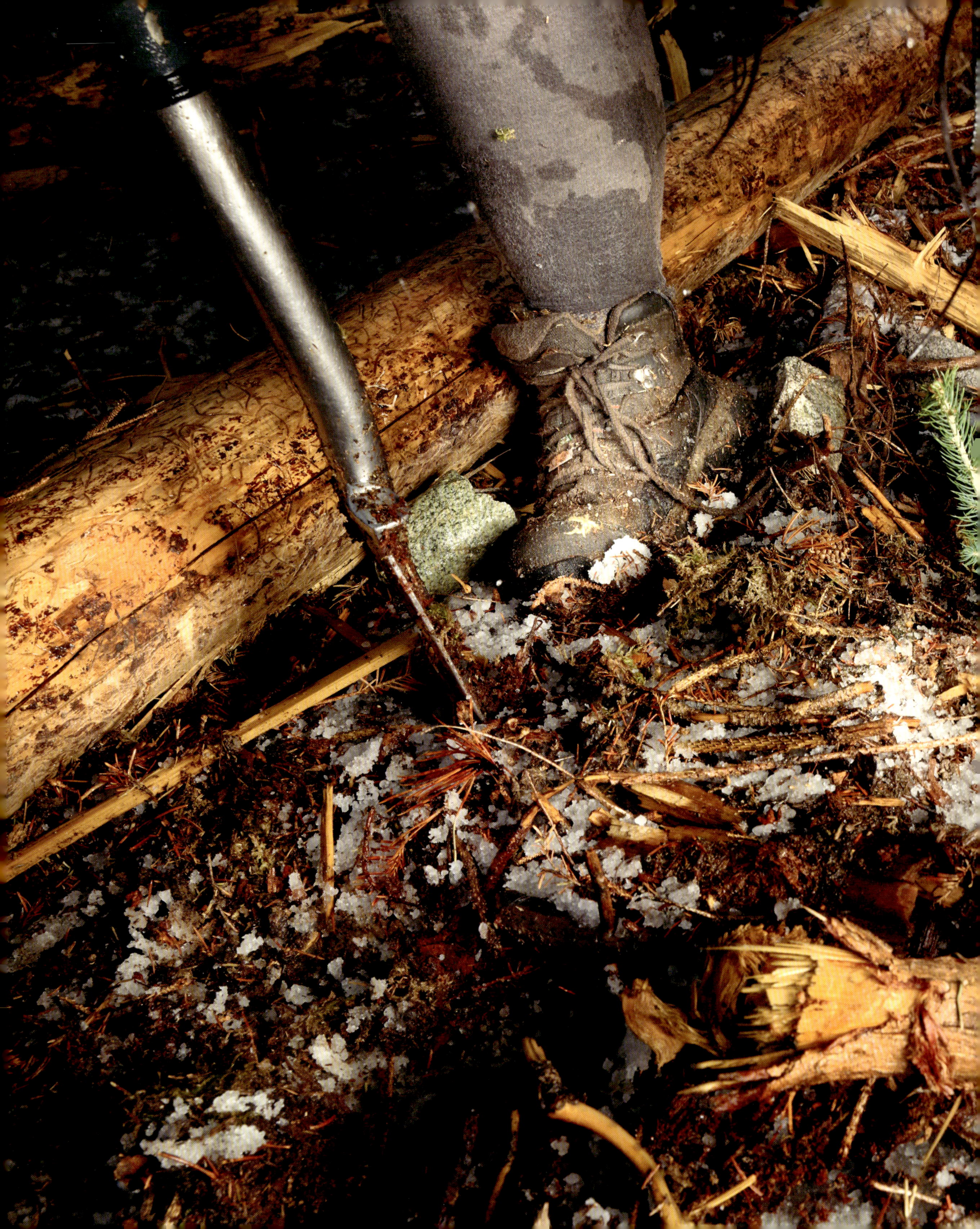

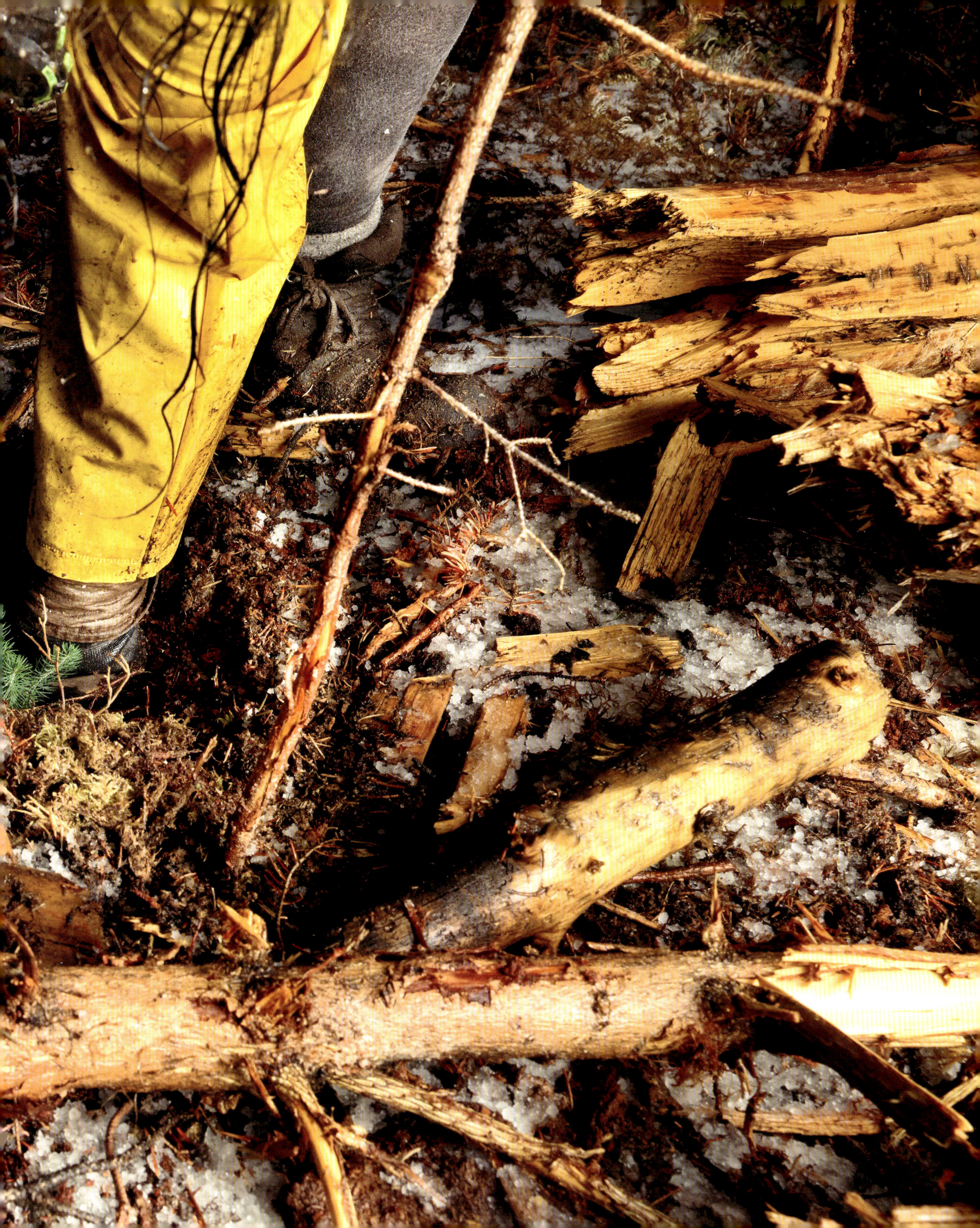

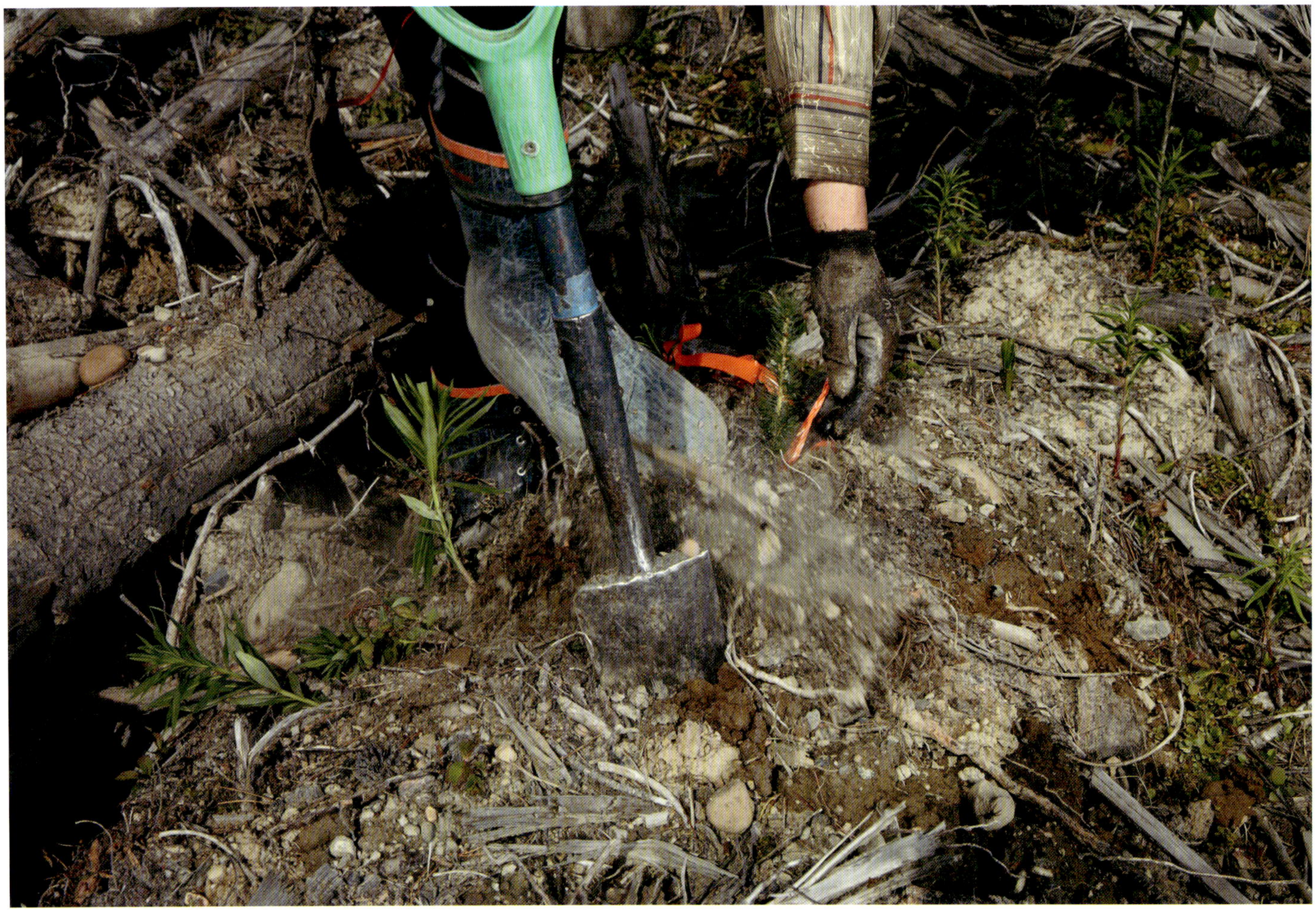

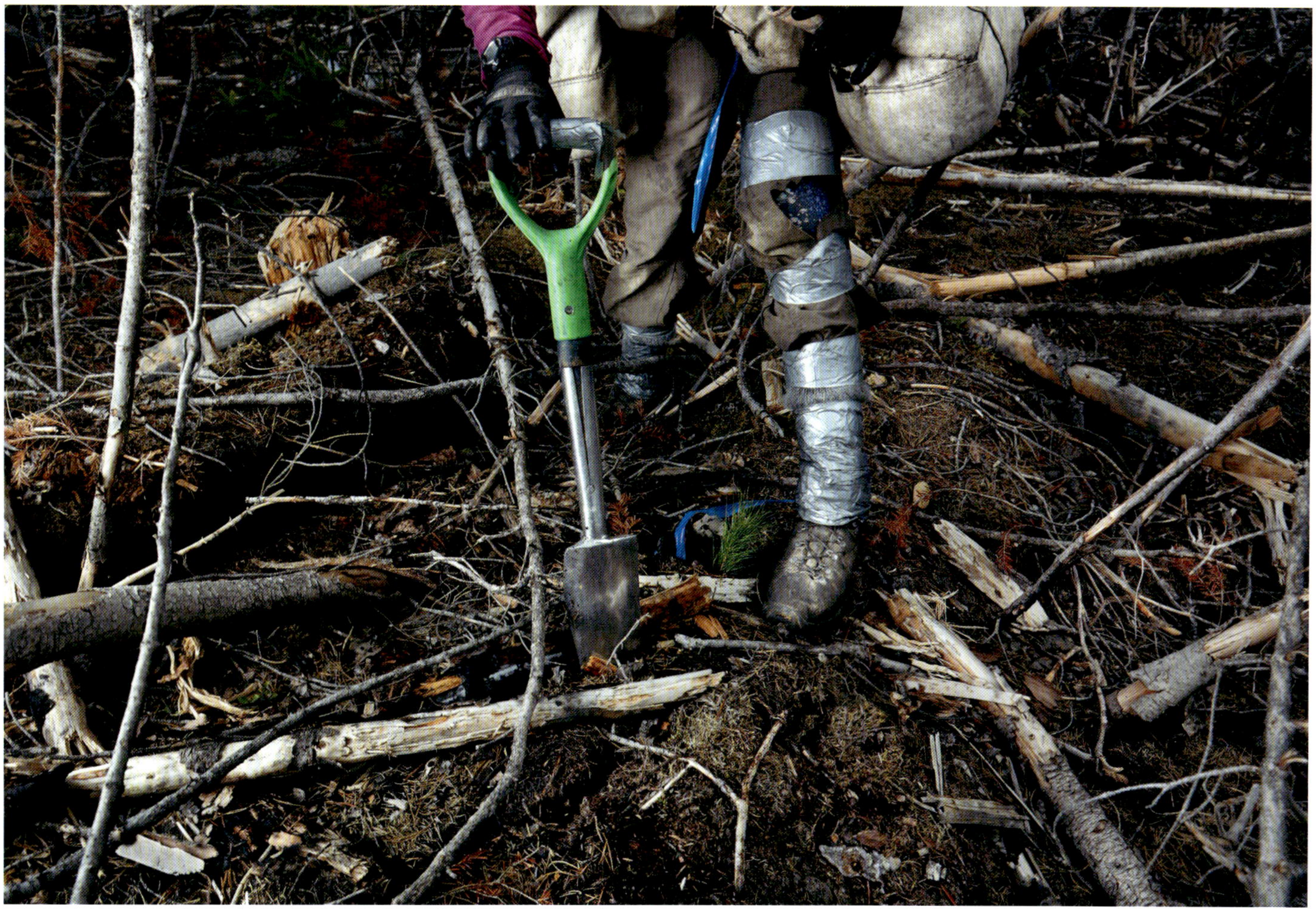

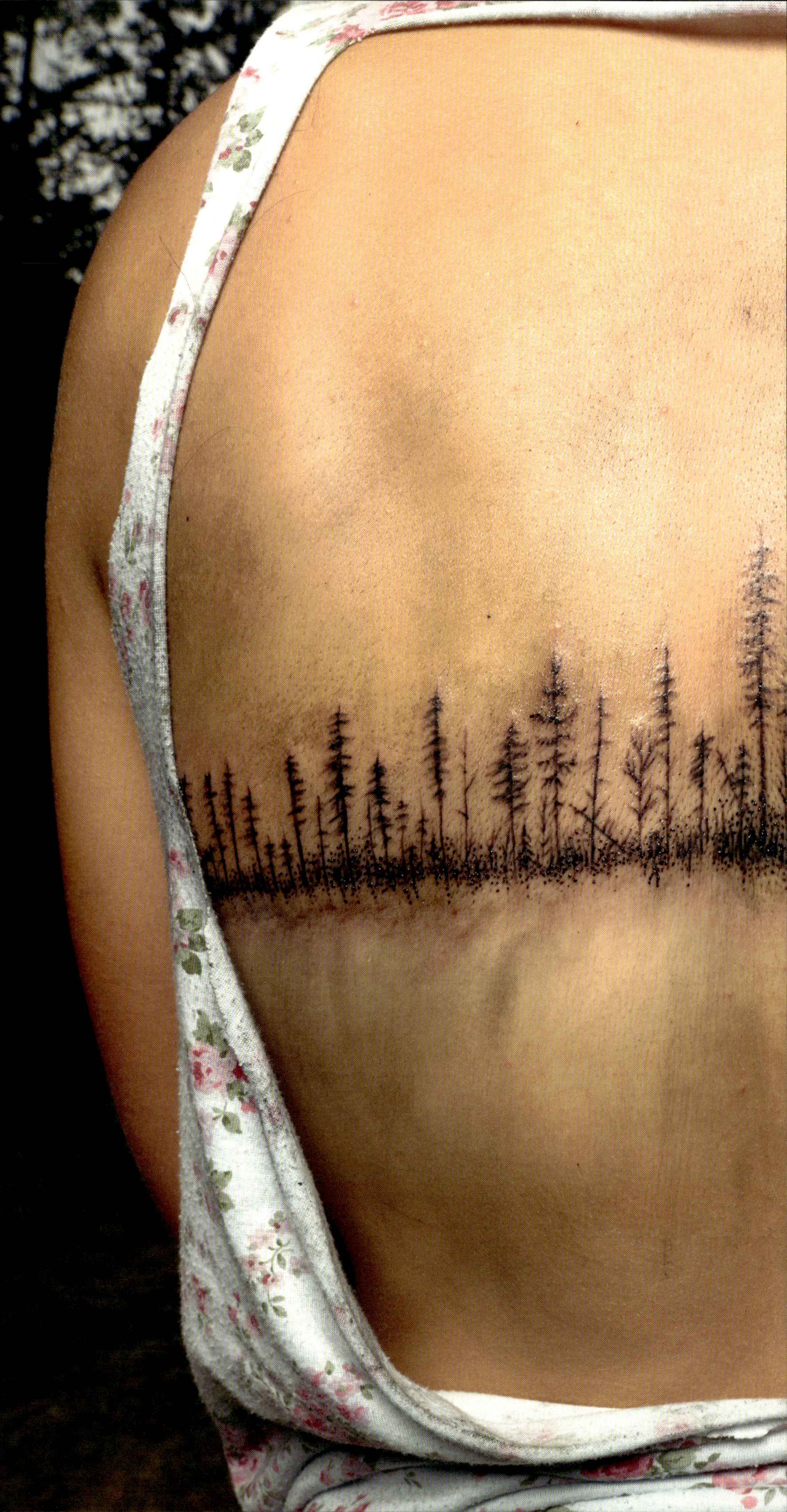

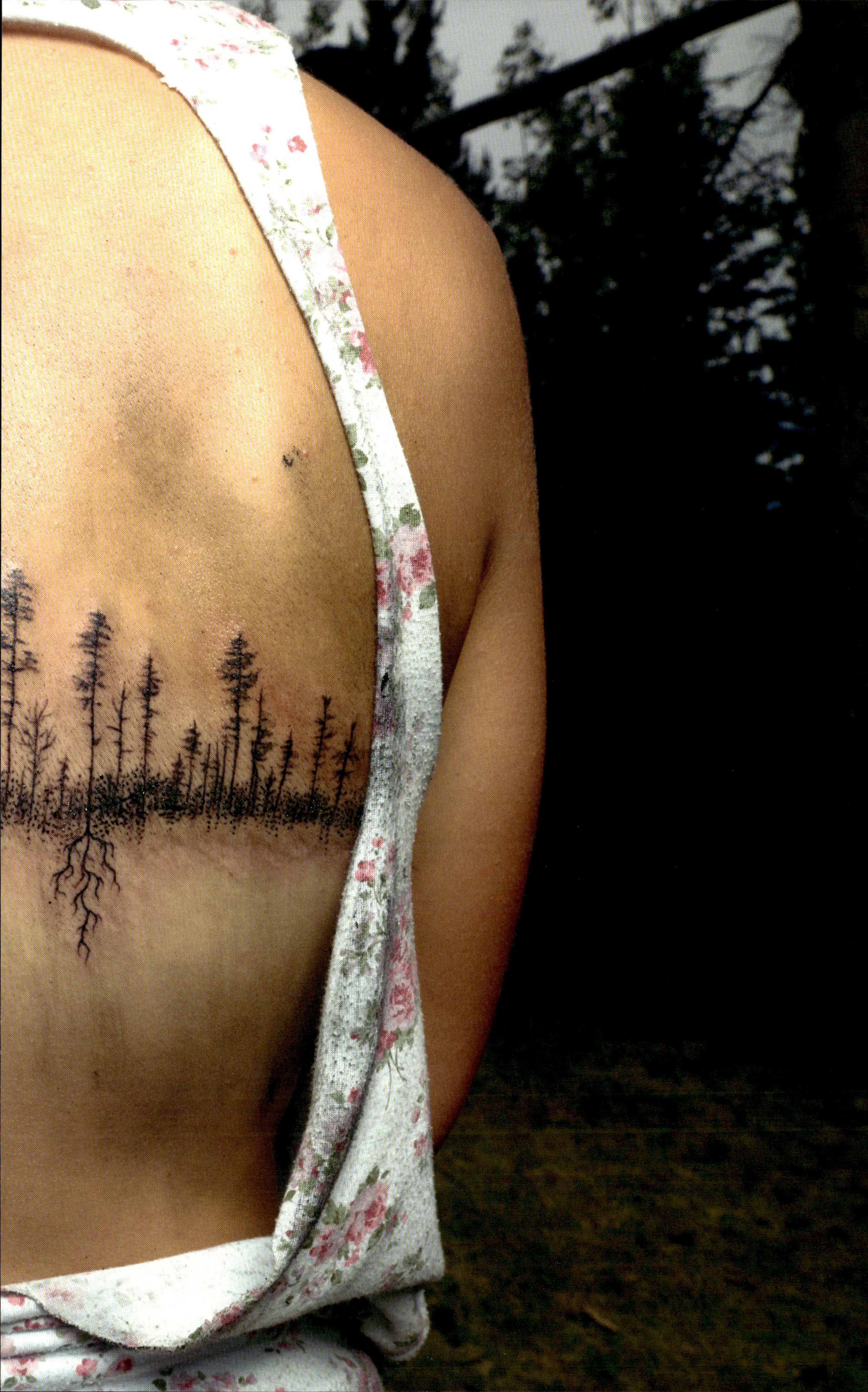

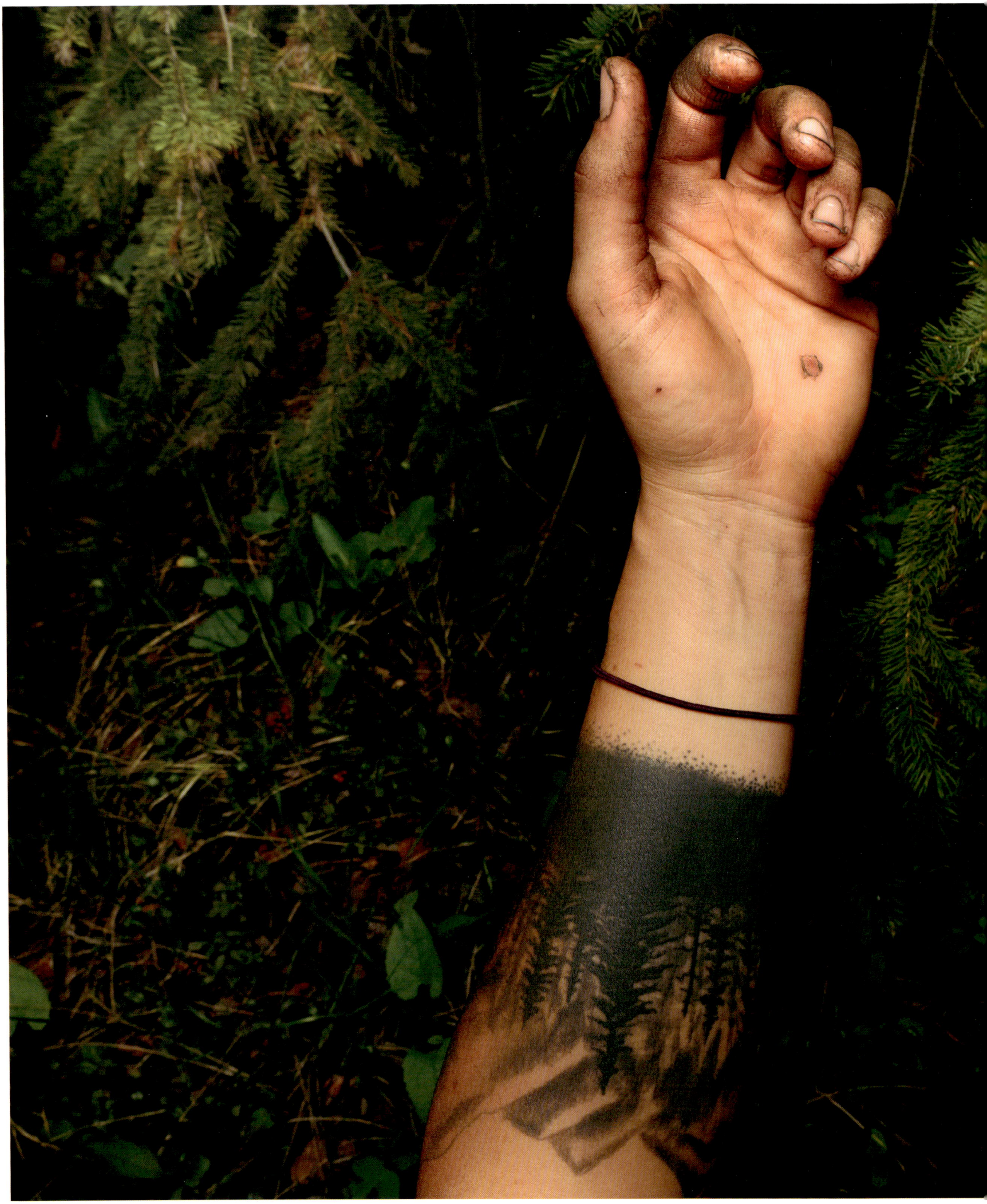

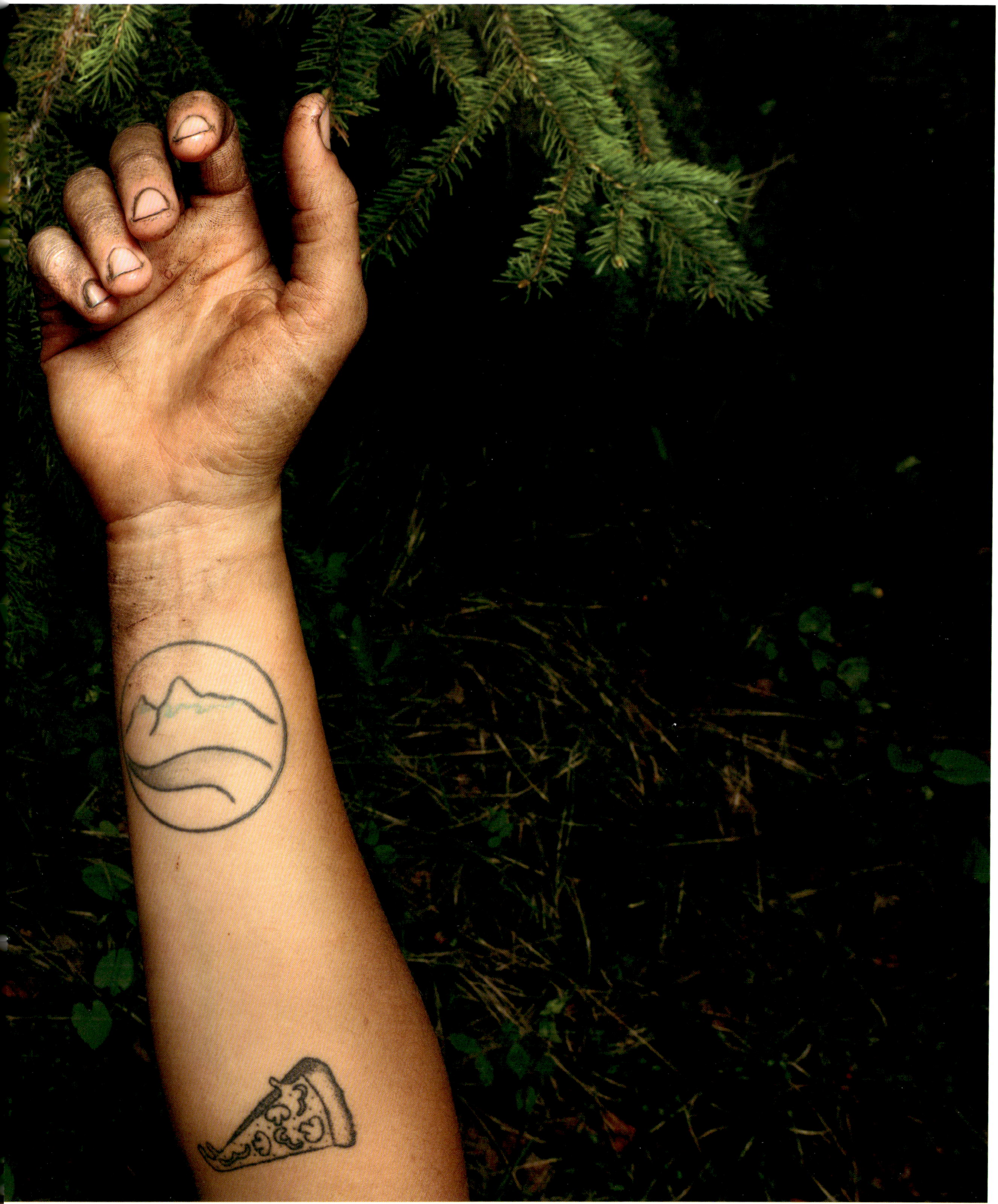

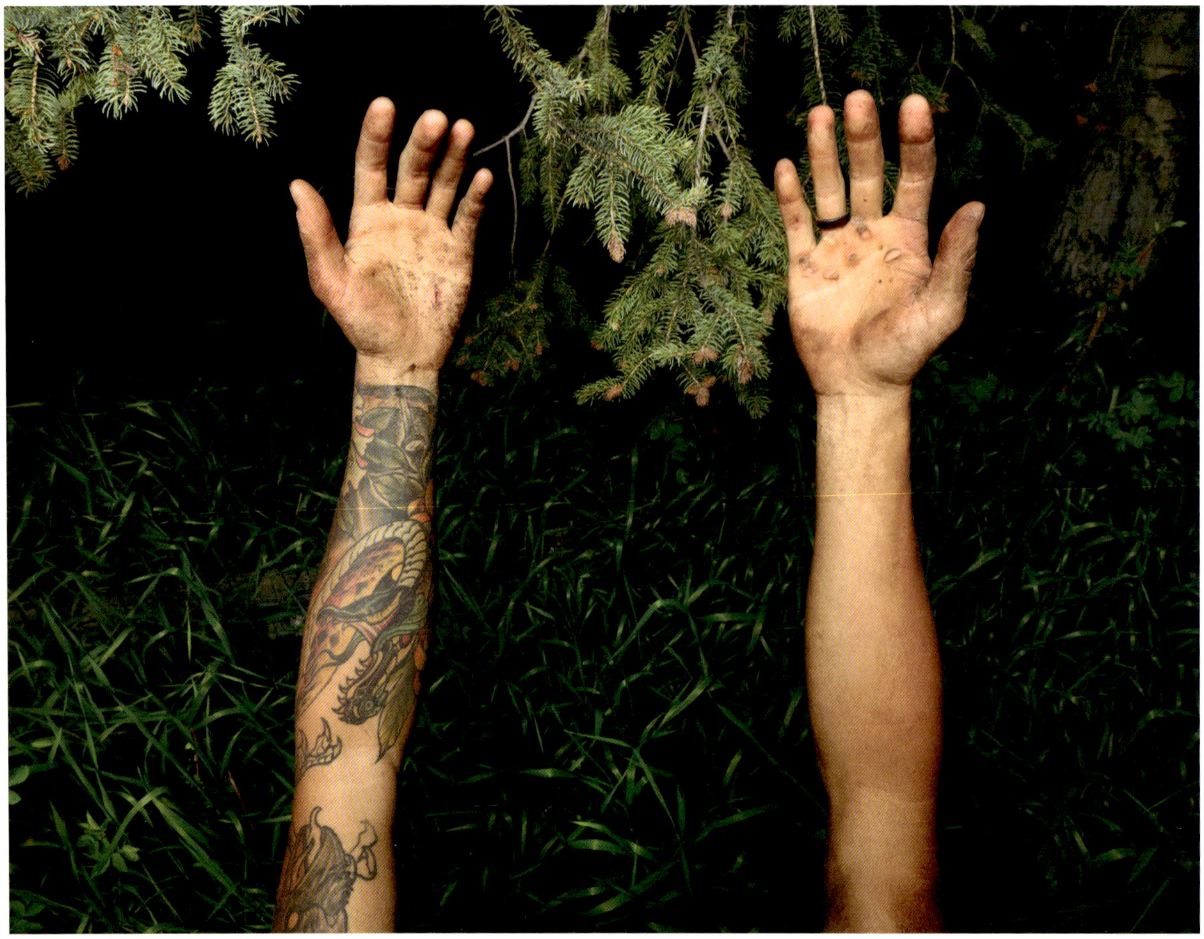

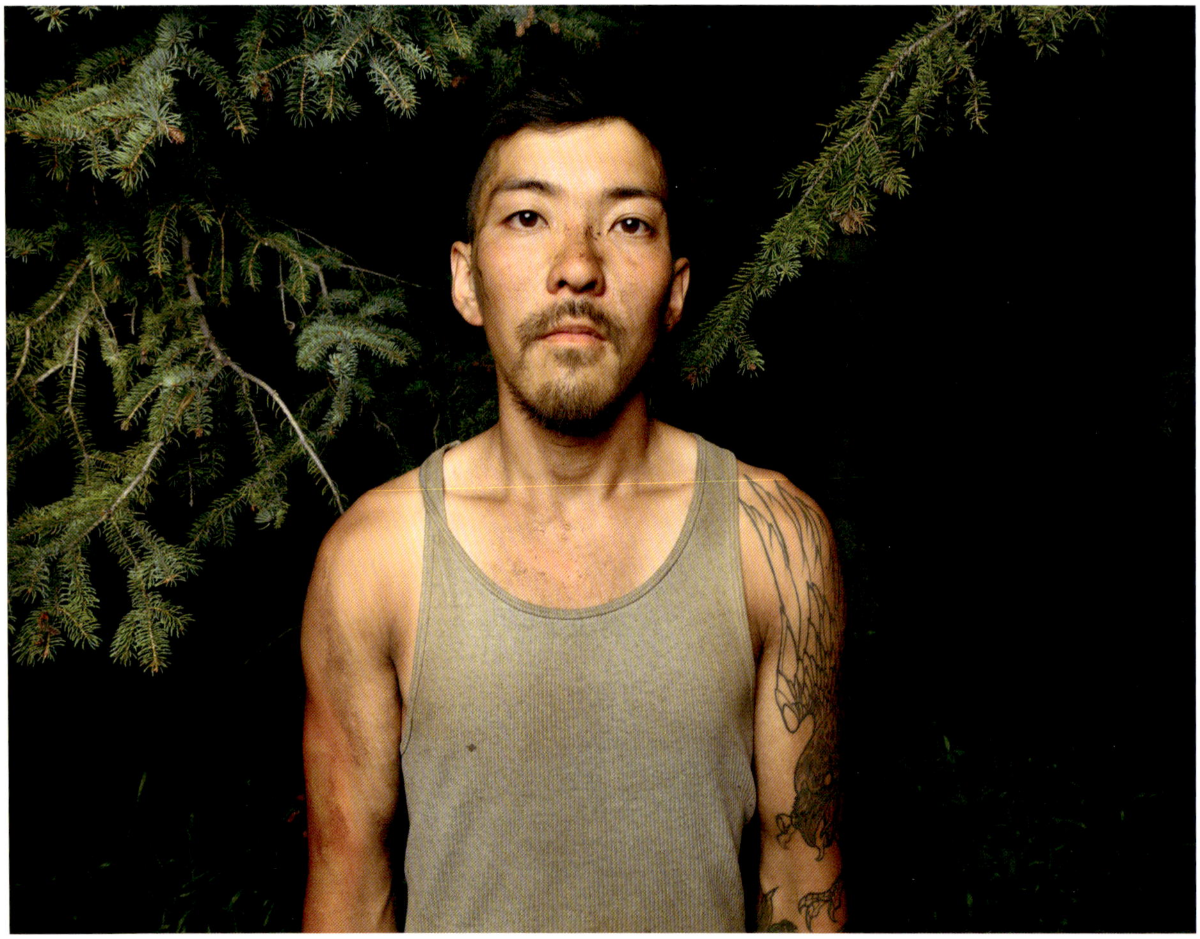

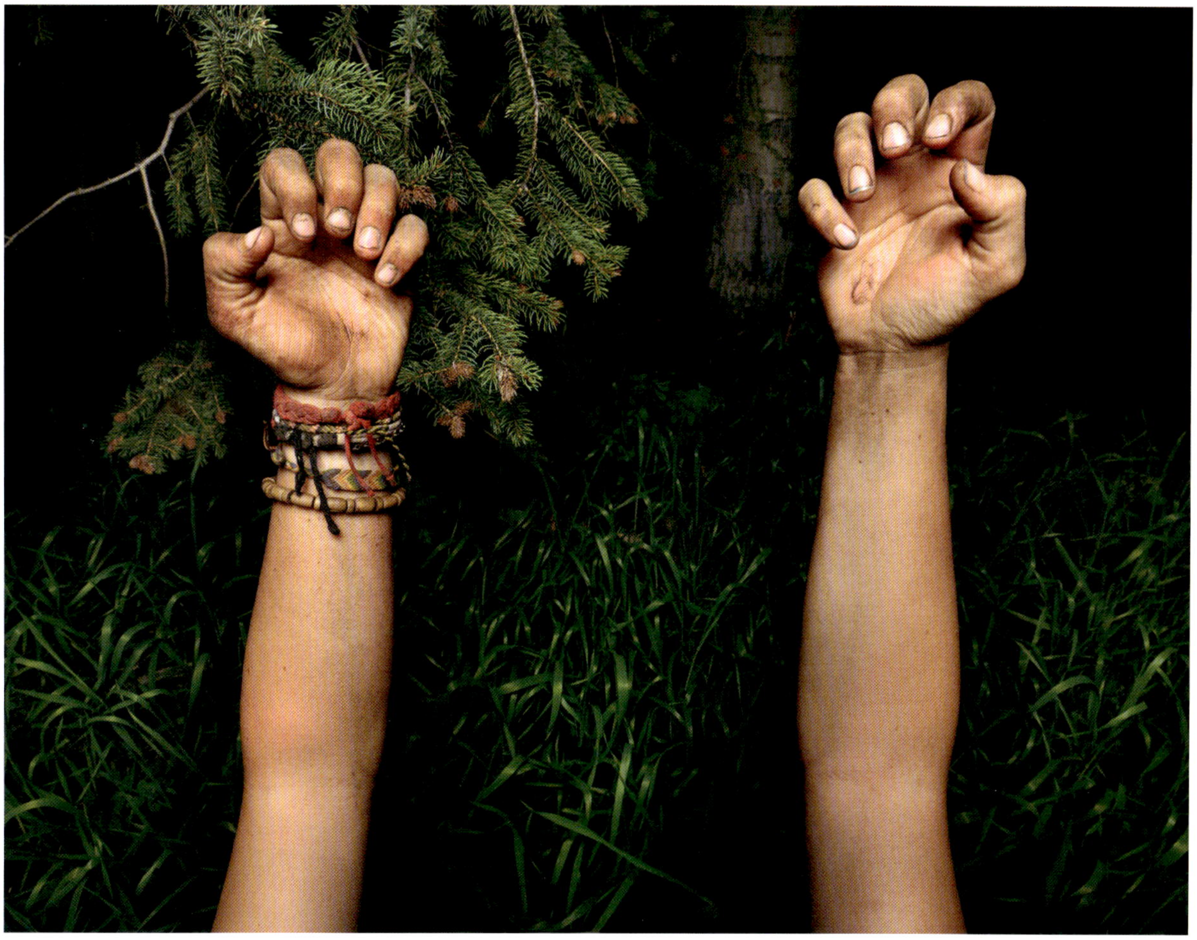

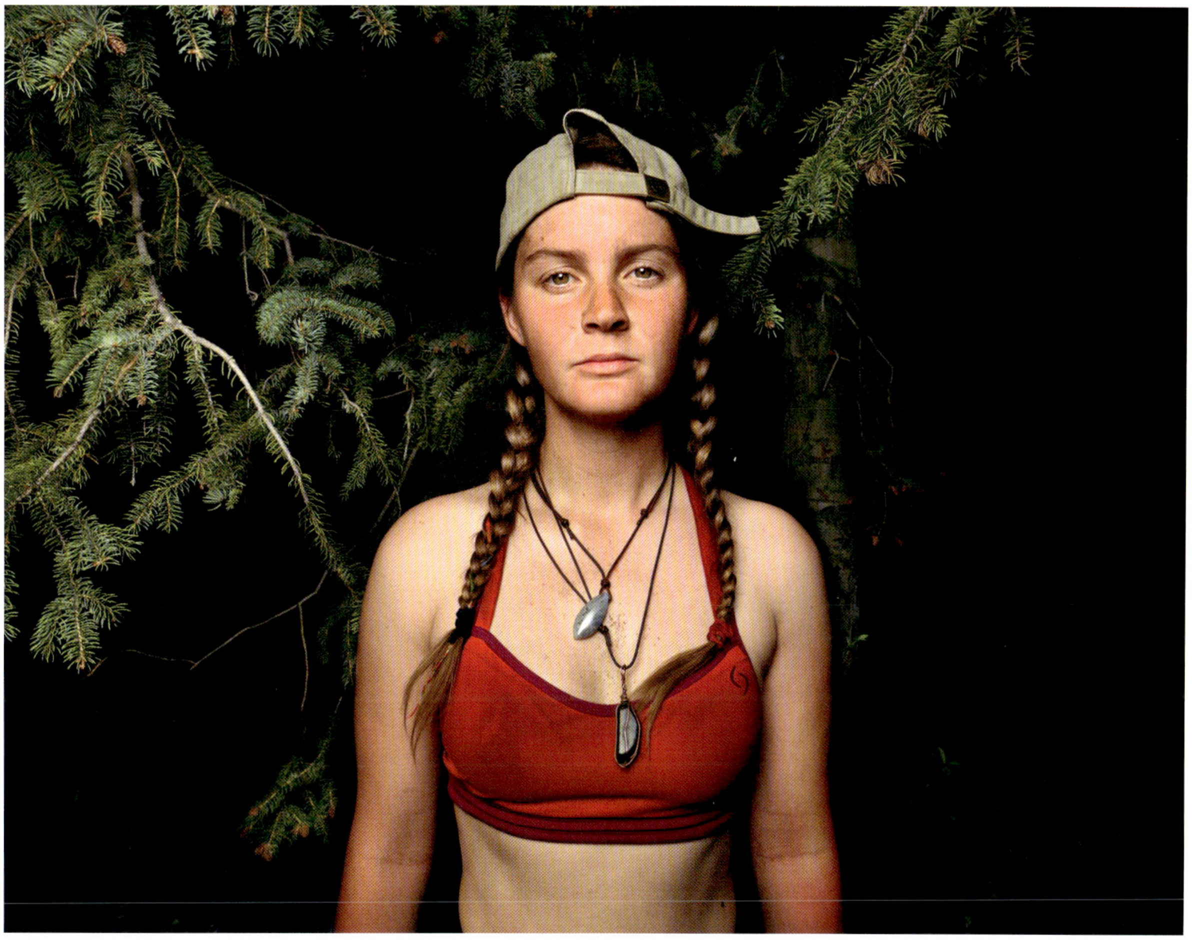

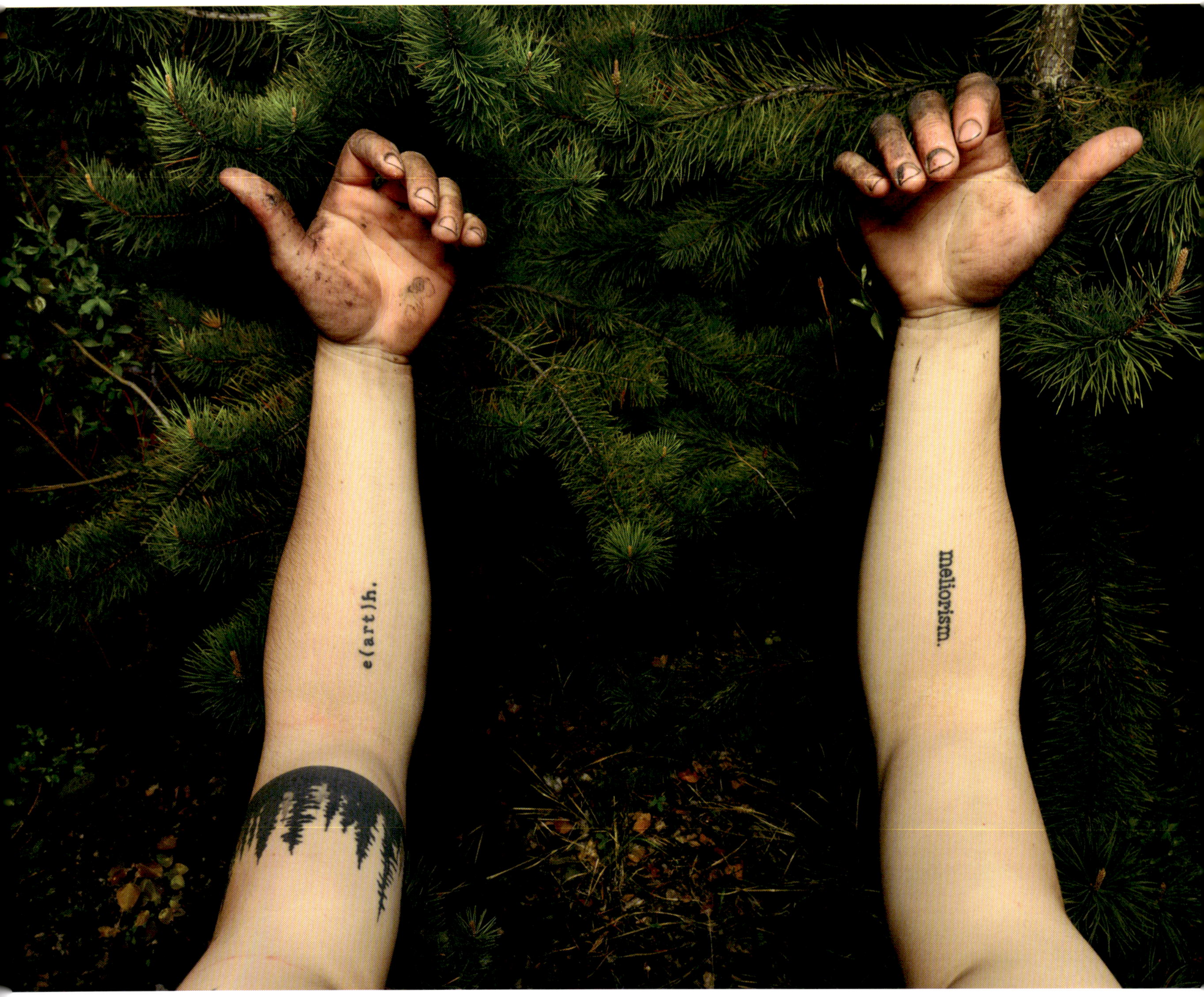
e(art)h.
meliorism.

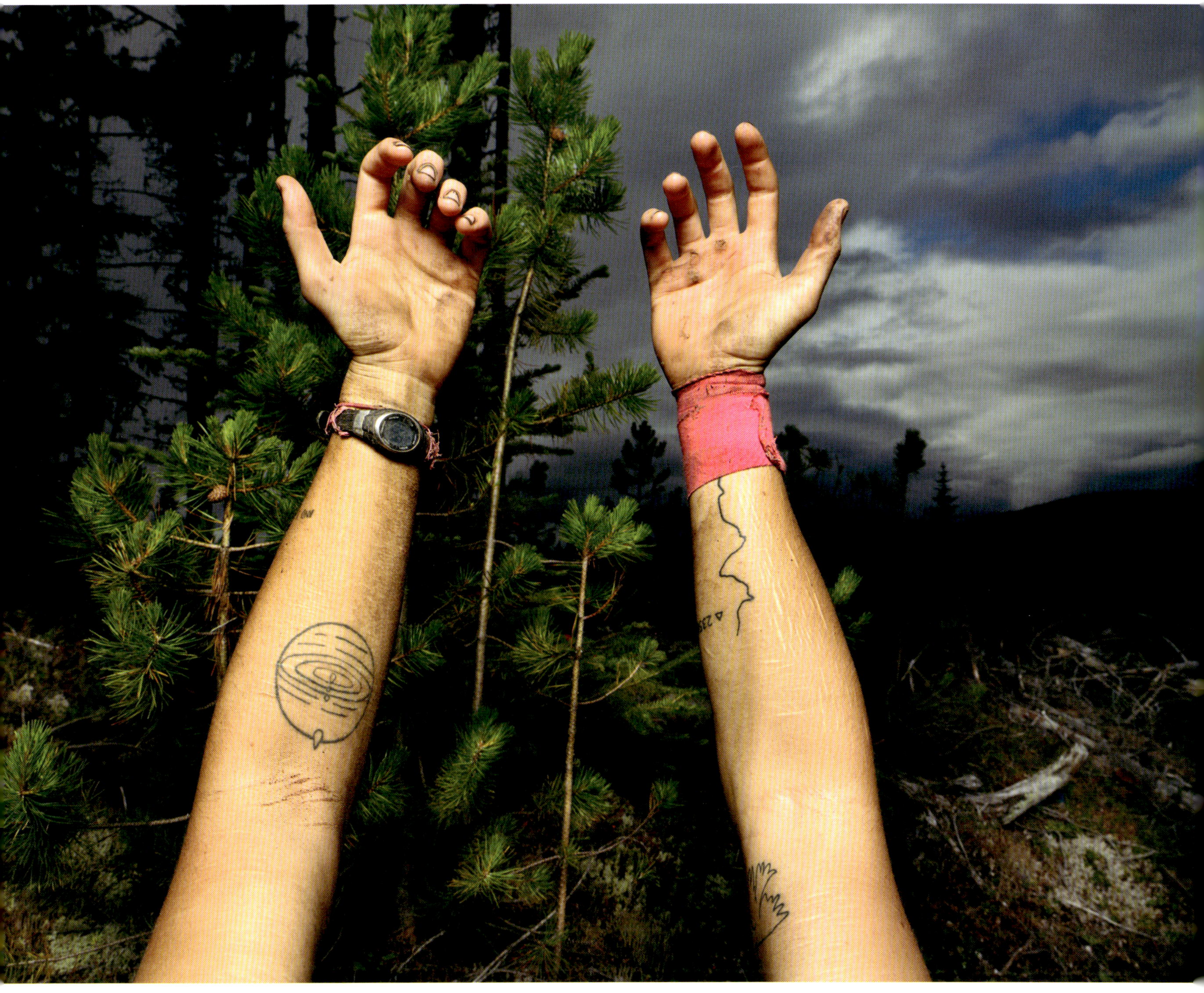

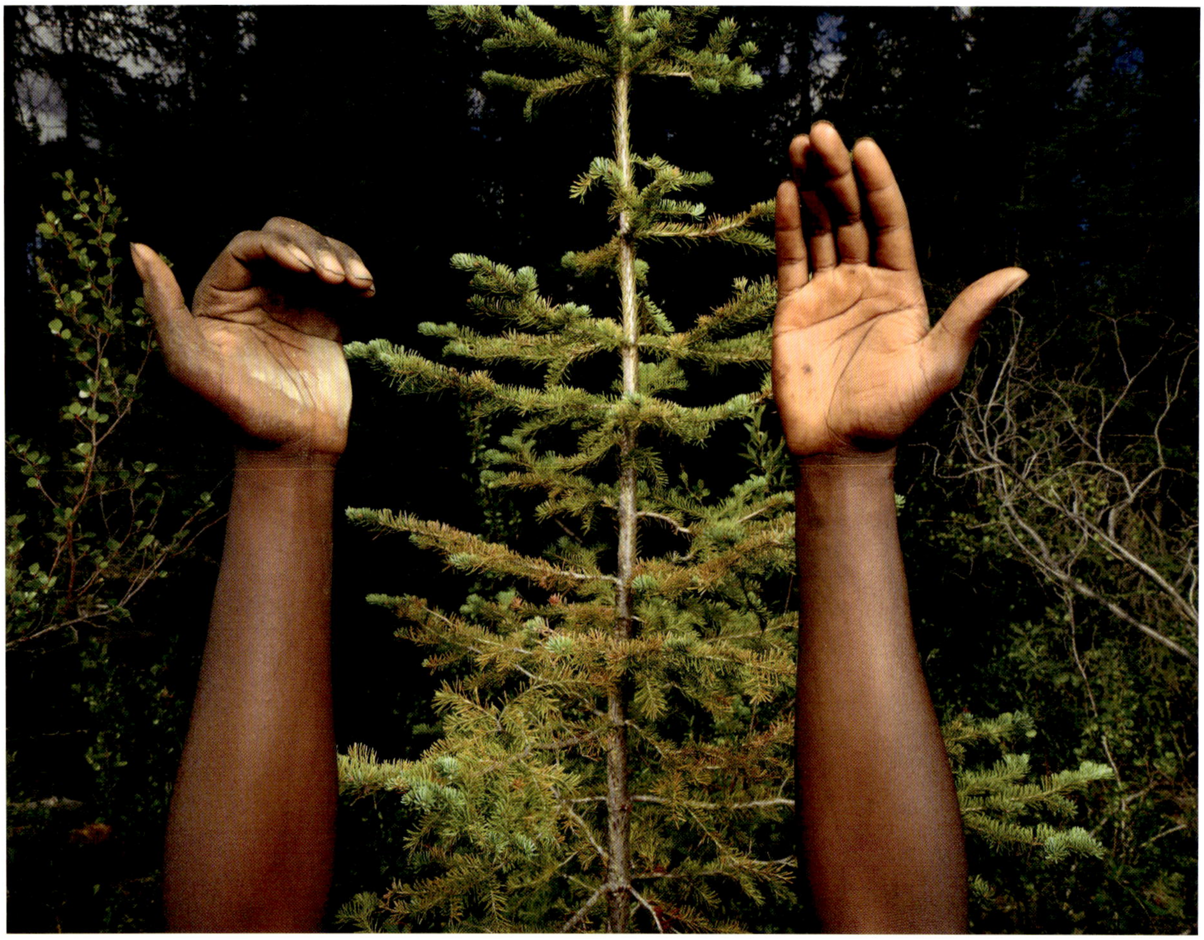

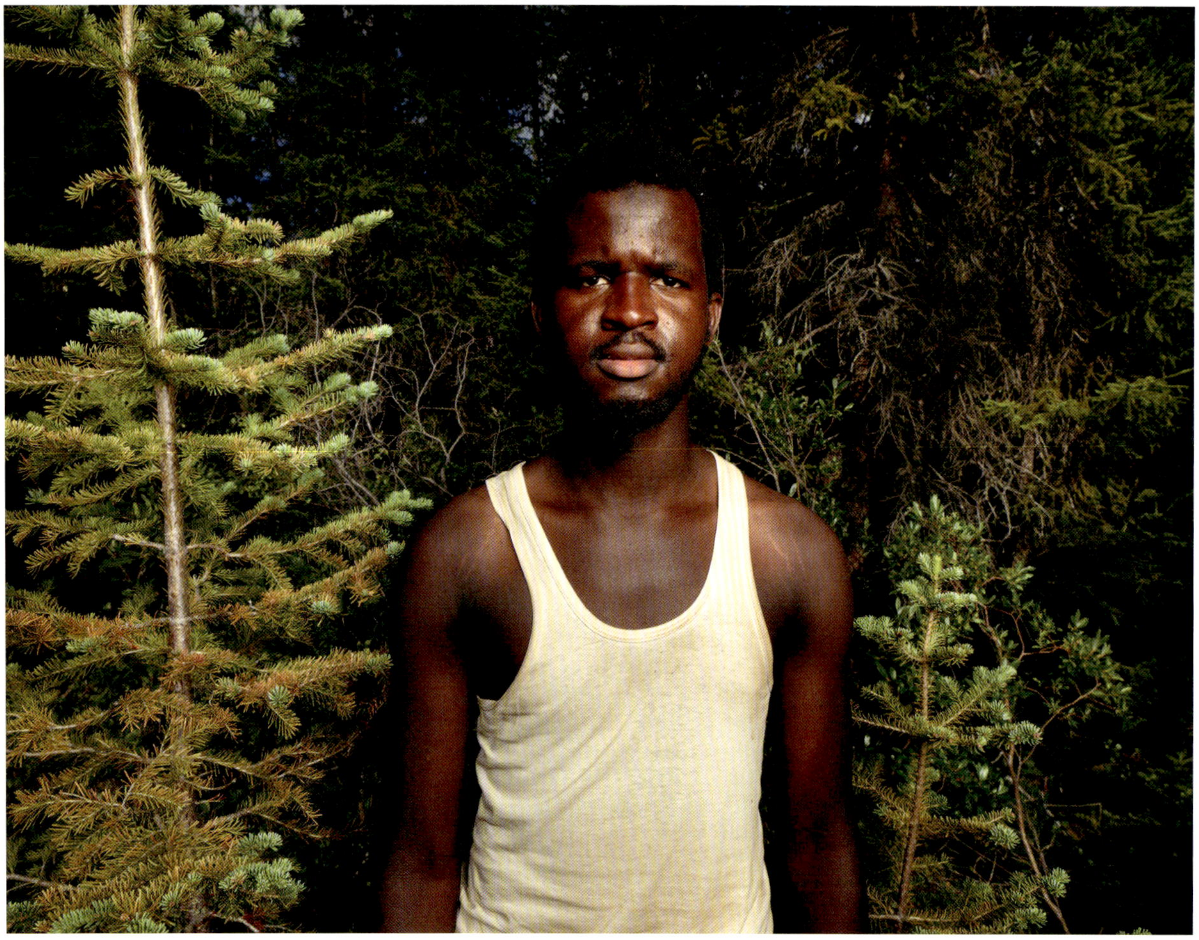

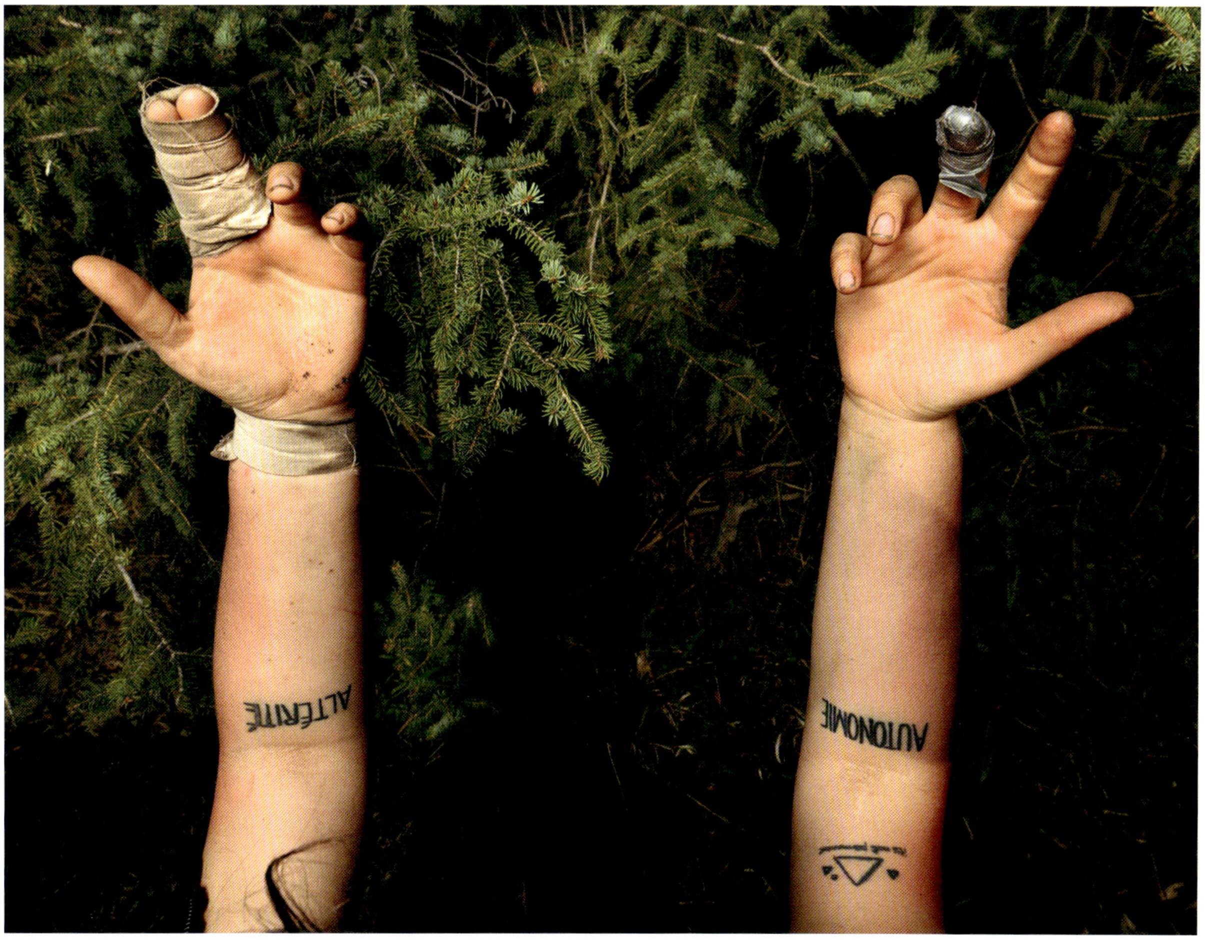
ALTÉRITÉ
AUTONOMIE

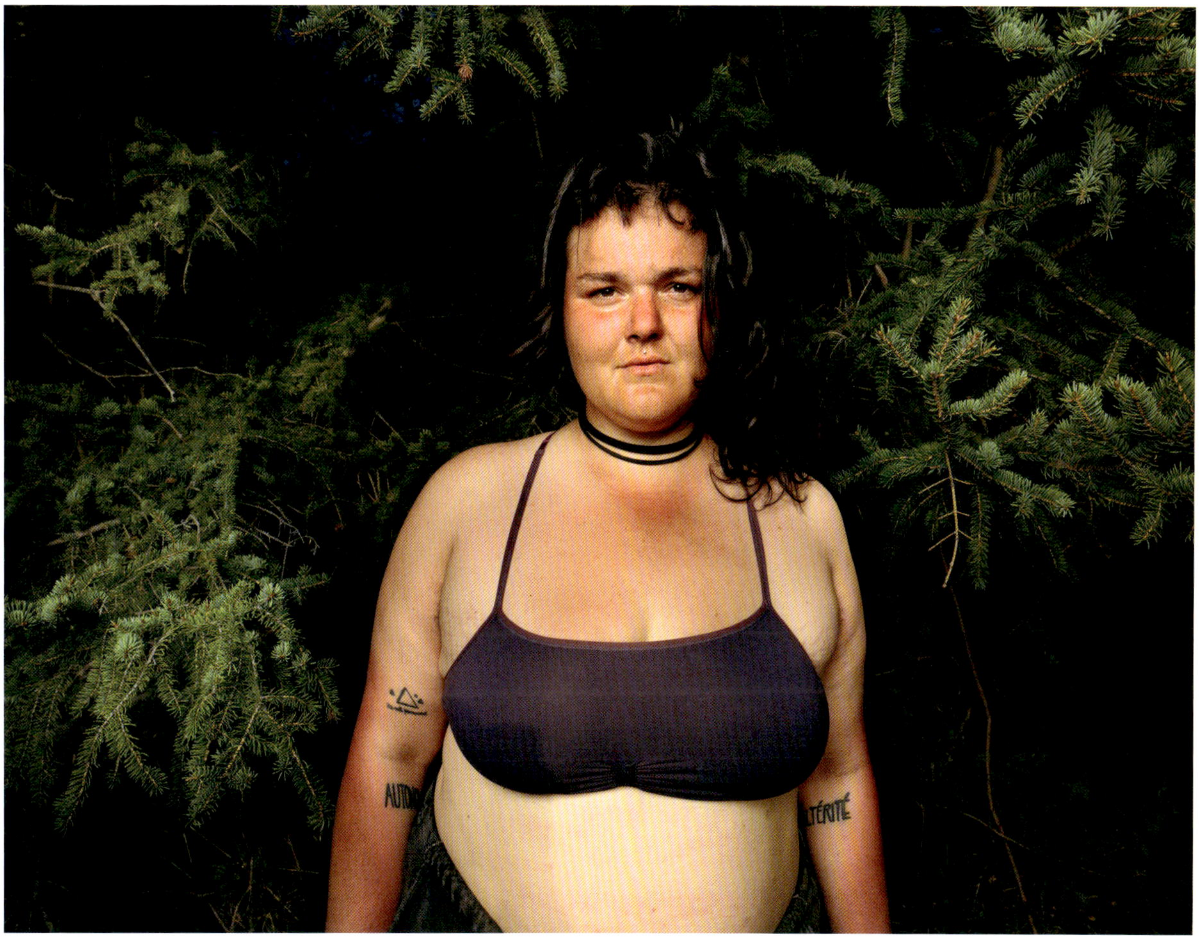

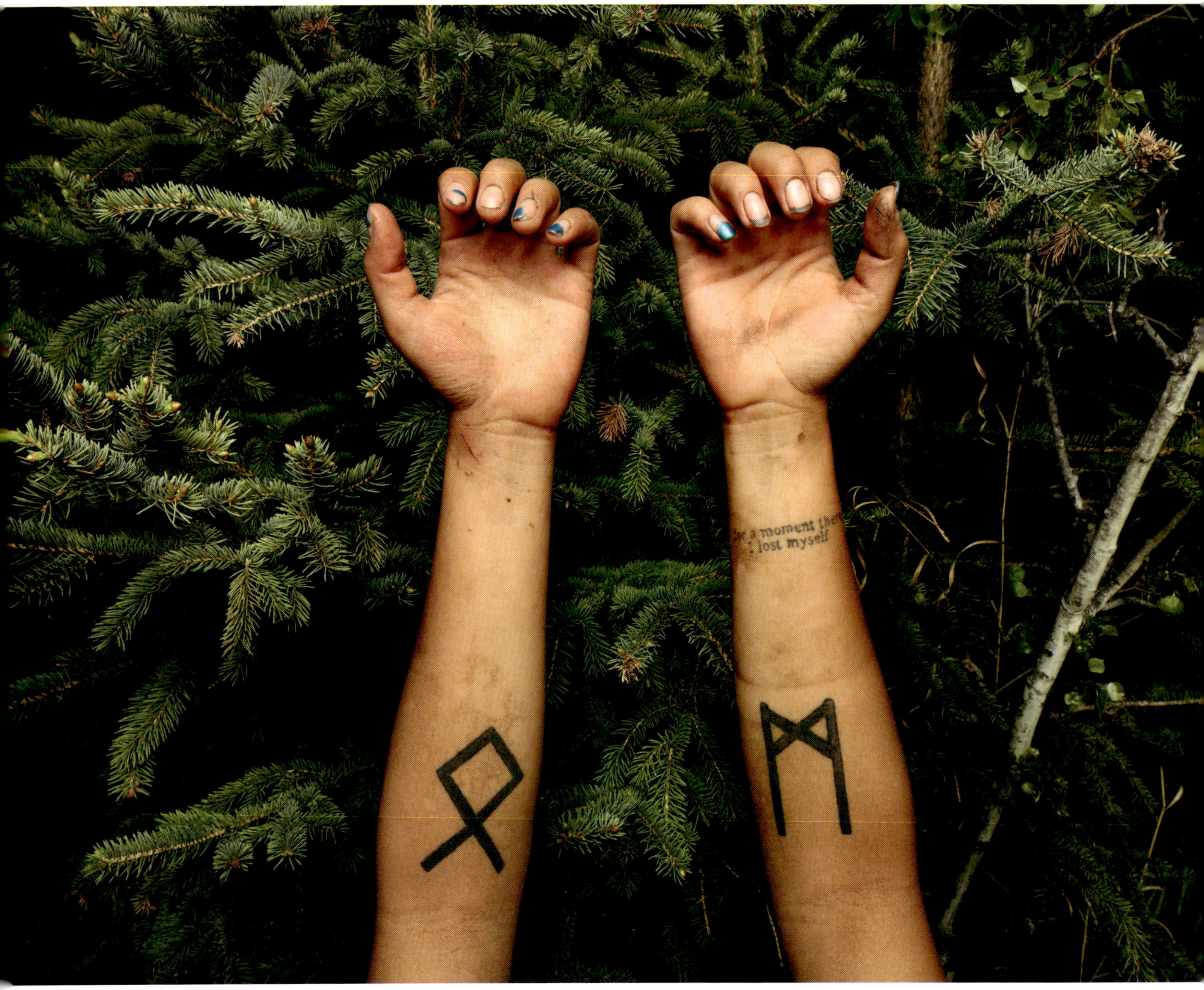
a moment
I lost myself

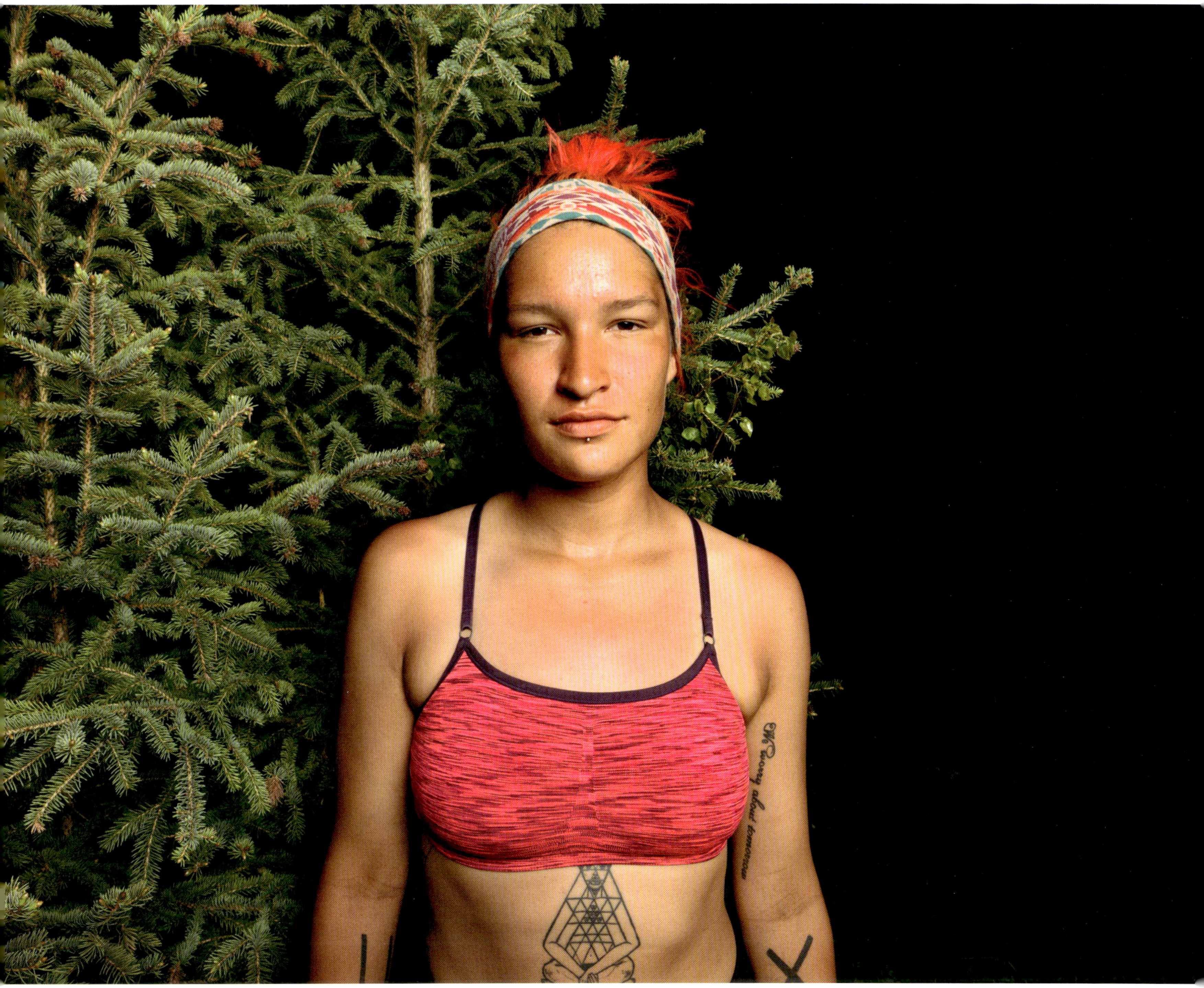

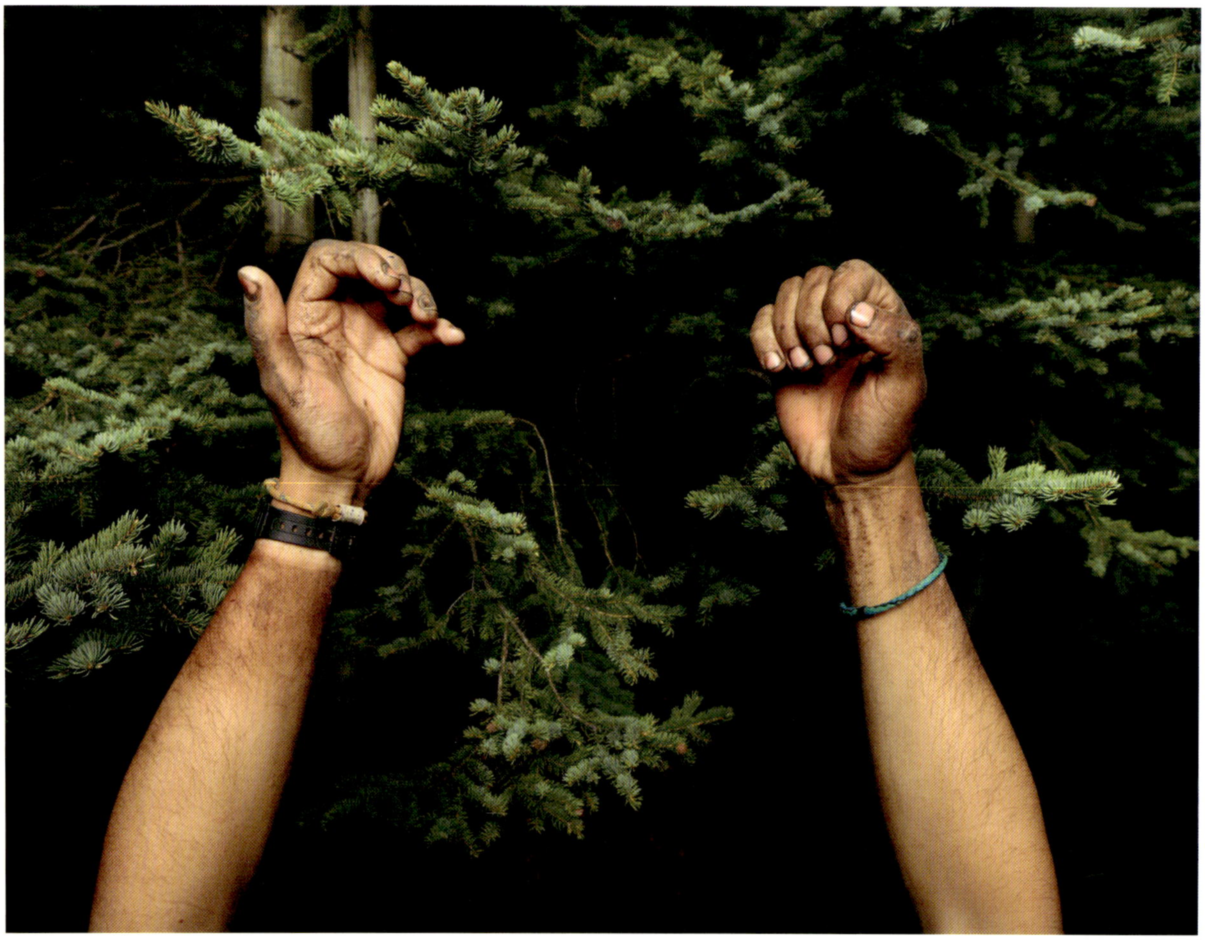

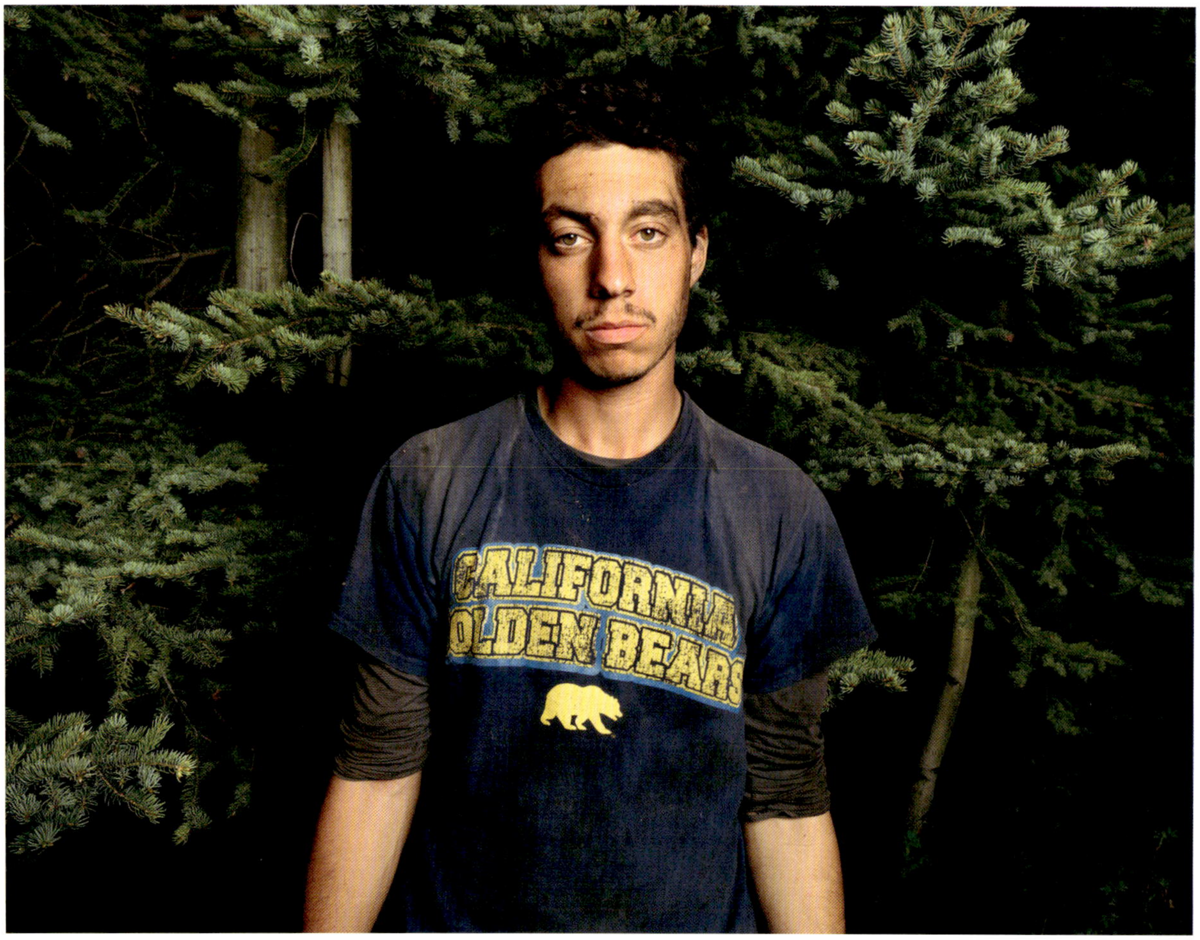
CALIFORNIA
OLDEN BEARS

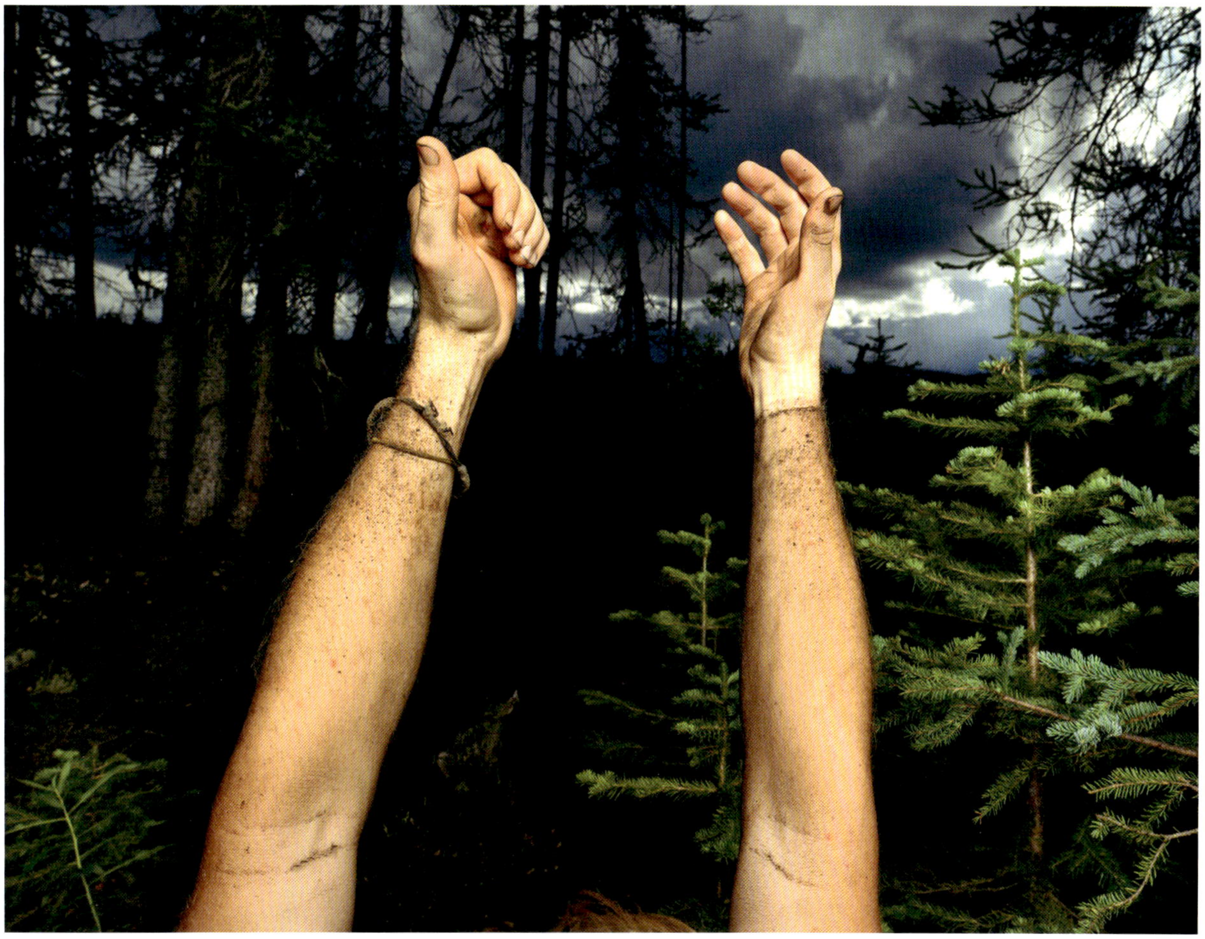

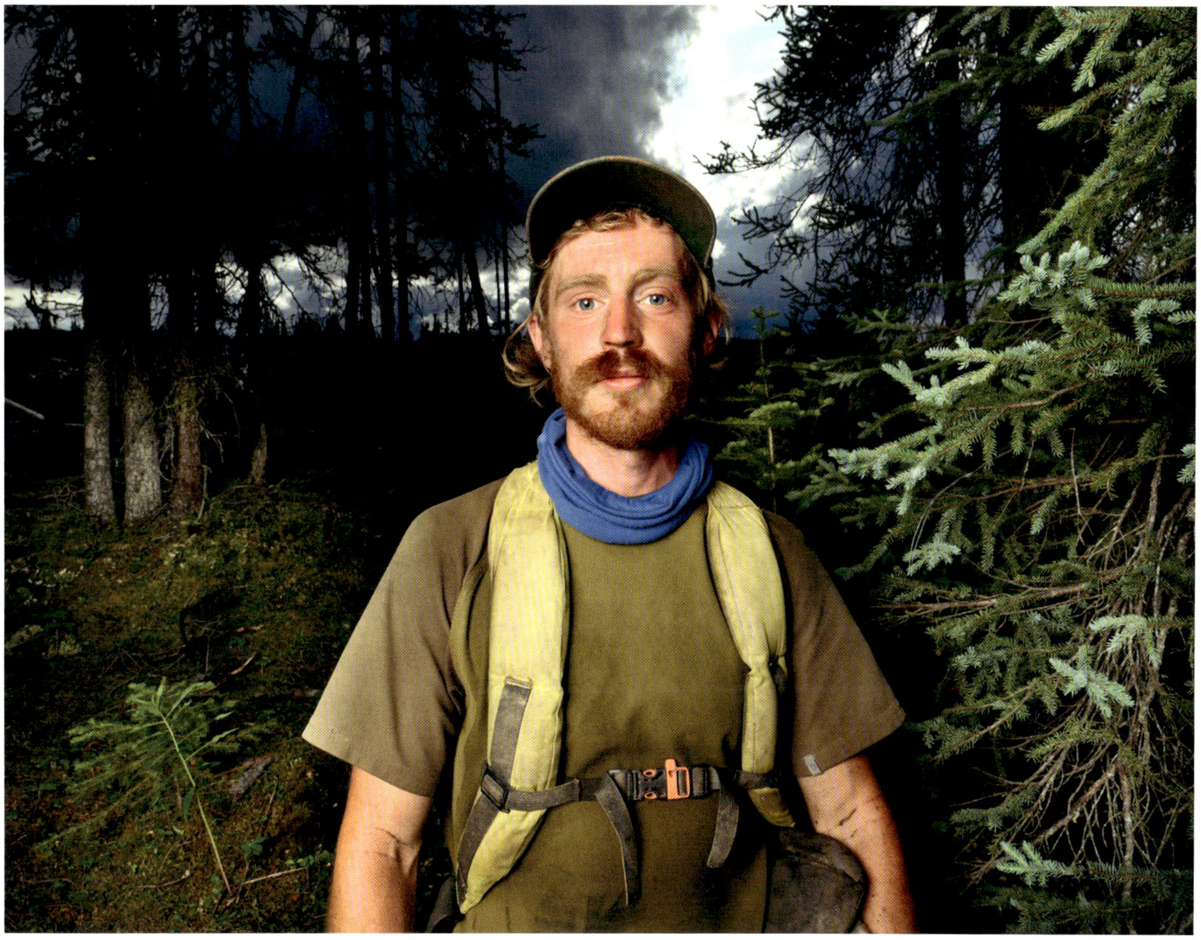

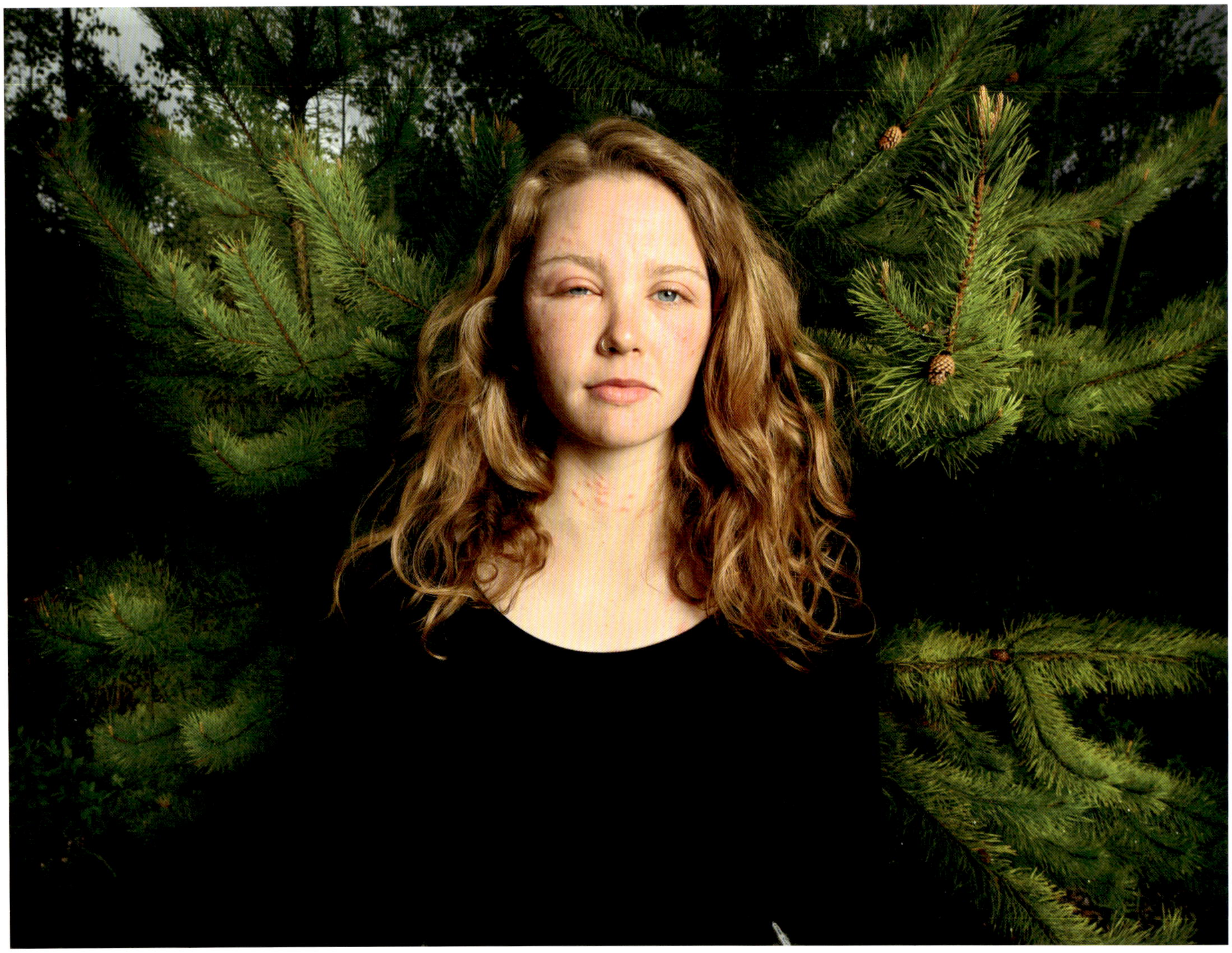

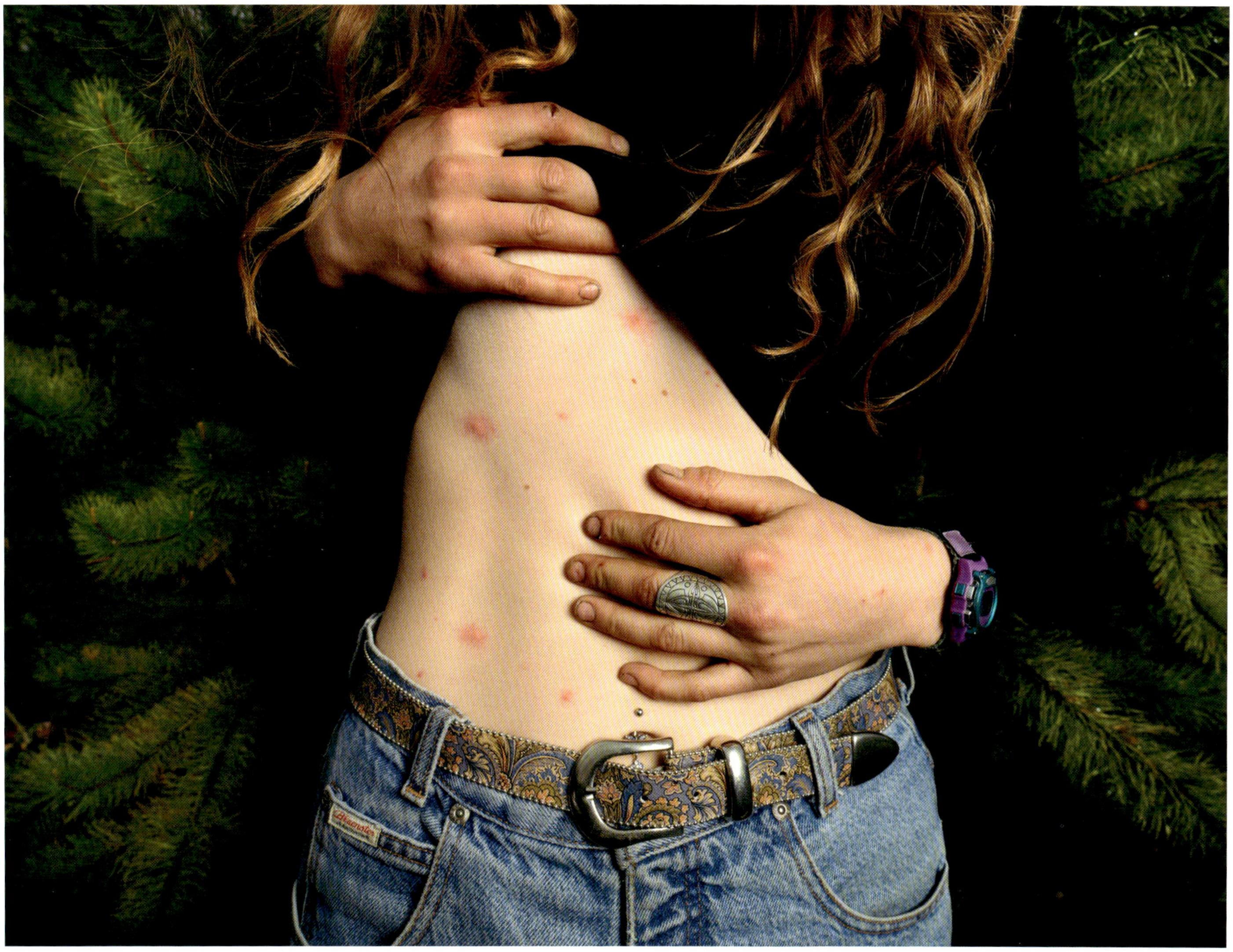

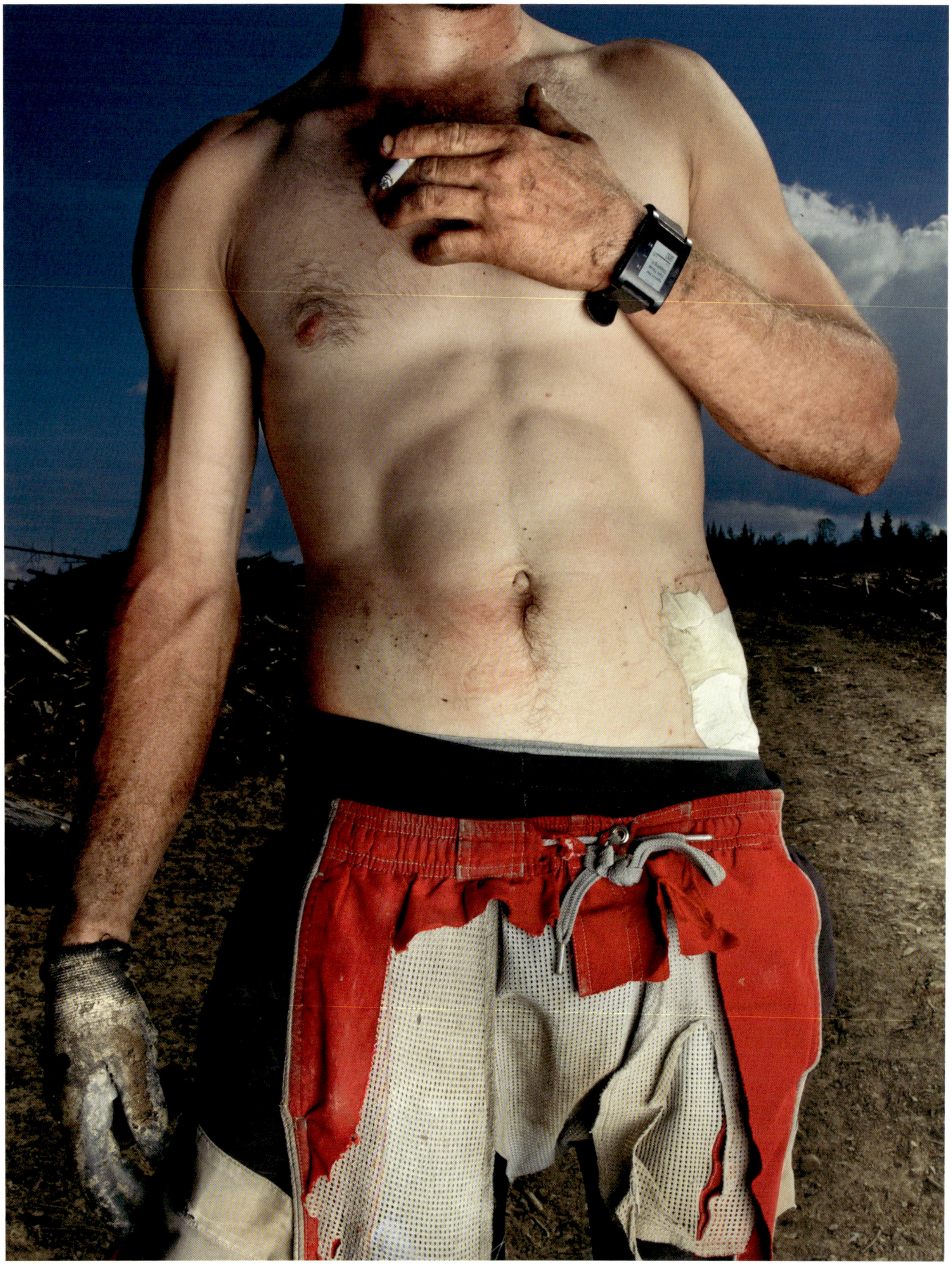

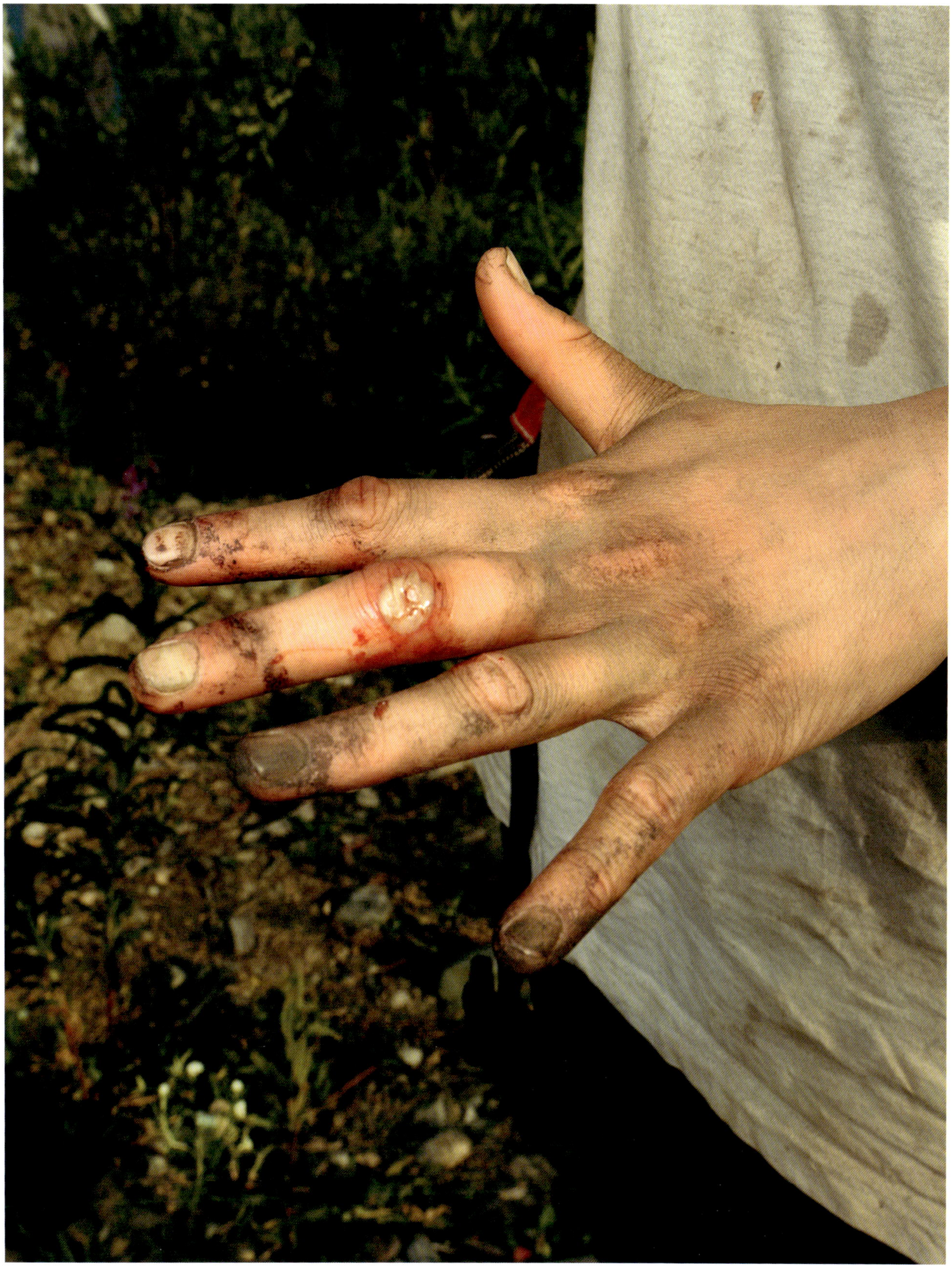

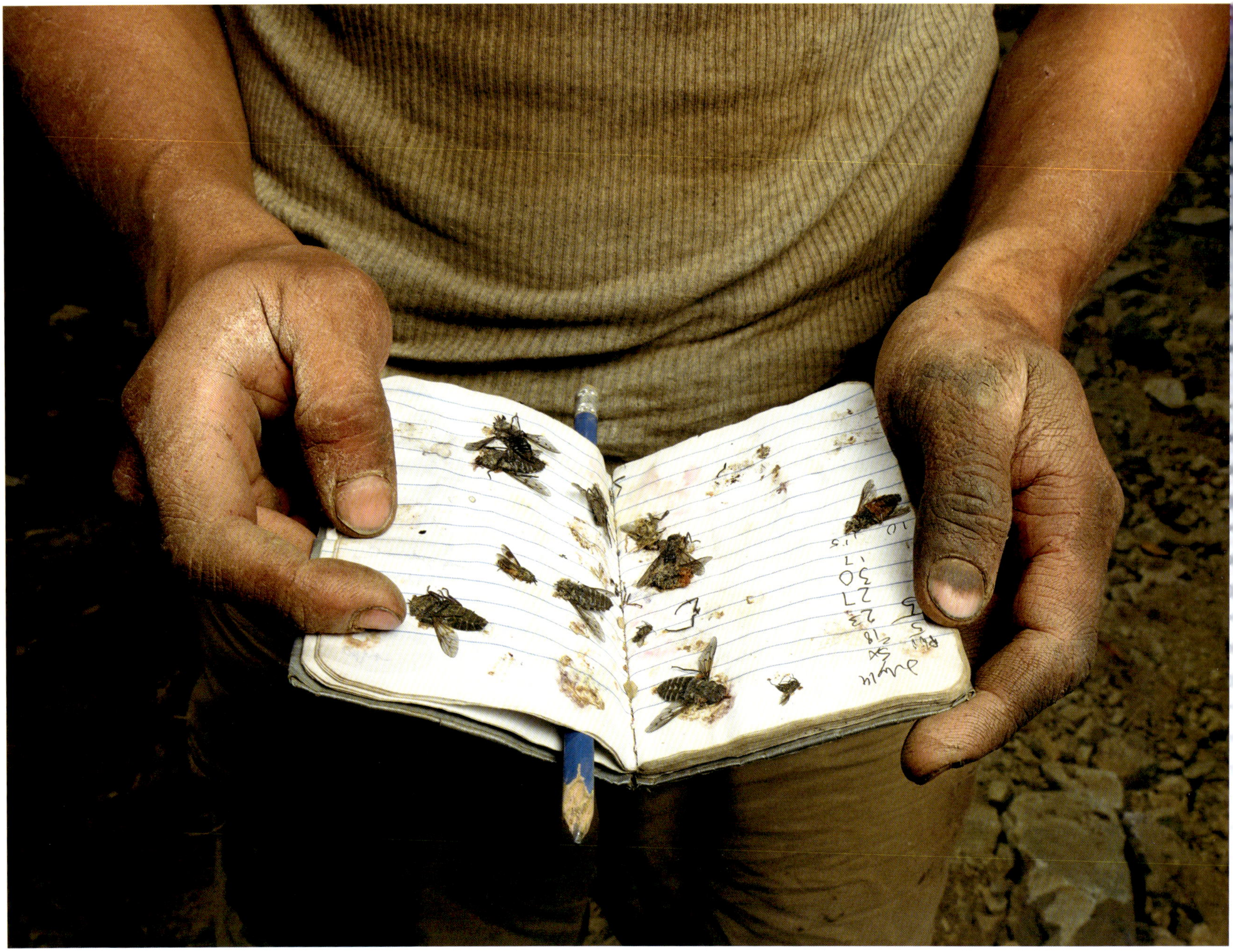

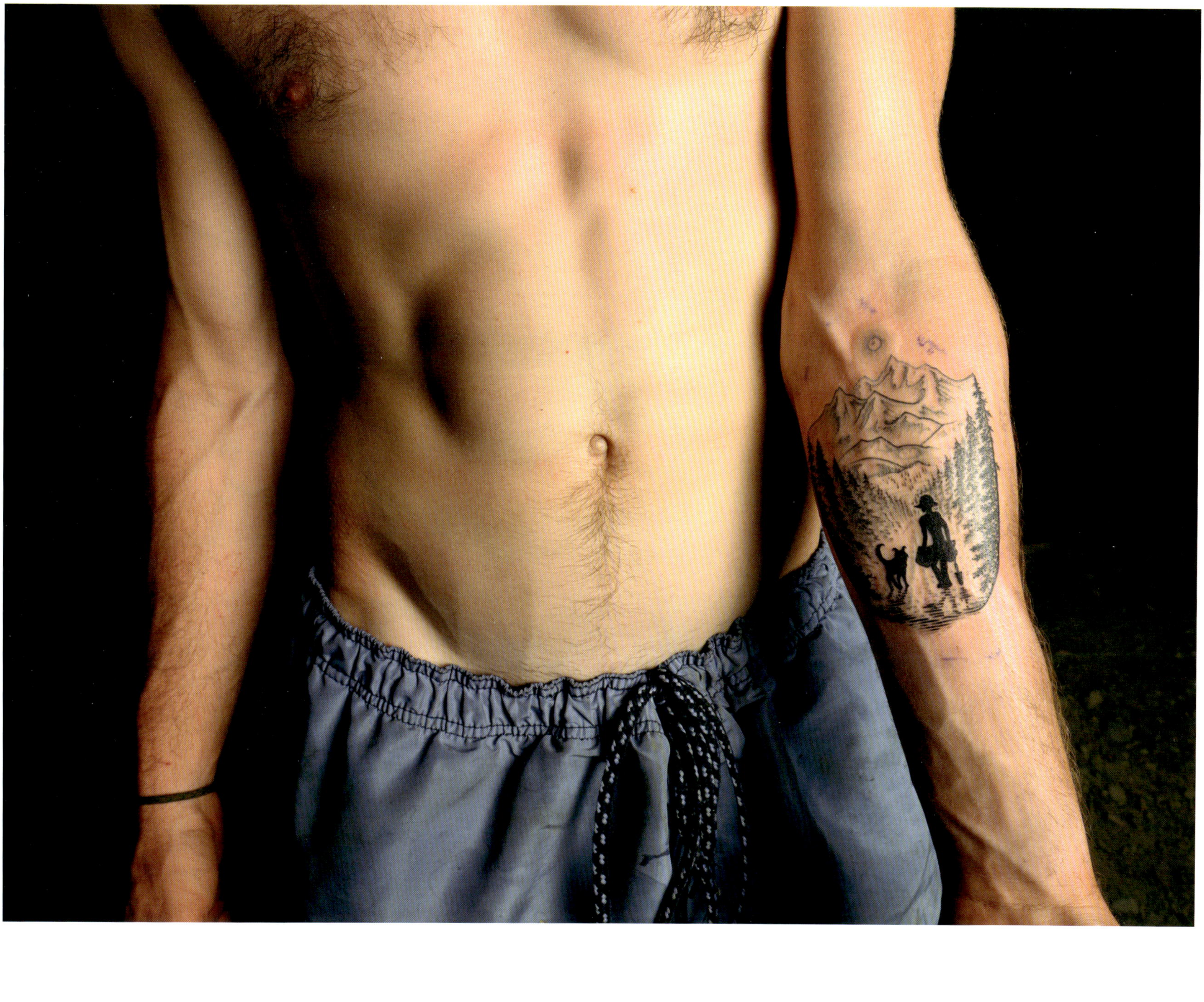

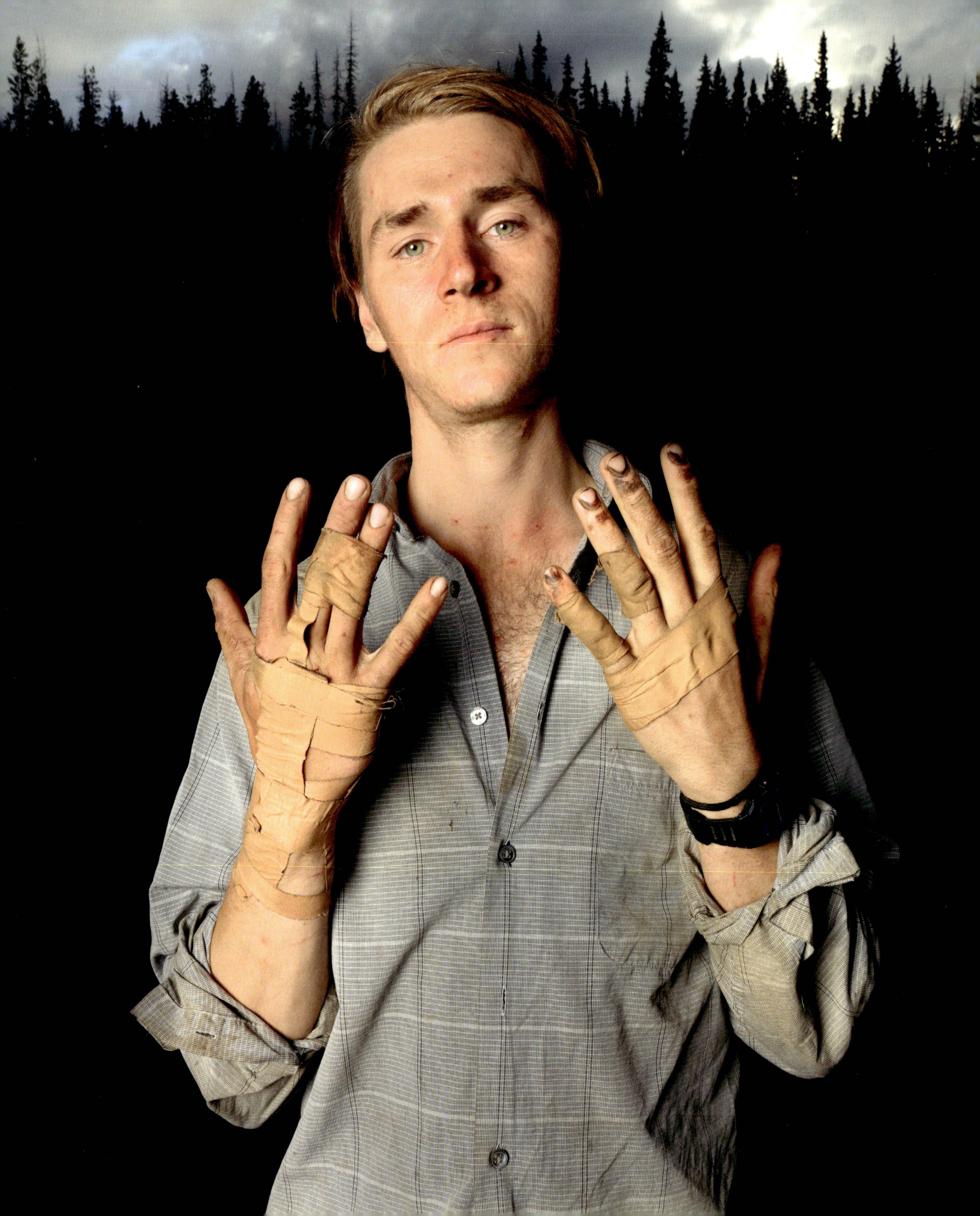

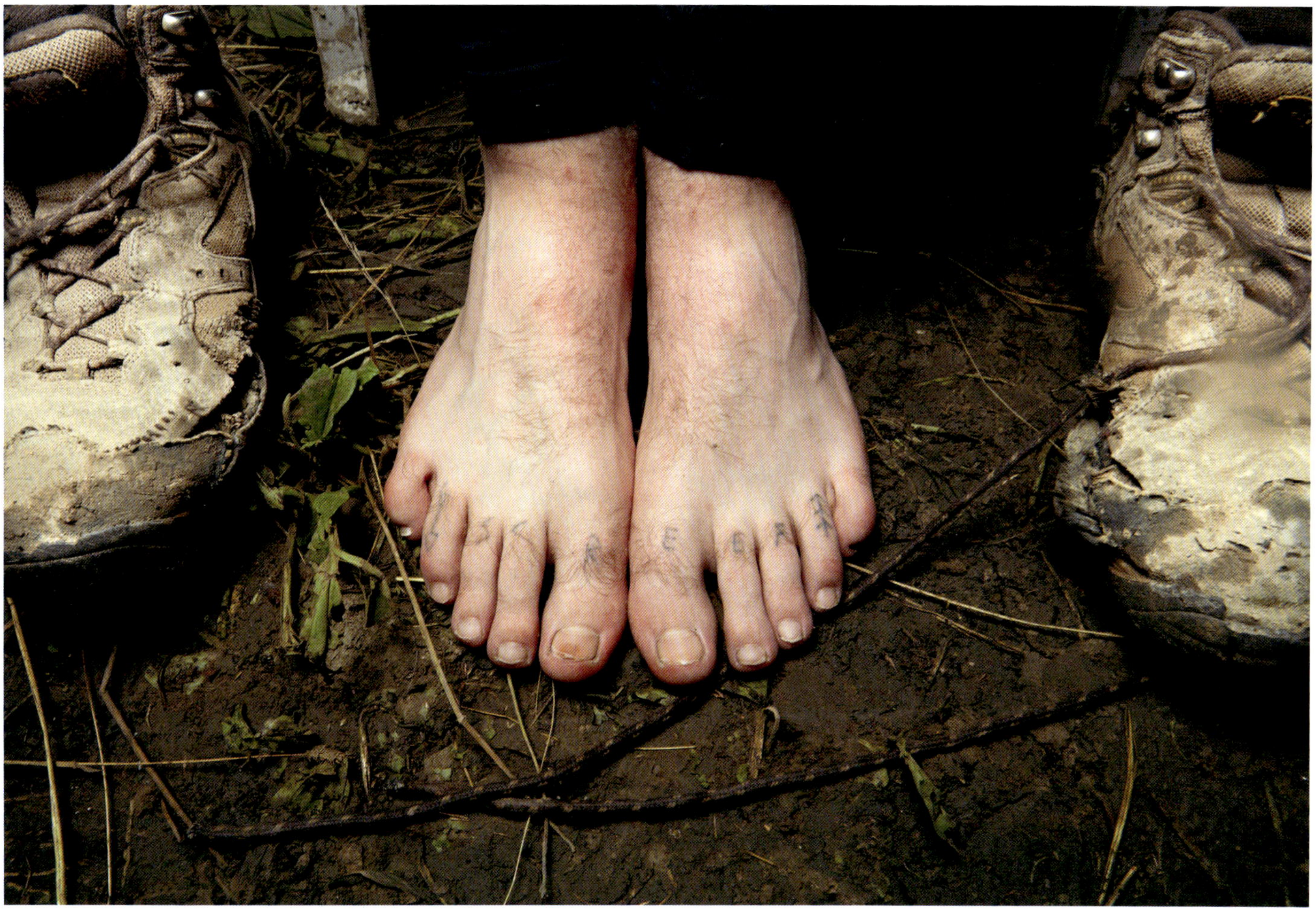

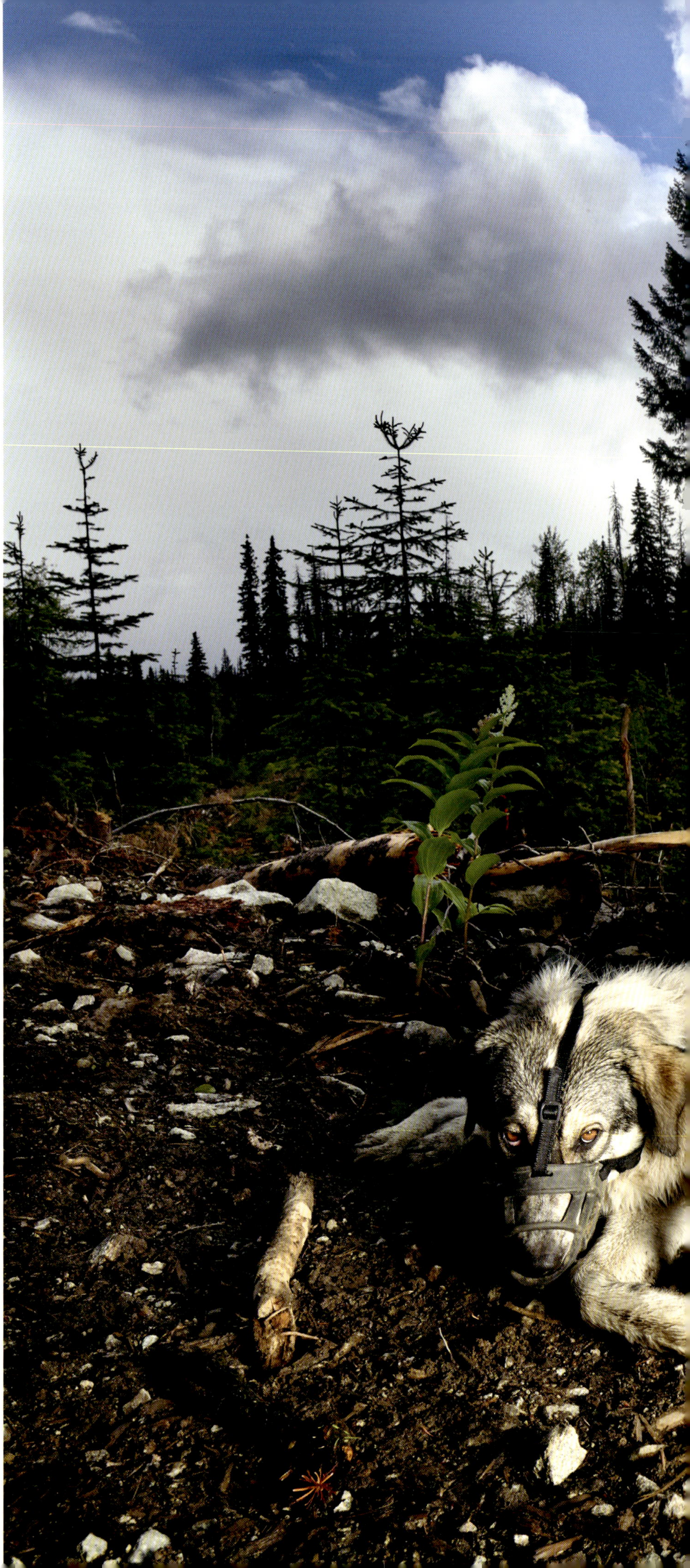

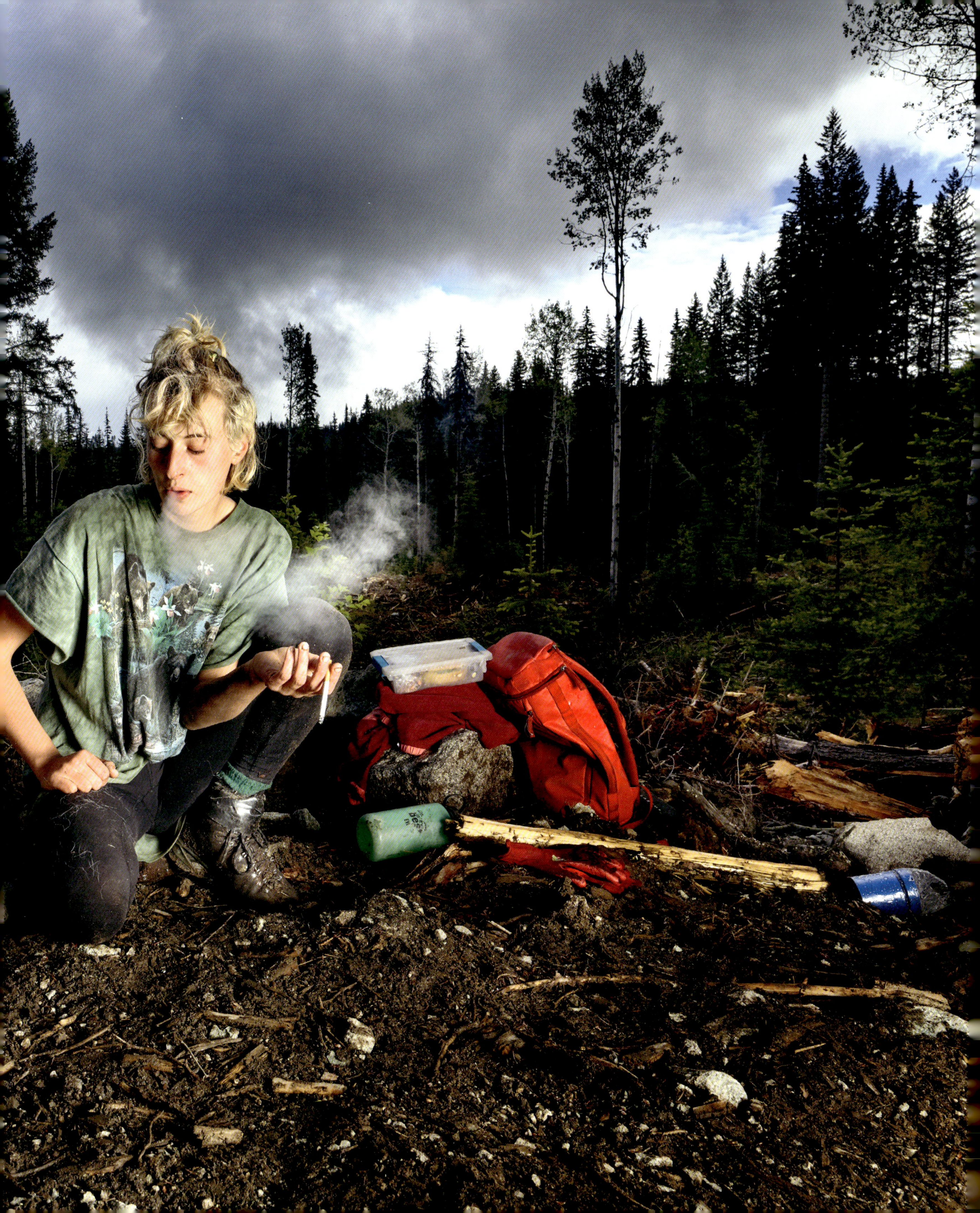

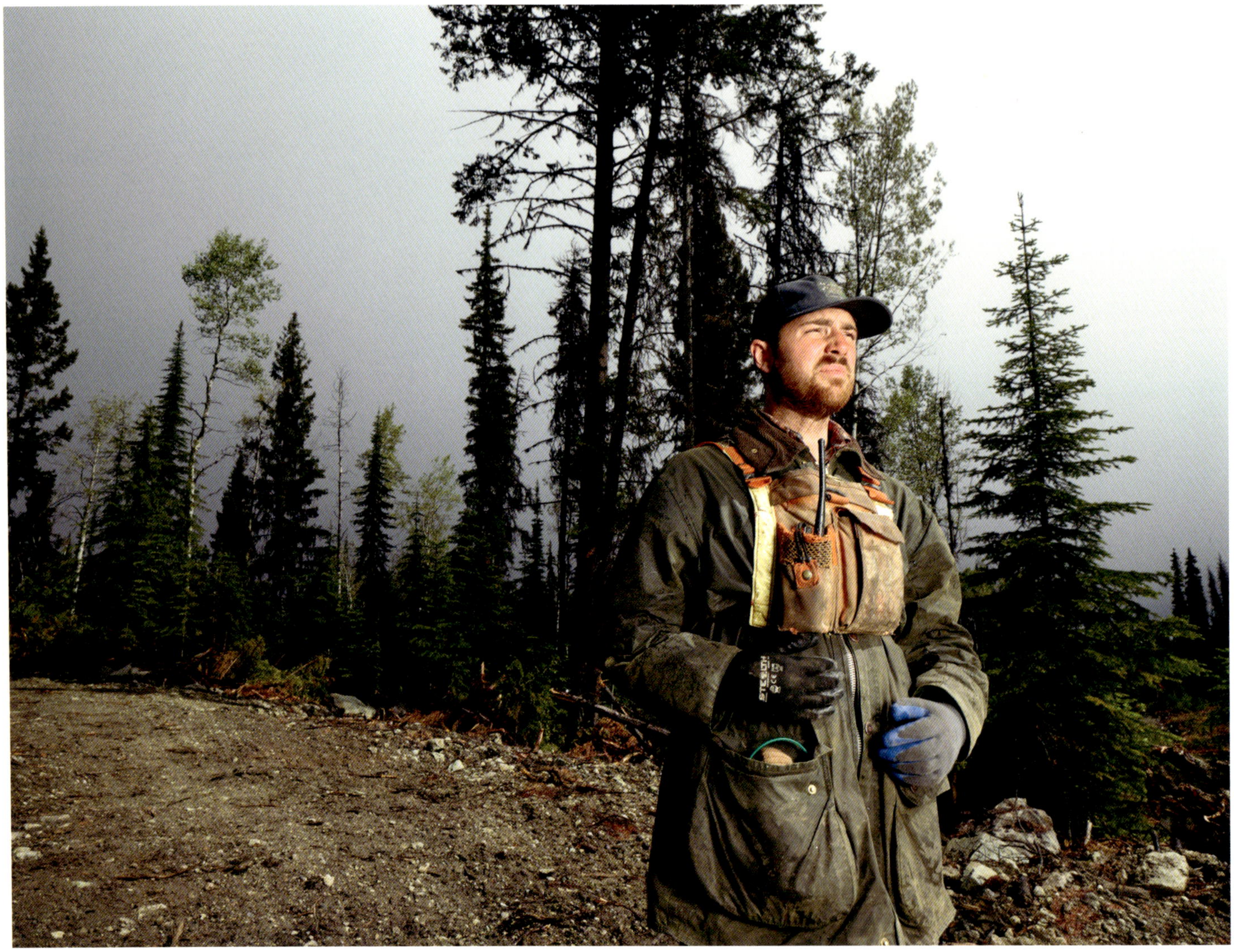

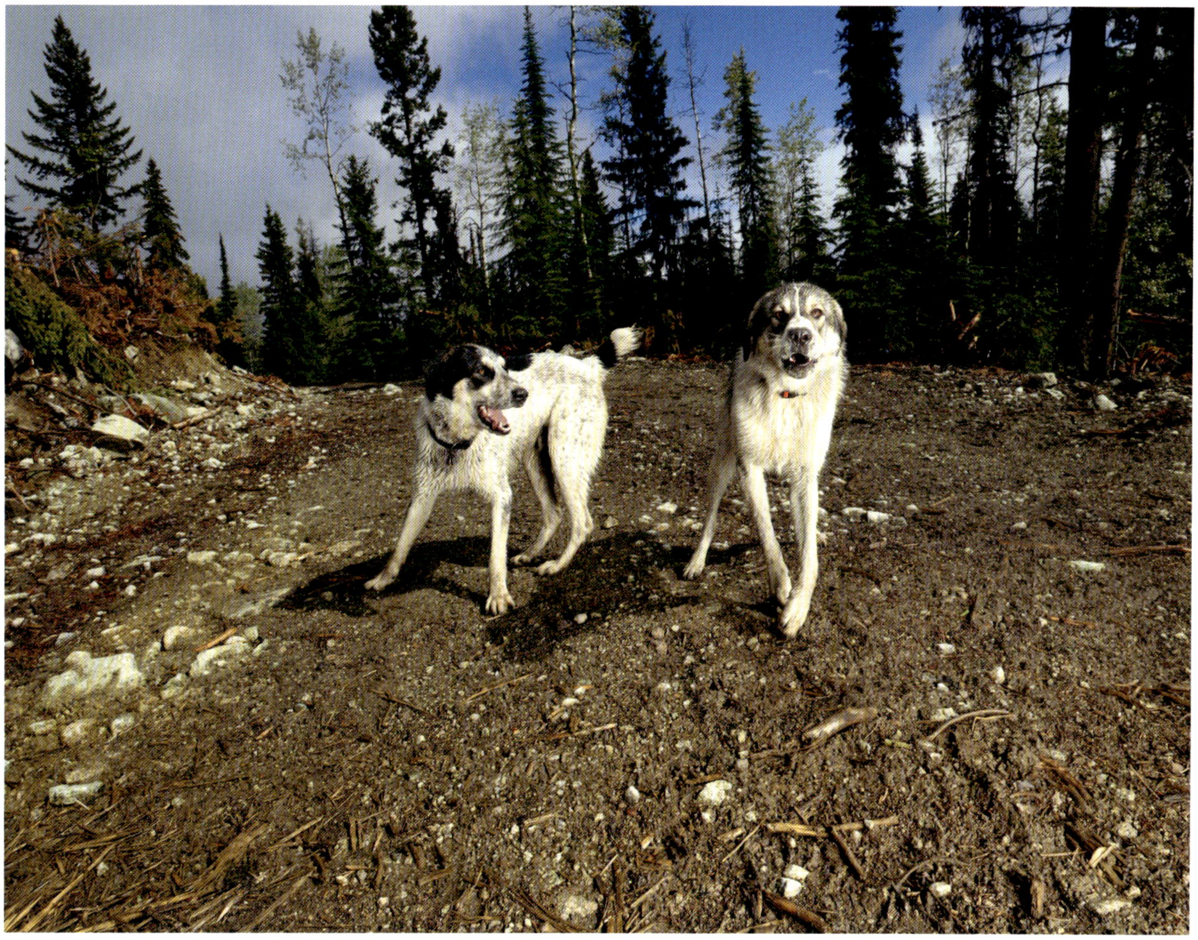

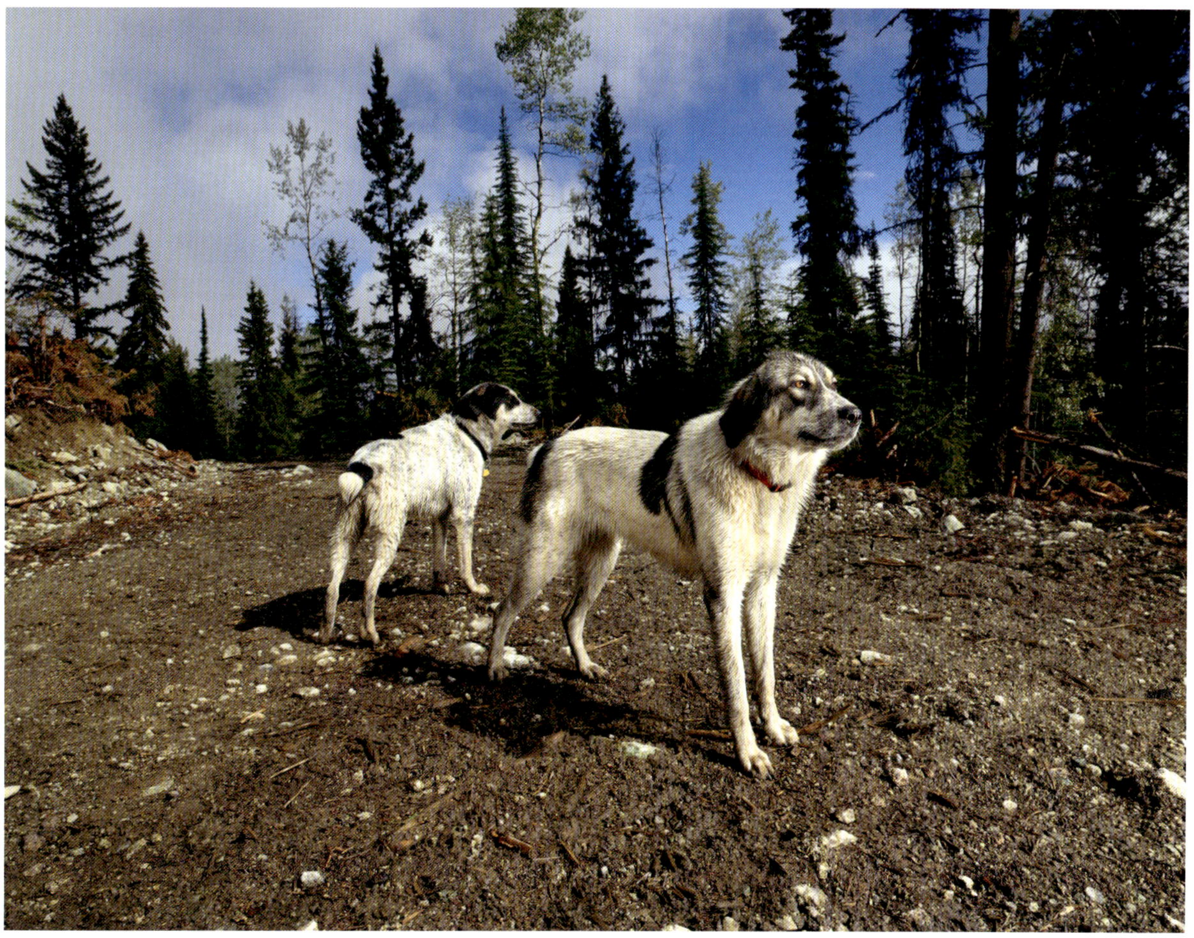

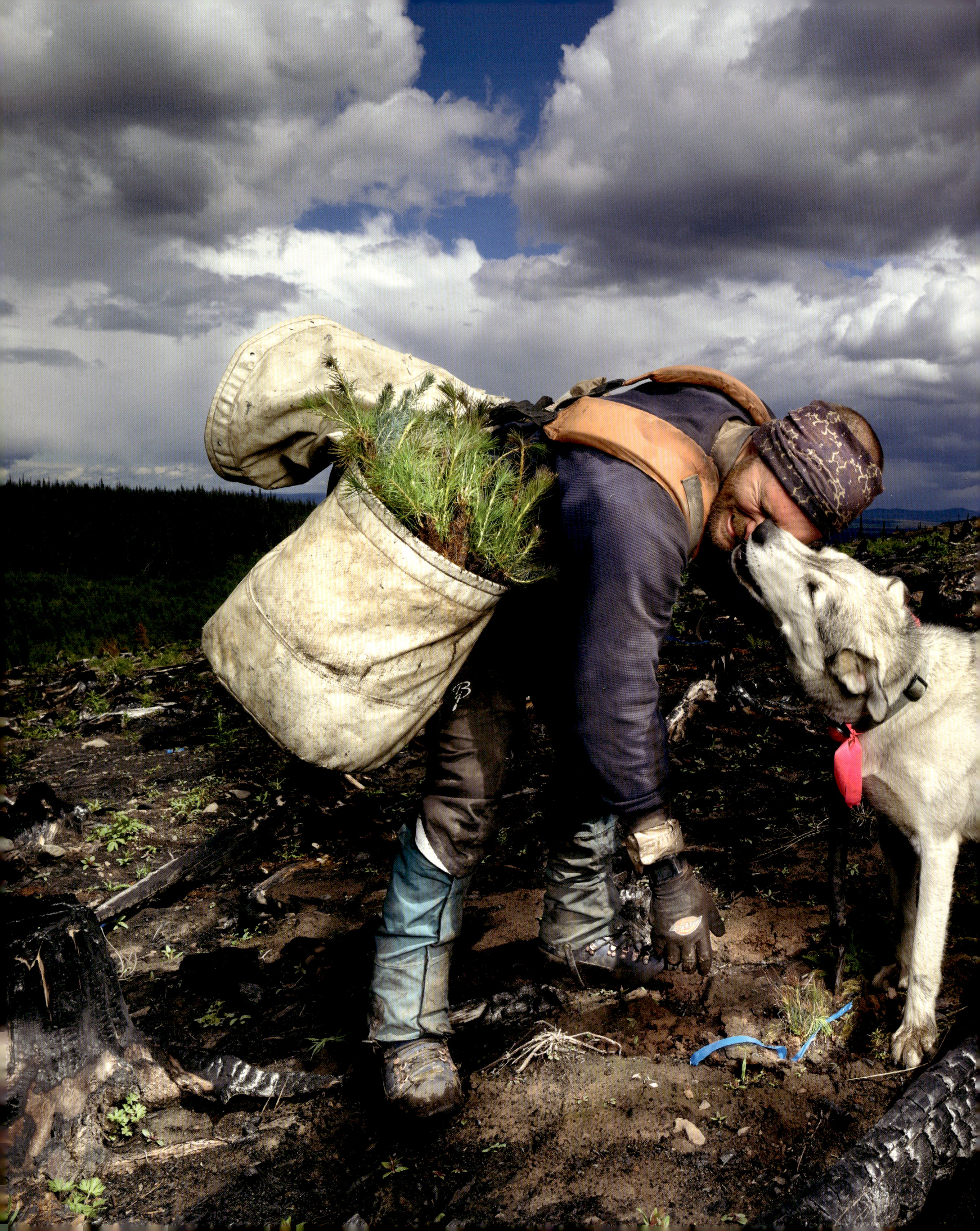

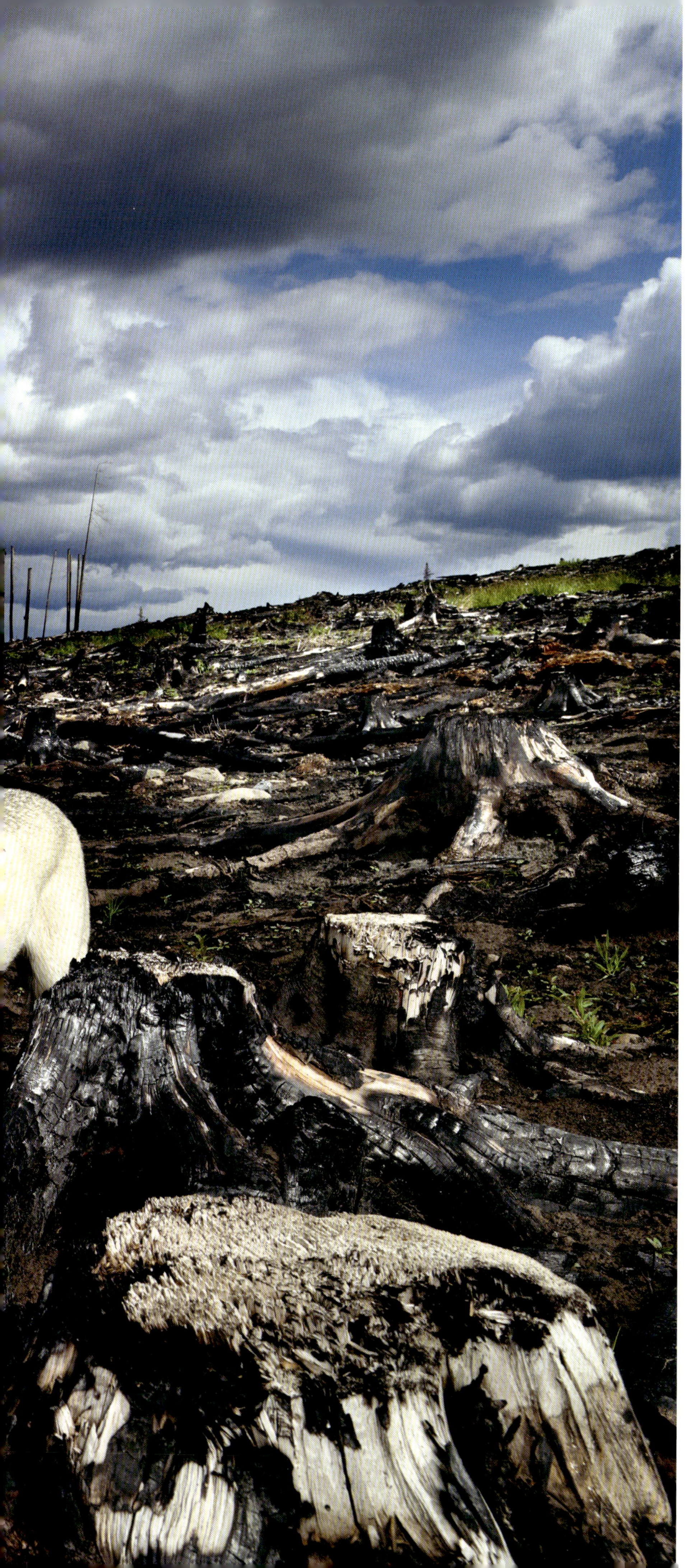

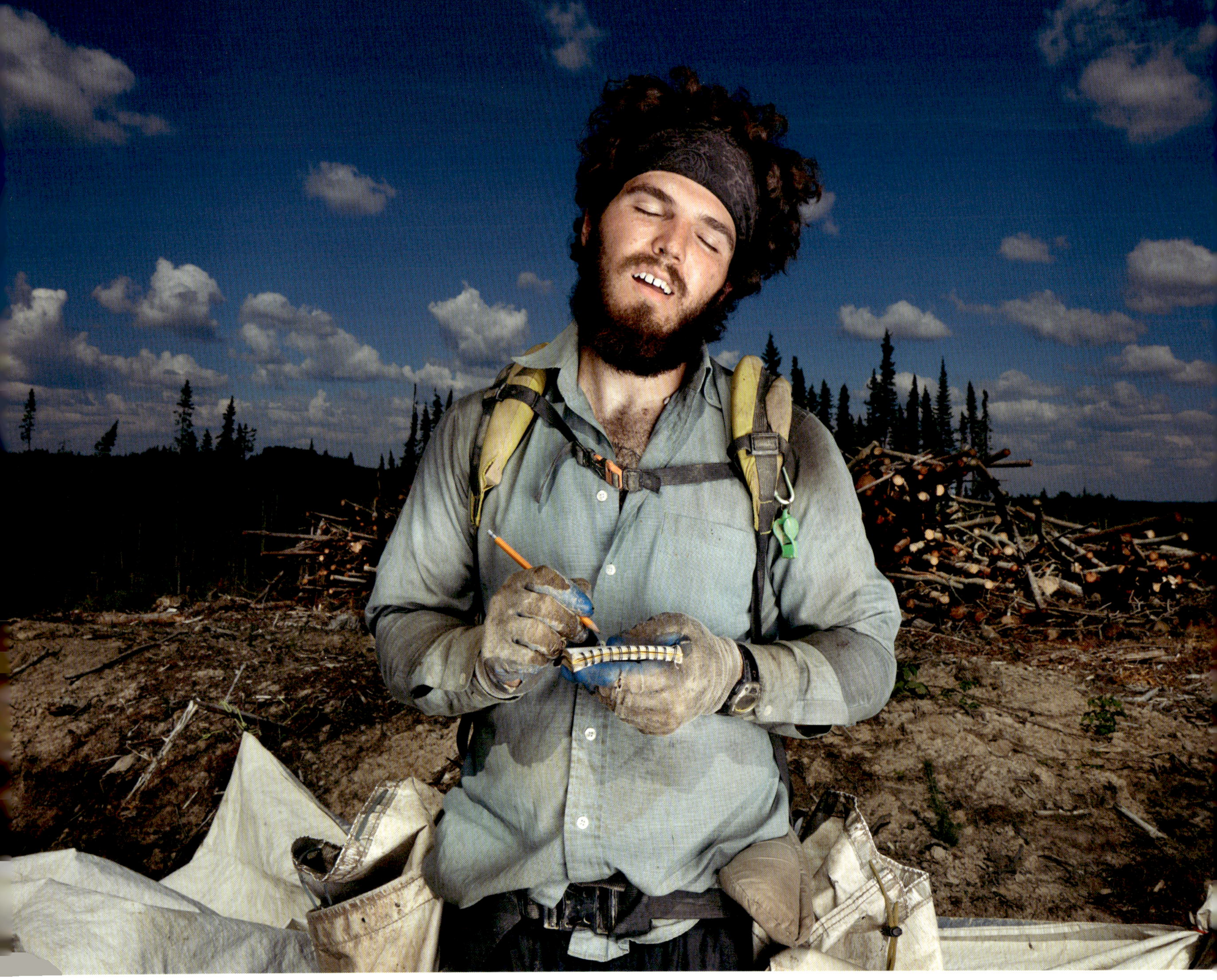

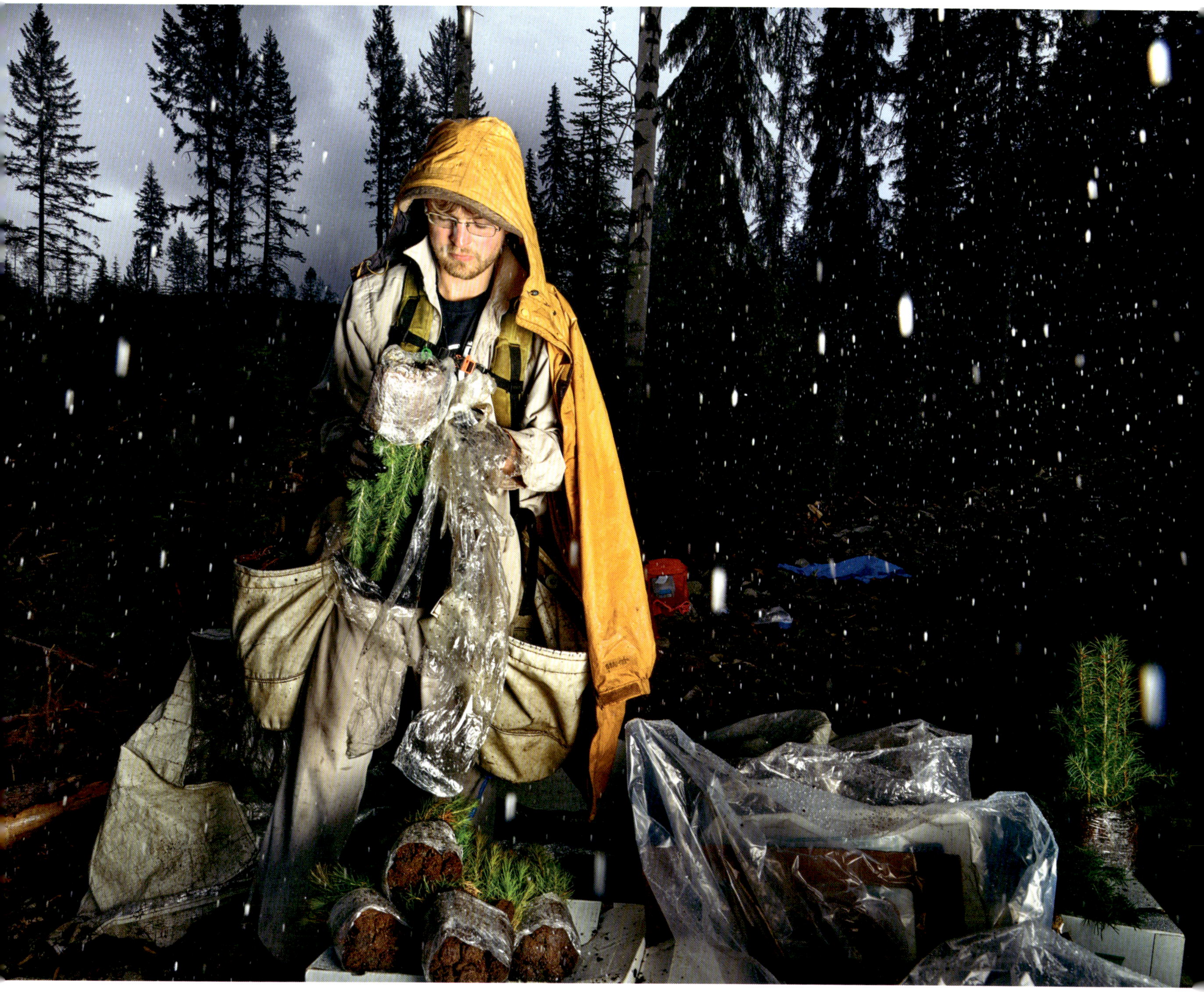

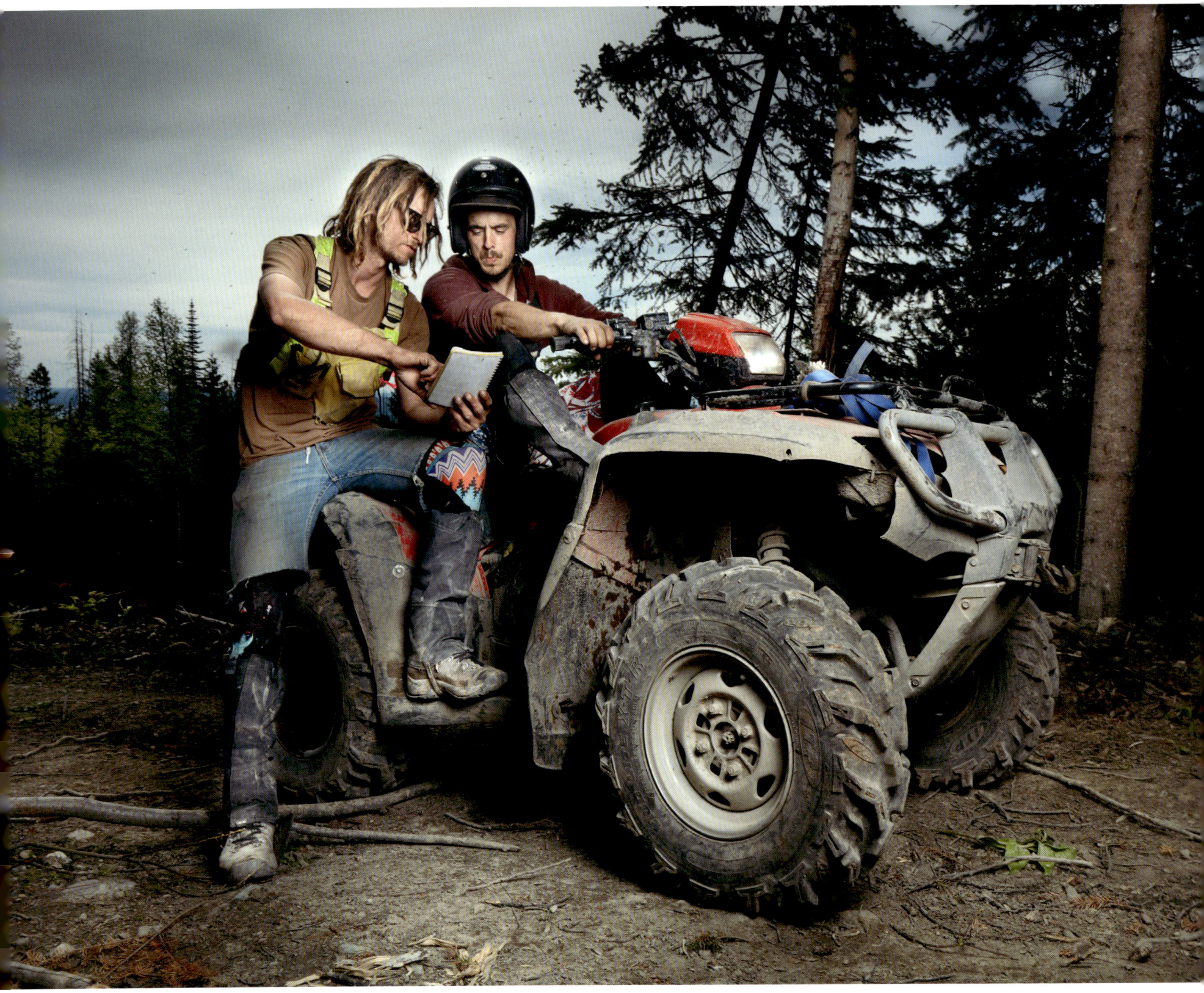

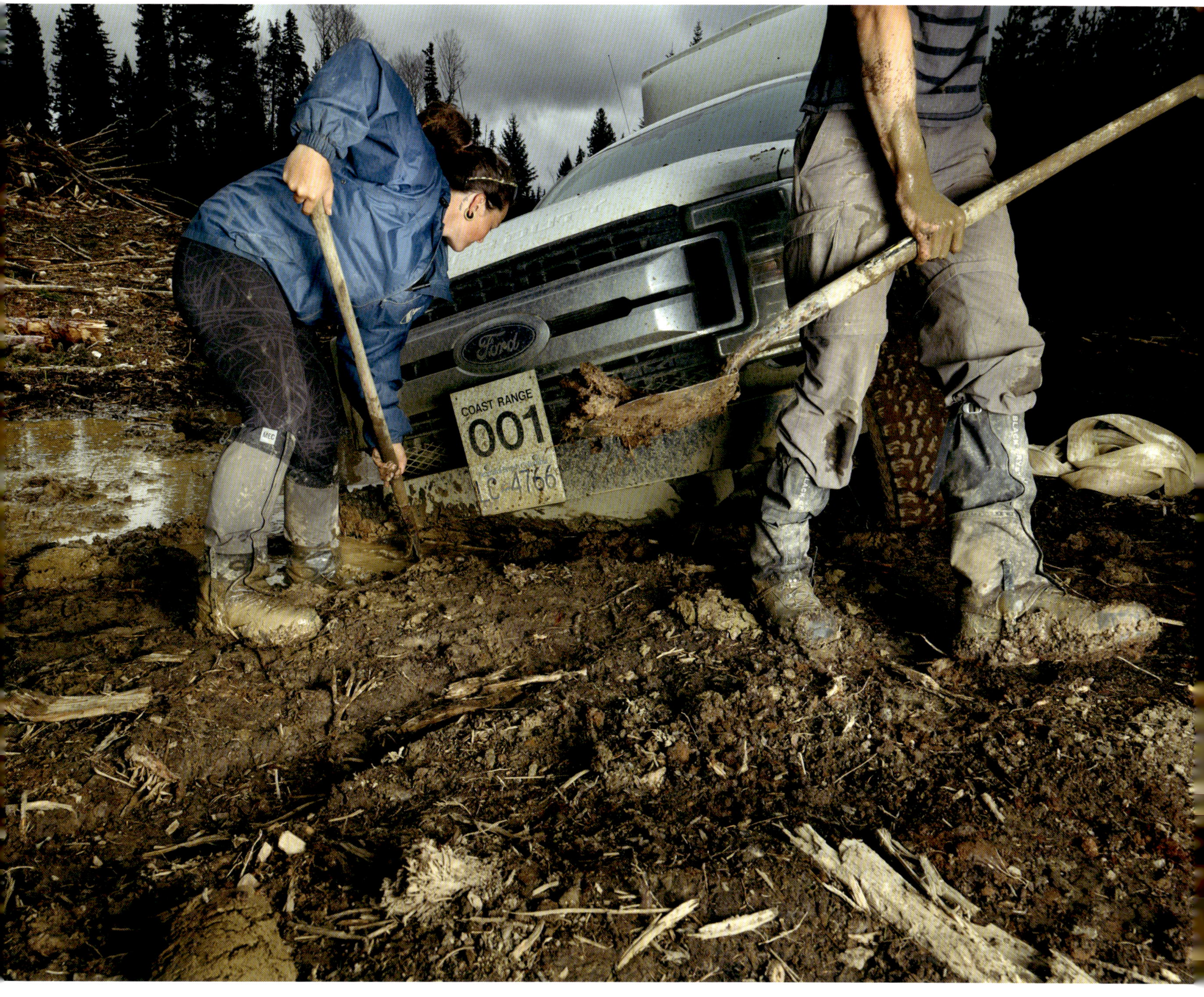
Ford
COAST RANGE
001
LC 4766
MEC

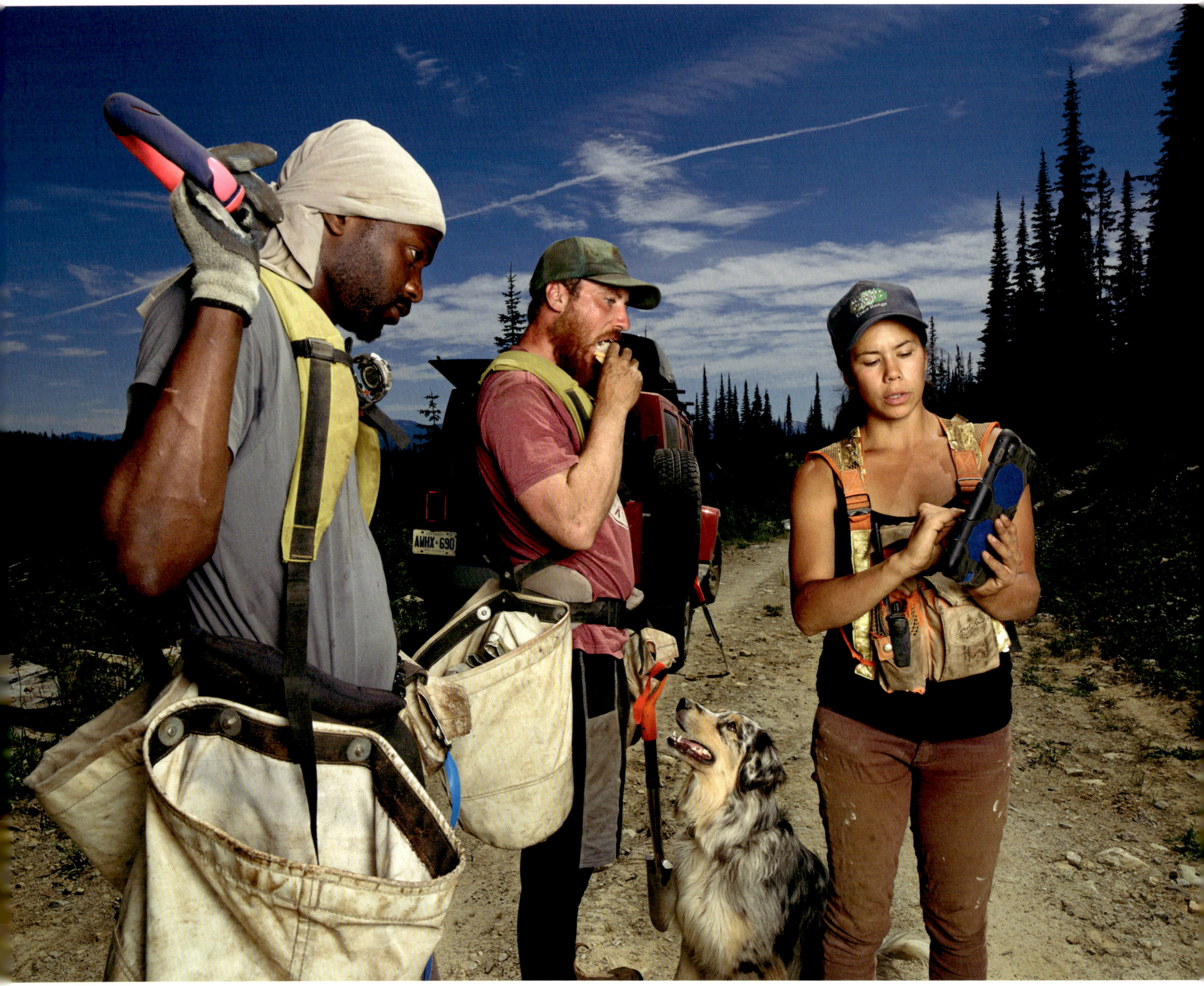

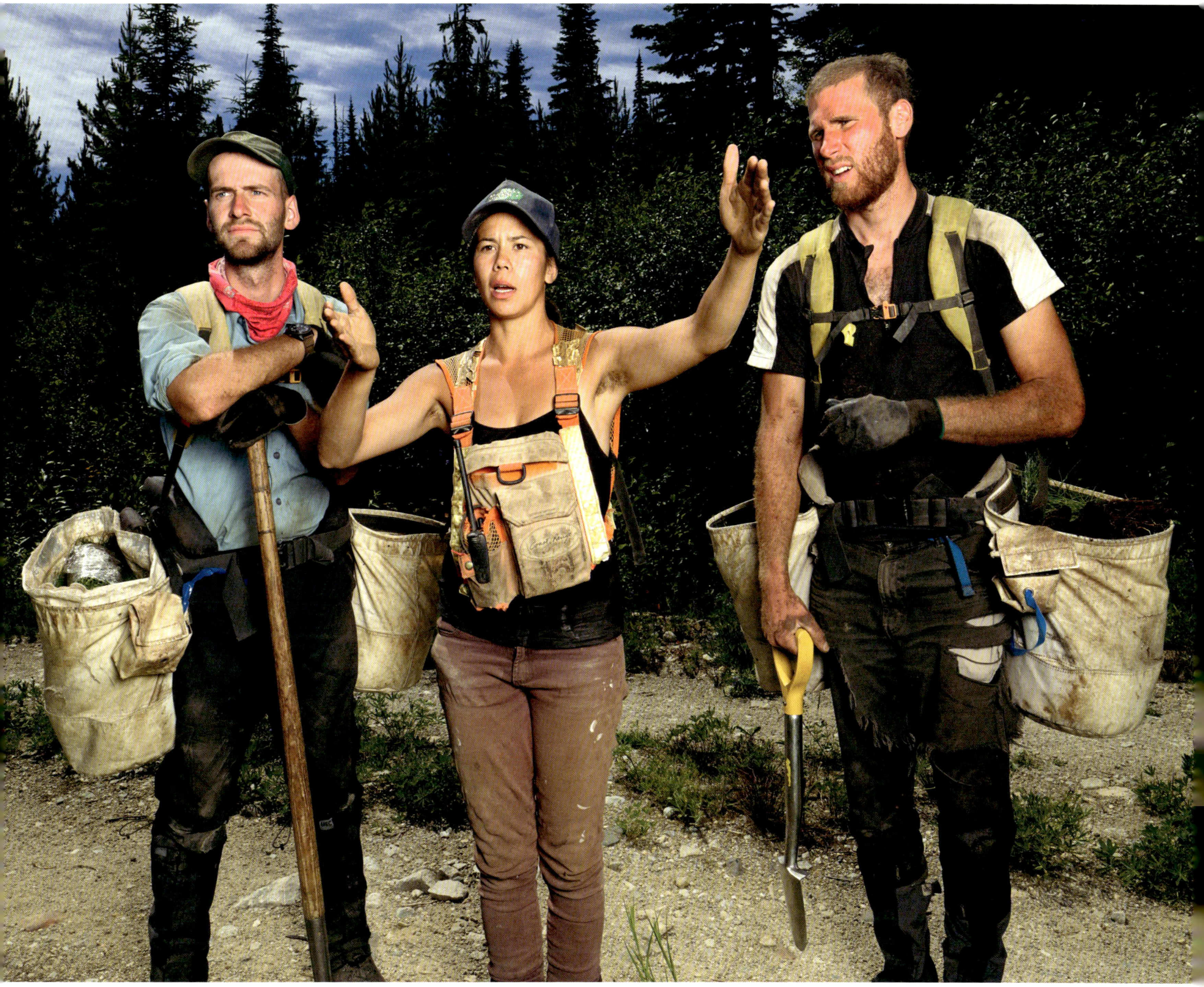

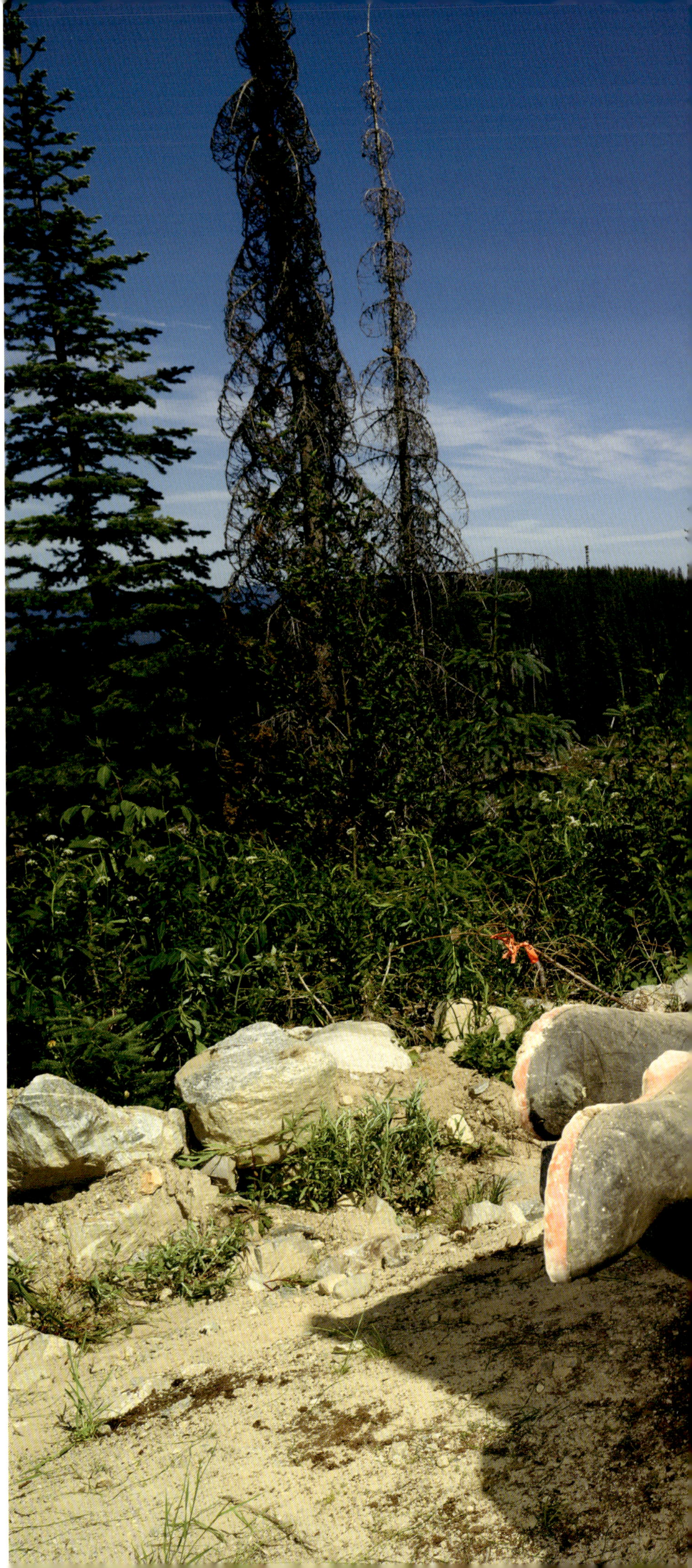

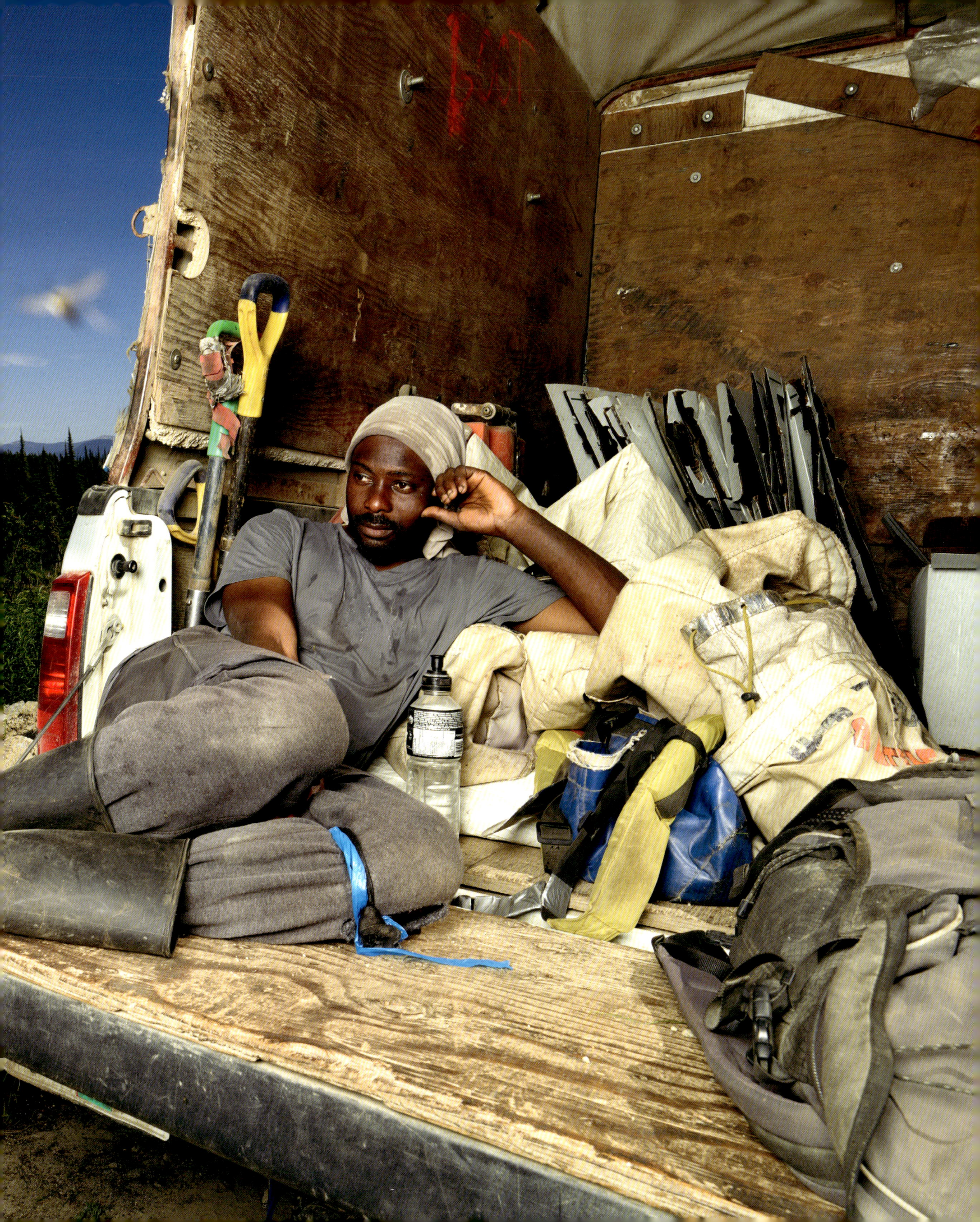

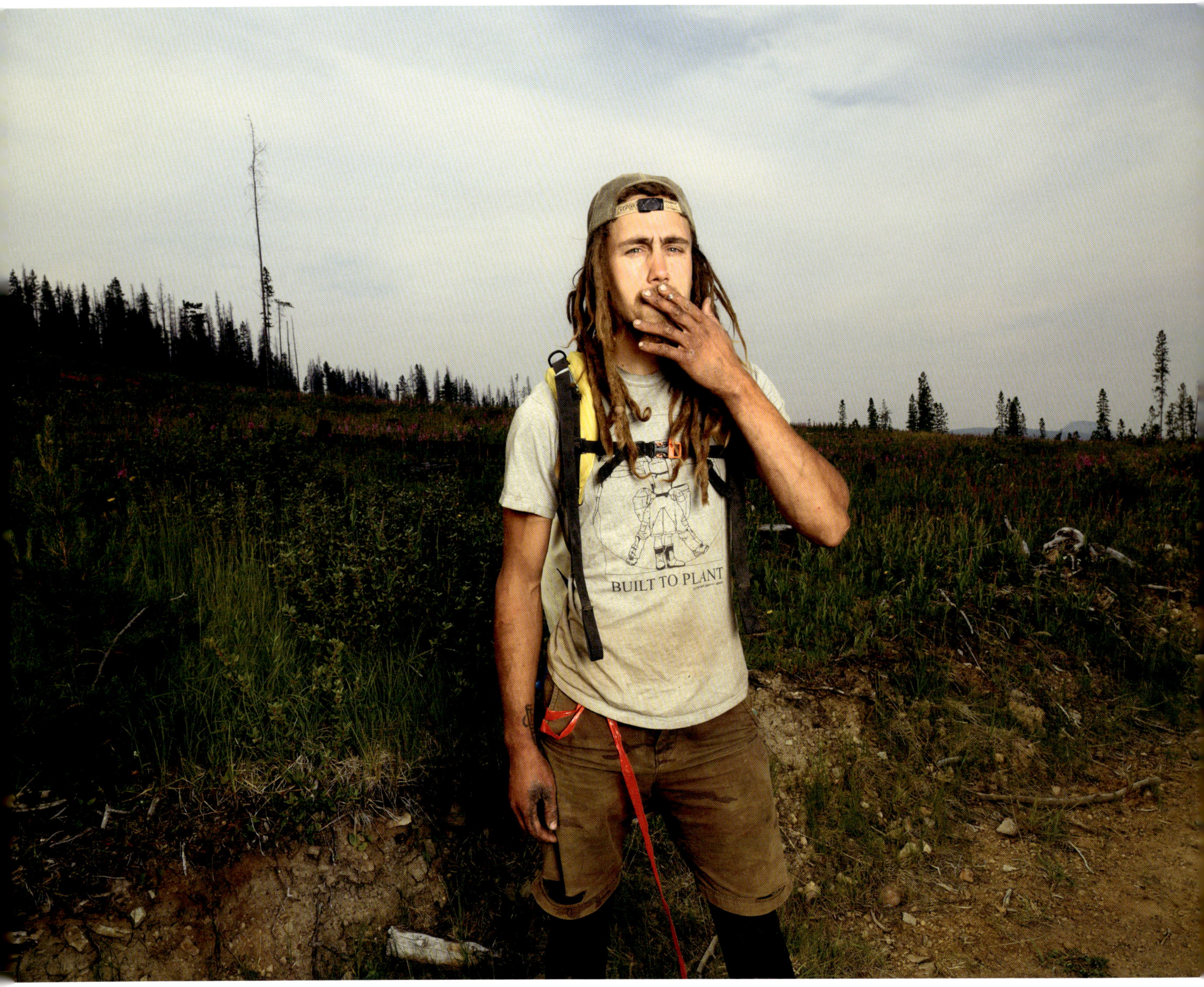
BUILT TO PLANT

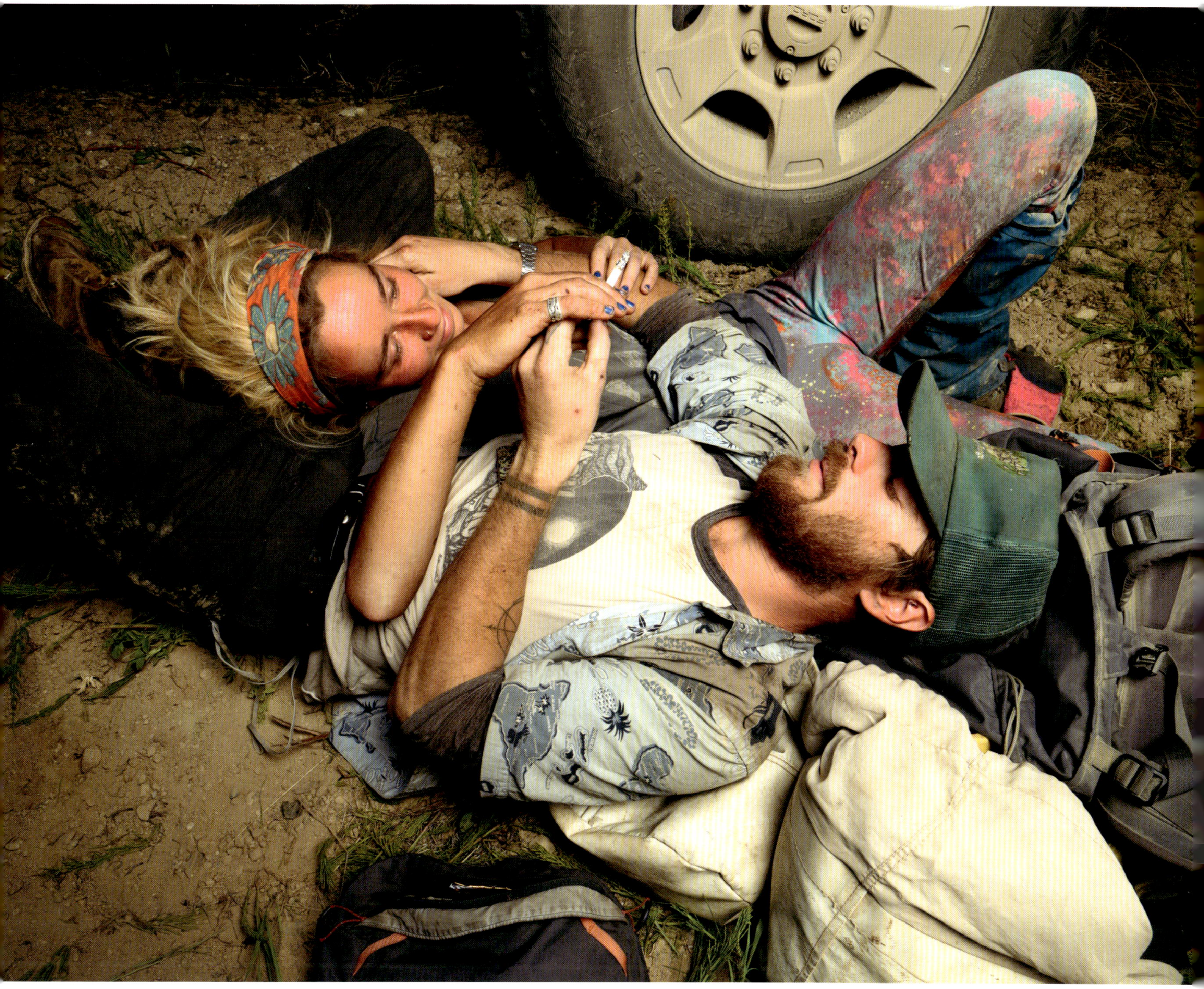

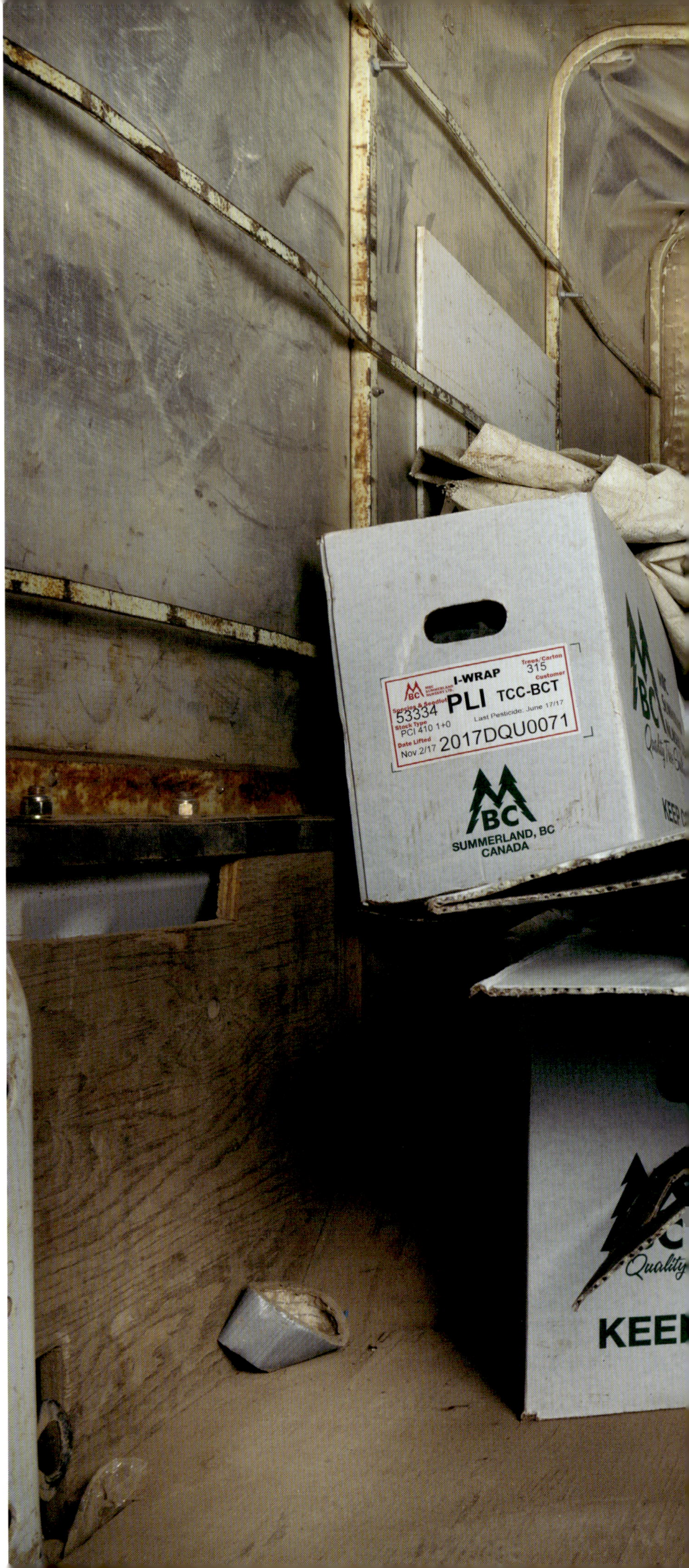
I-WRAP
Trees/Carton
315
Customer
PLI
TCC-BCT
Species & Seedlot
53334
Stock Type
PCI 410 1+0
Last Pesticide: June 17/17
Date Lifted
Nov 2/17
2017DQU0071
BC
SUMMERLAND, BC
CANADA

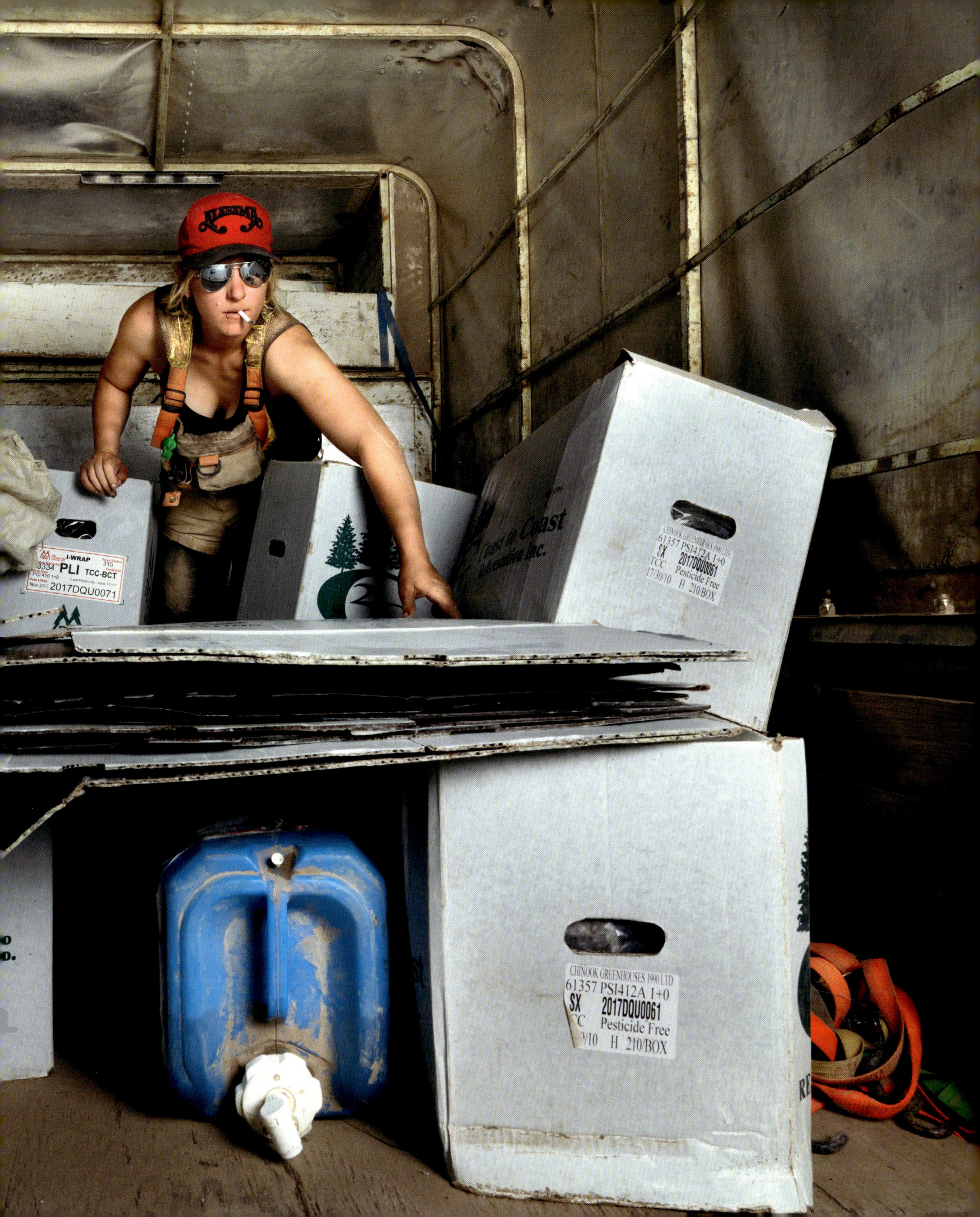
Coast to Coast
Reforestation Inc.
I-WRAP
3334 PLI TCC-BCT
2017DQU0071
61357 PSI412A 1+0
SX 2017DQU0061
Pesticide Free
H 210/BOX
CHINOOK GREENHOUSES 1990 LTD
61357 PSI412A 1+0
SX 2017DQU0061
Pesticide Free
H 210/BOX

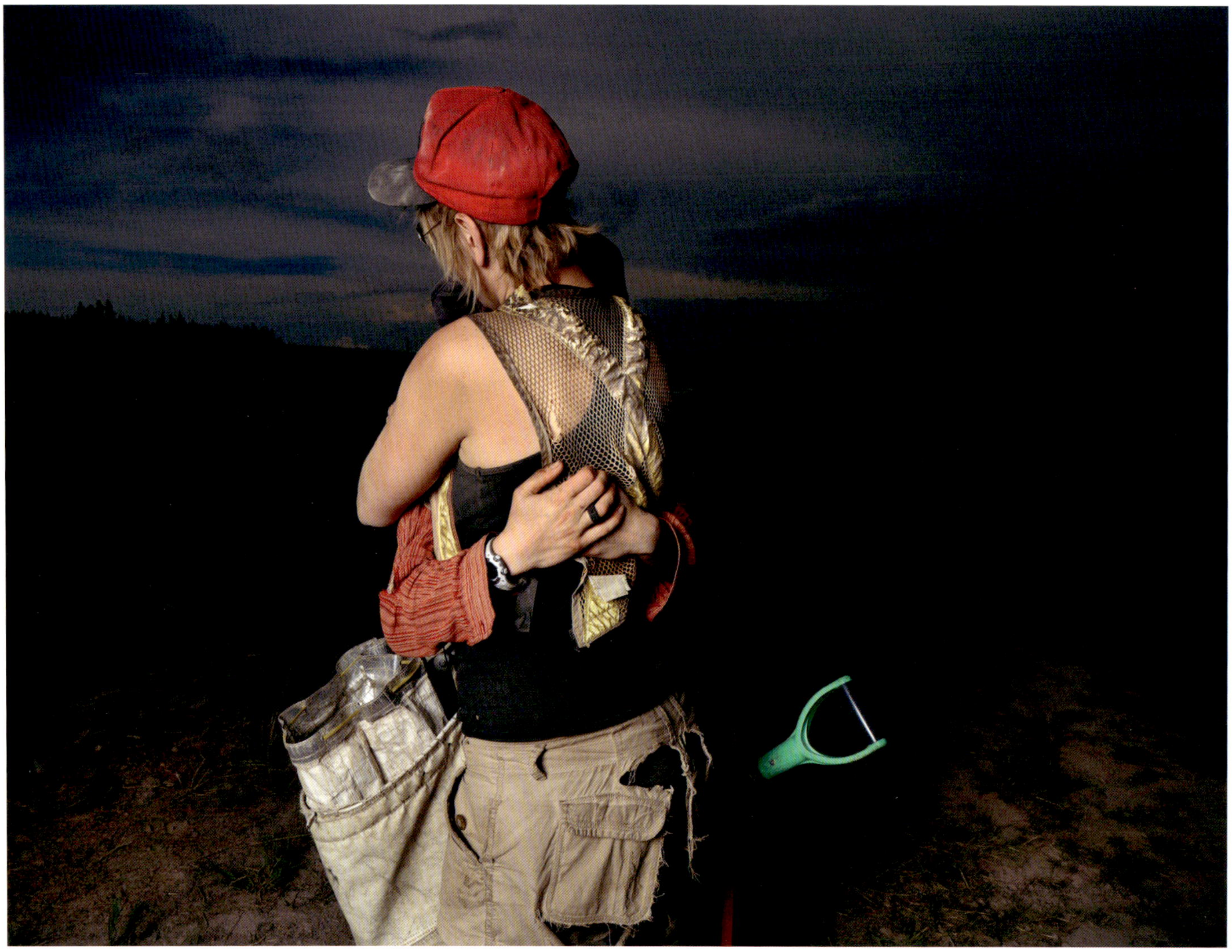

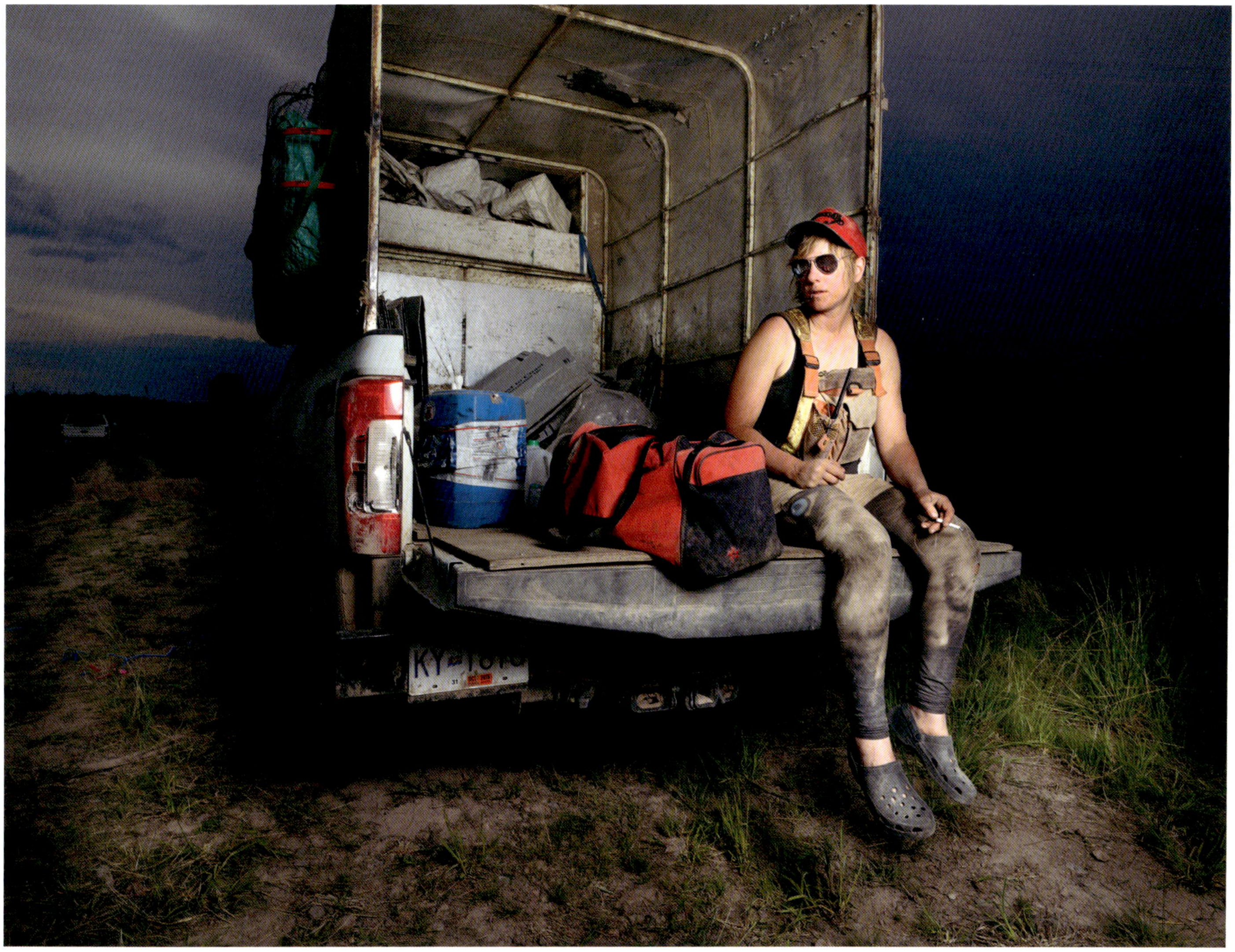

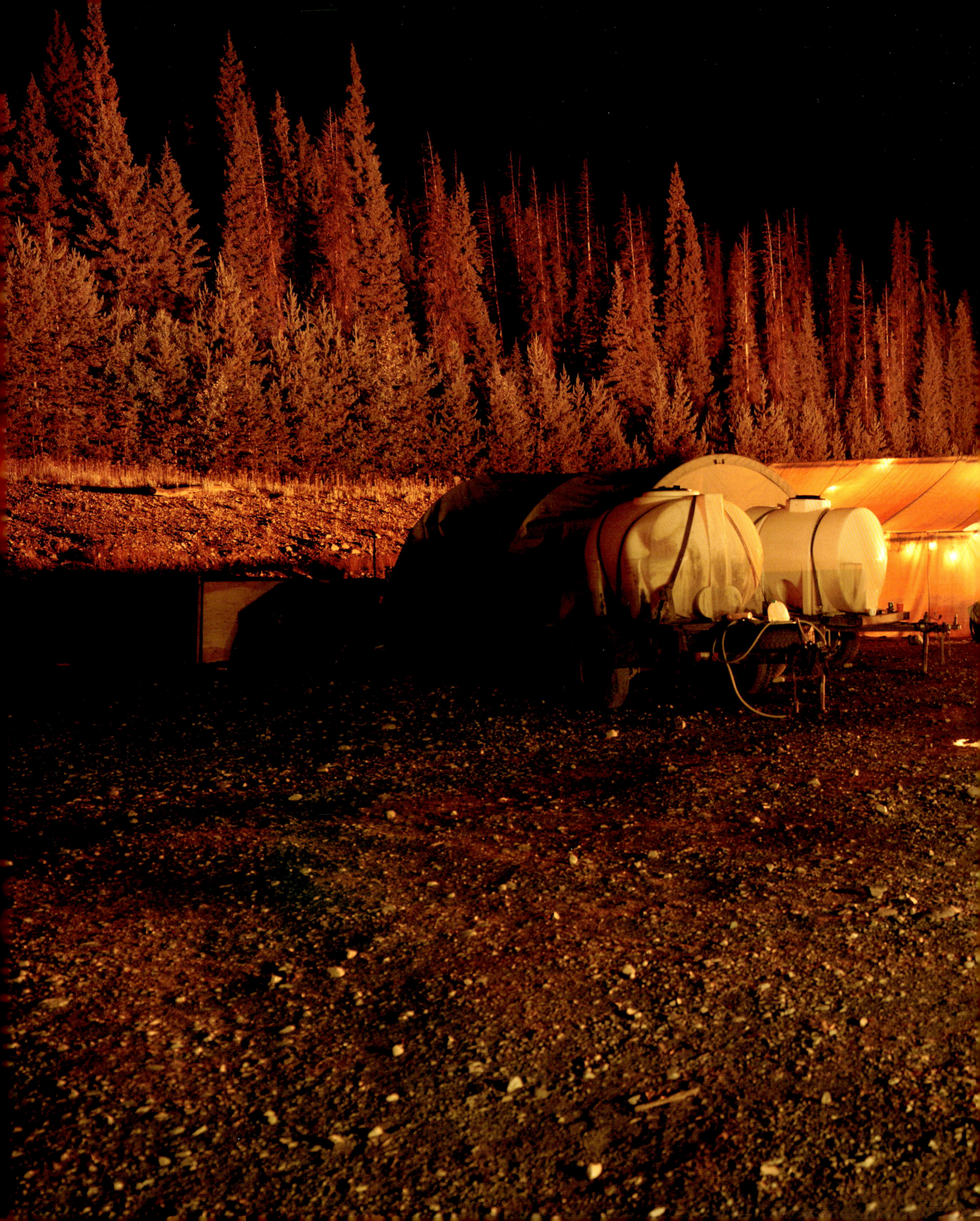

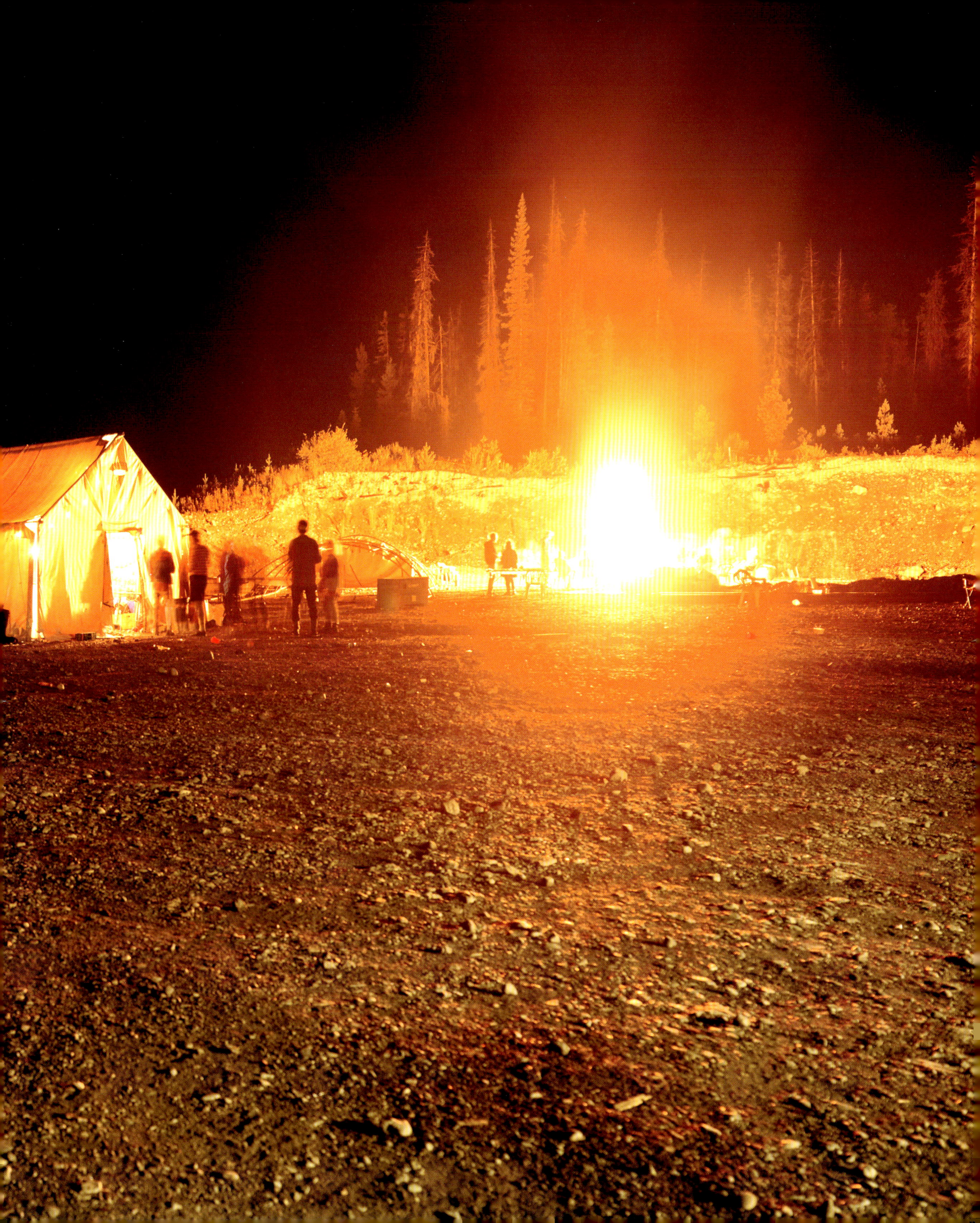

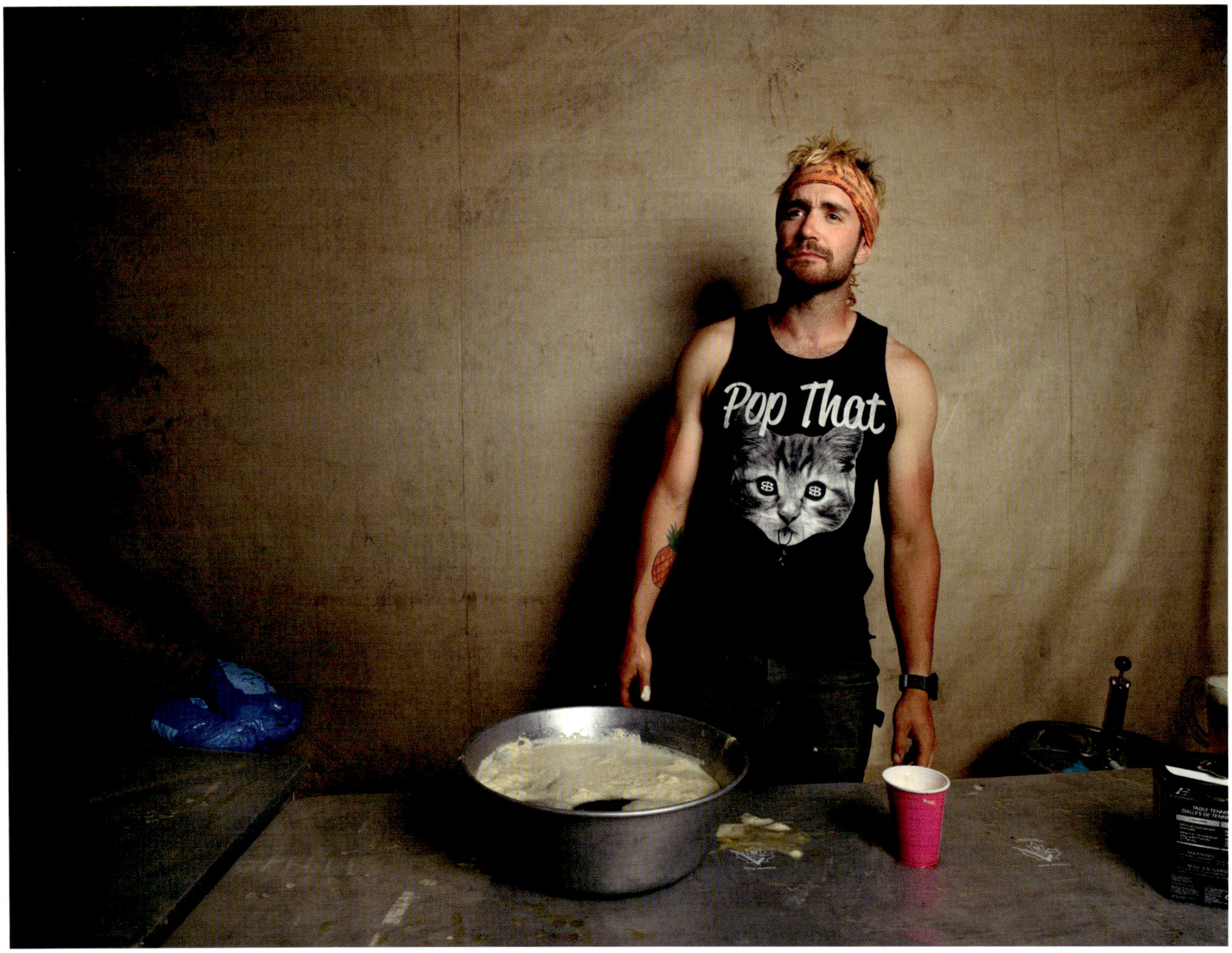
Pop That

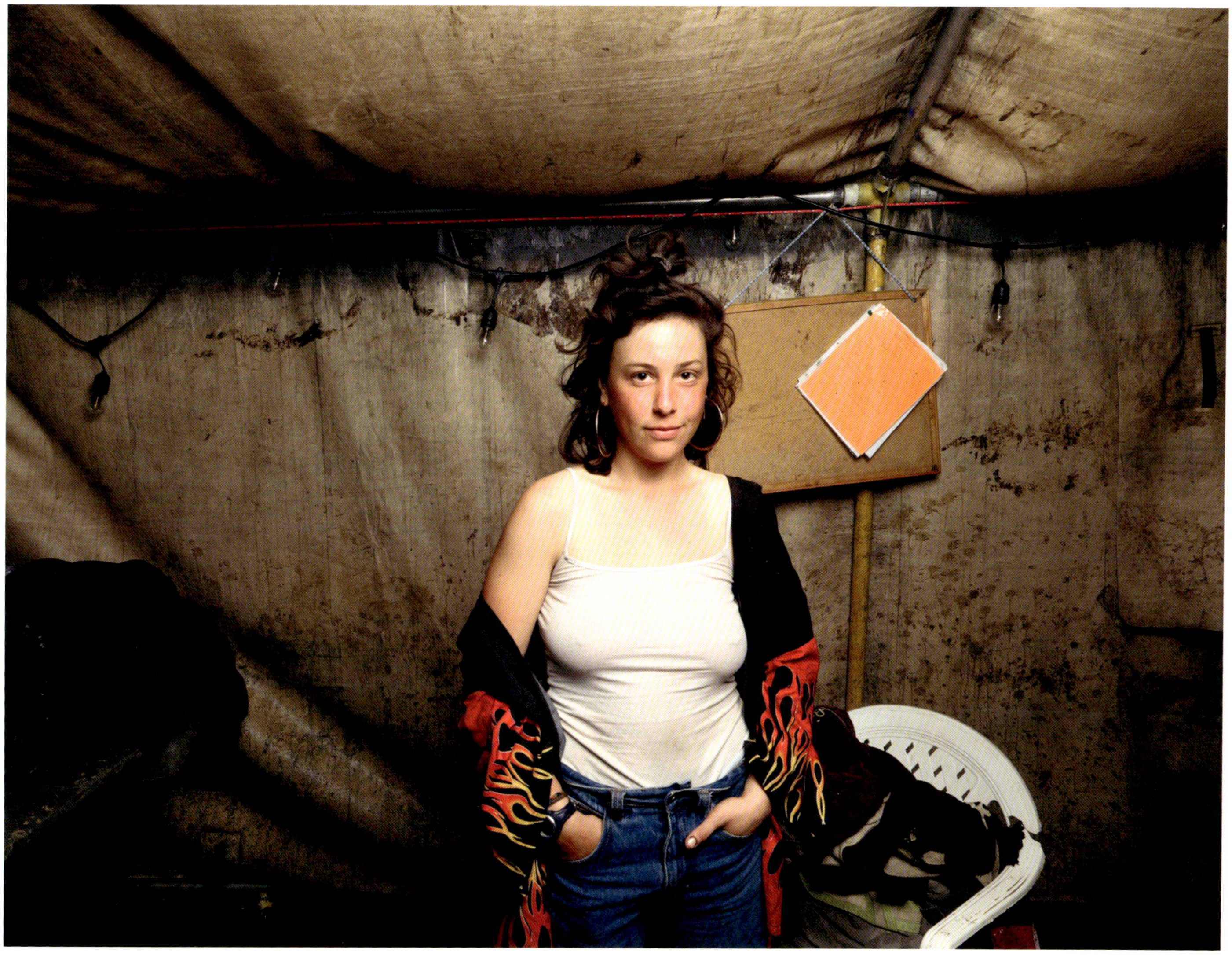

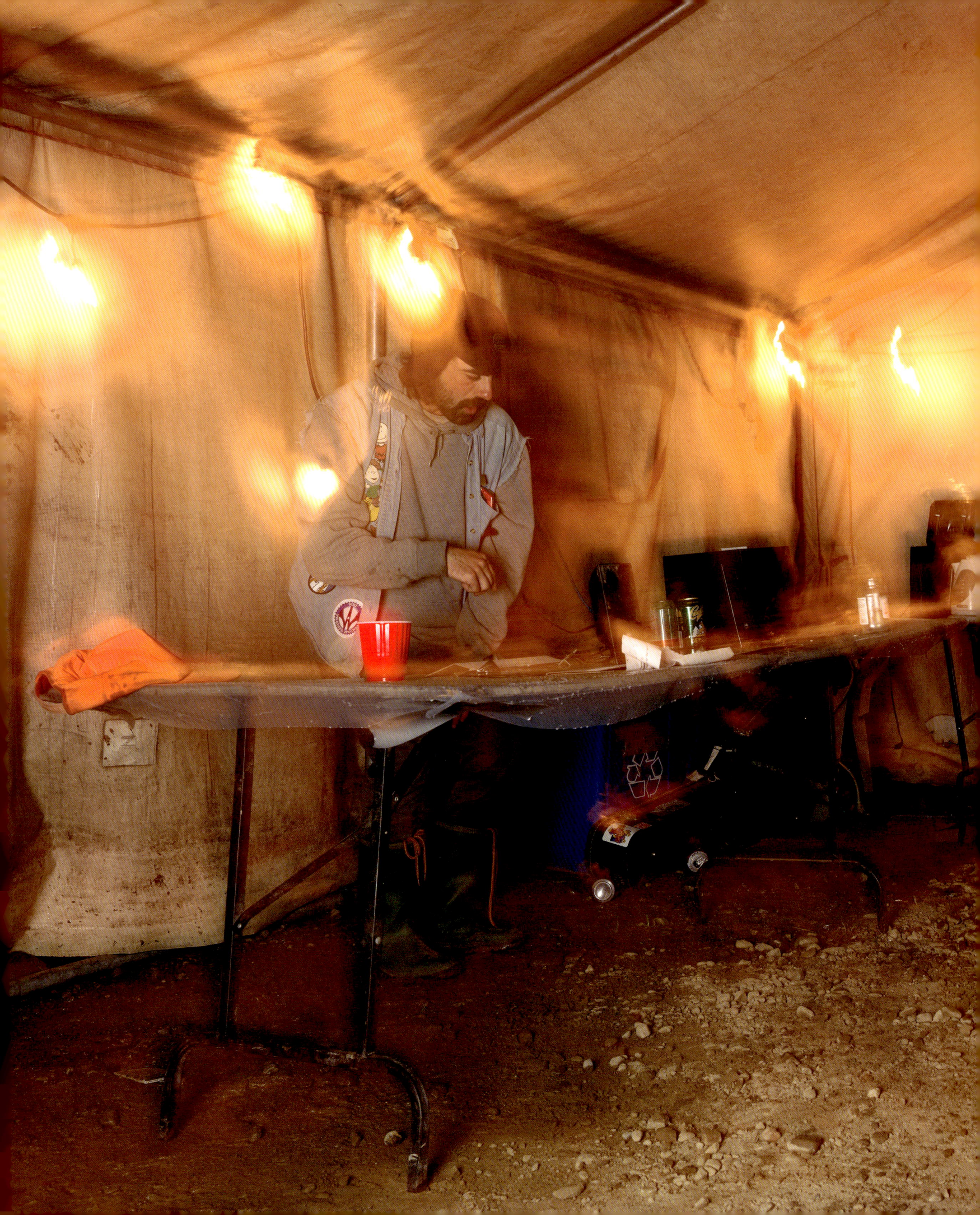

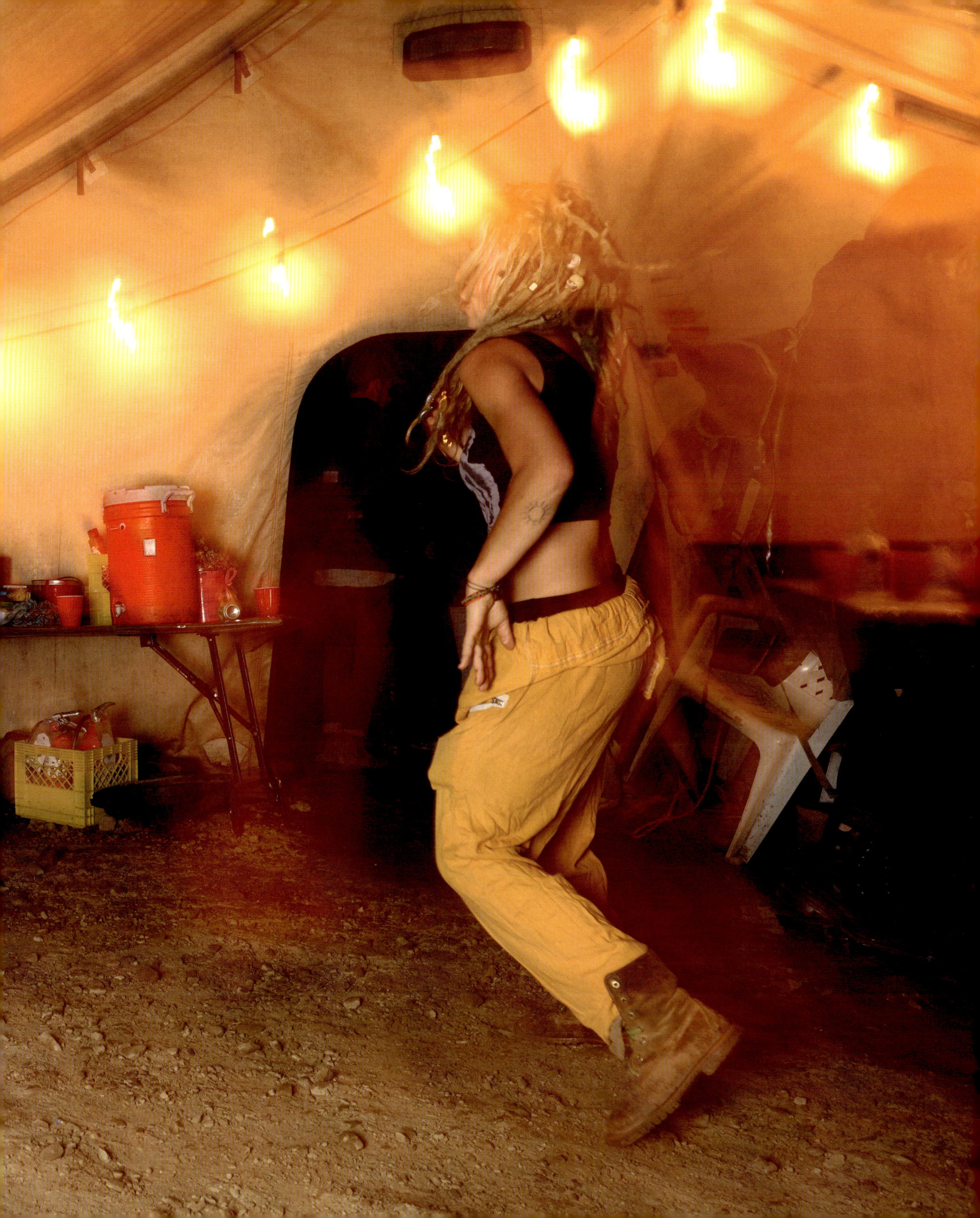

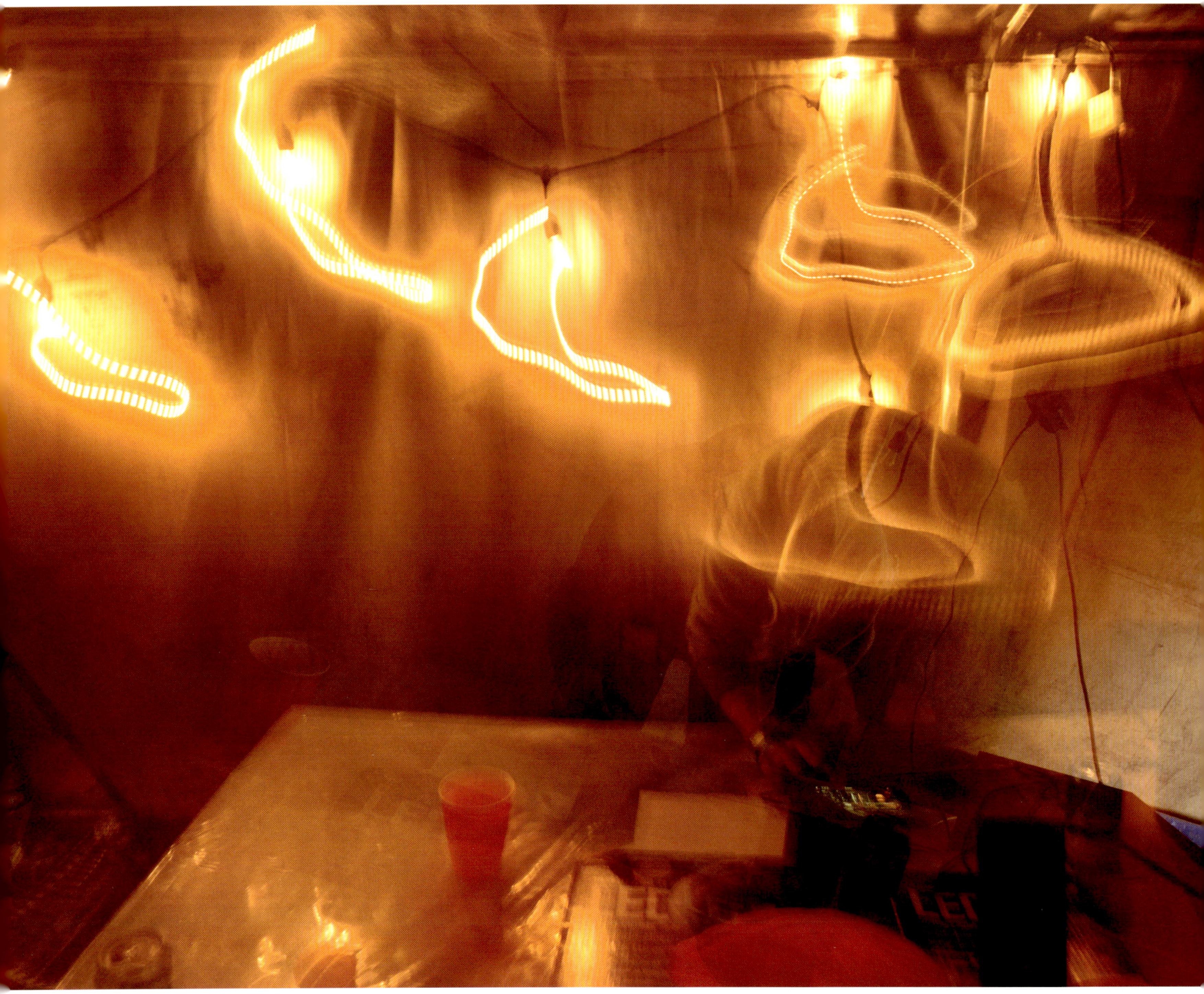

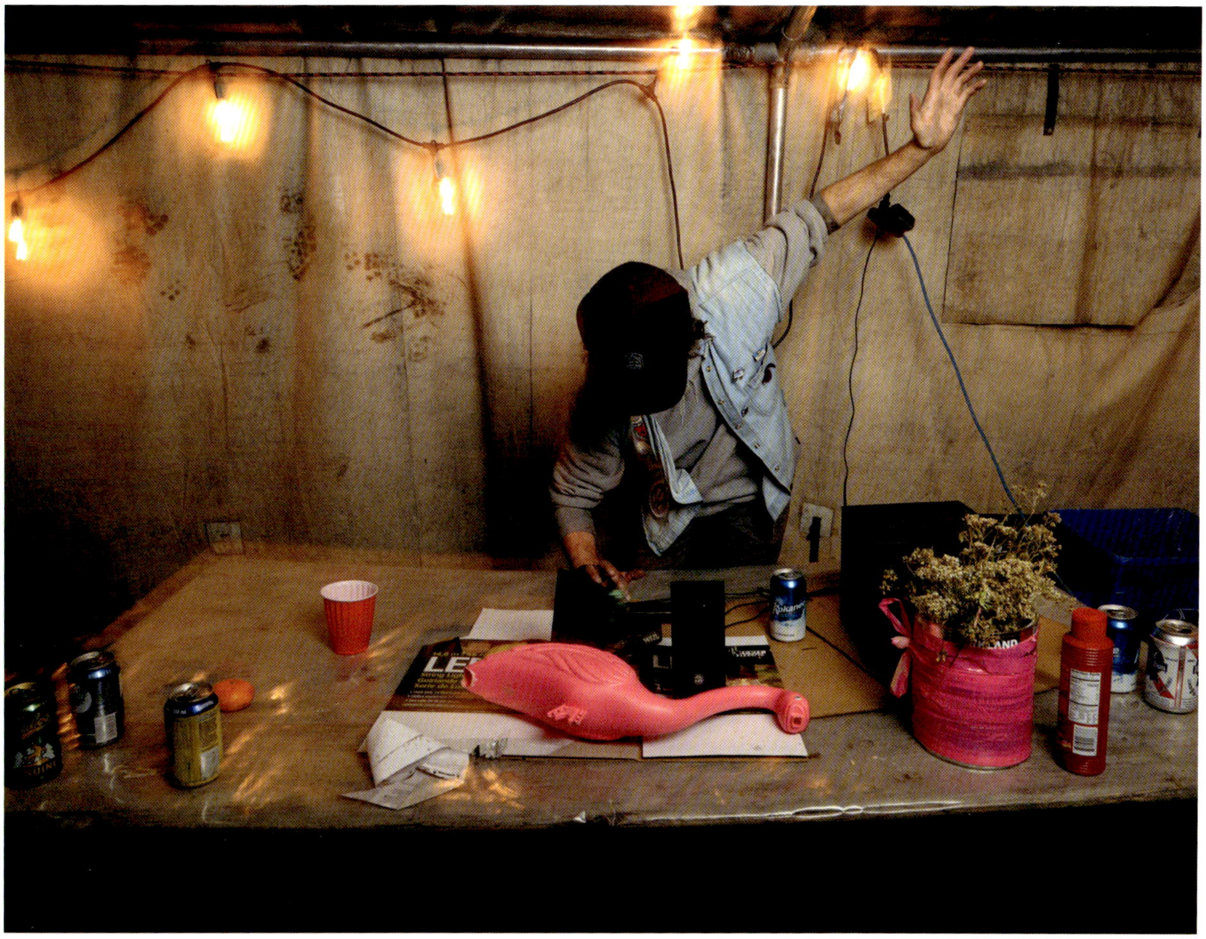

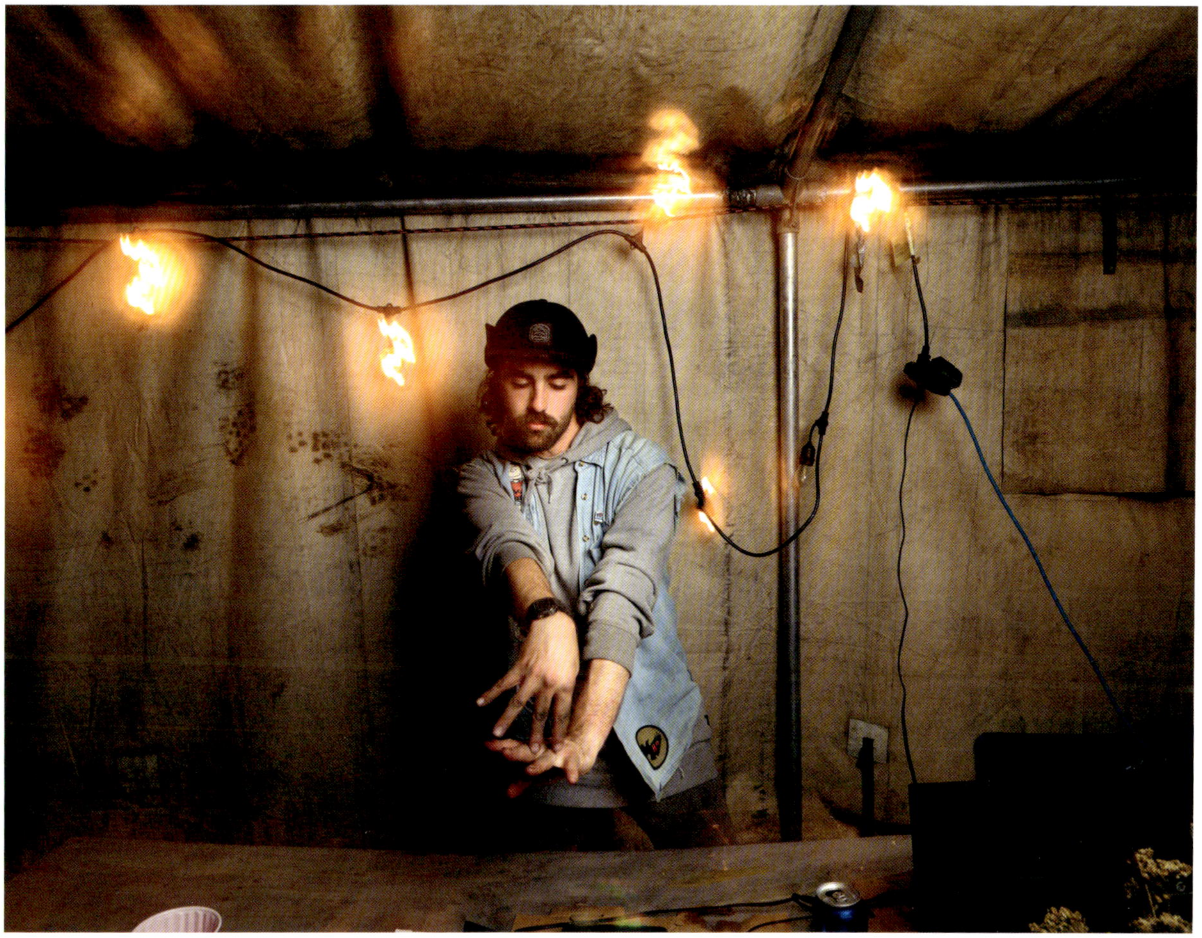

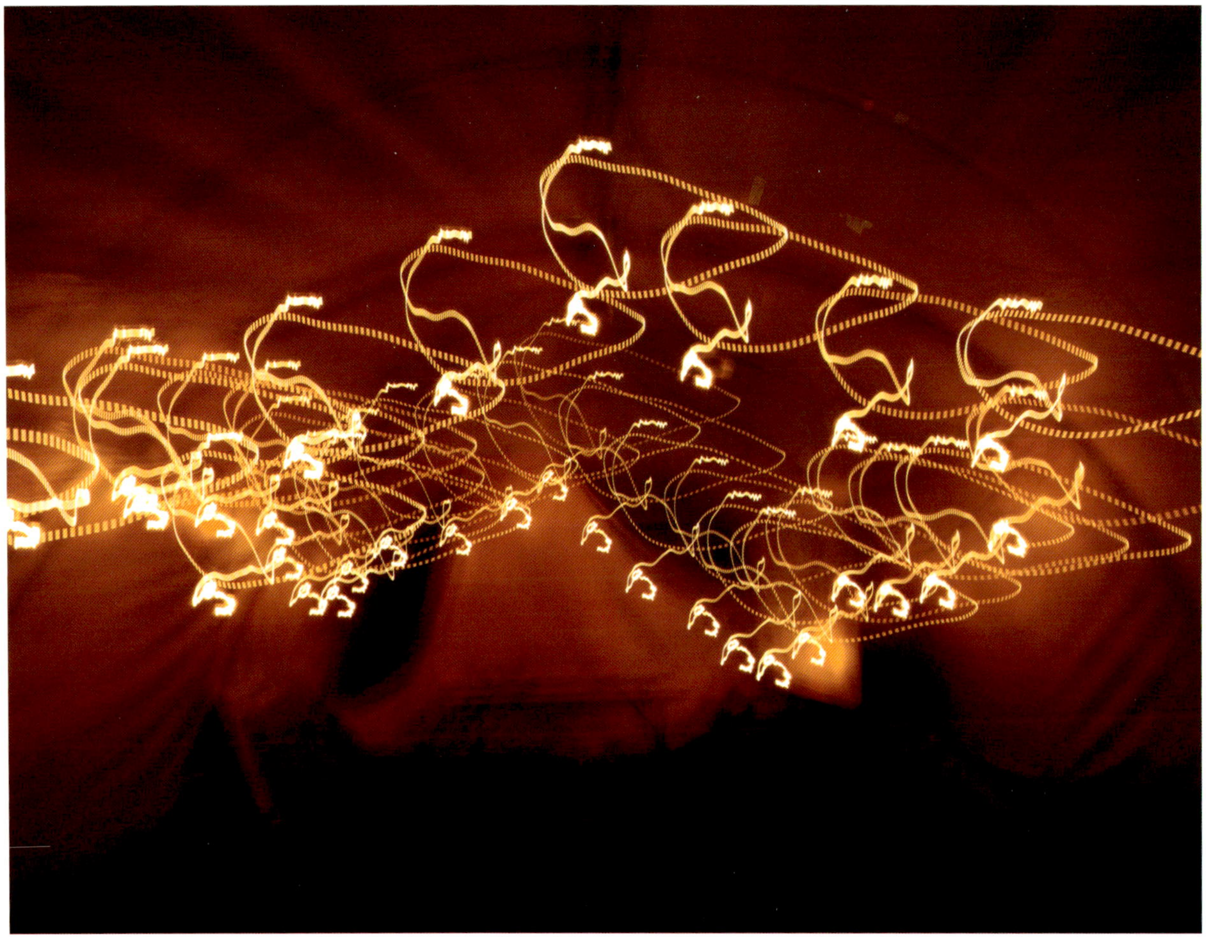

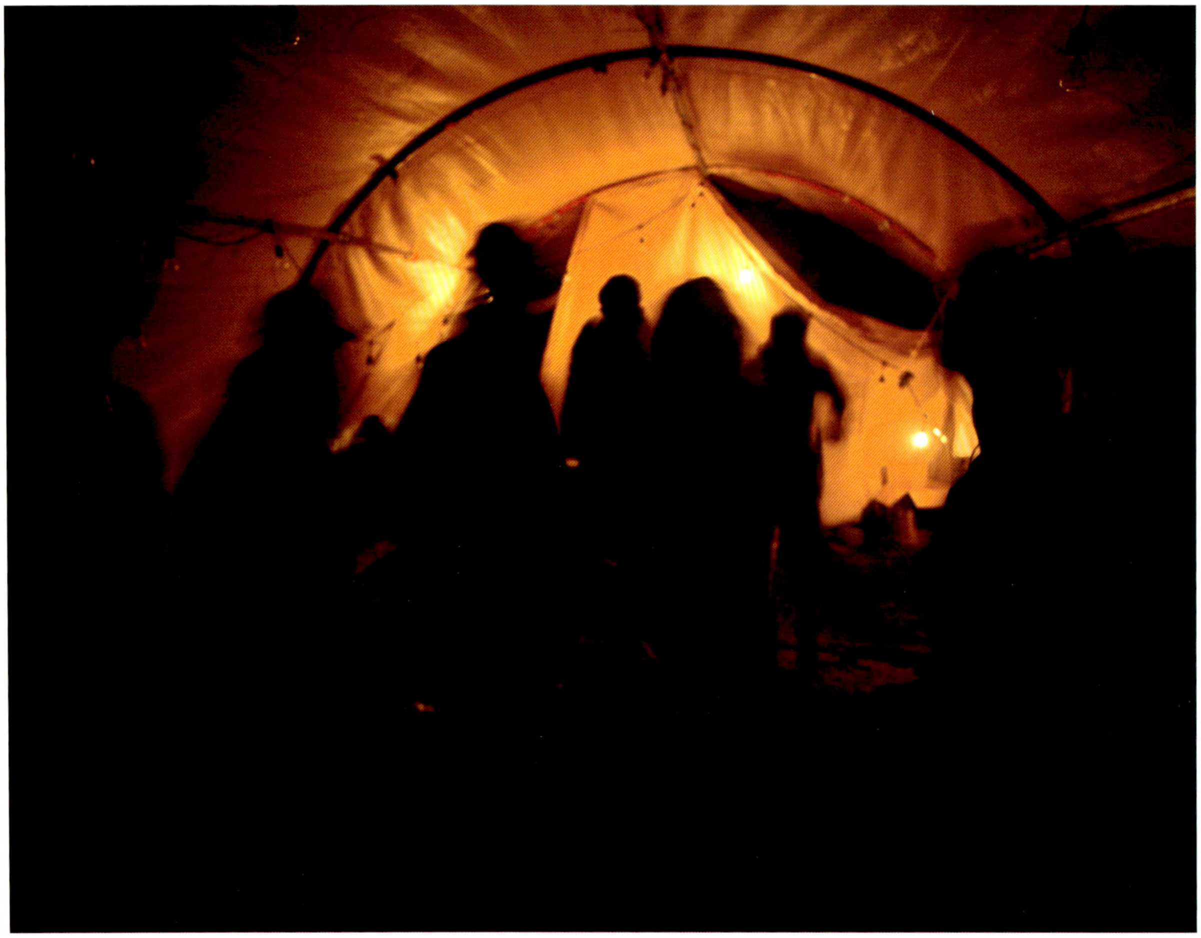

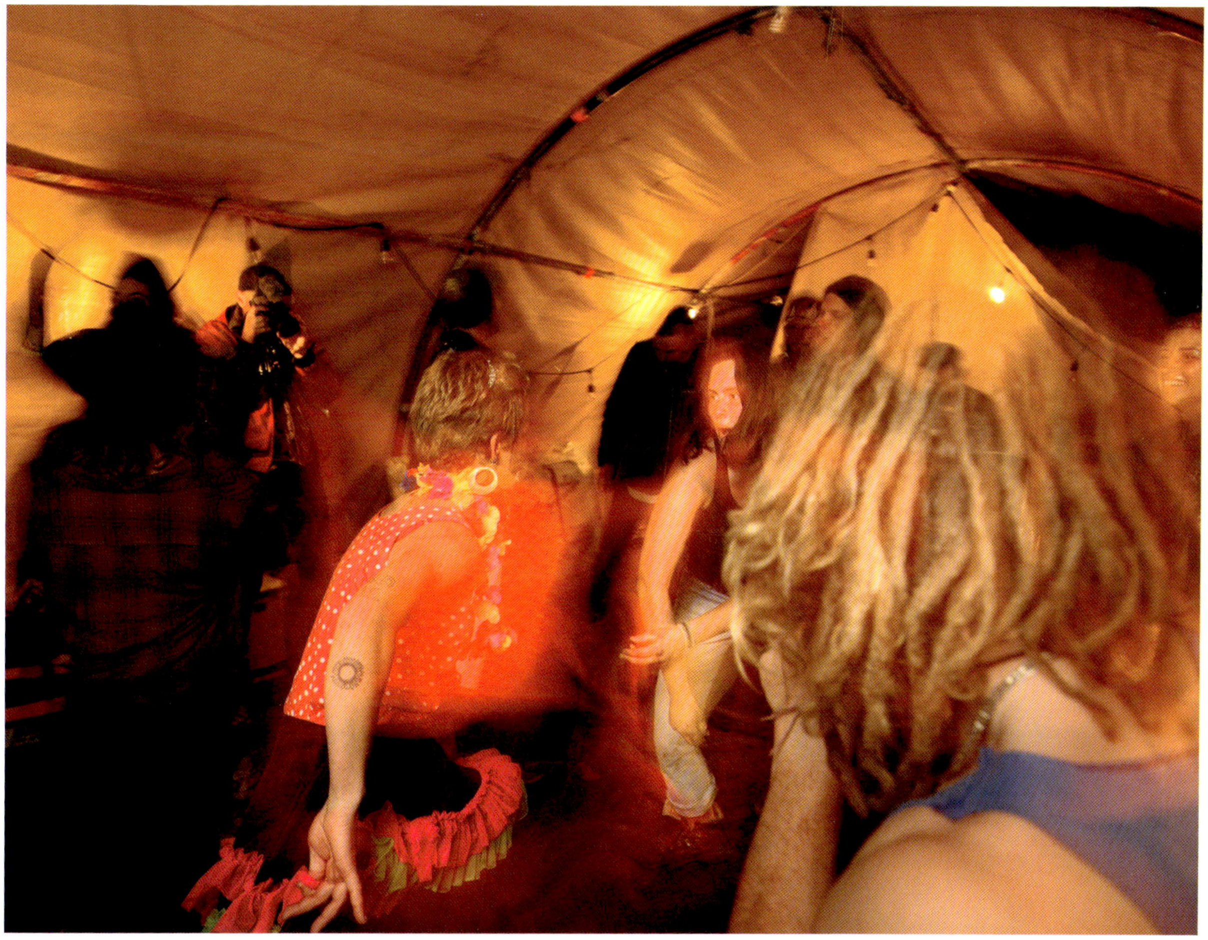

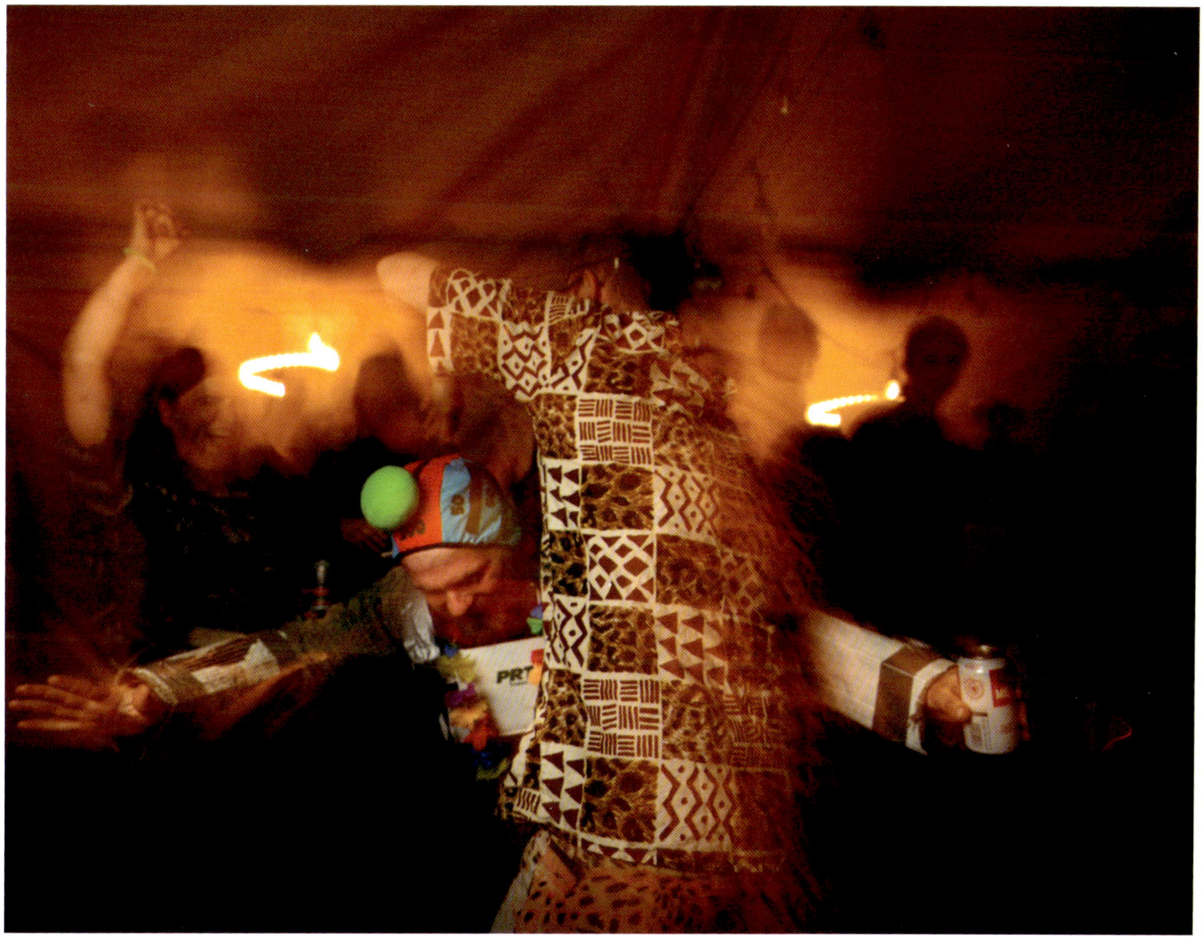

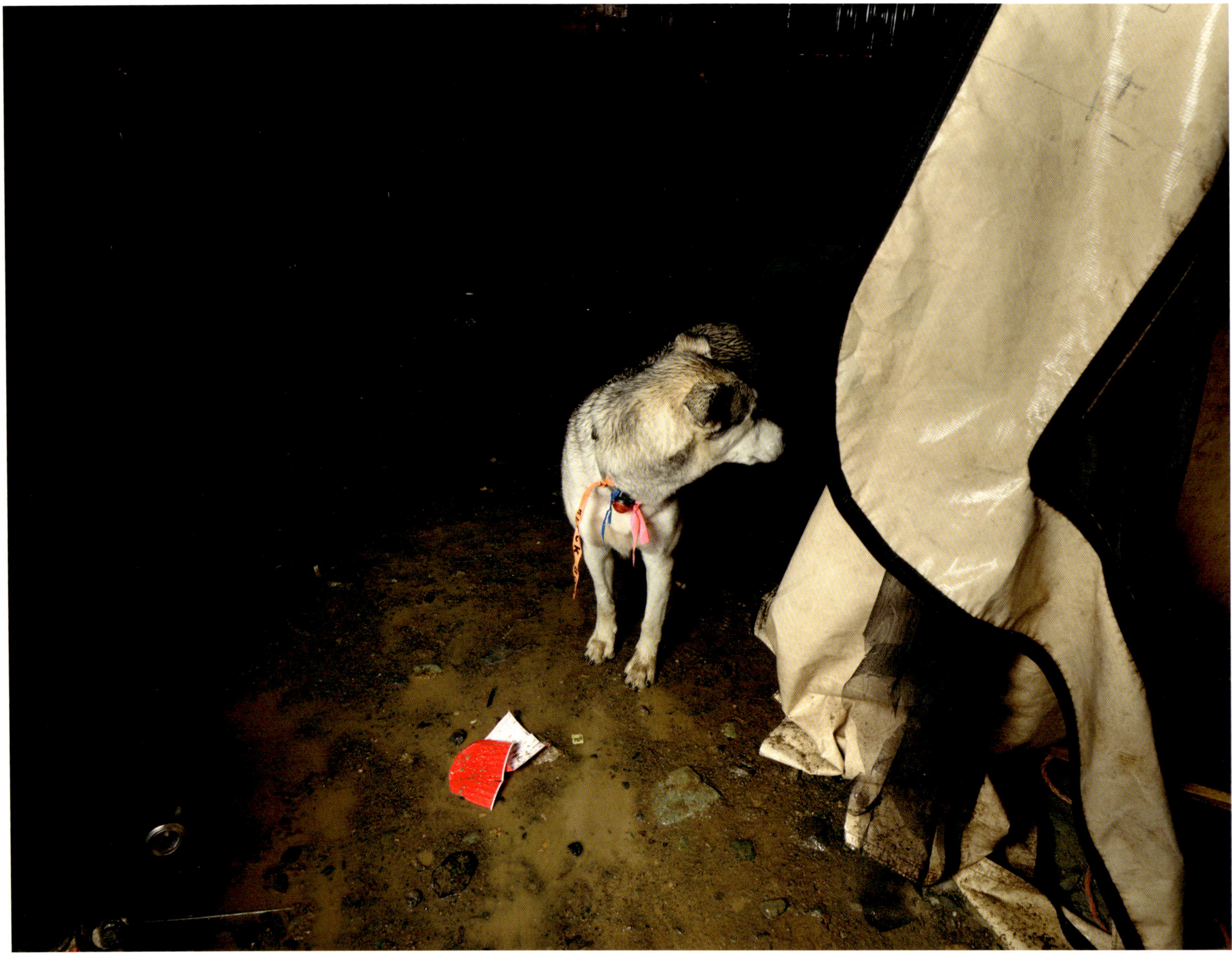

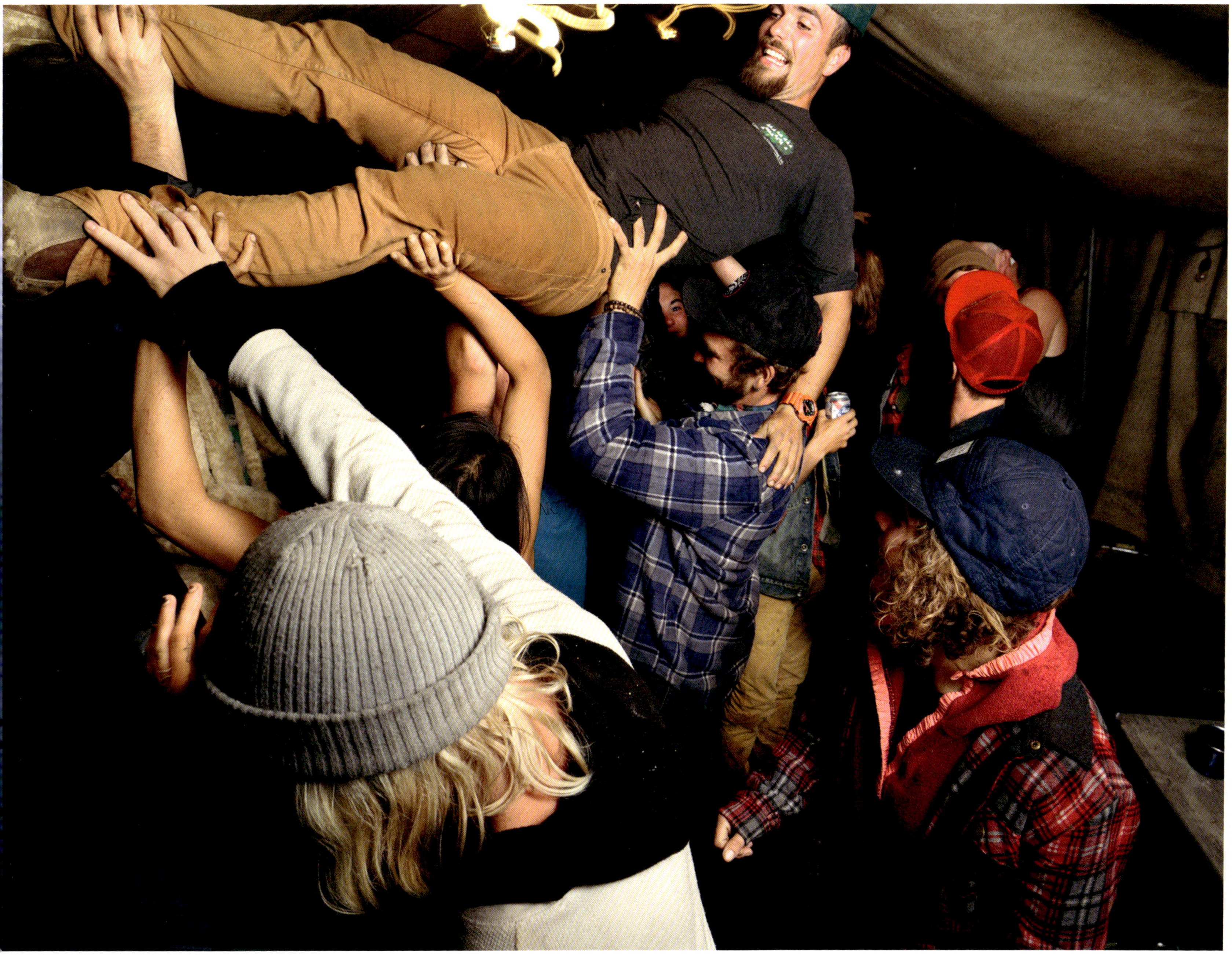

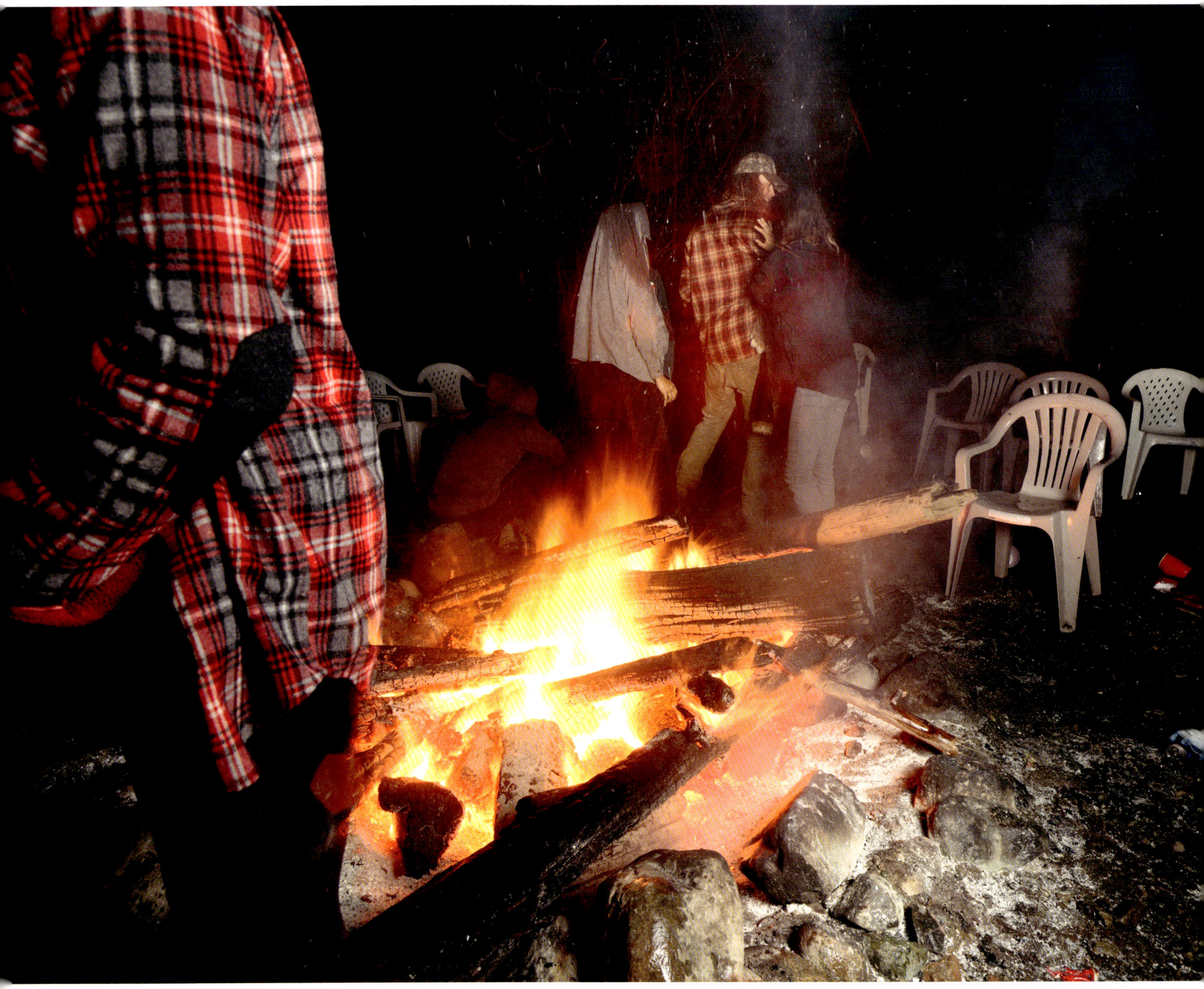

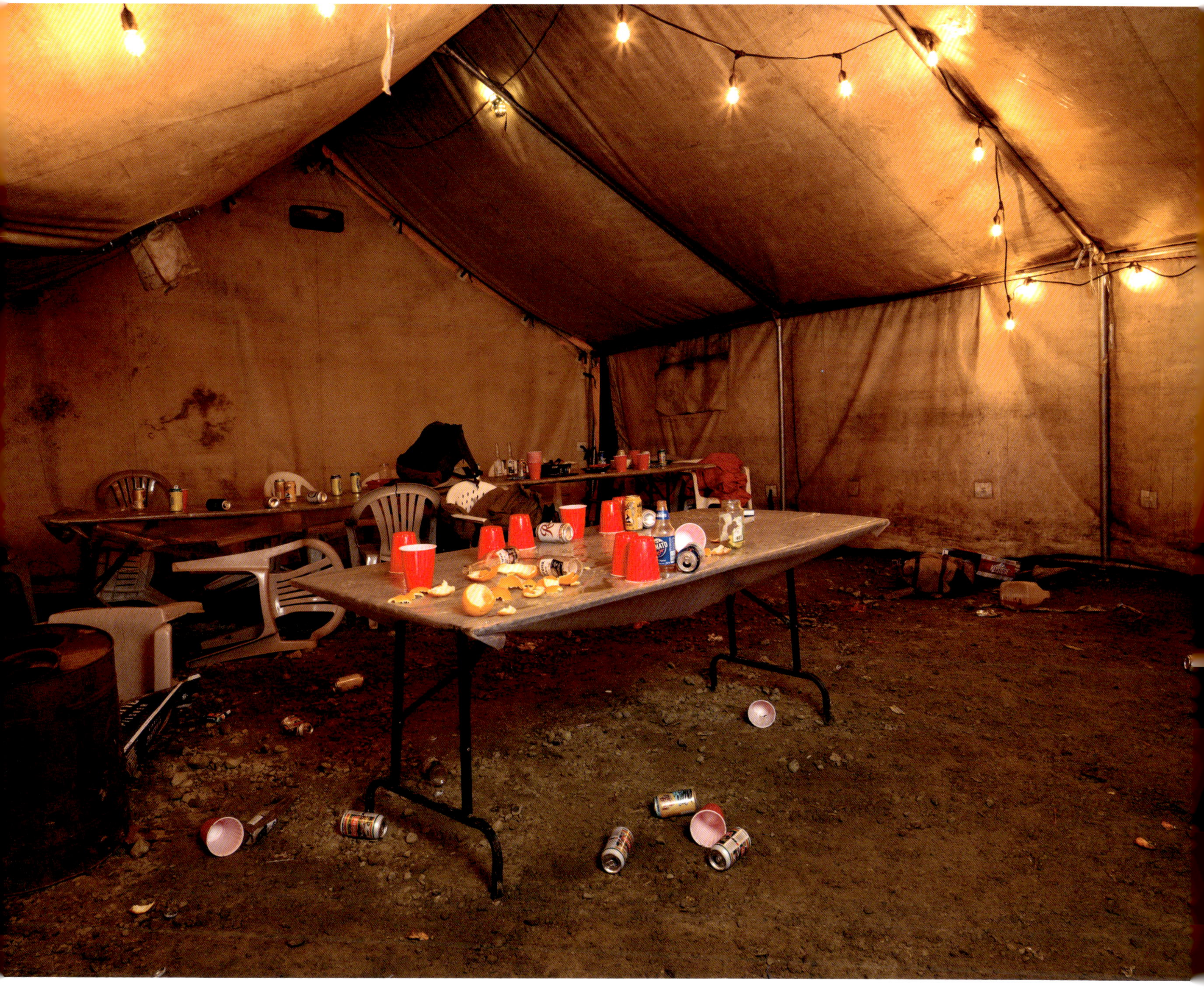

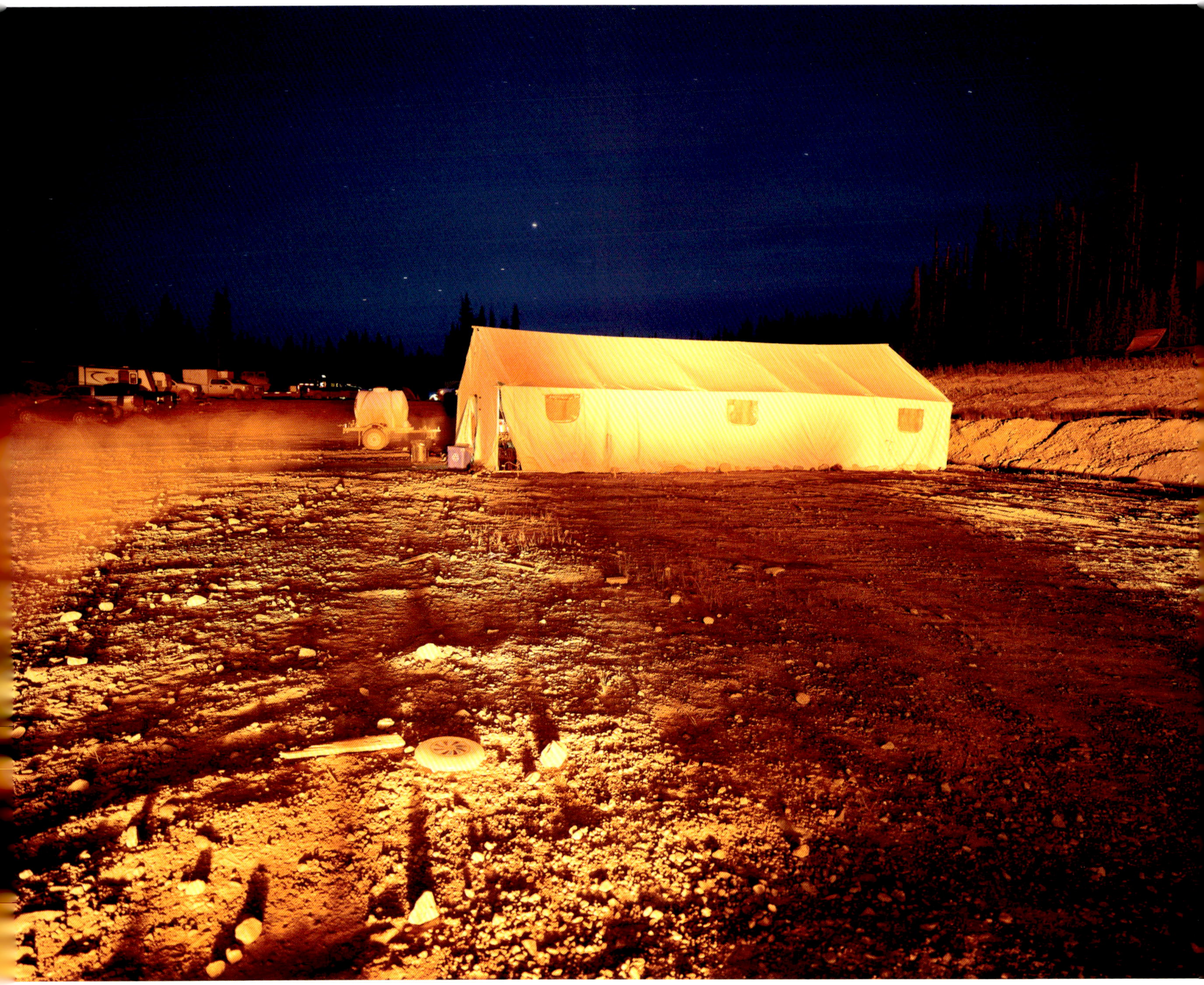

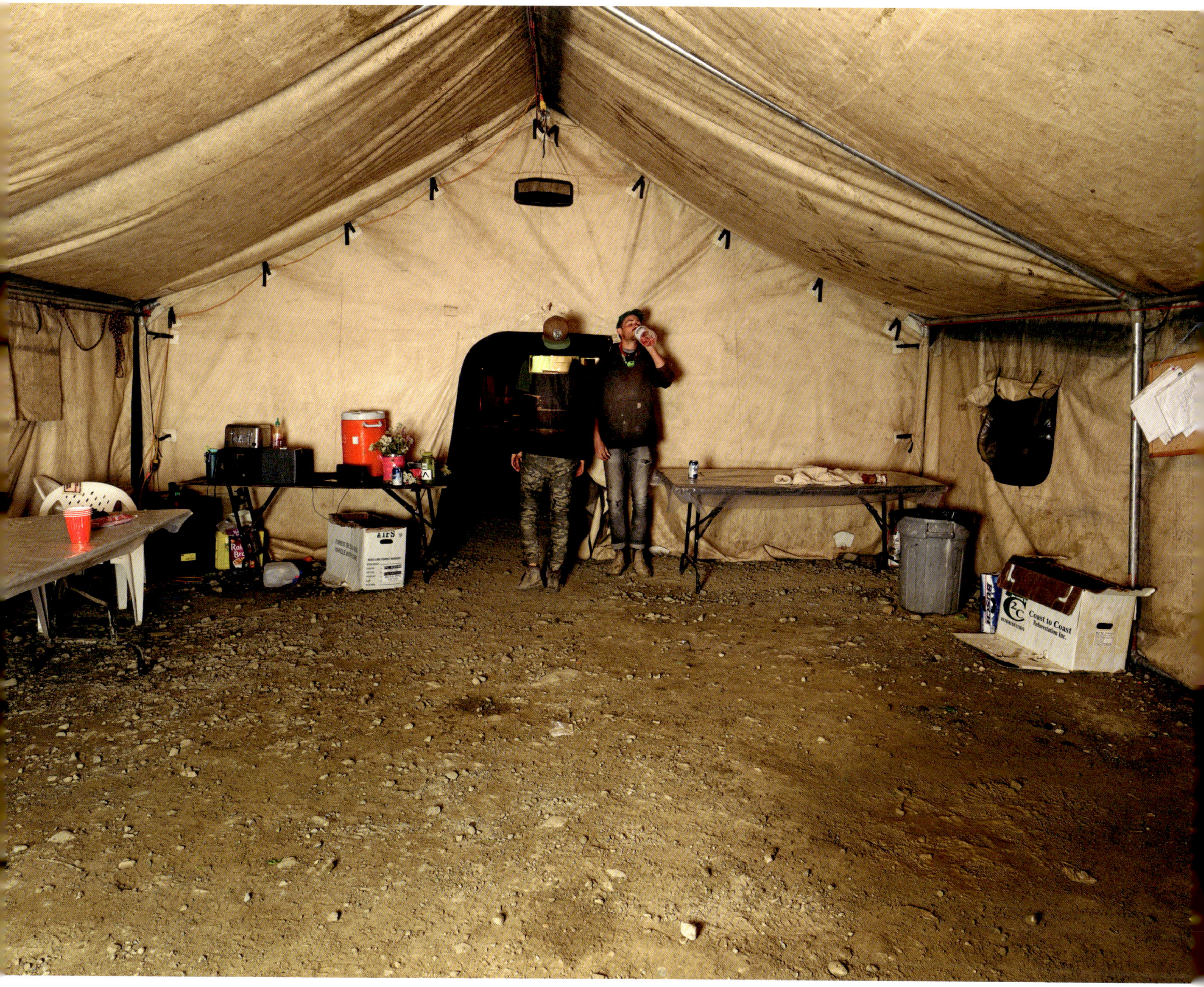
Coast to Coast
Reforestation Inc.

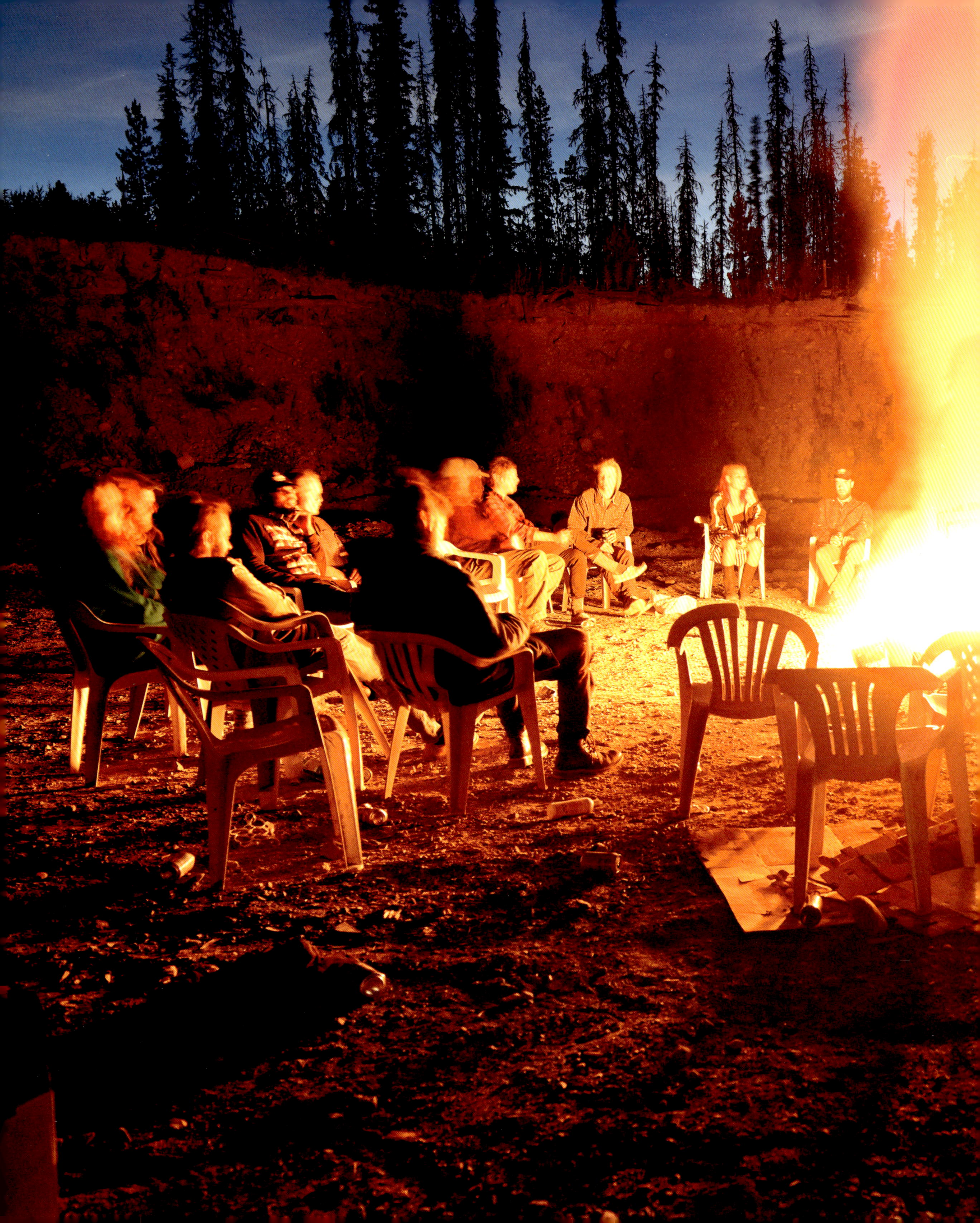

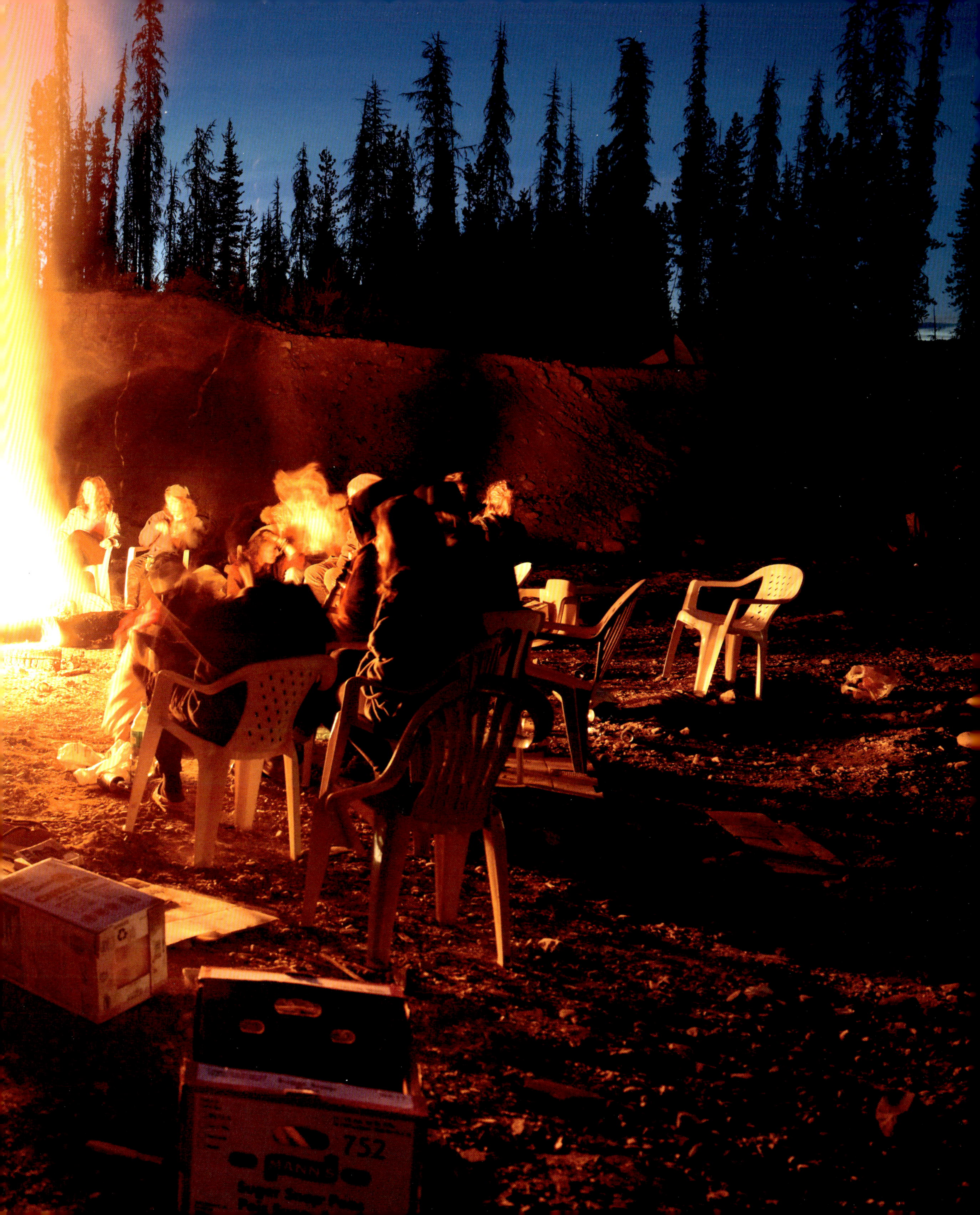
752

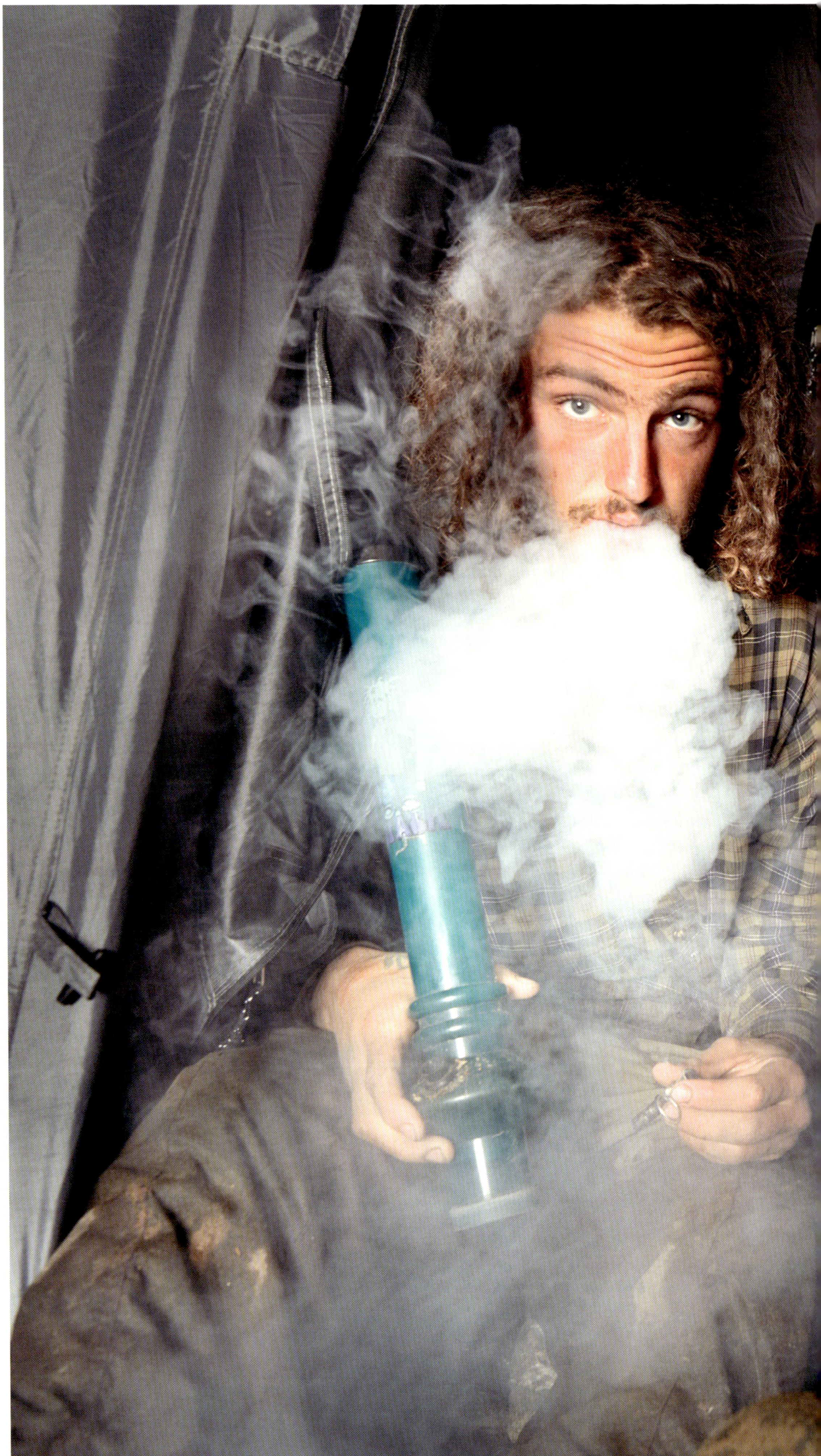

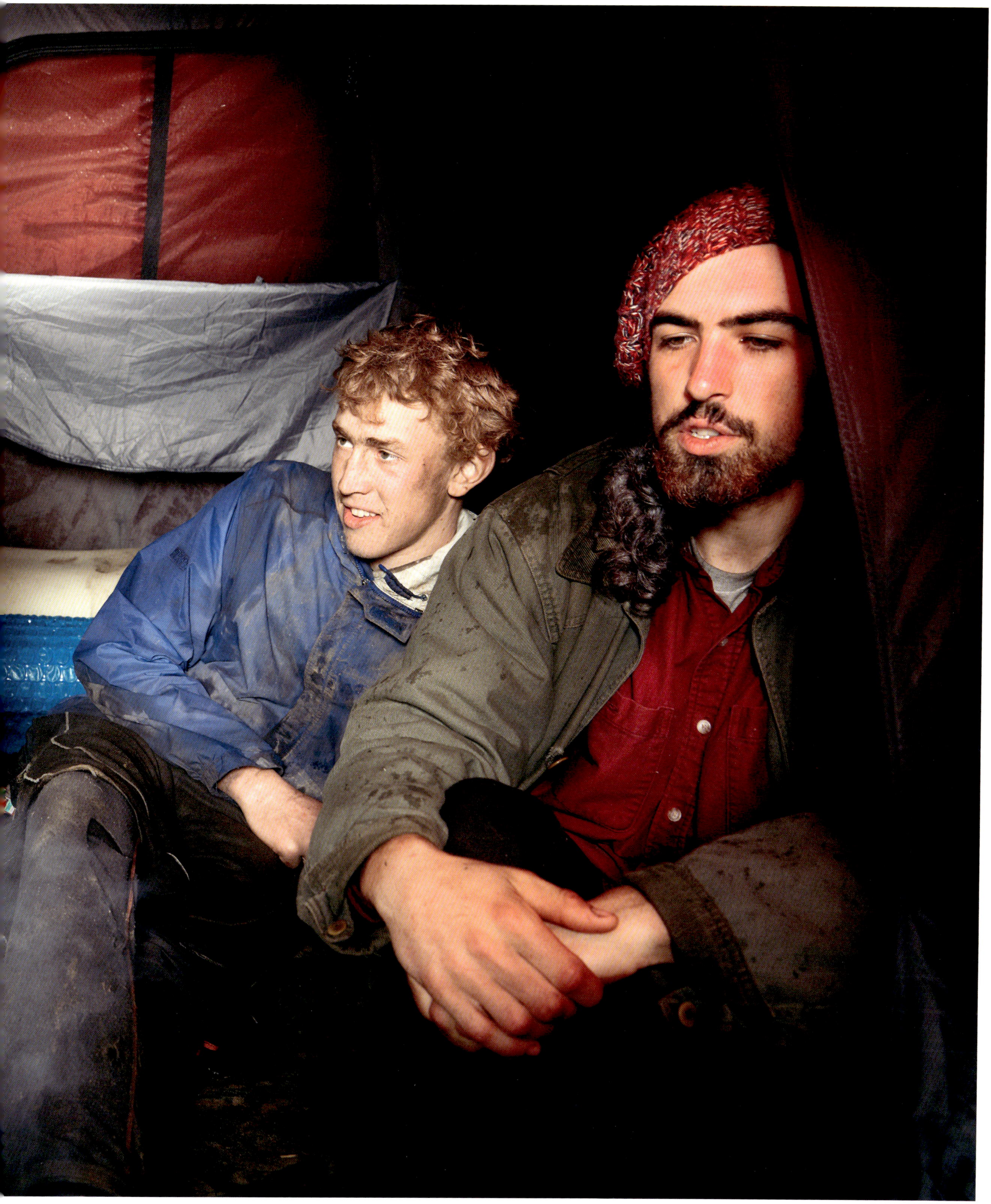

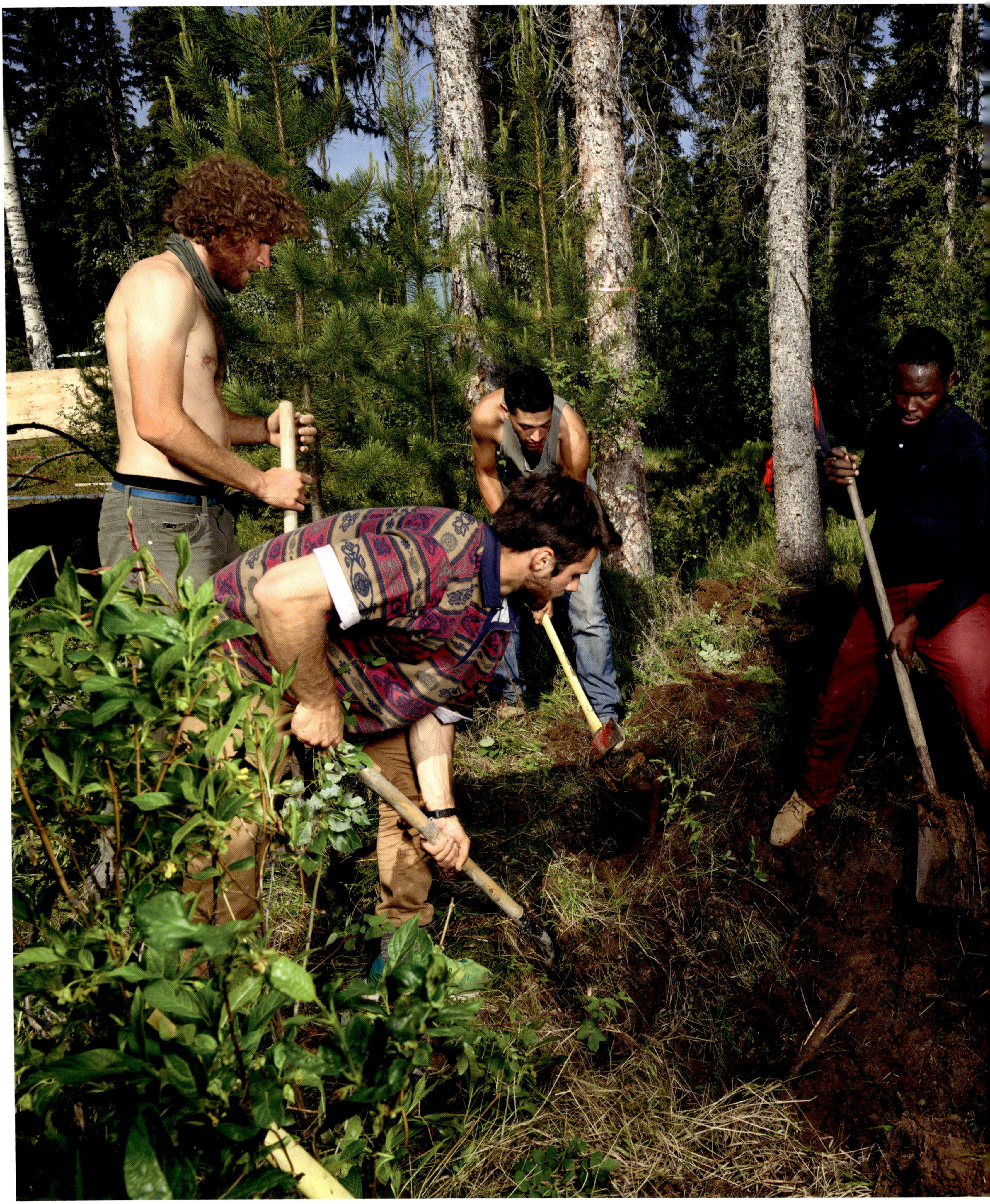

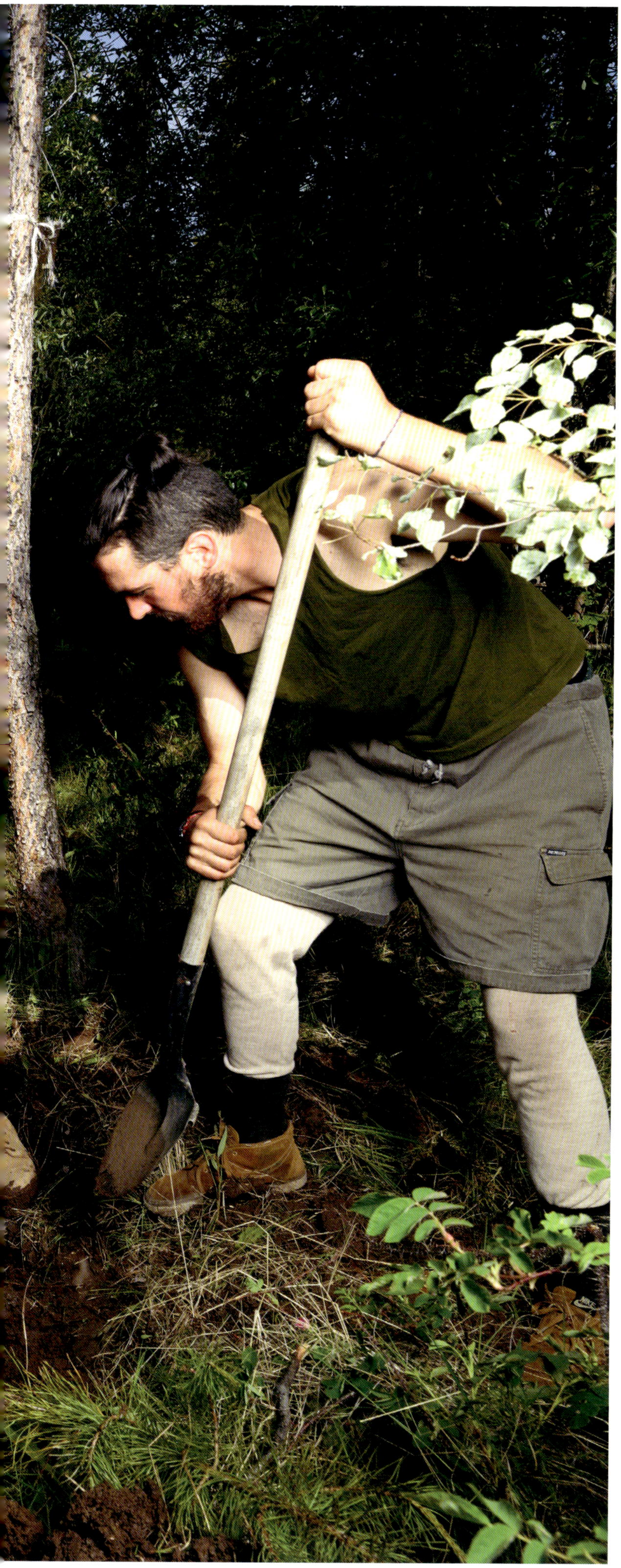

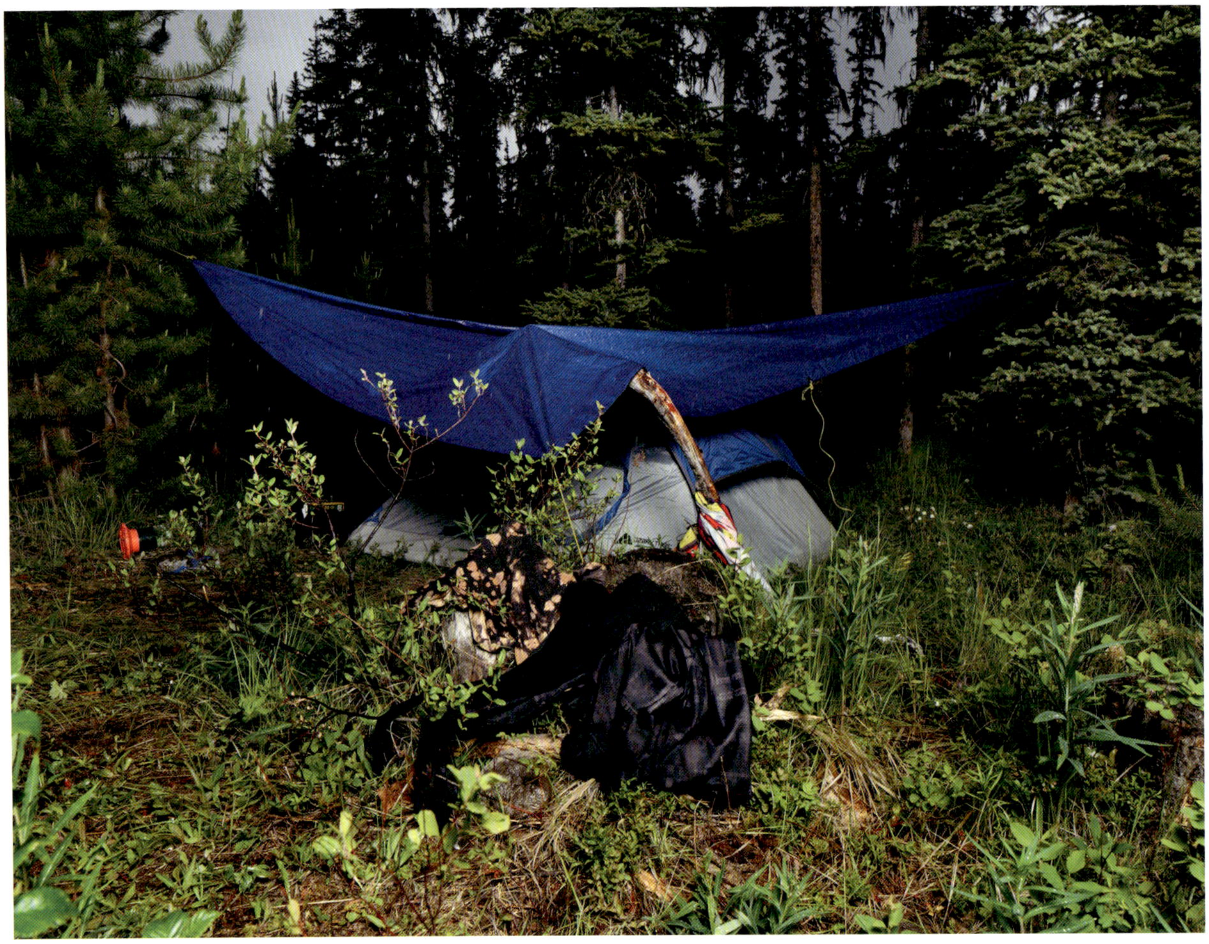

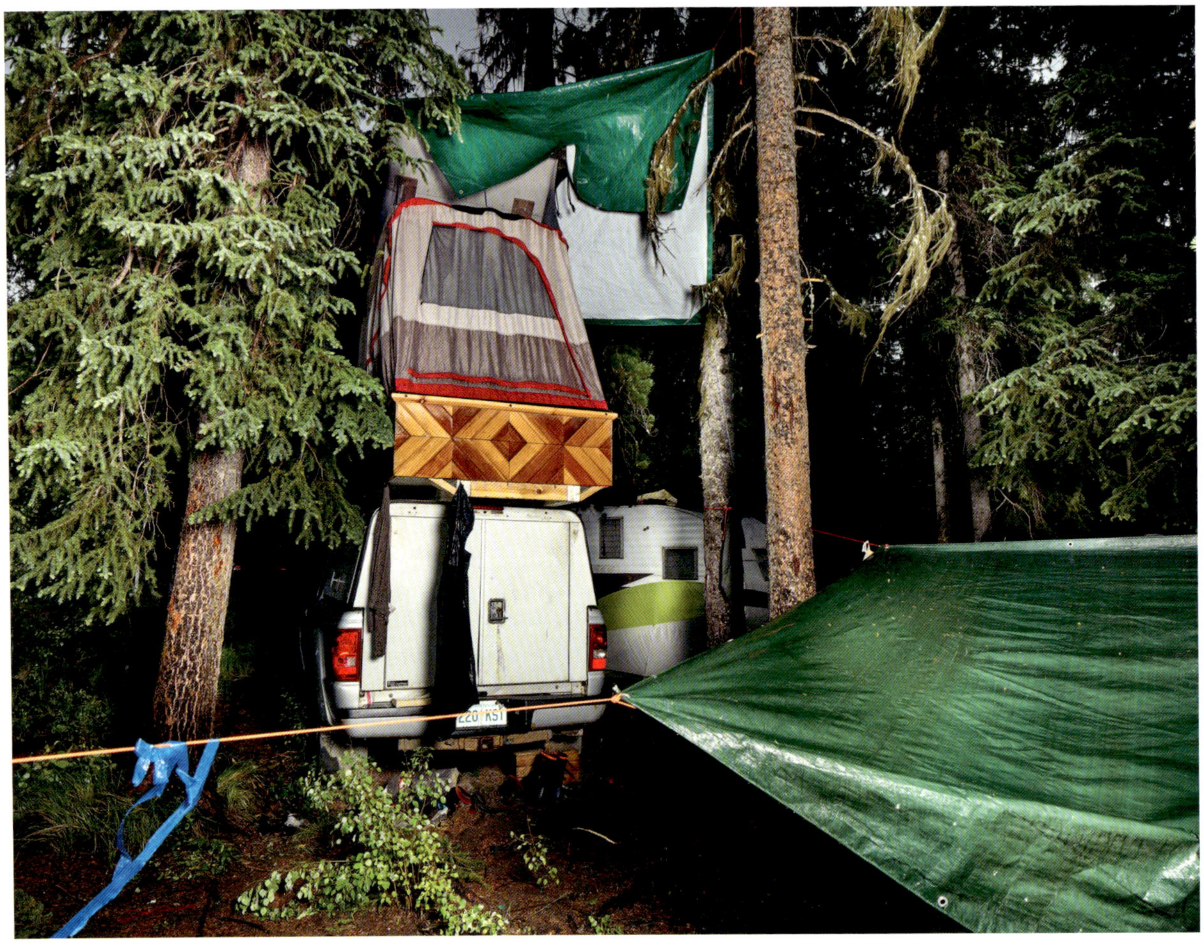

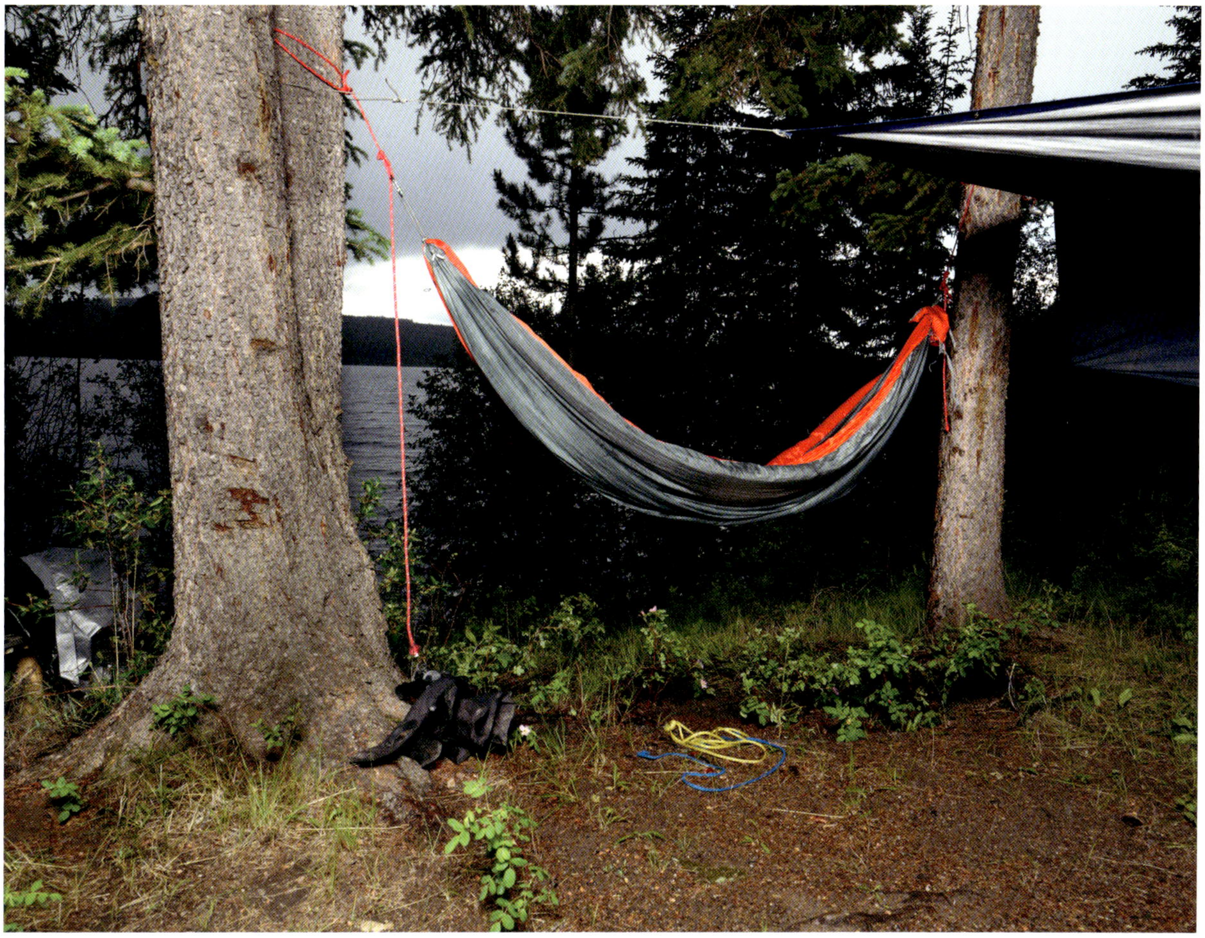

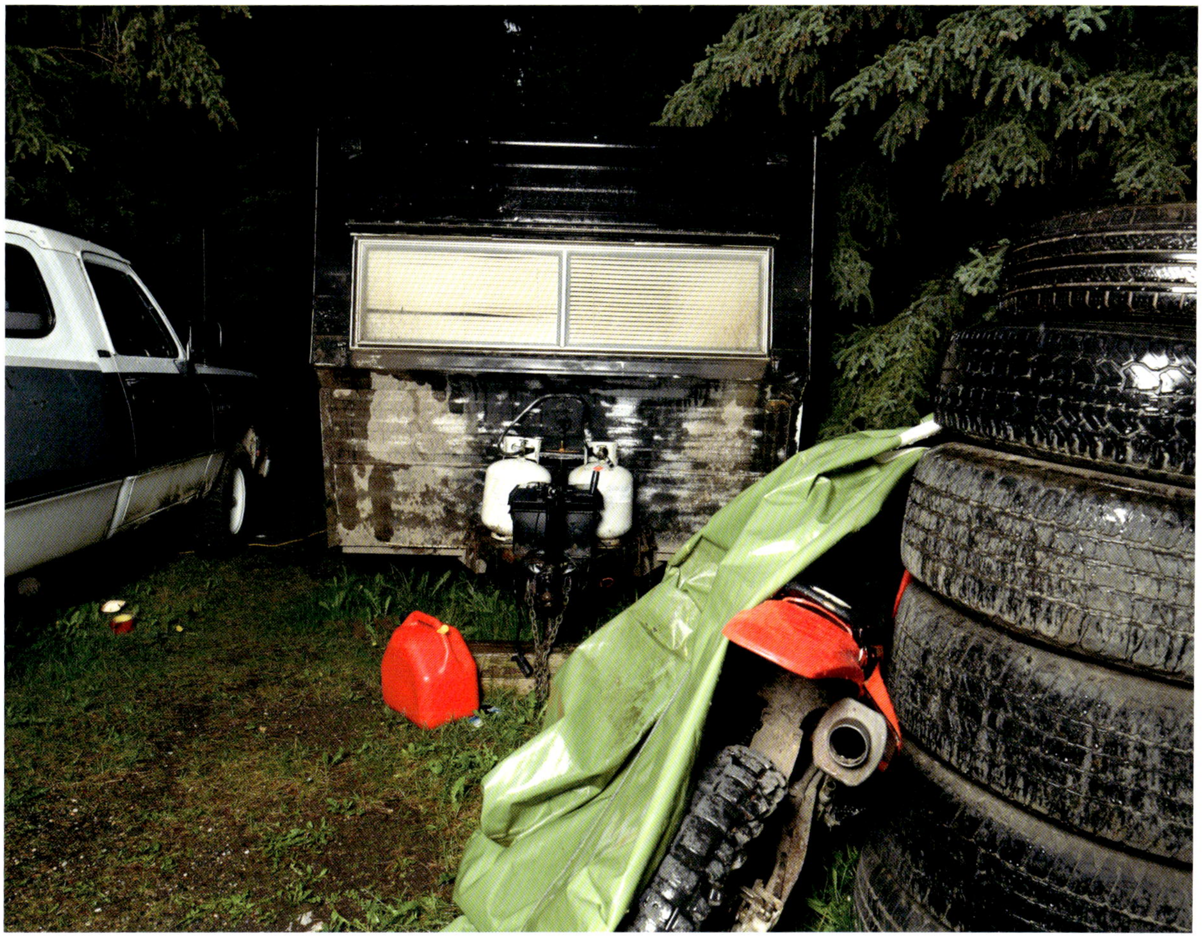

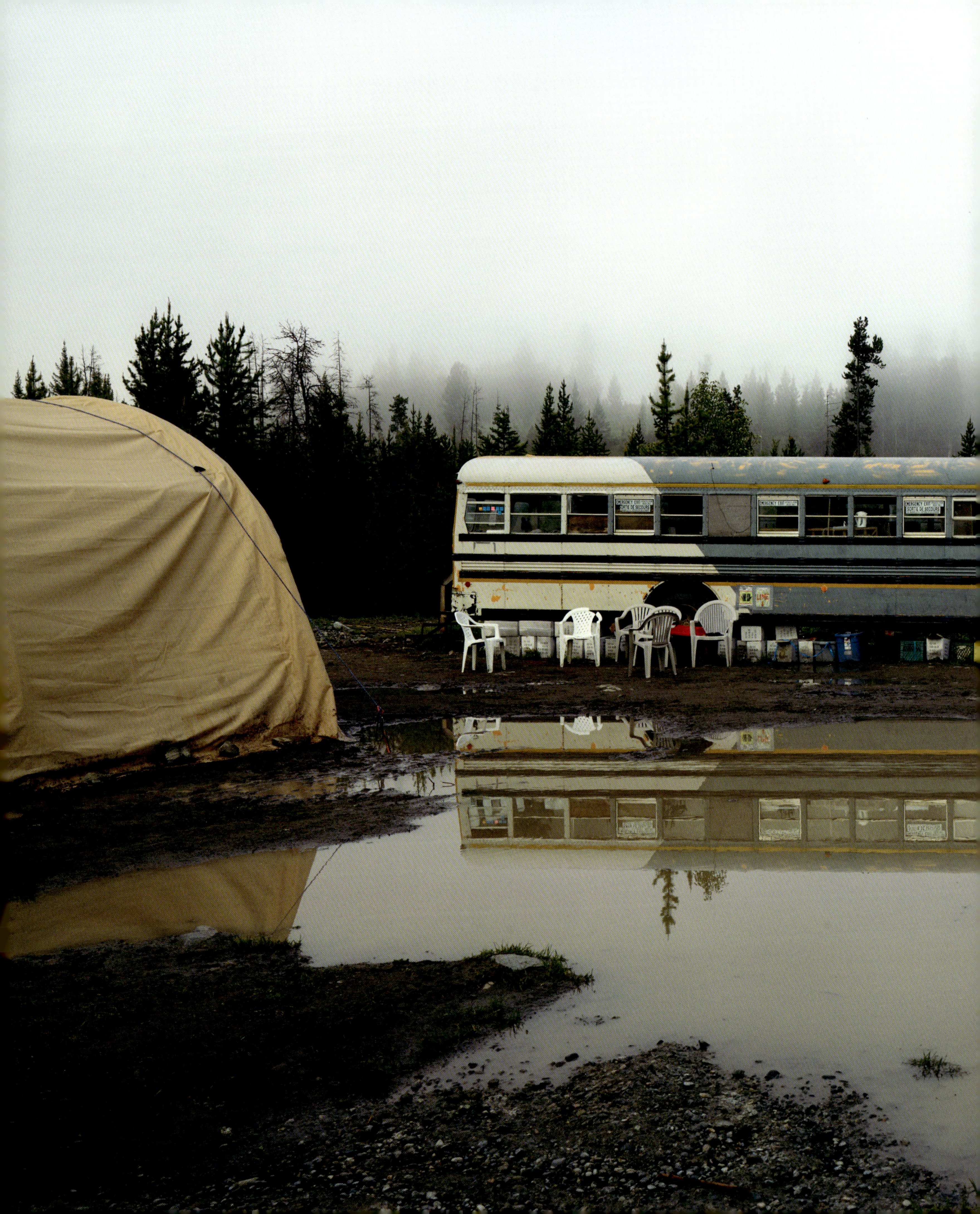
EMERGENCY EXIT
SORTIE DE SECOURS
EMERGENCY EXIT
EMERGENCY EXIT
SORTIE DE SECOURS

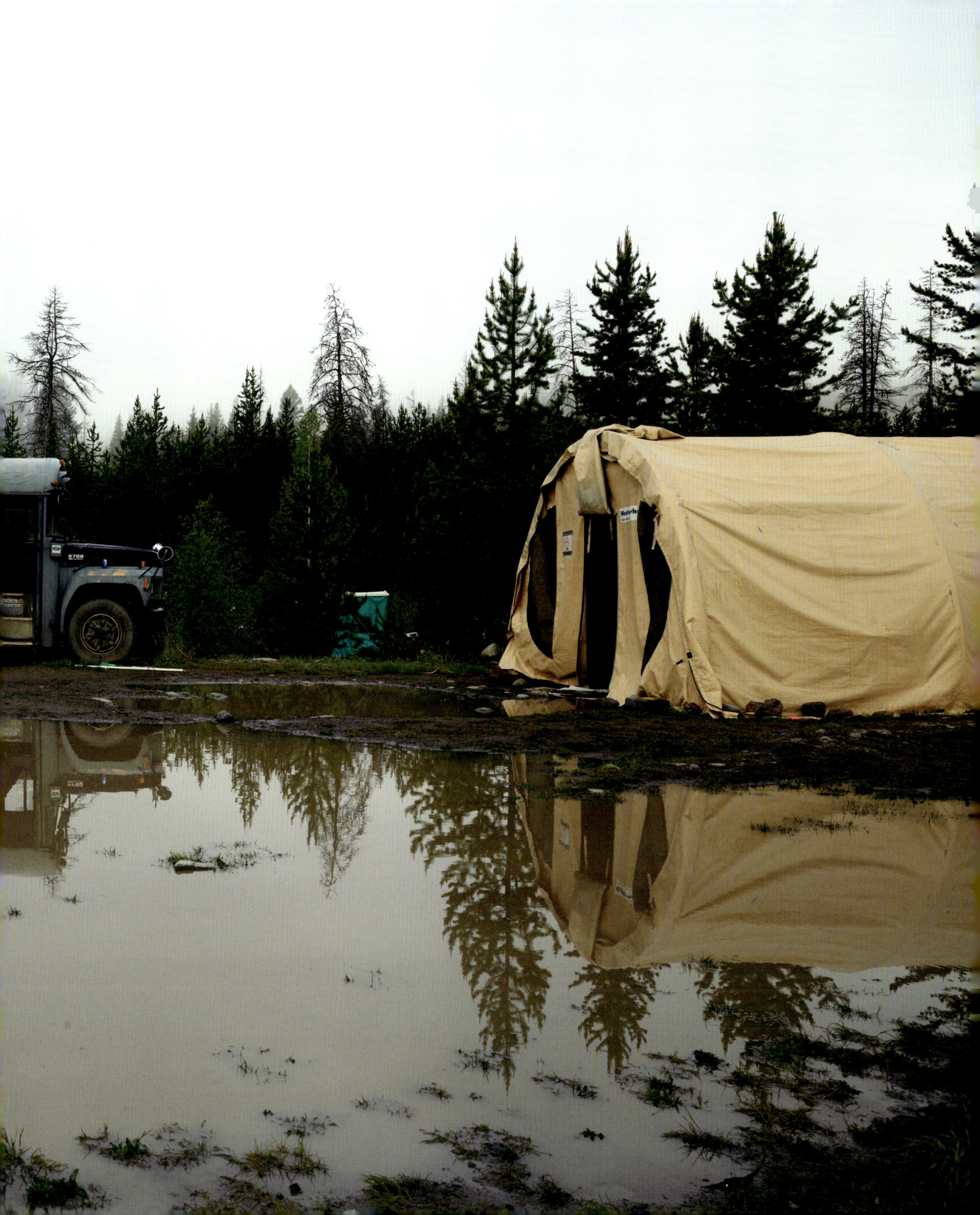

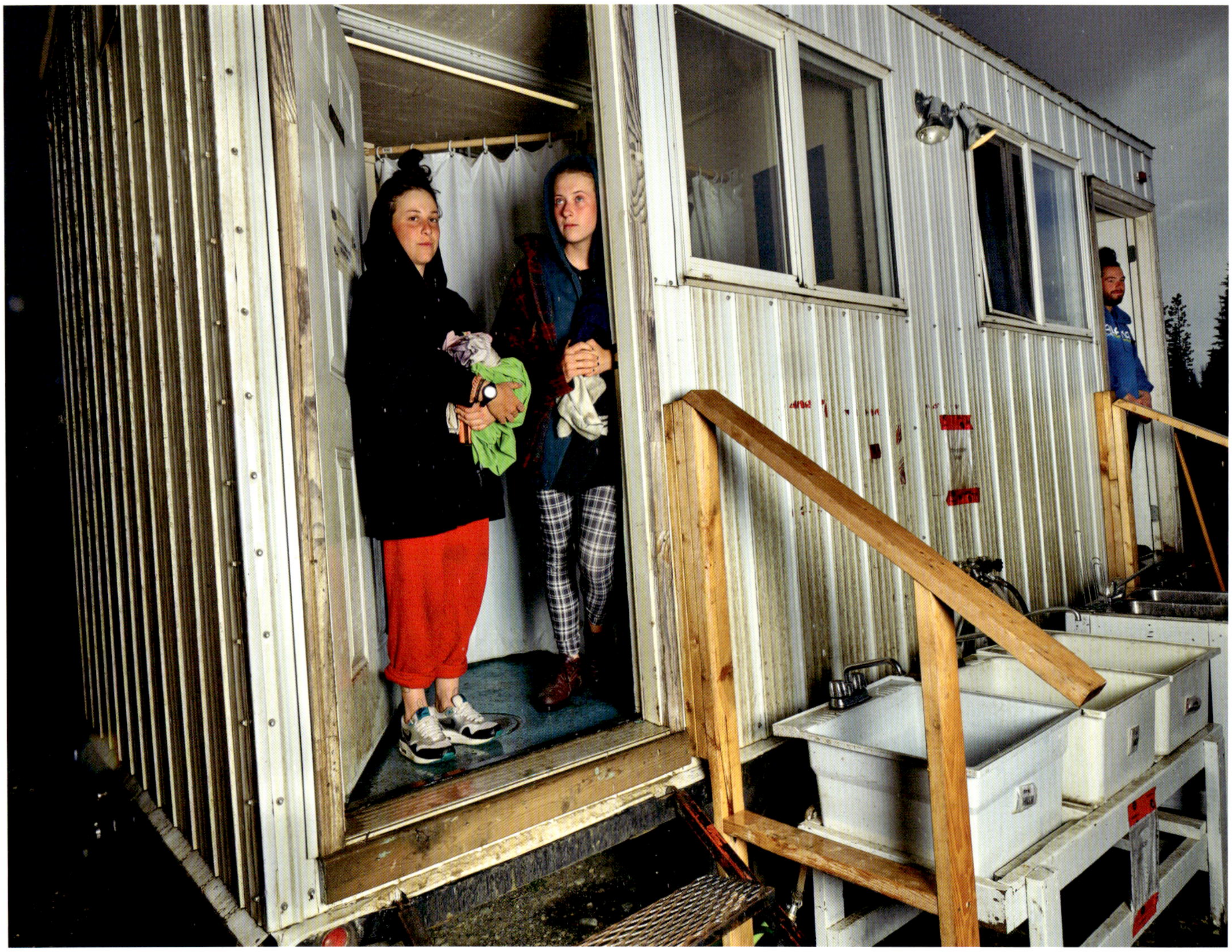

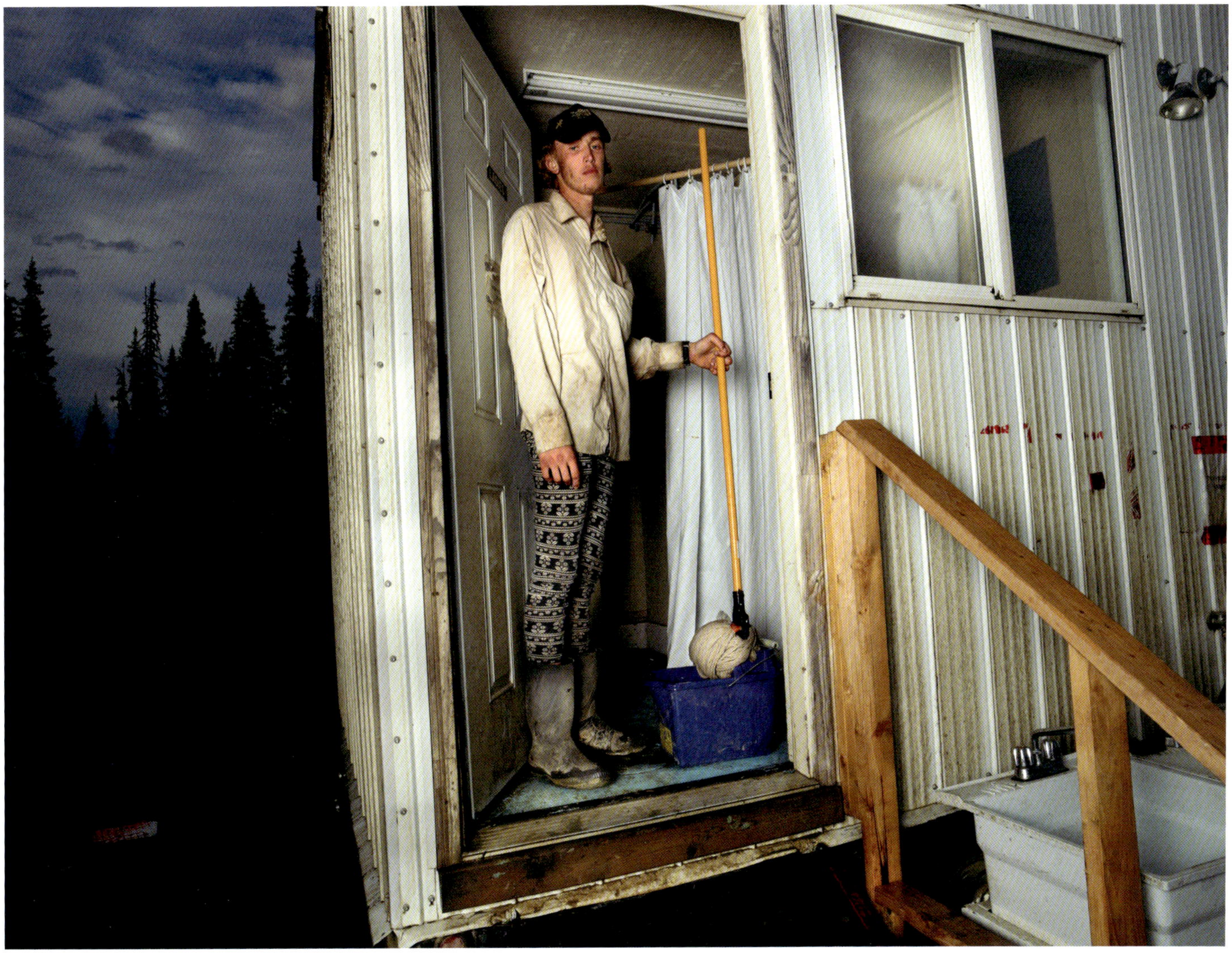

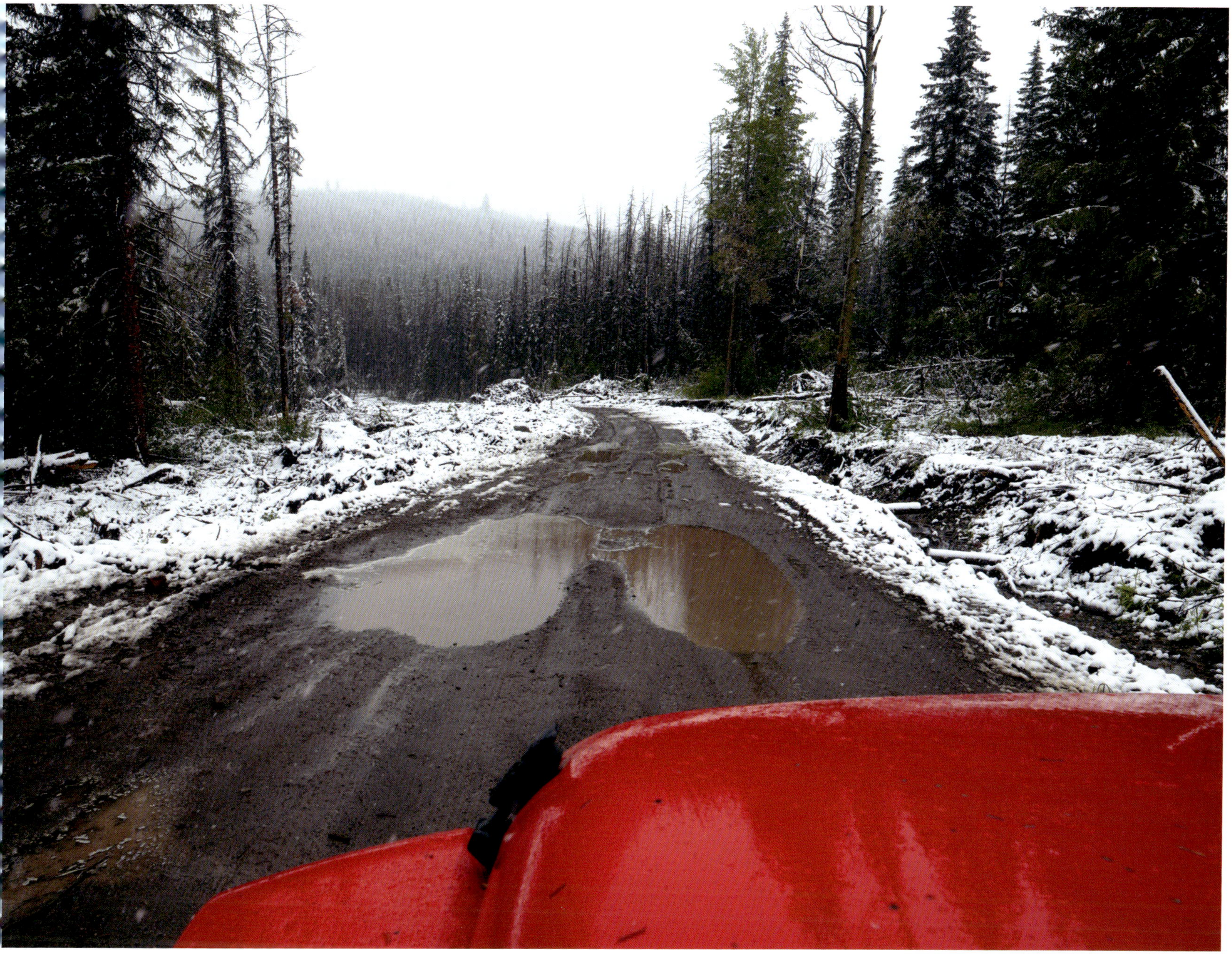

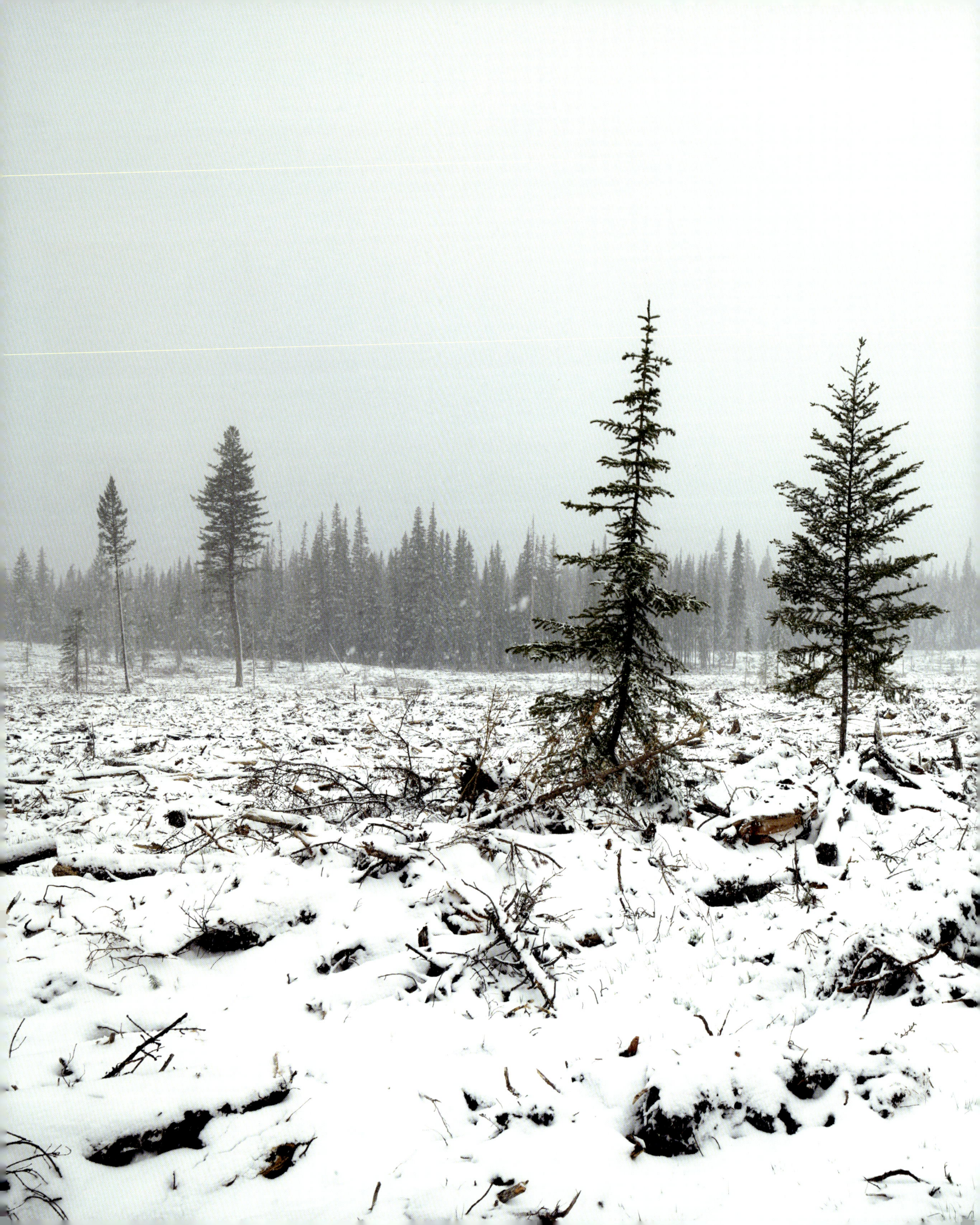

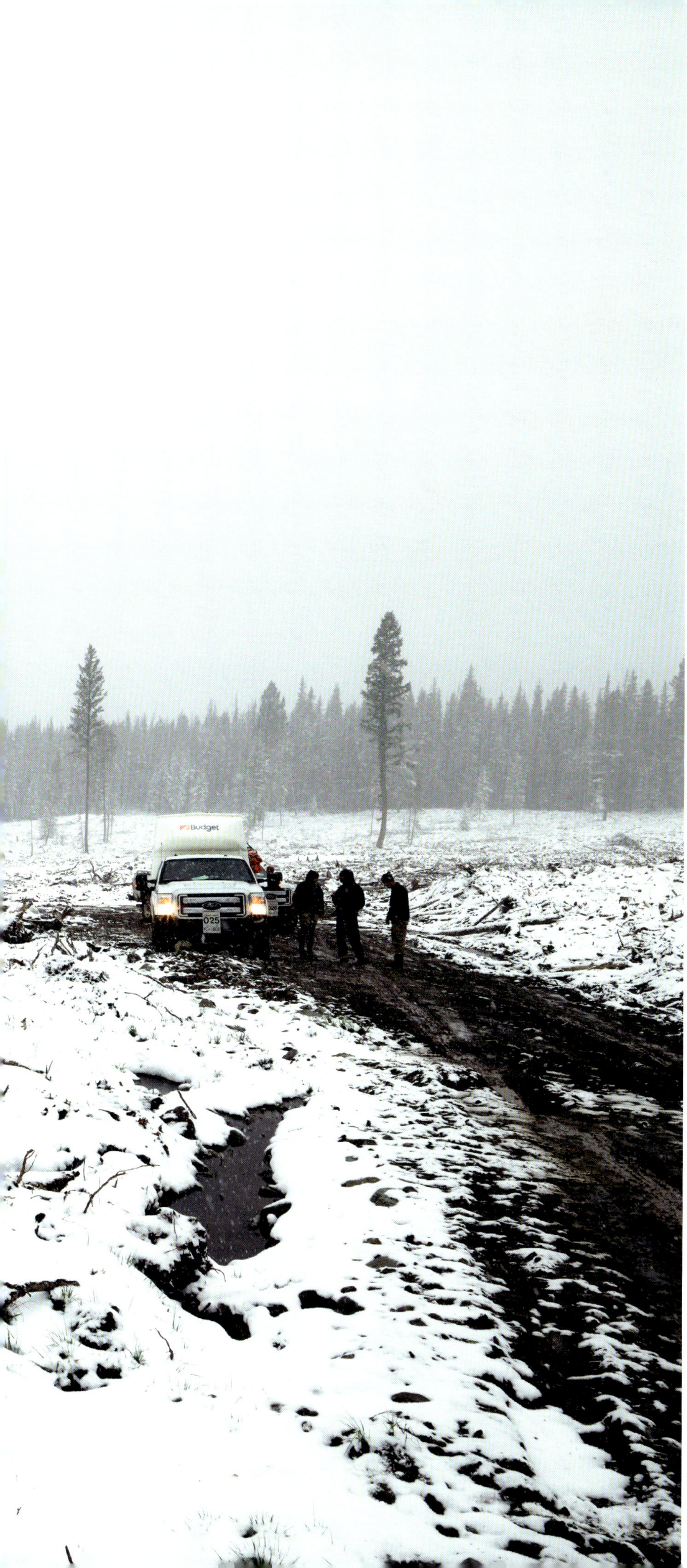

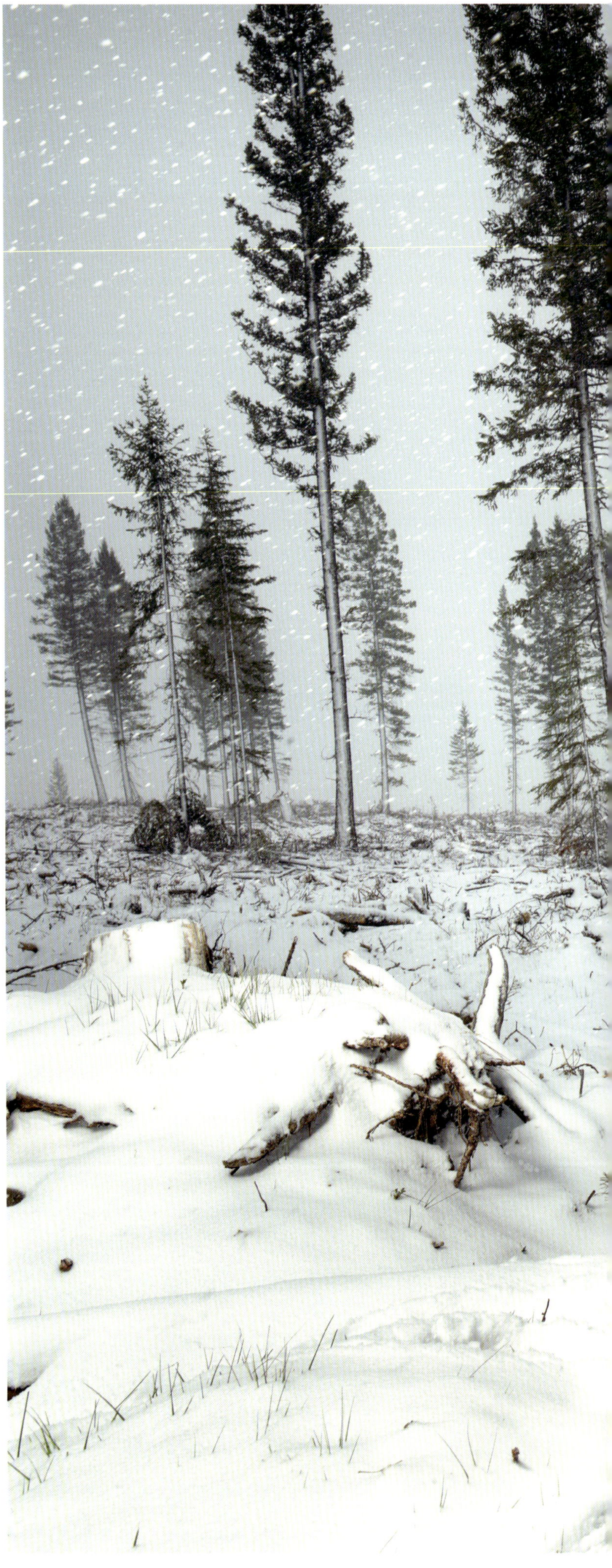

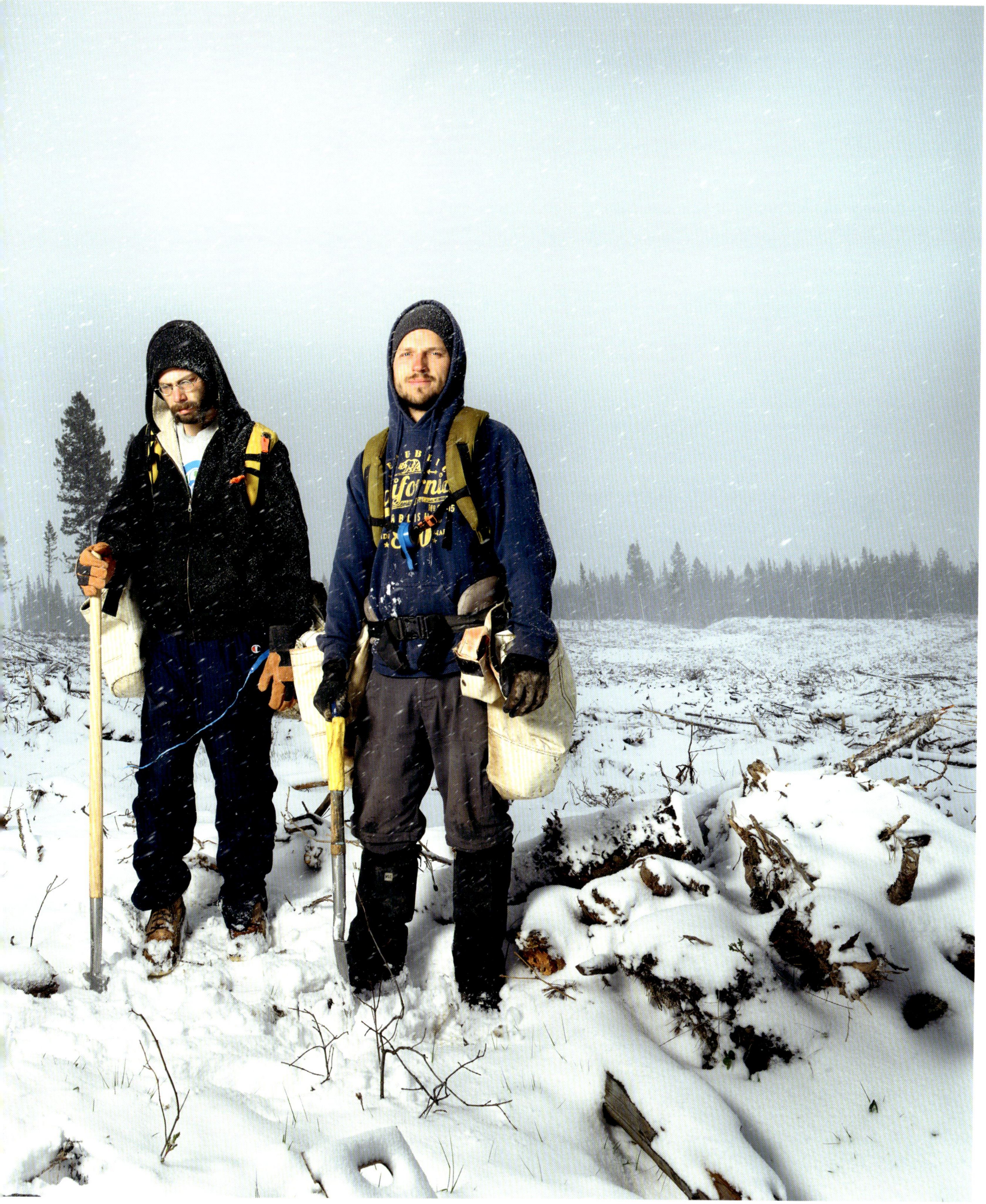

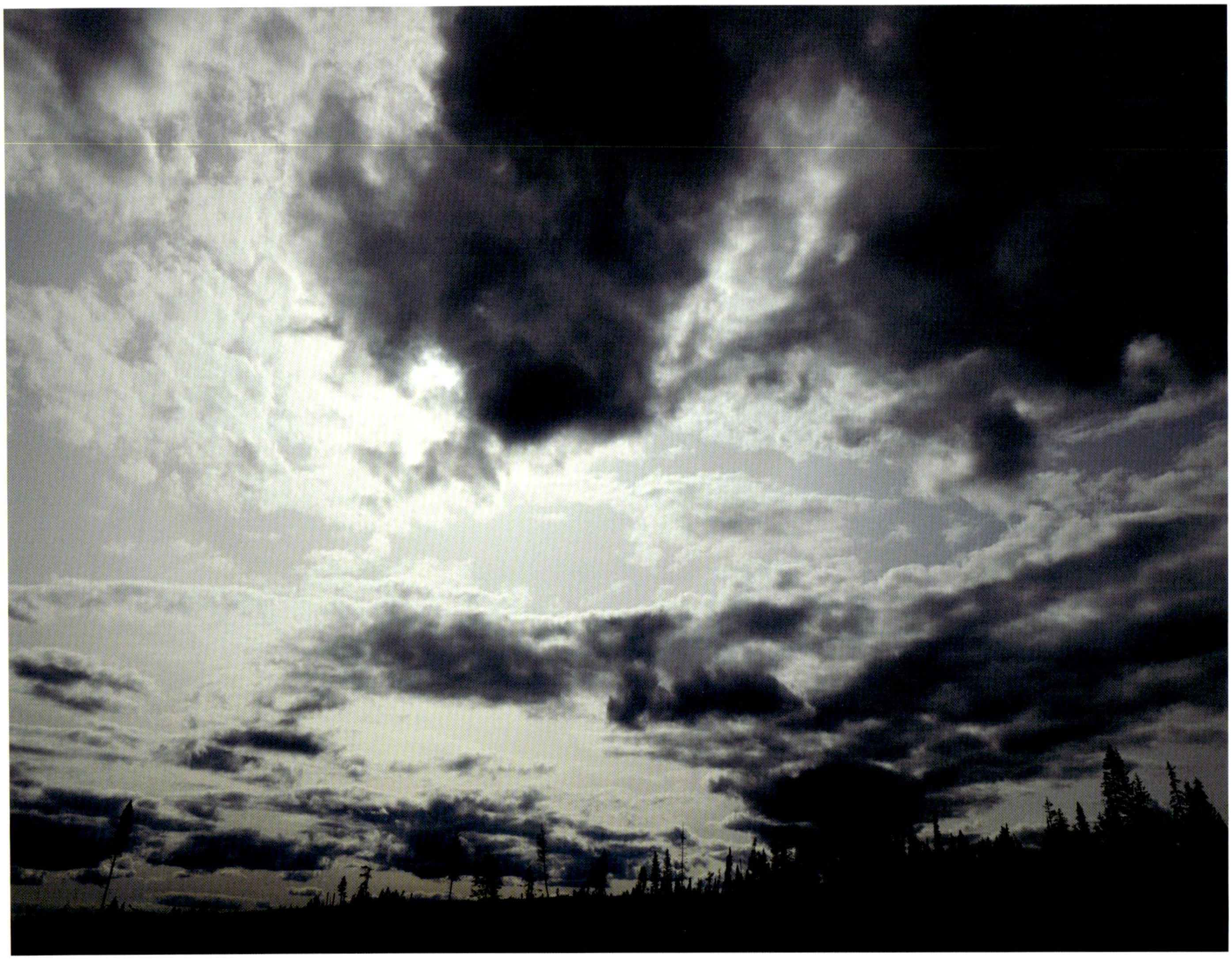

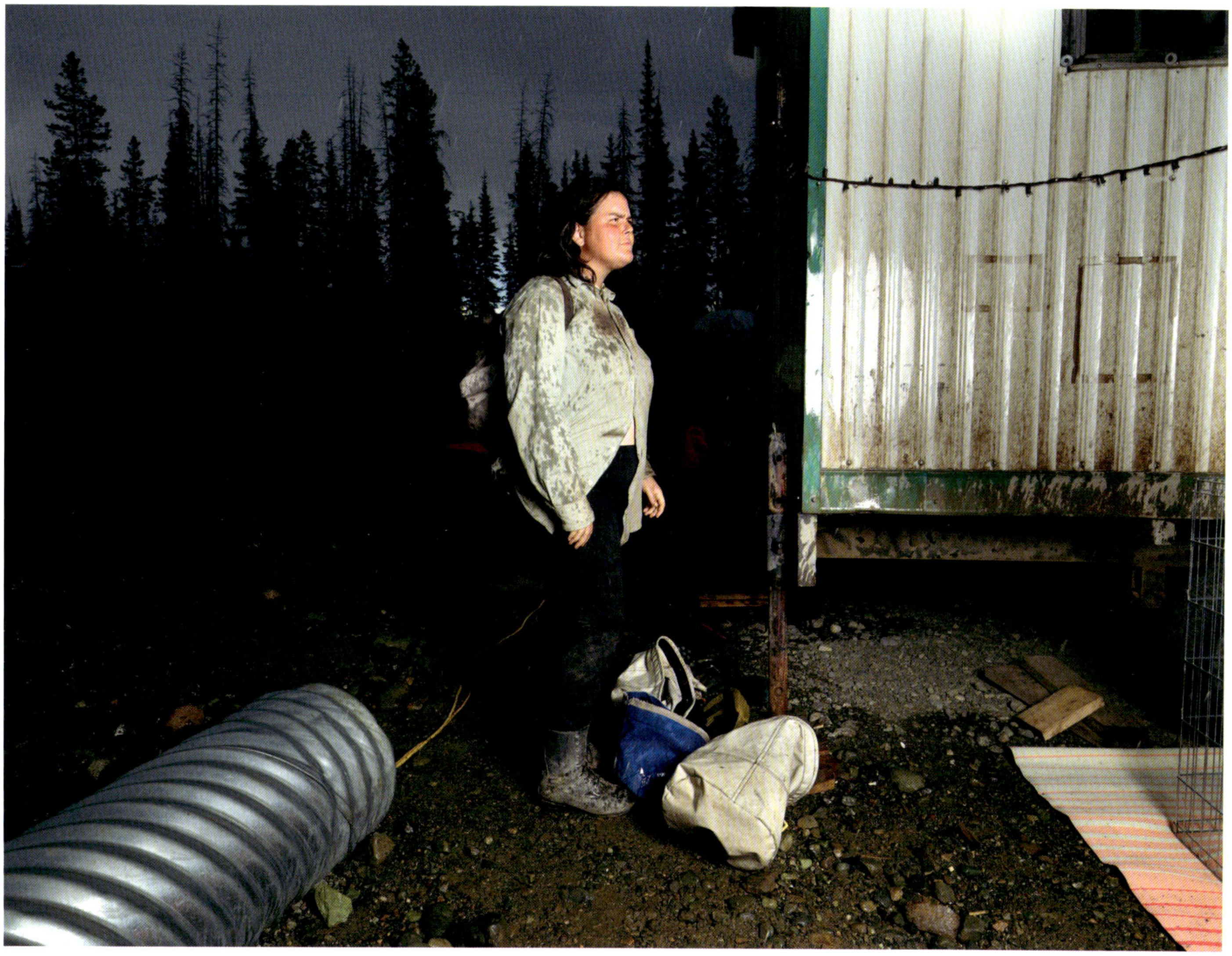

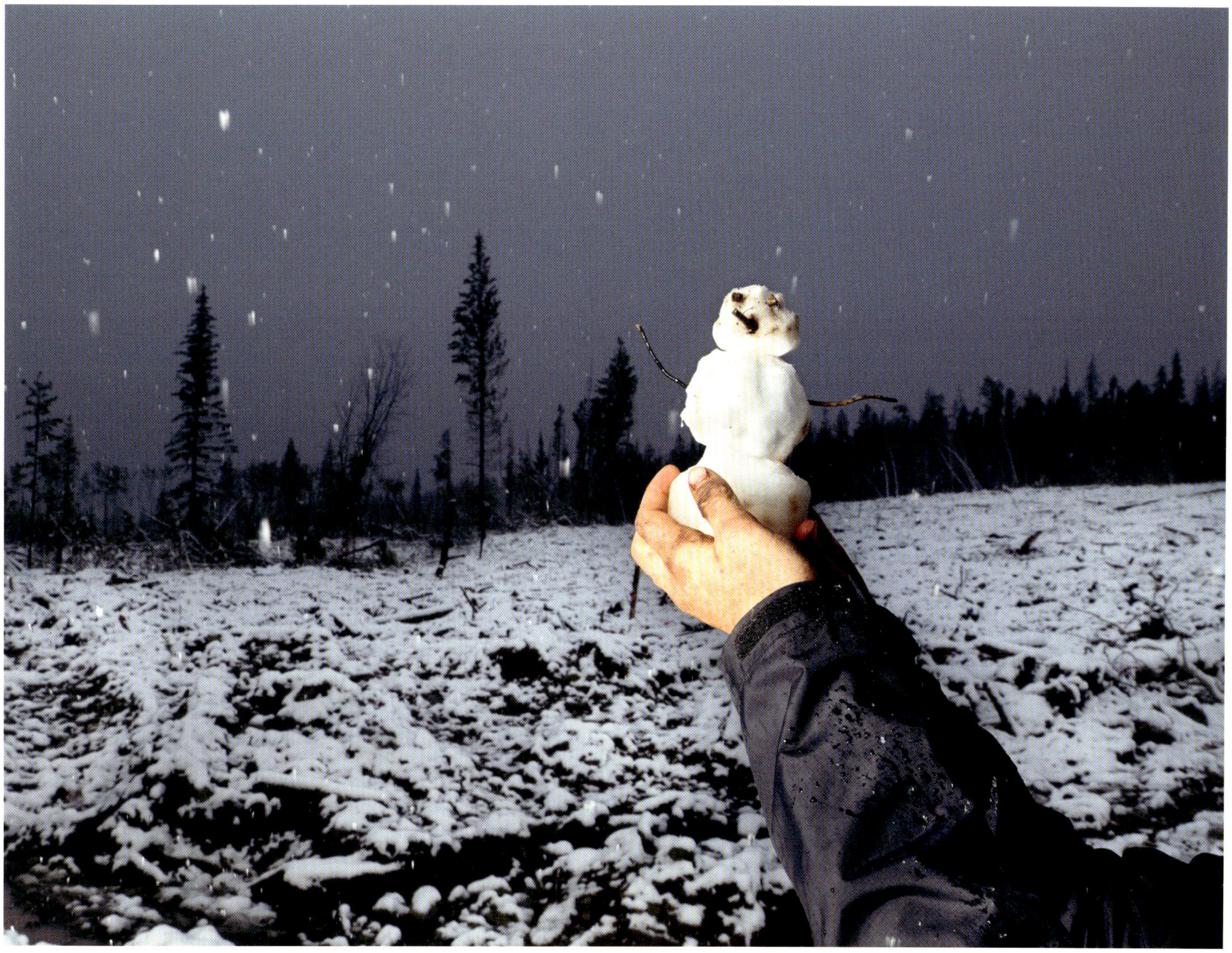

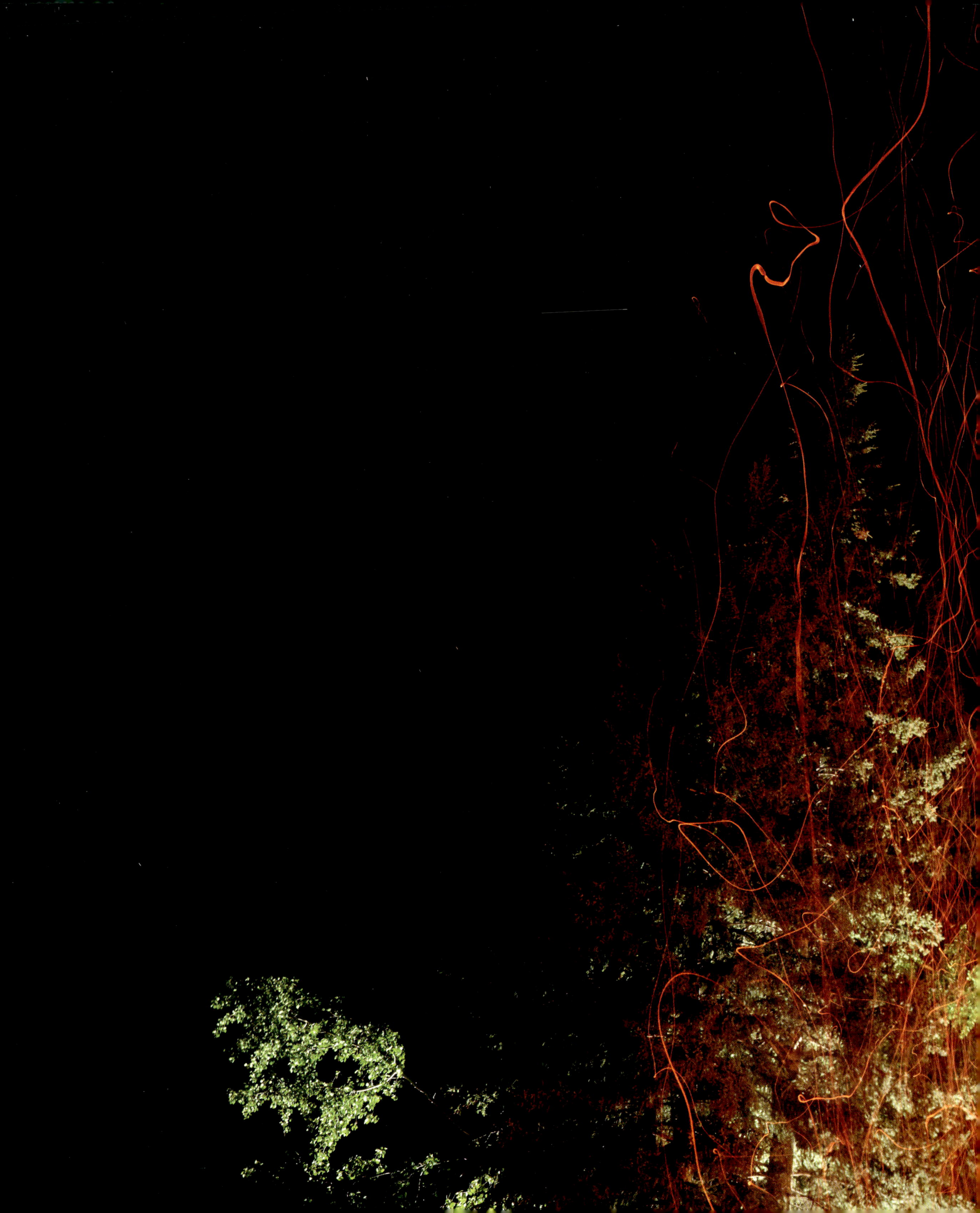

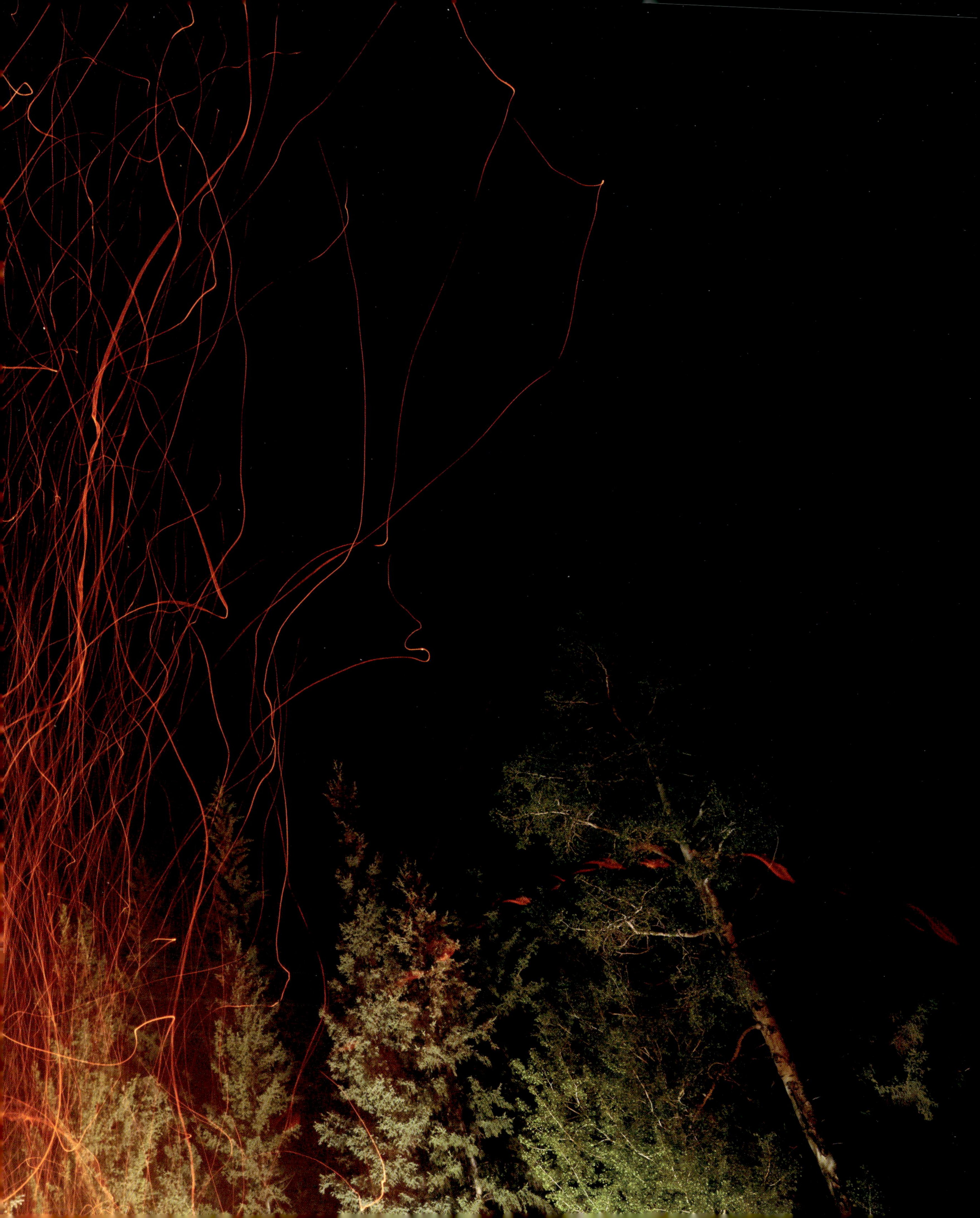

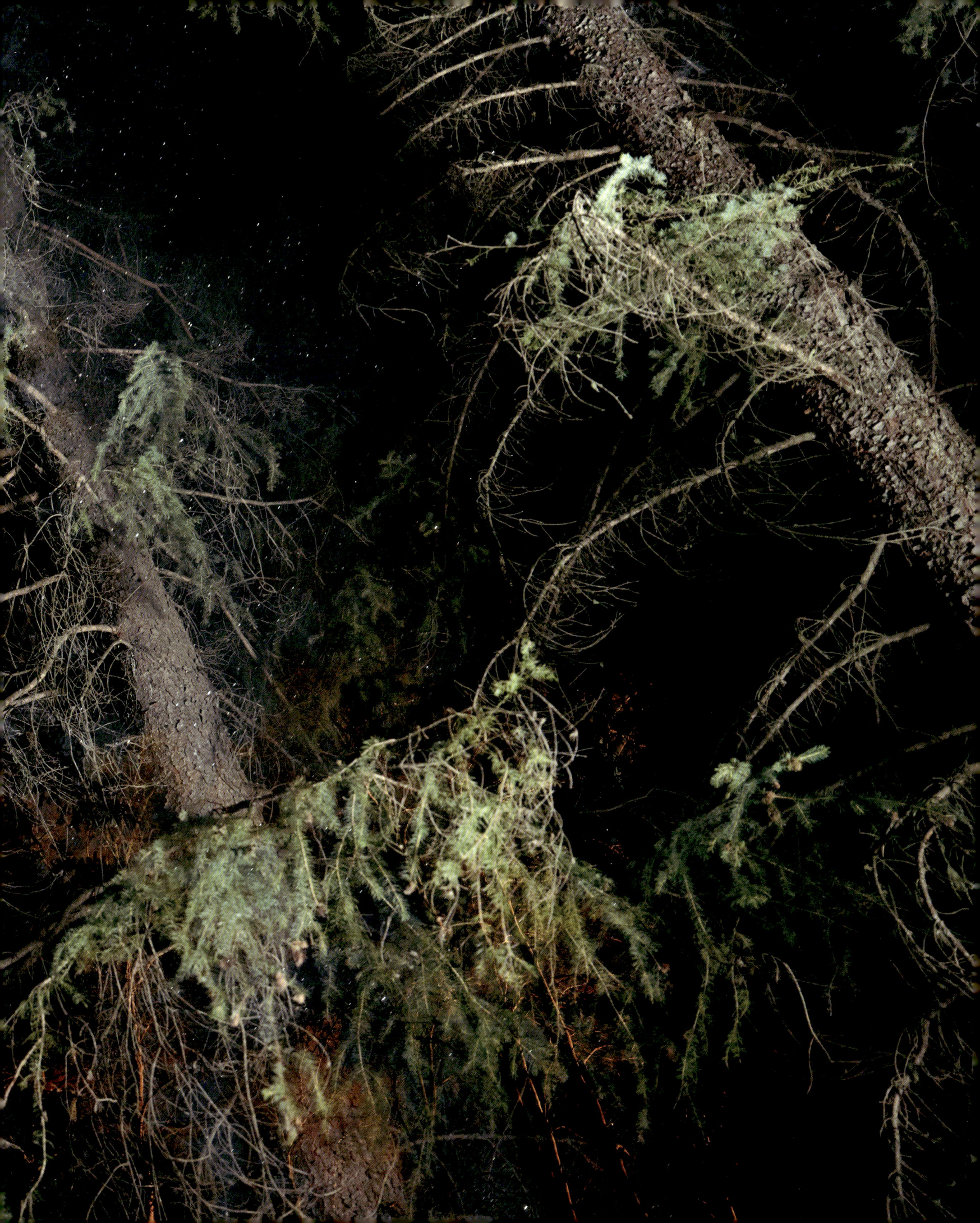

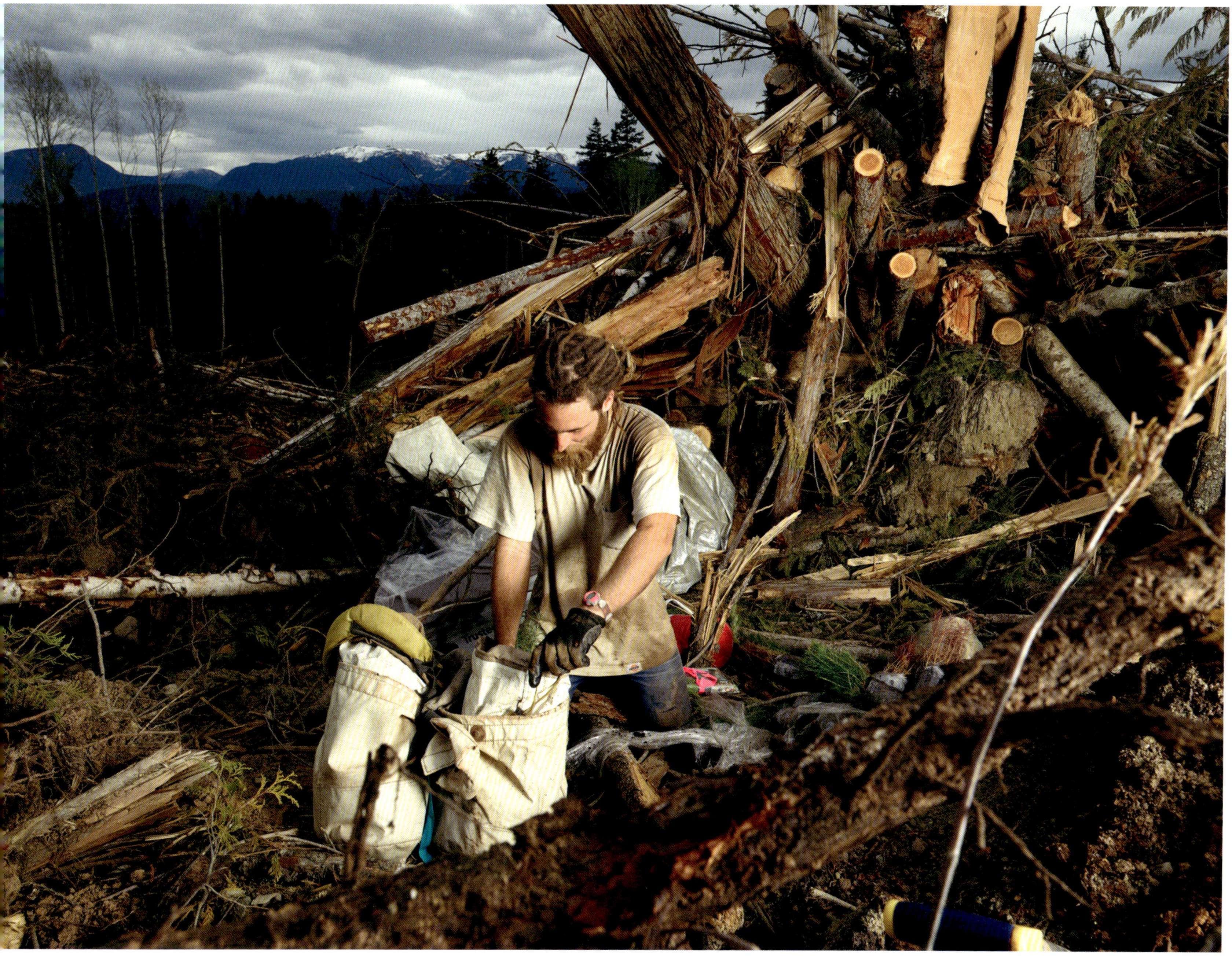

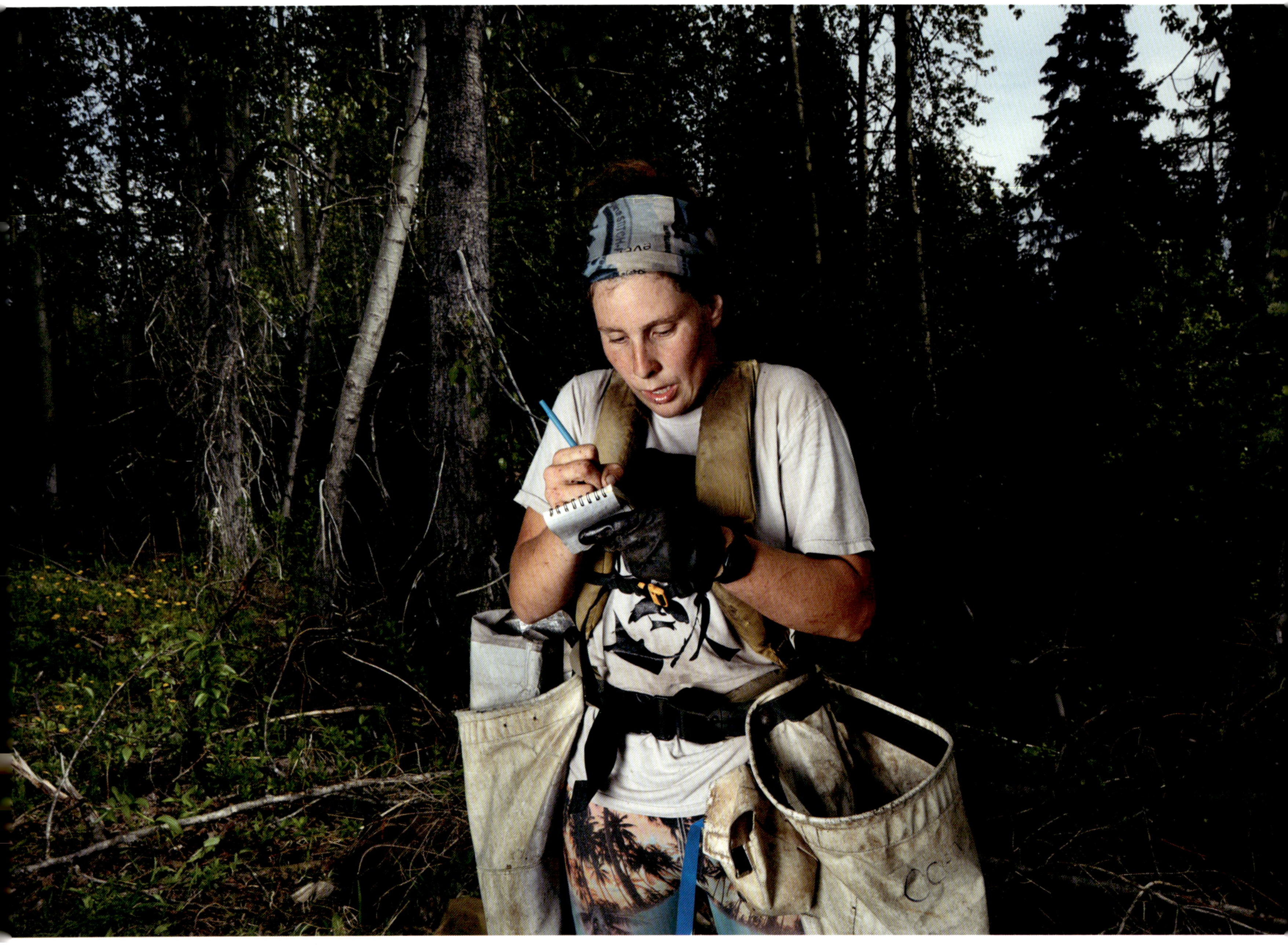

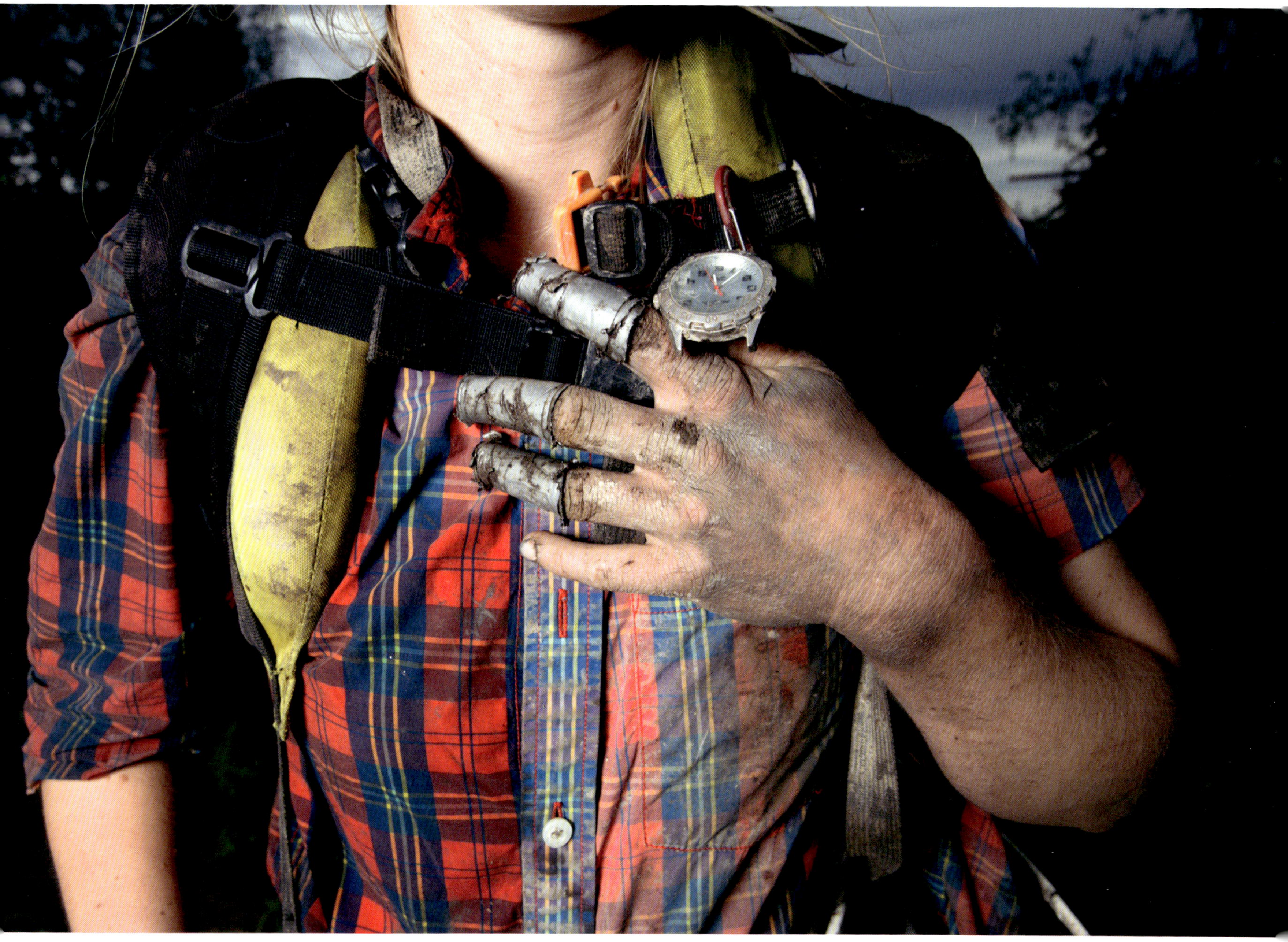

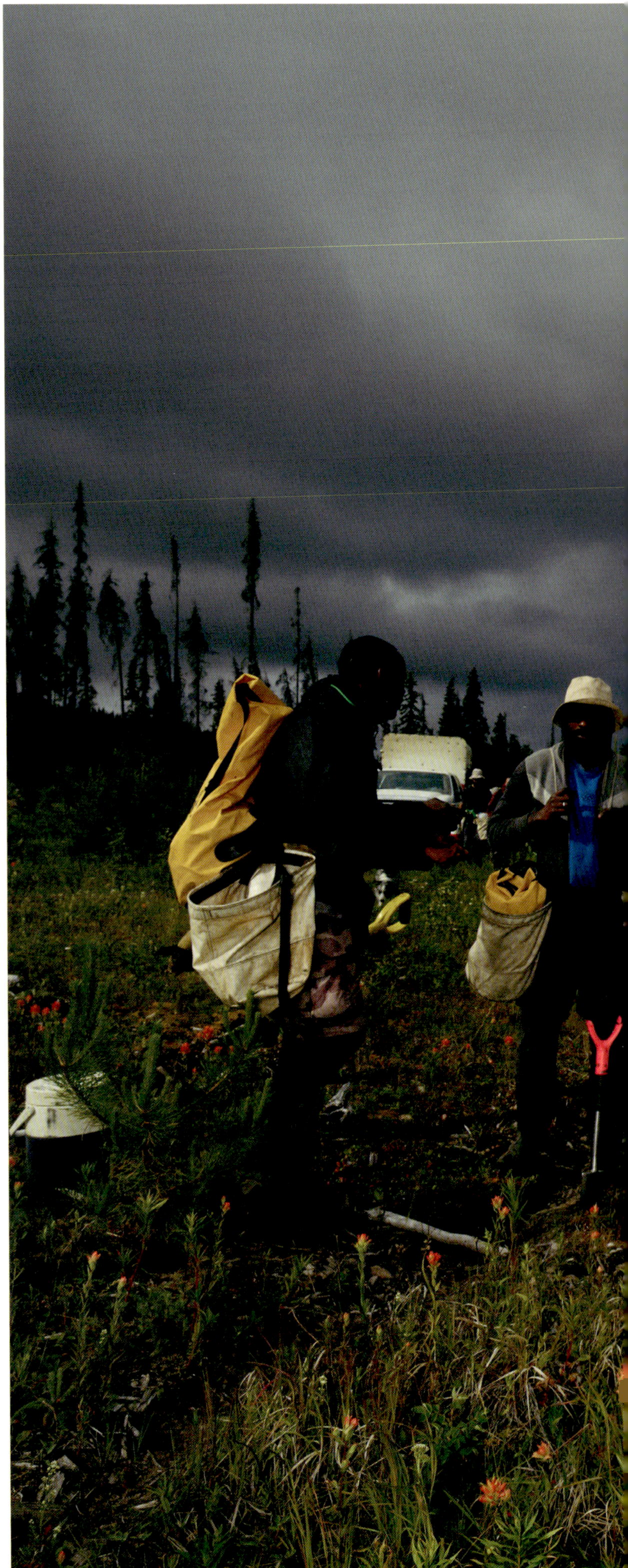

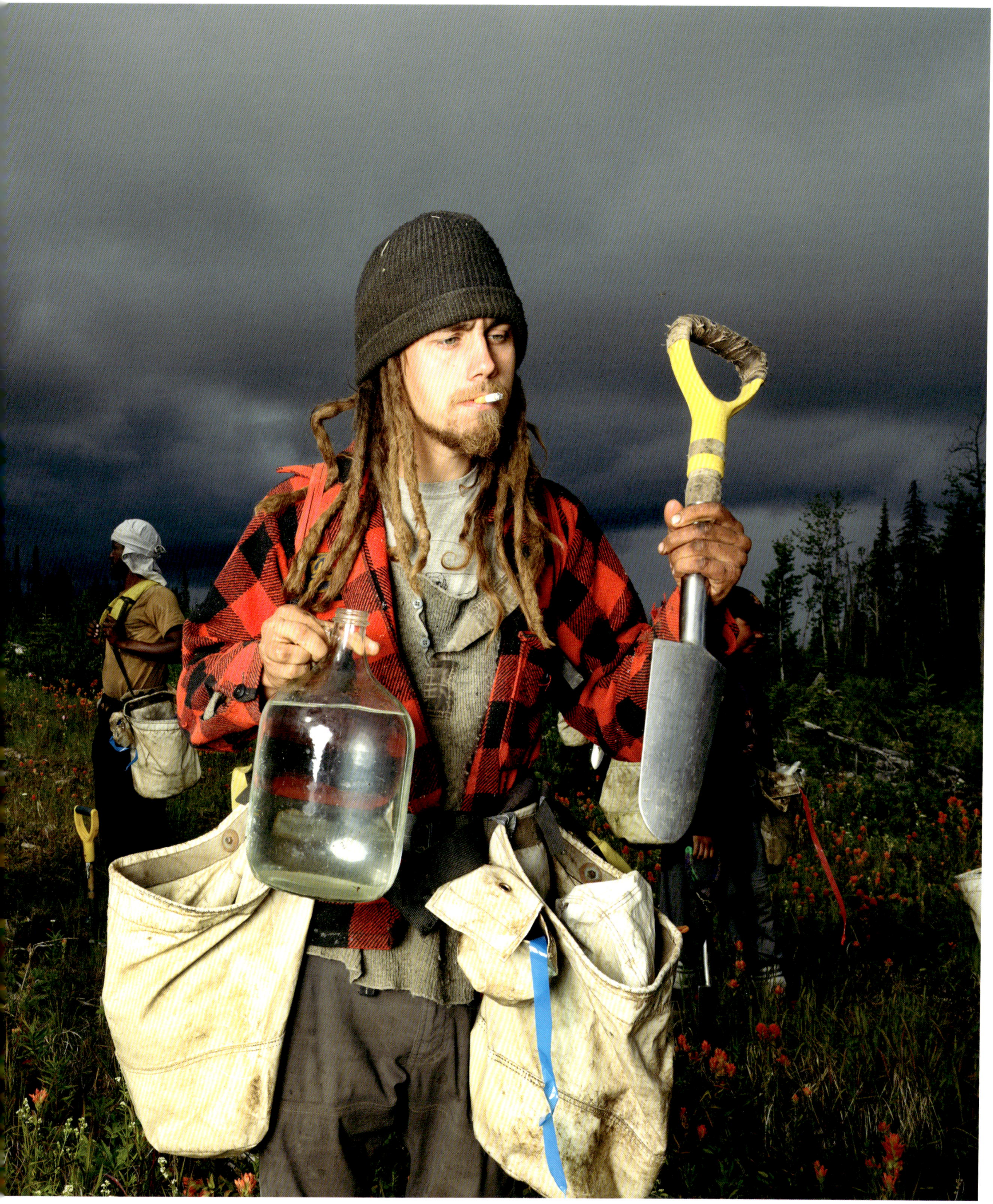

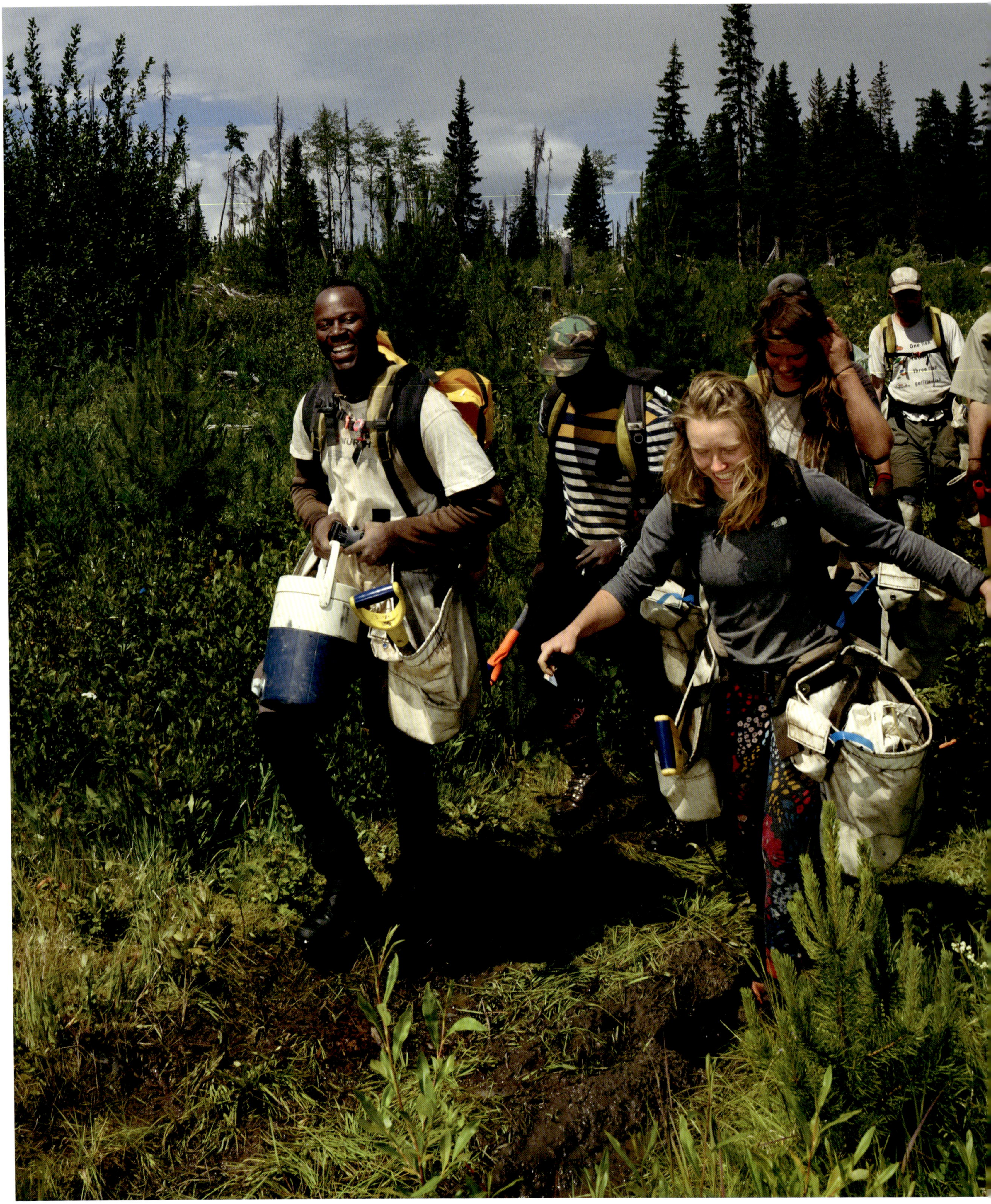

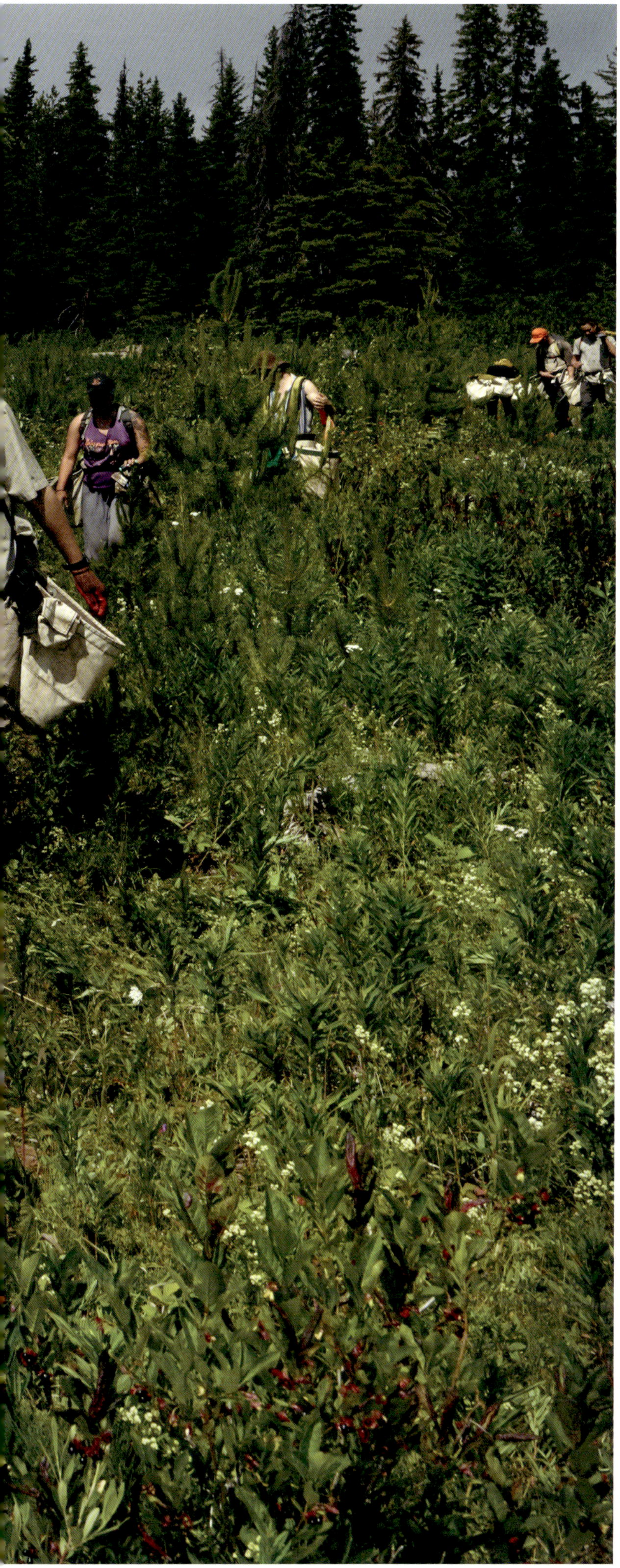

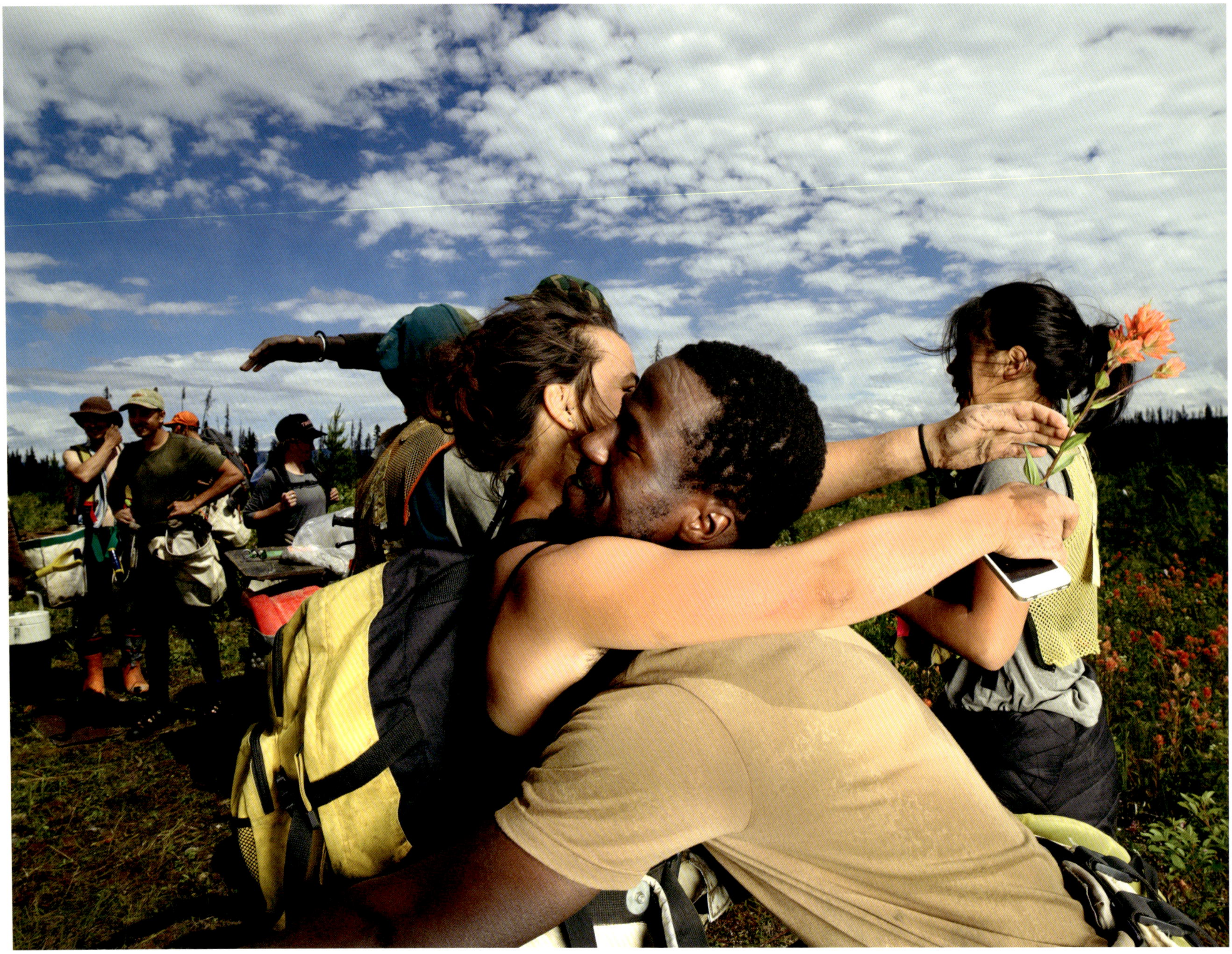

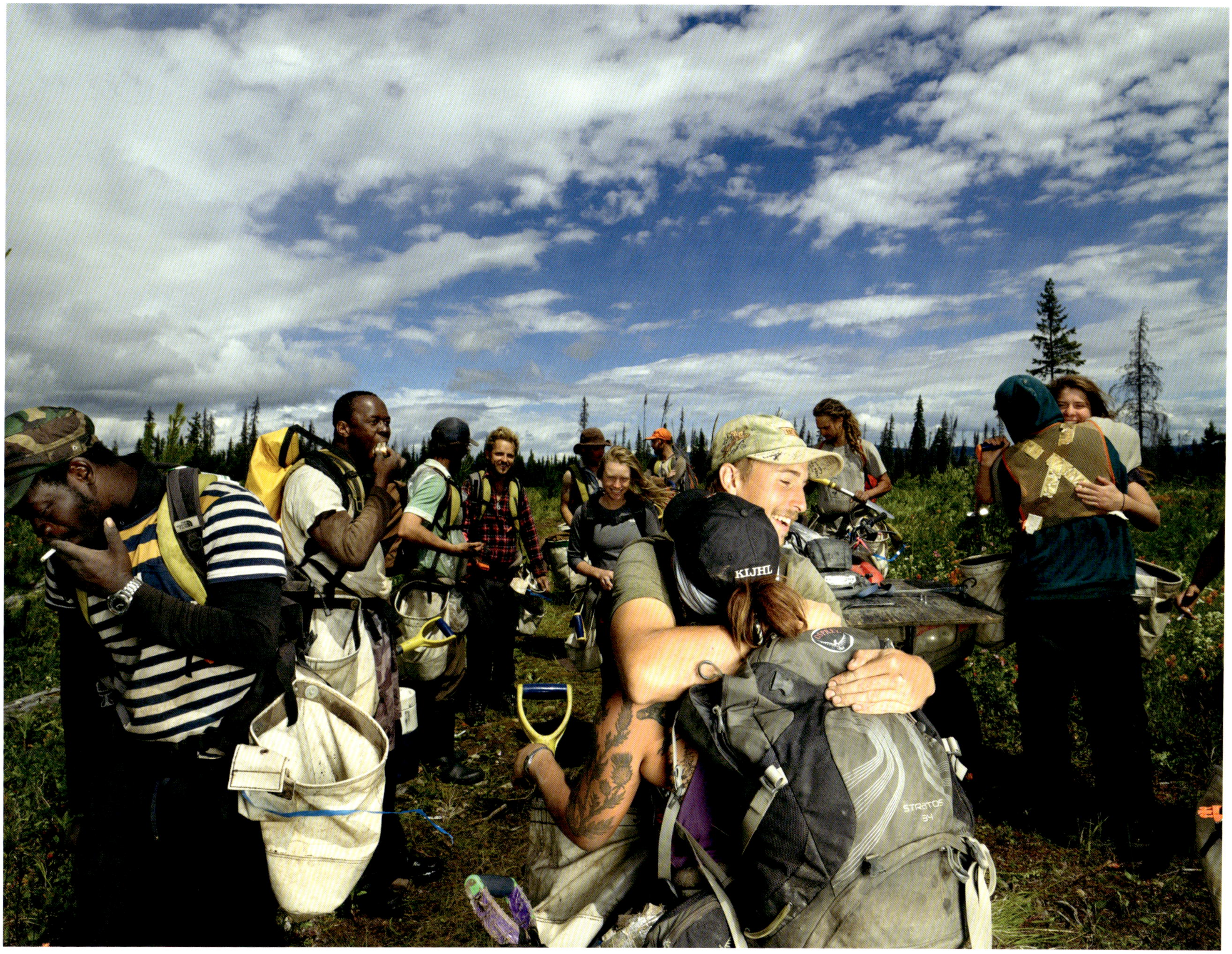
KIJHL

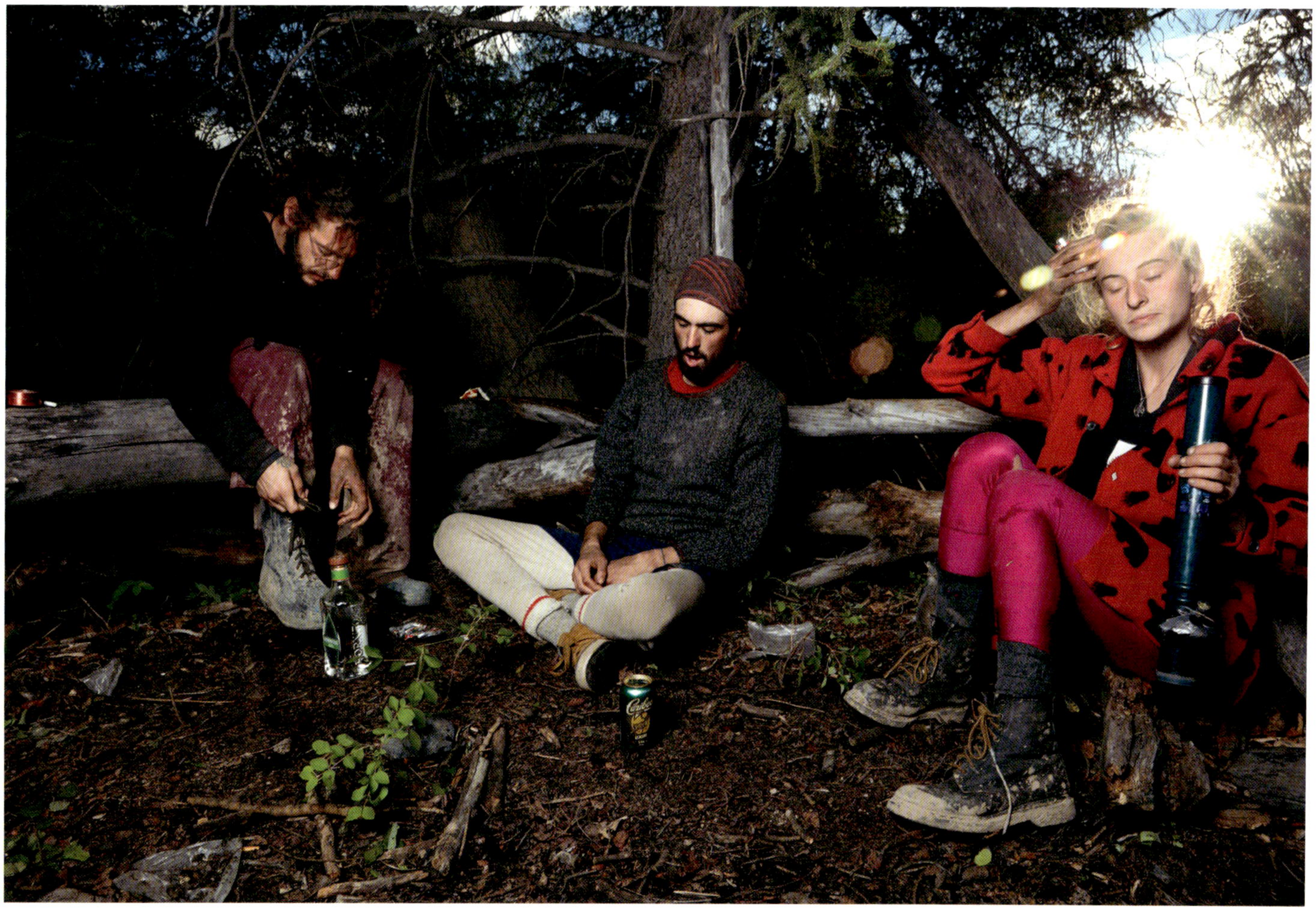

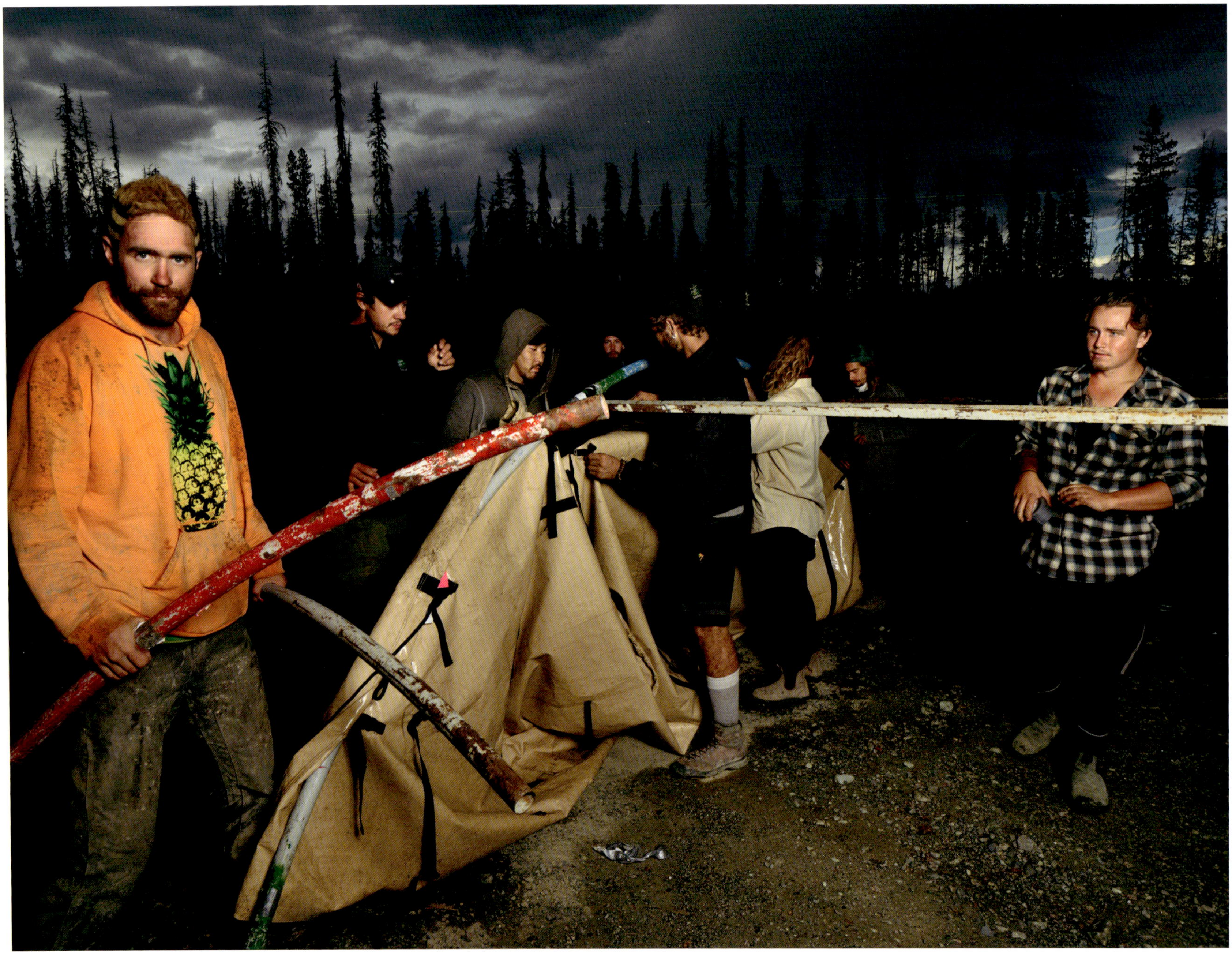

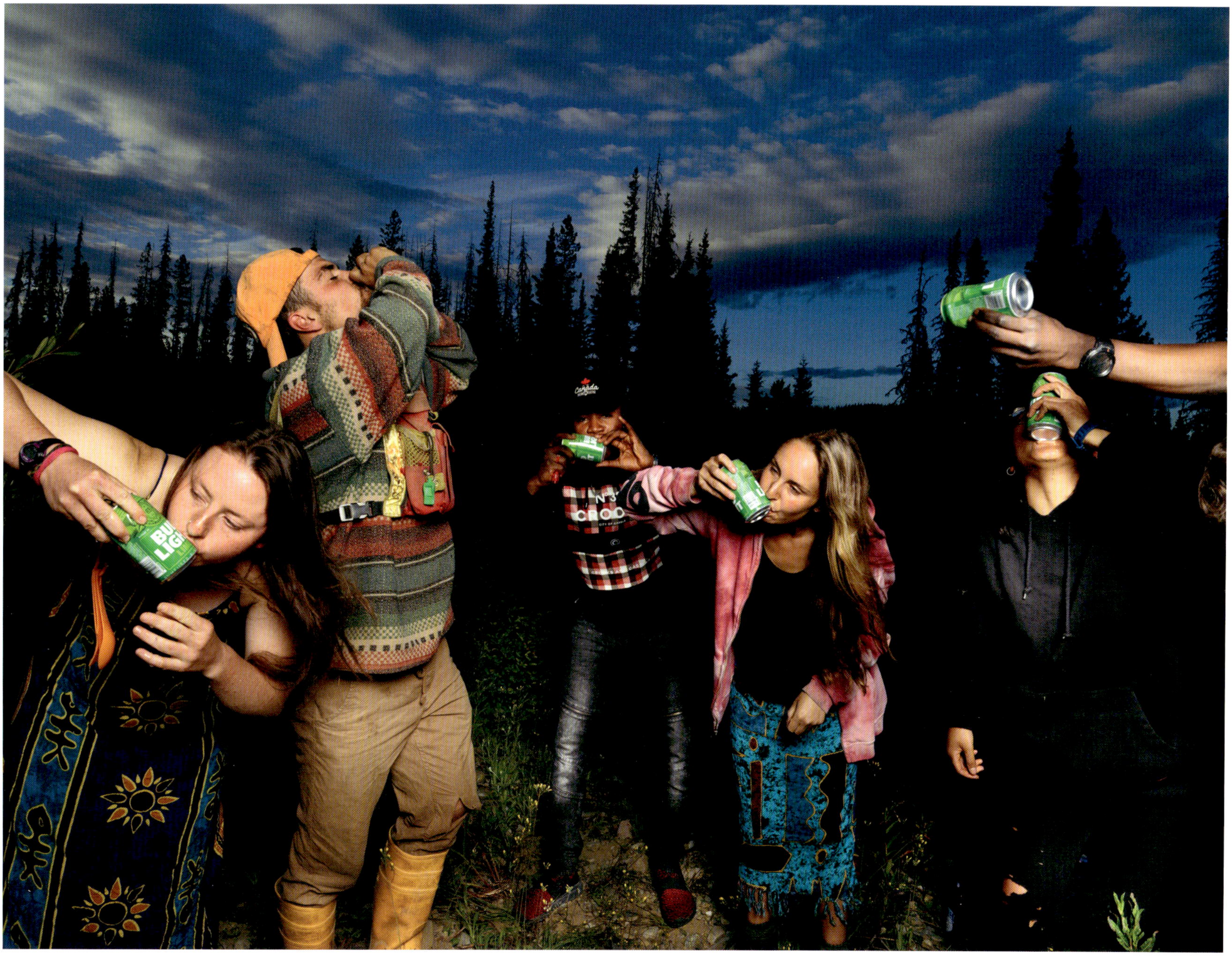

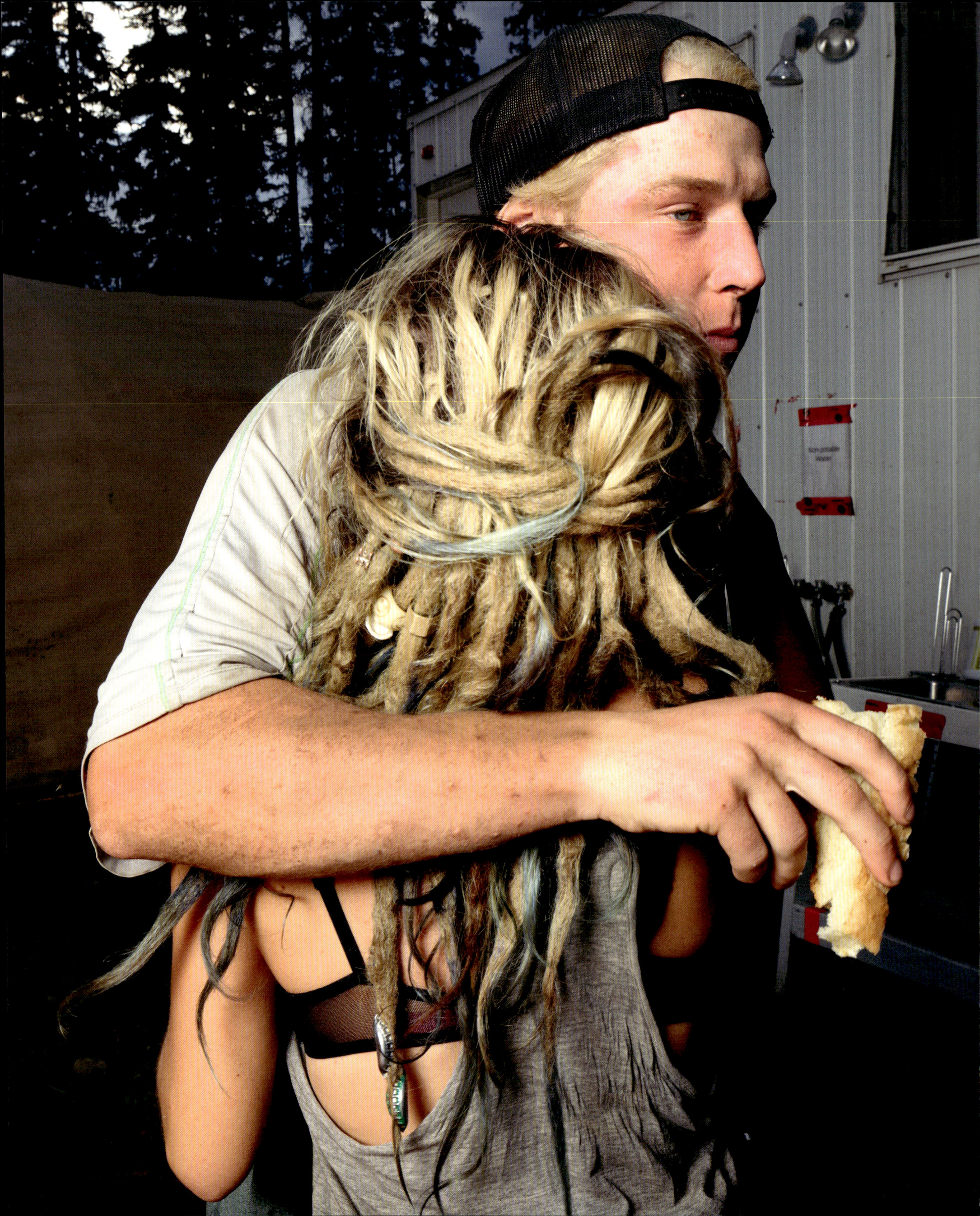

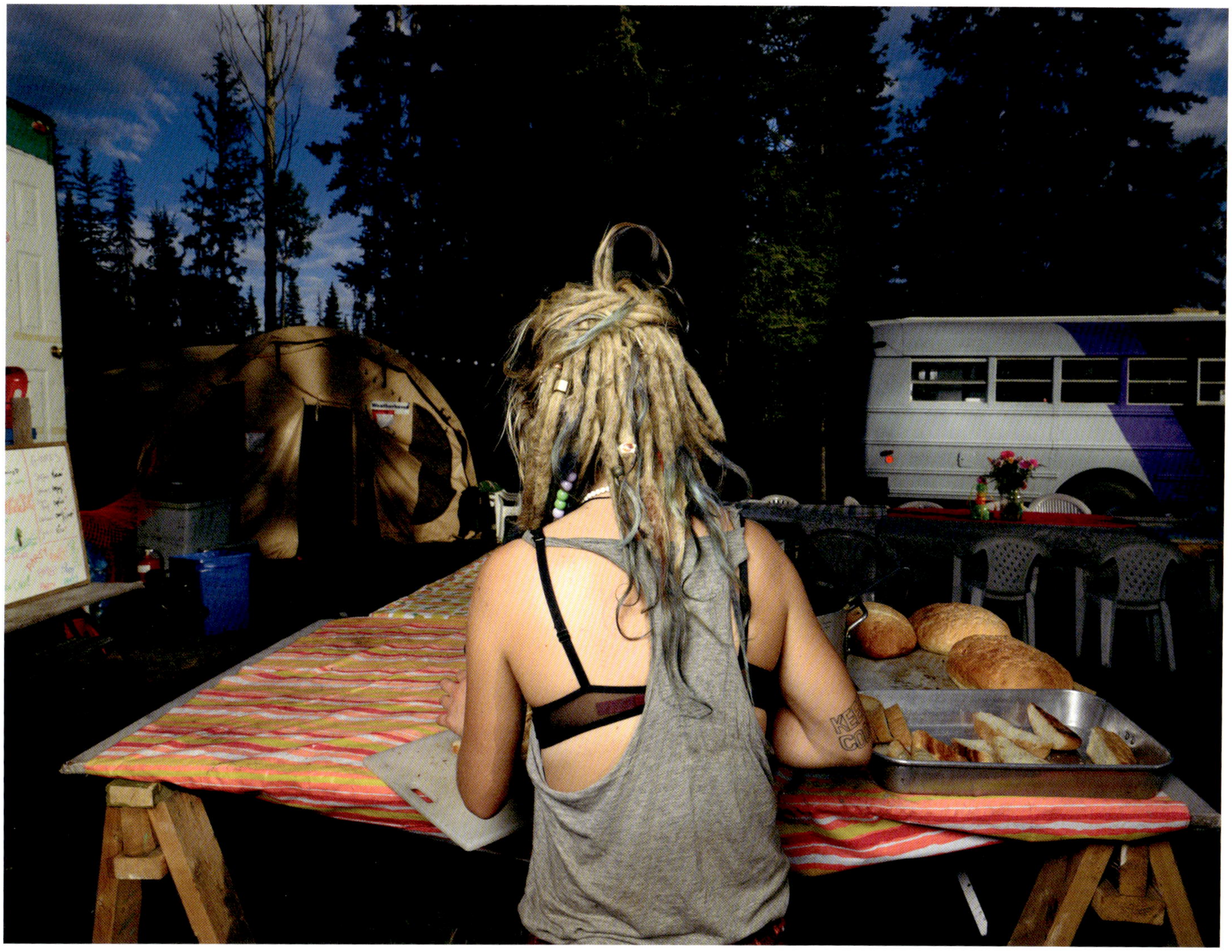

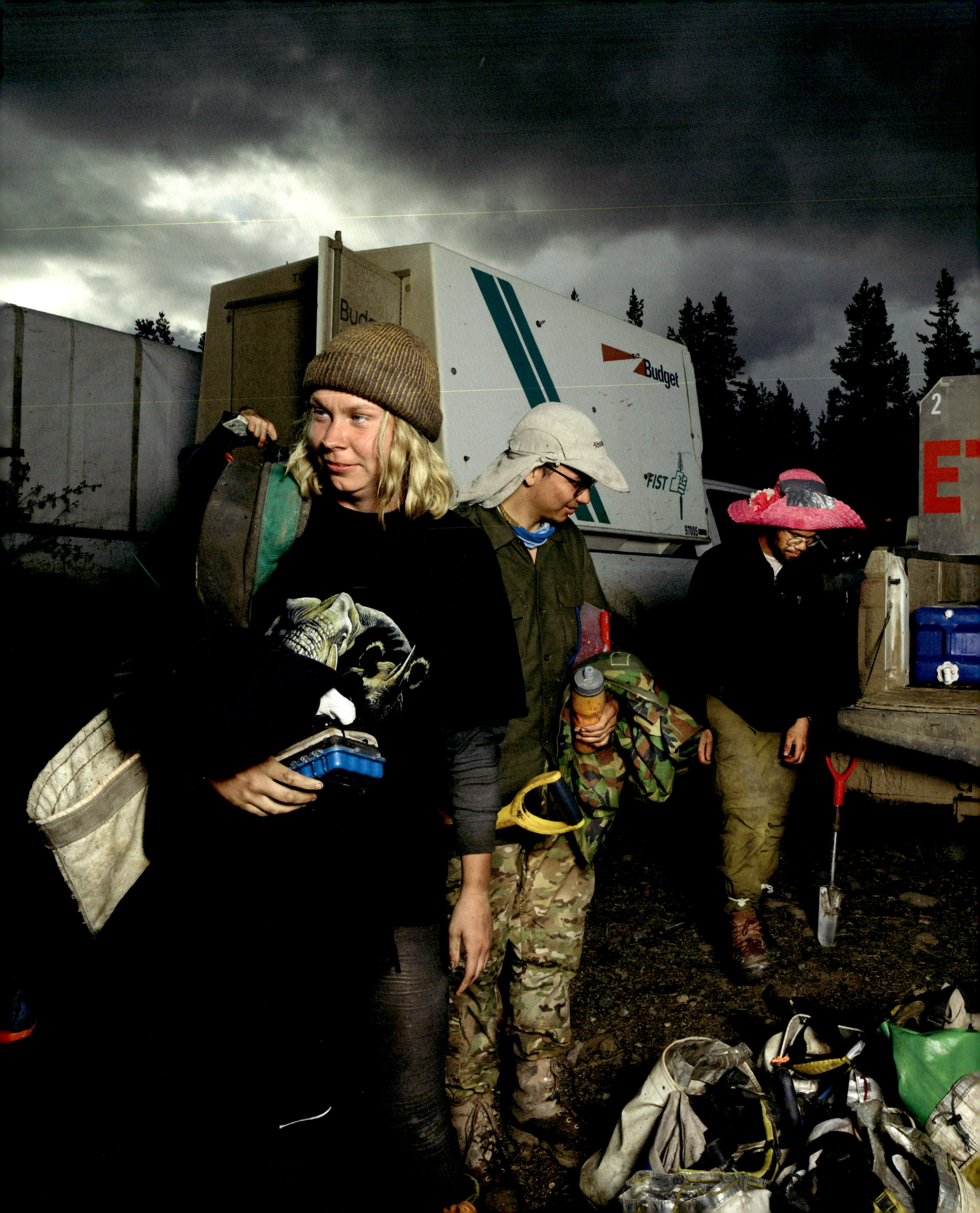
Budget
FIST
2

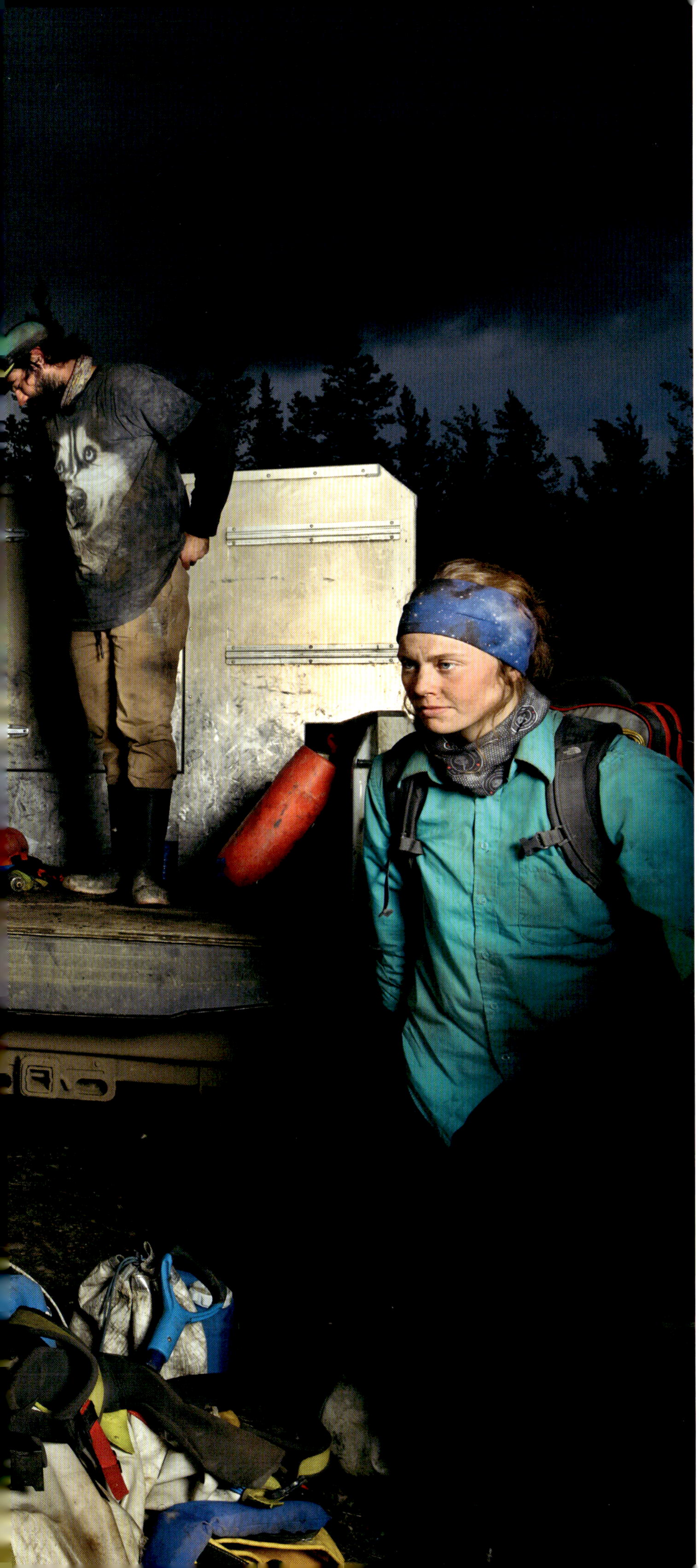

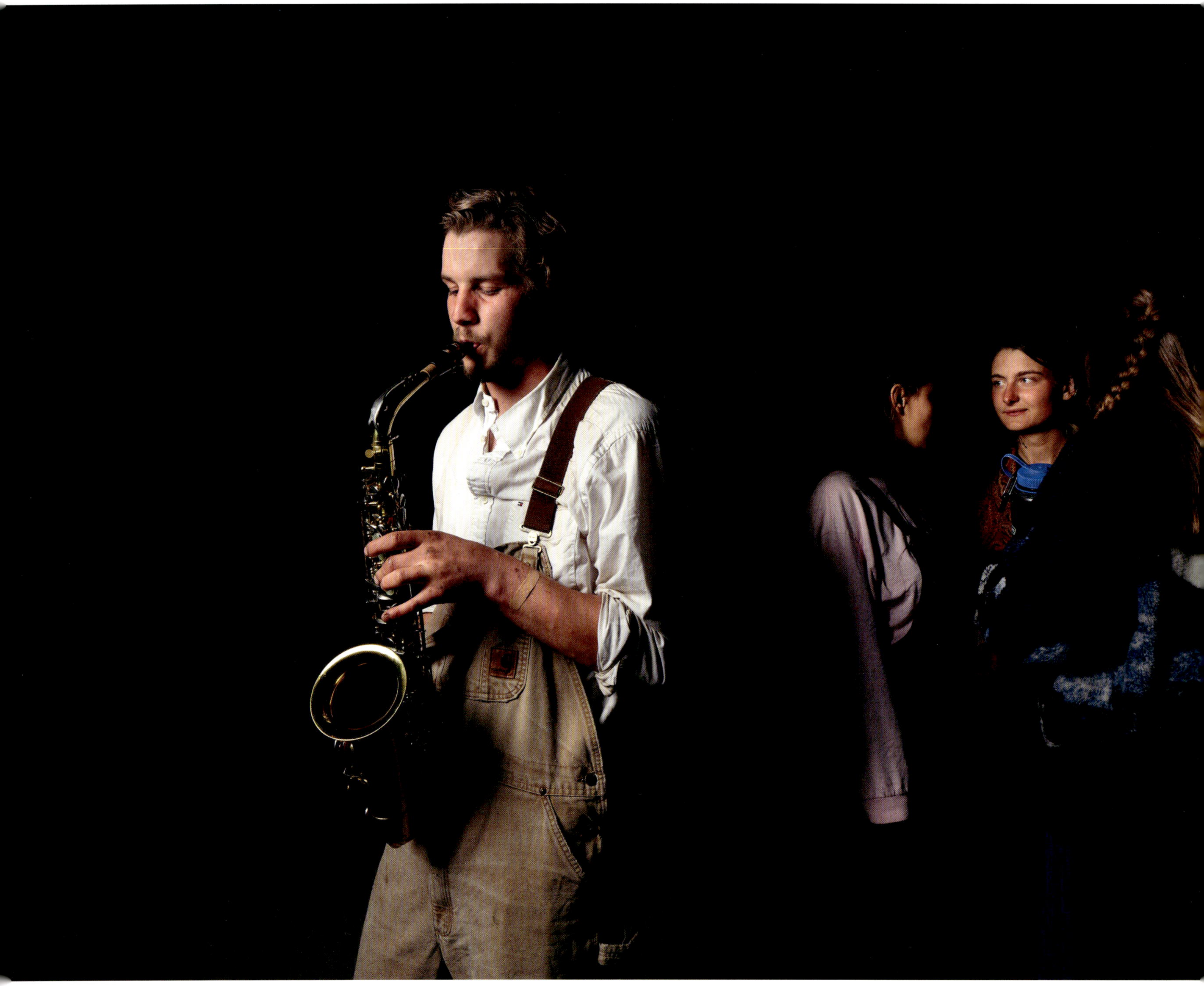

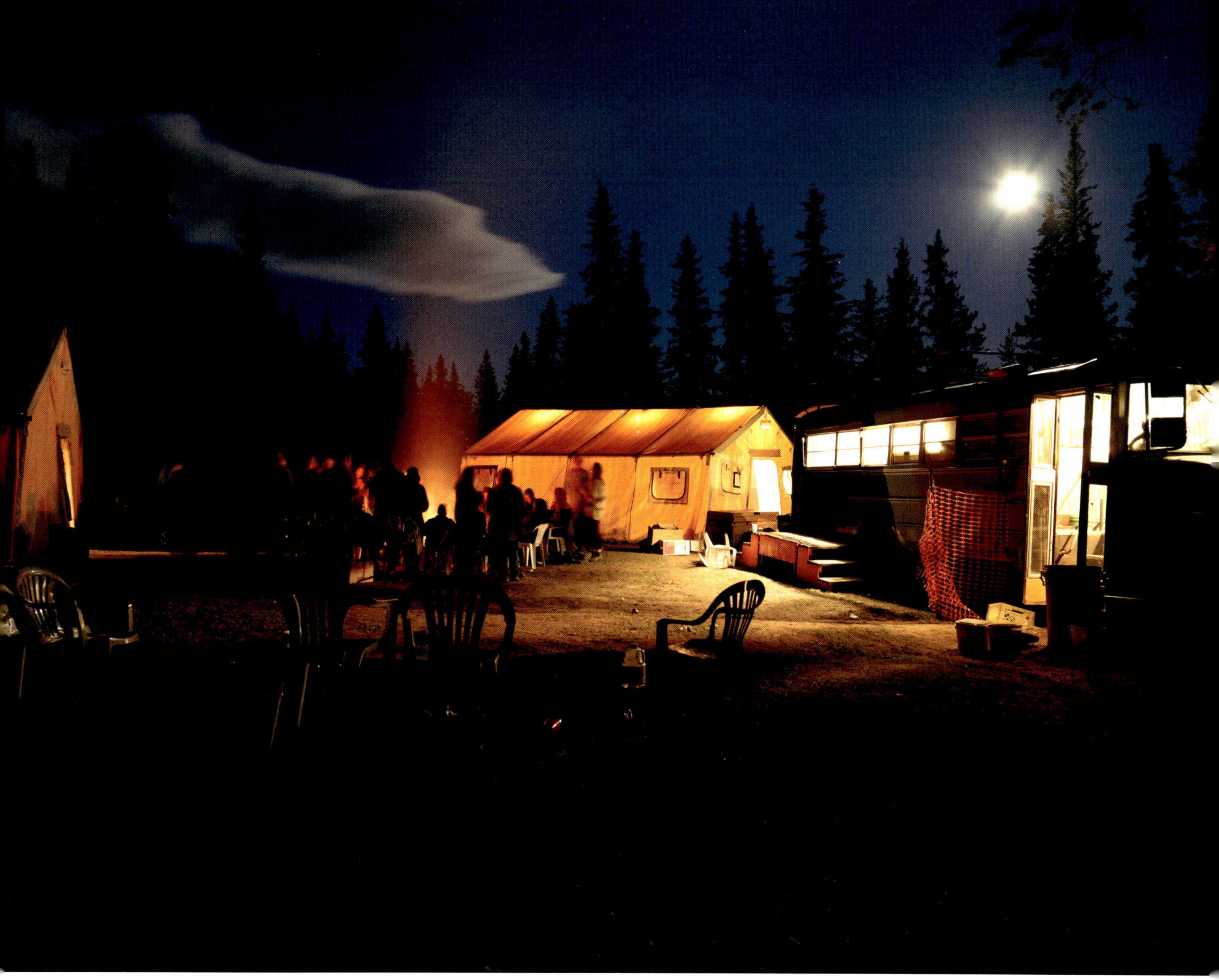

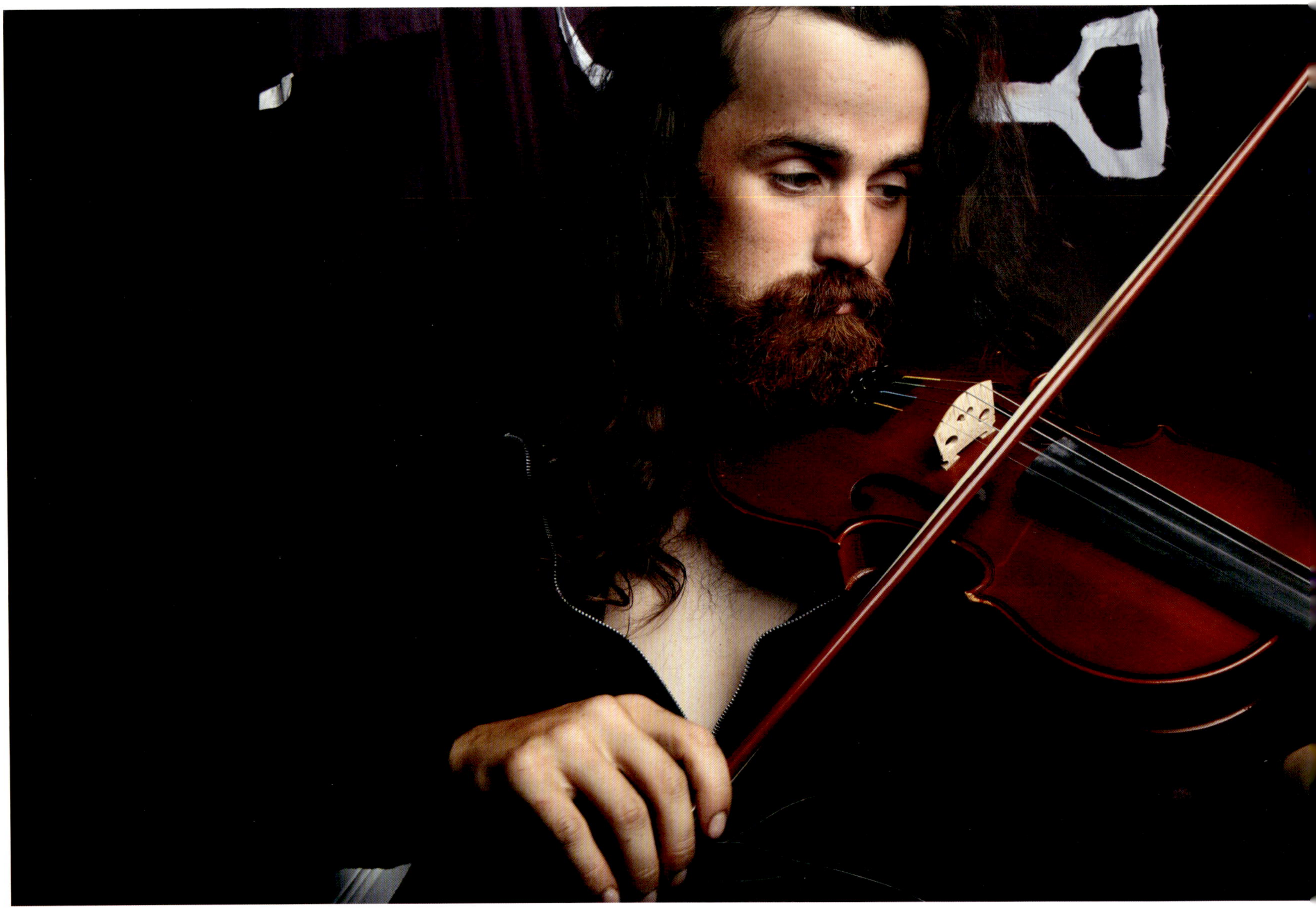

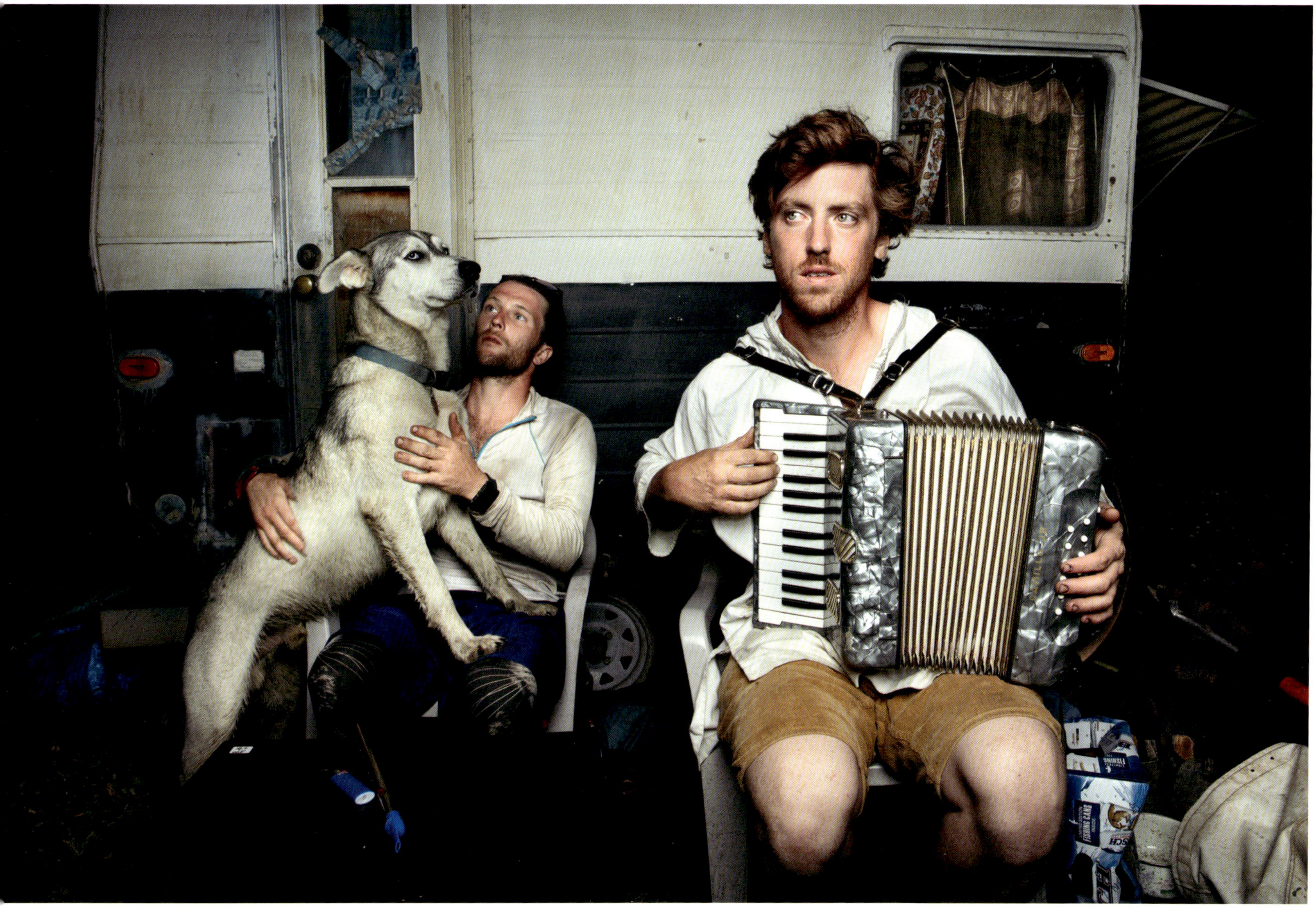

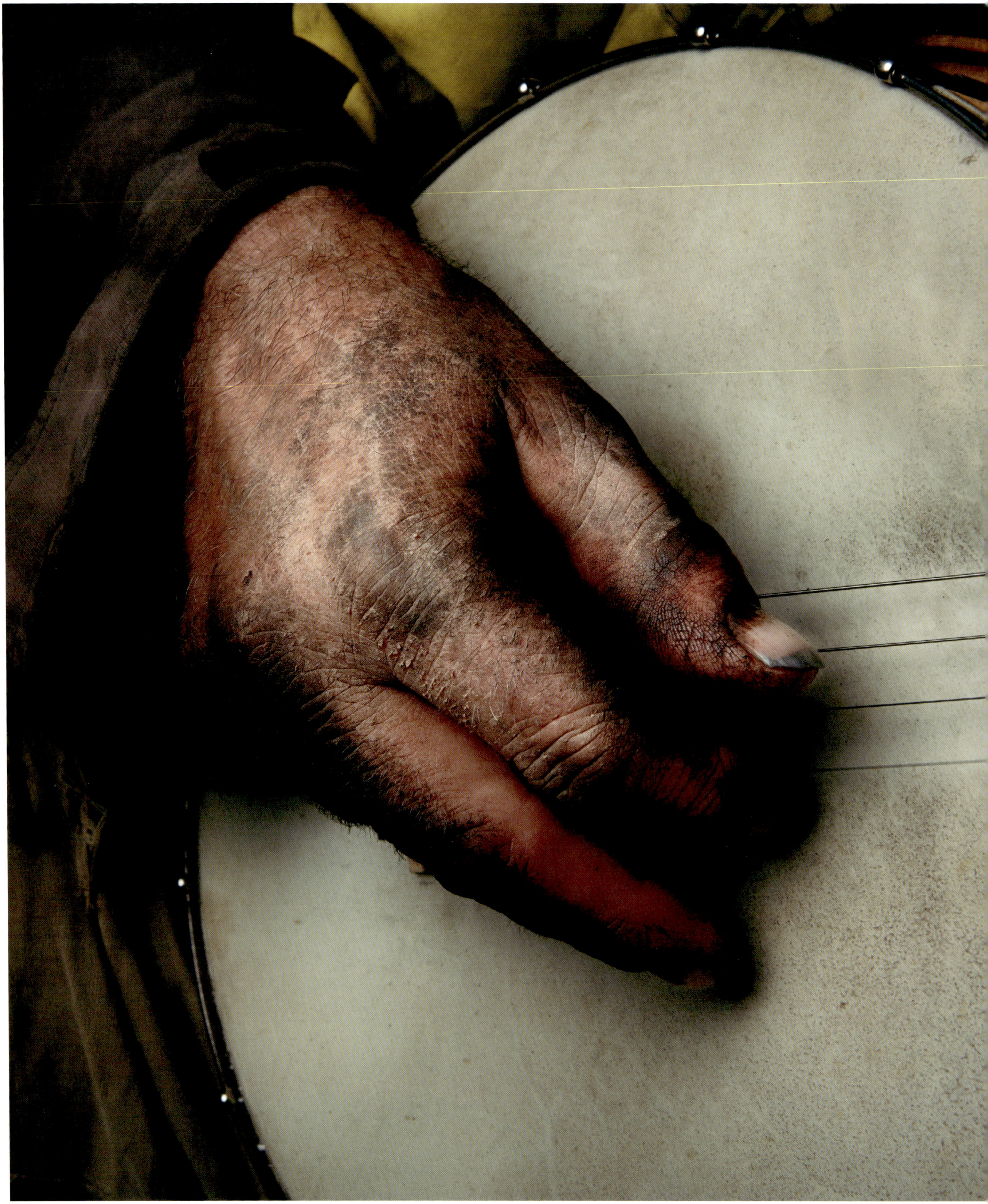

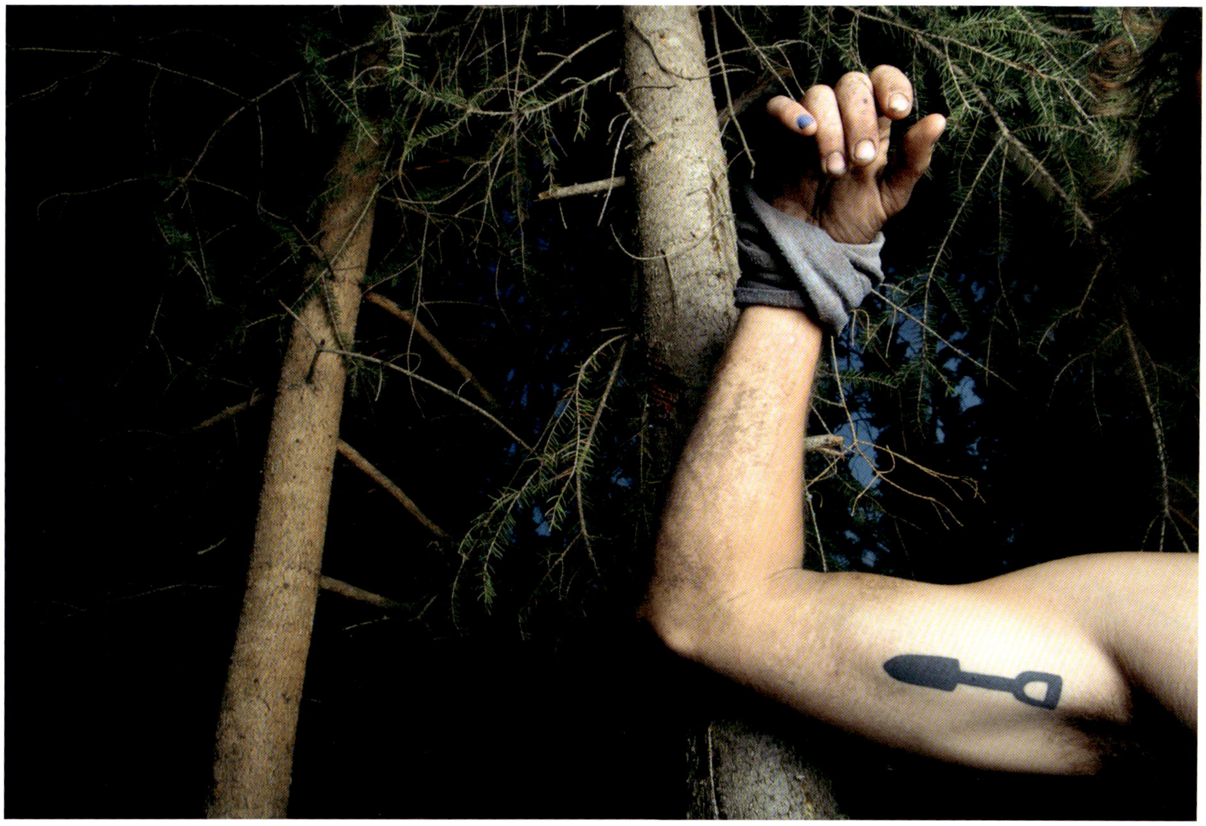

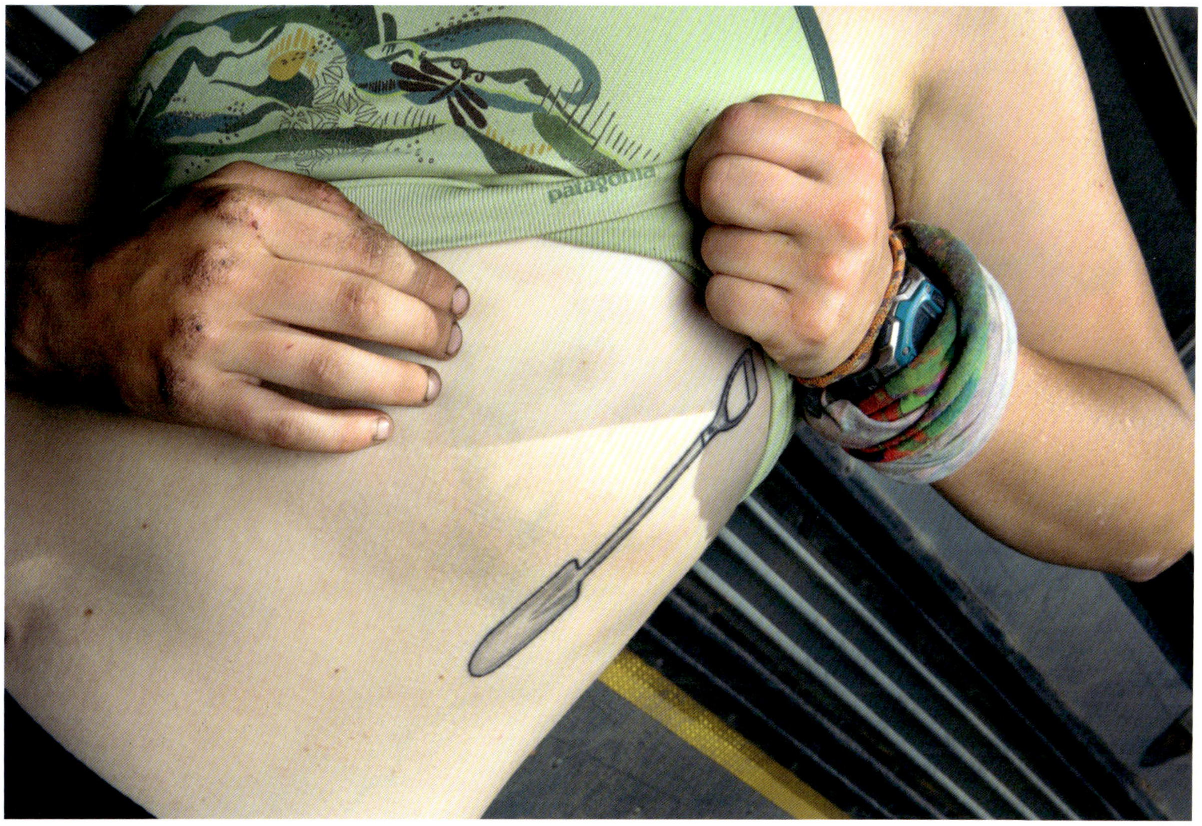
patagonia

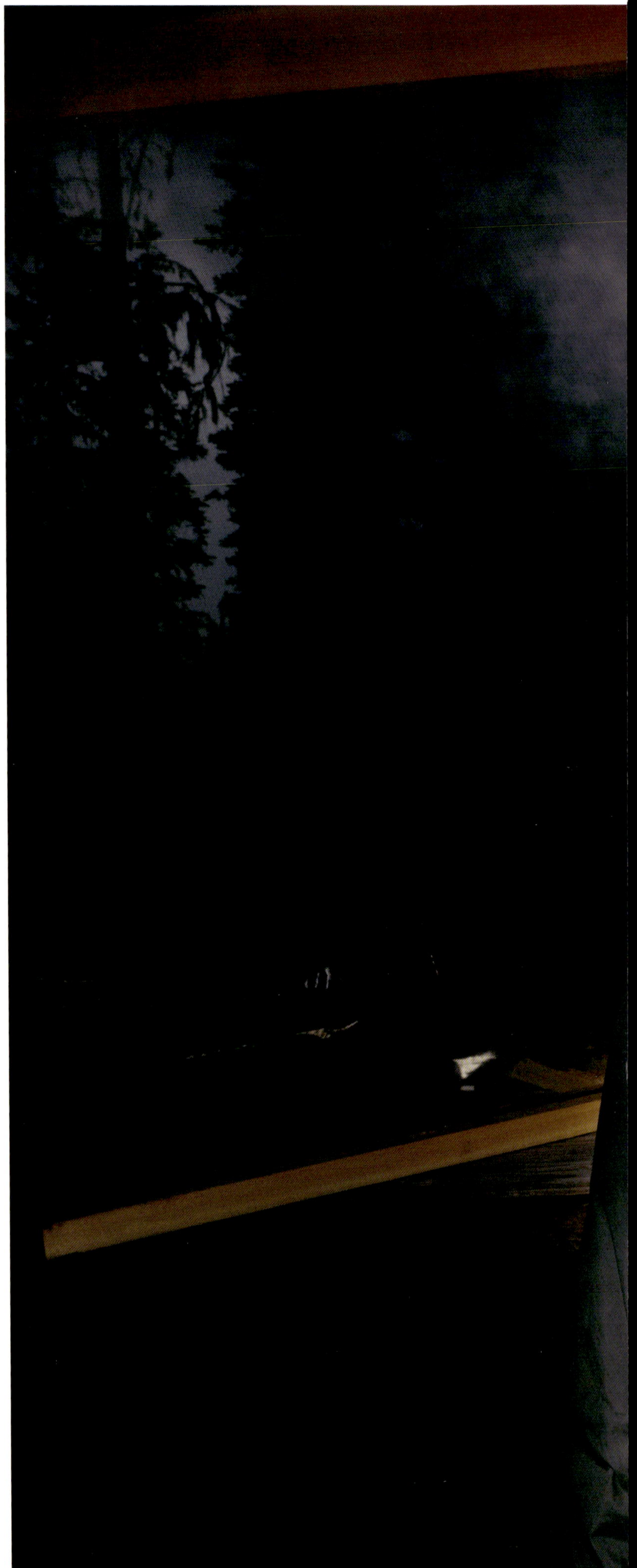

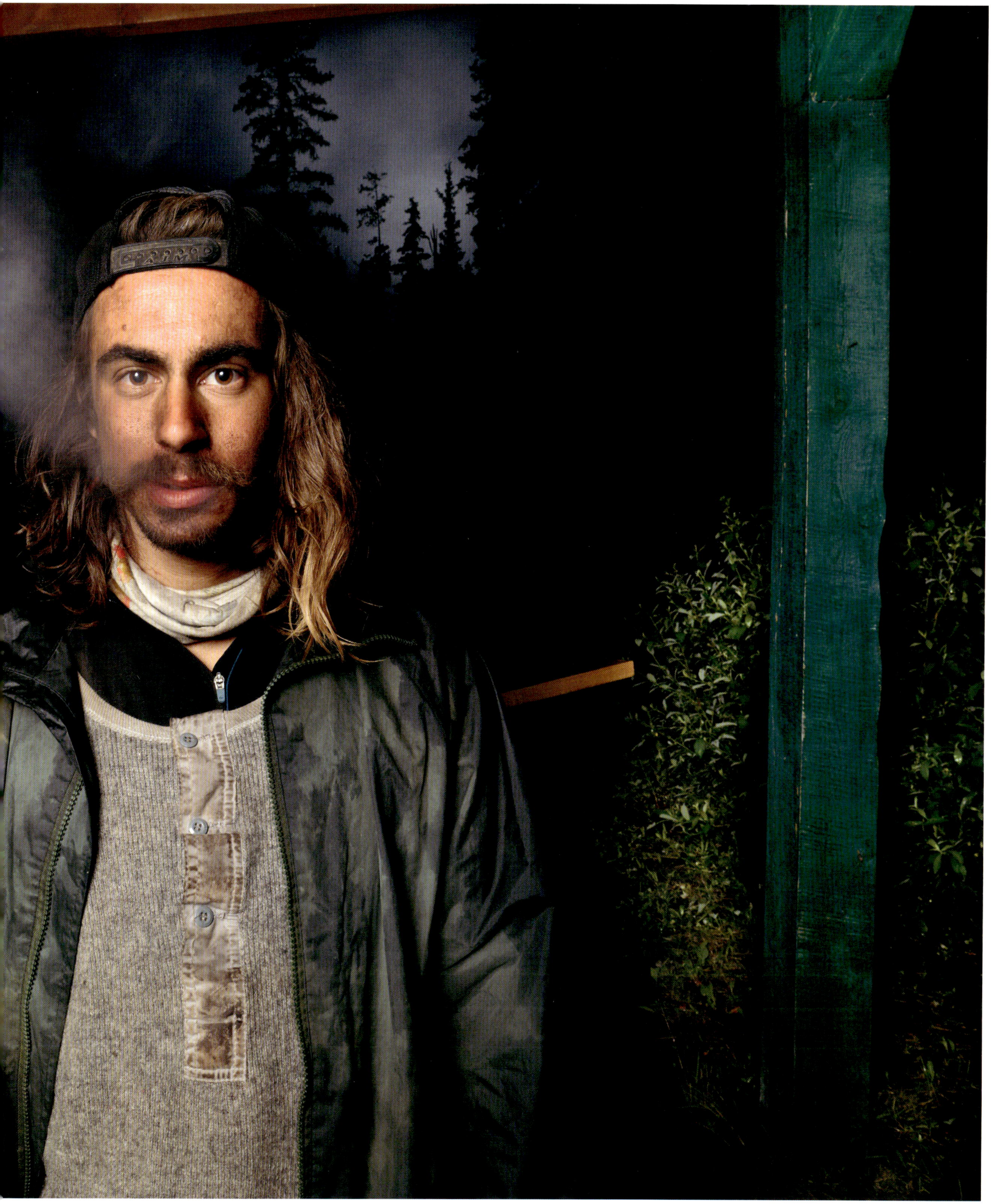

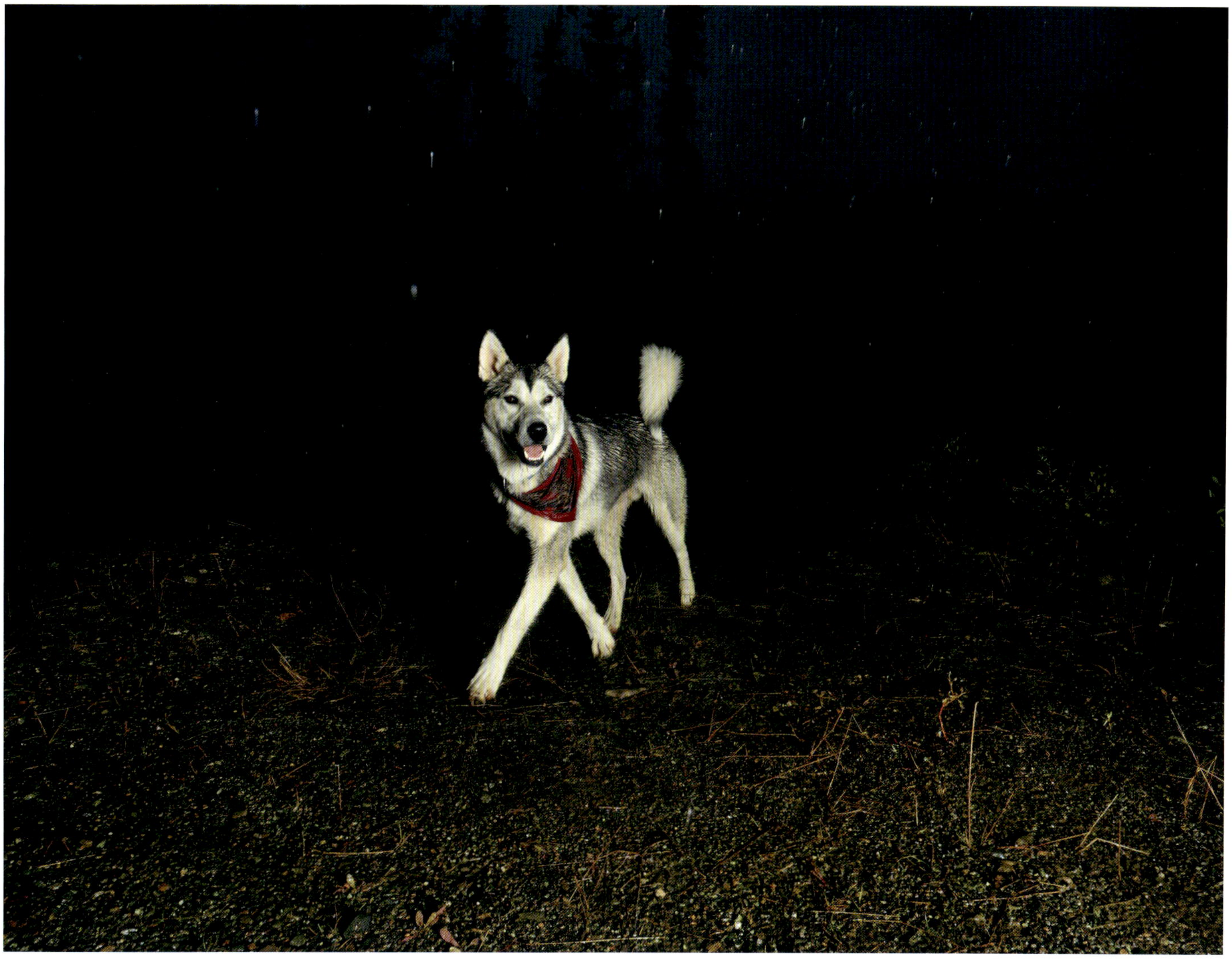

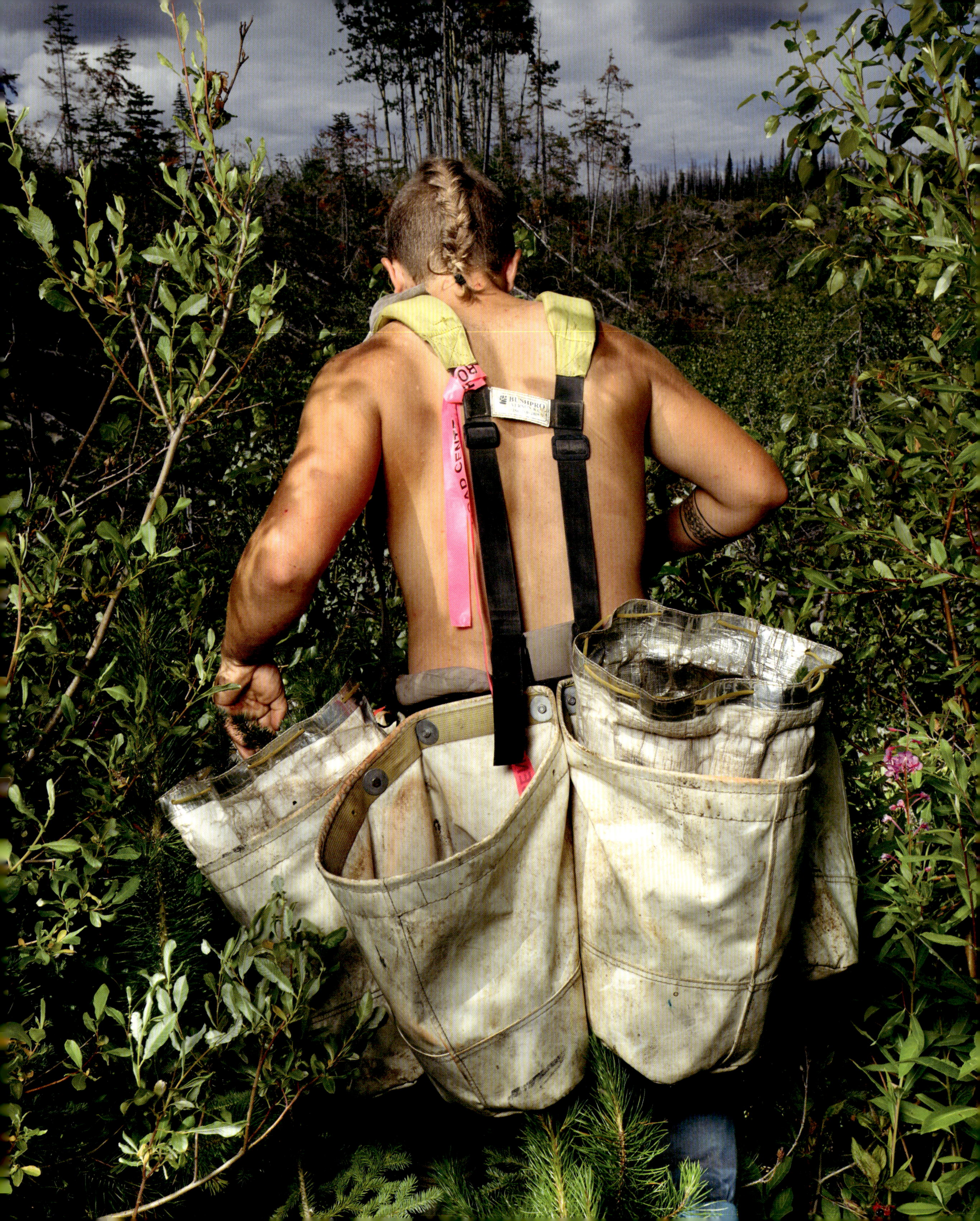
BUSHPRO
AD CENT

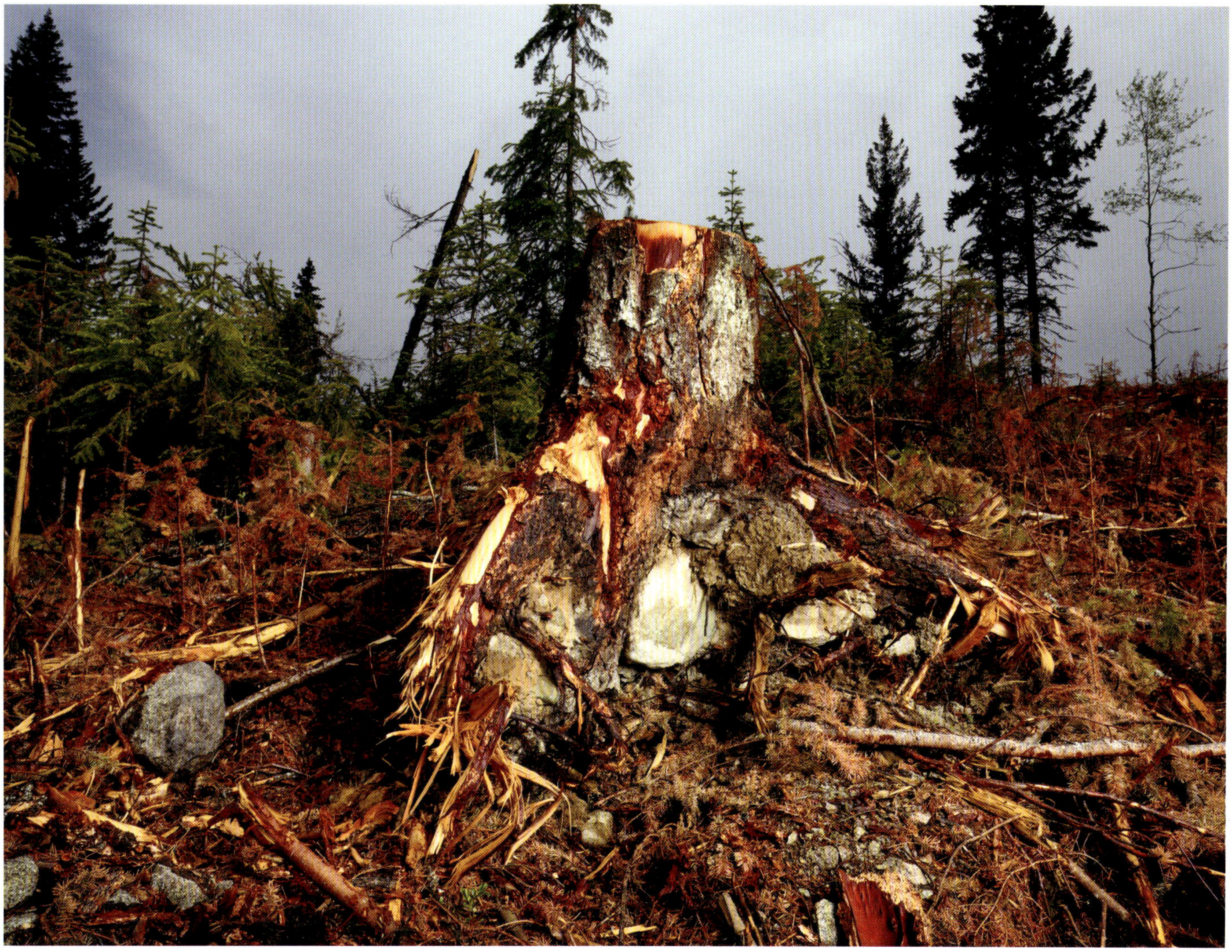

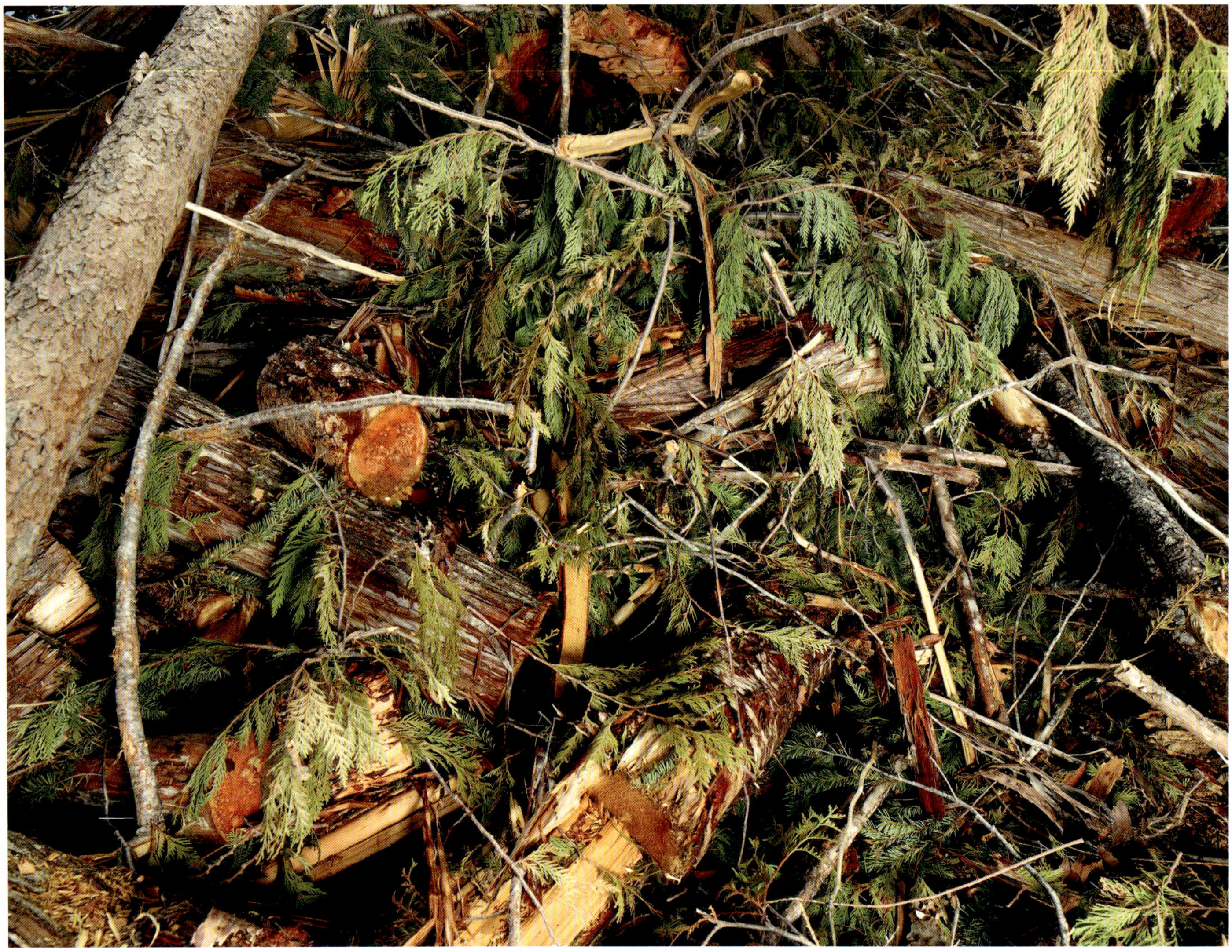

HANDLE WITH CARE

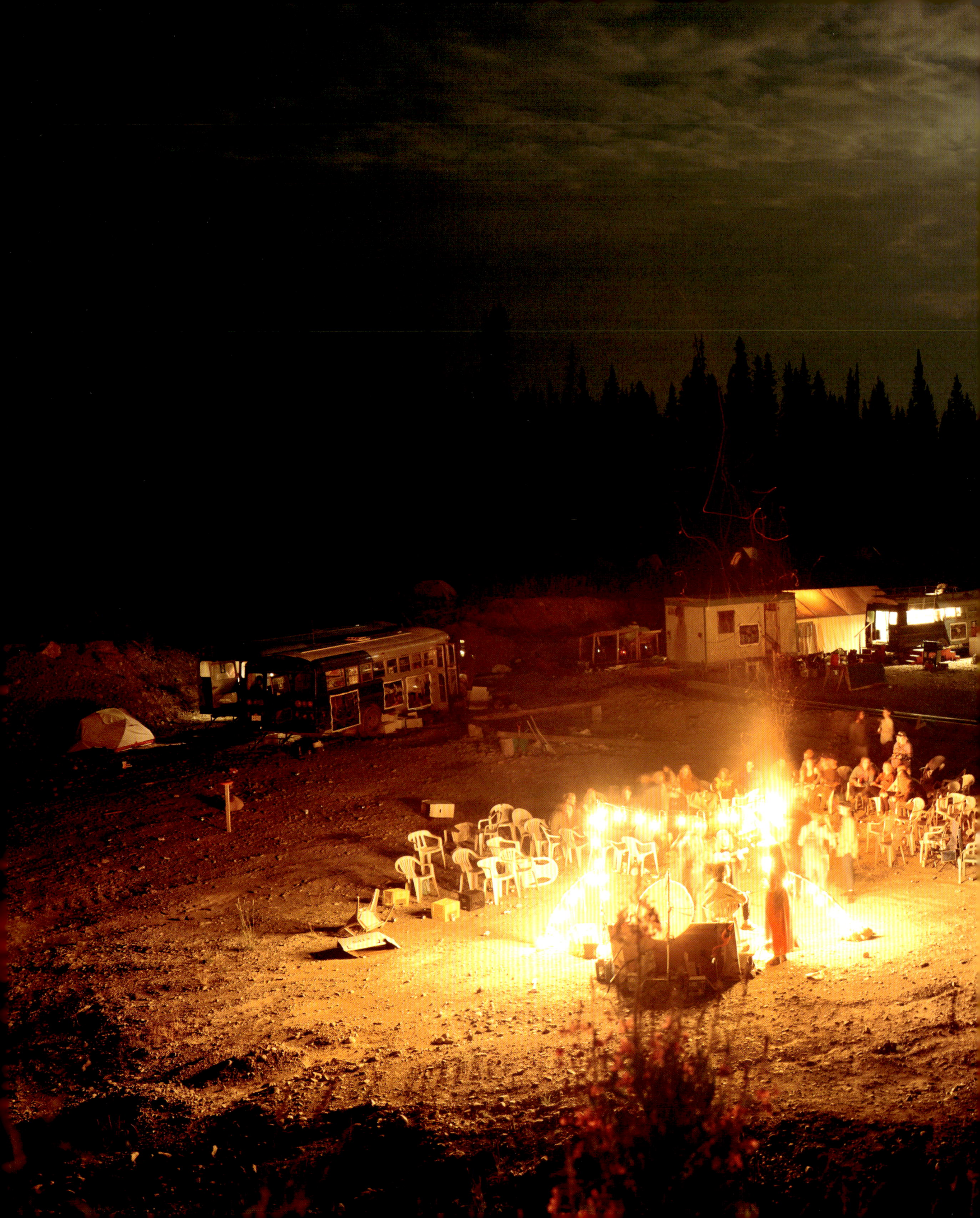

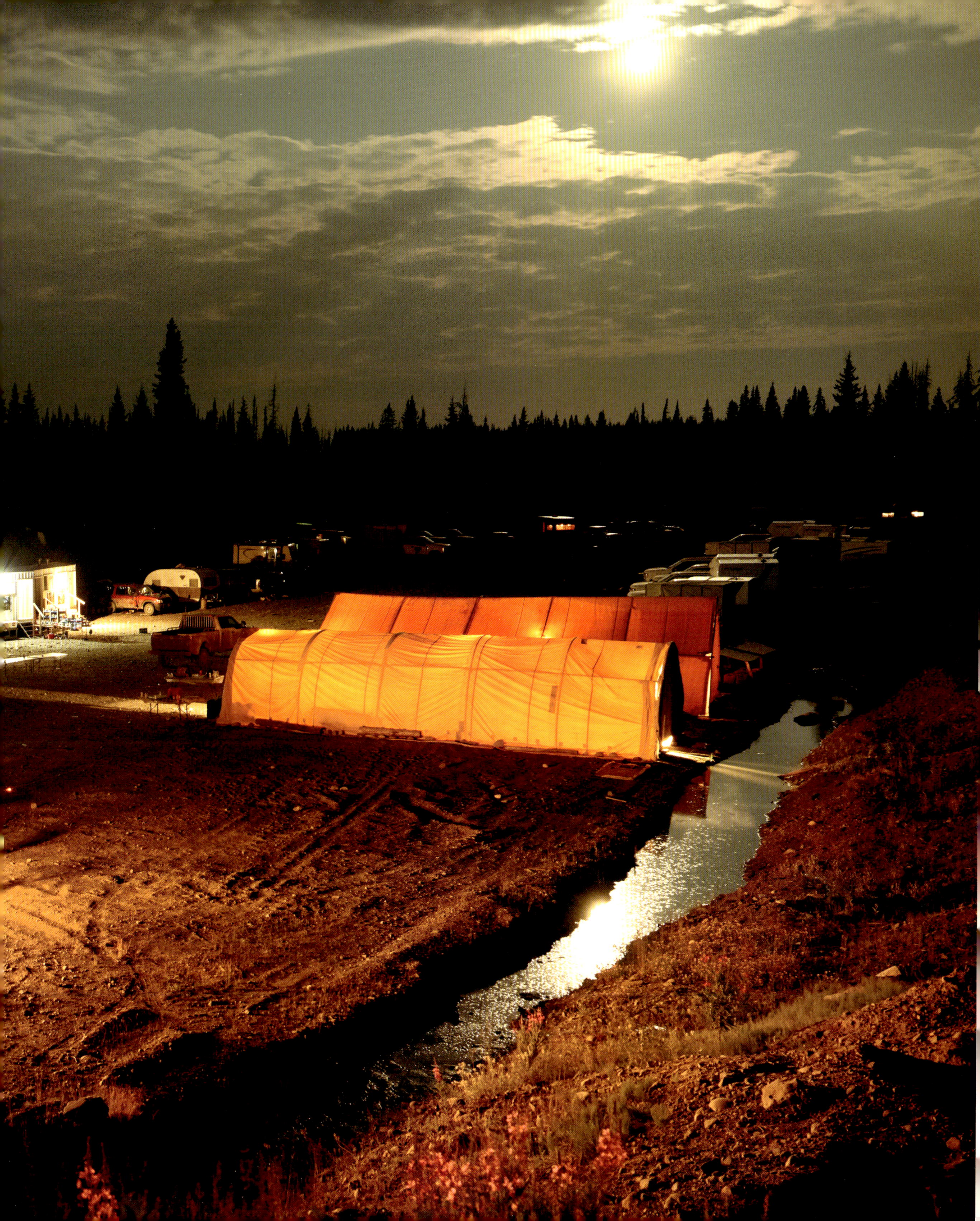

ENCHANTED FORESTS

*The wind stopped blowing and
not a leaf was stirring in the trees.*

*Le vent arrêta de souffler et pas
une feuille ne bougeait dans les arbres.*

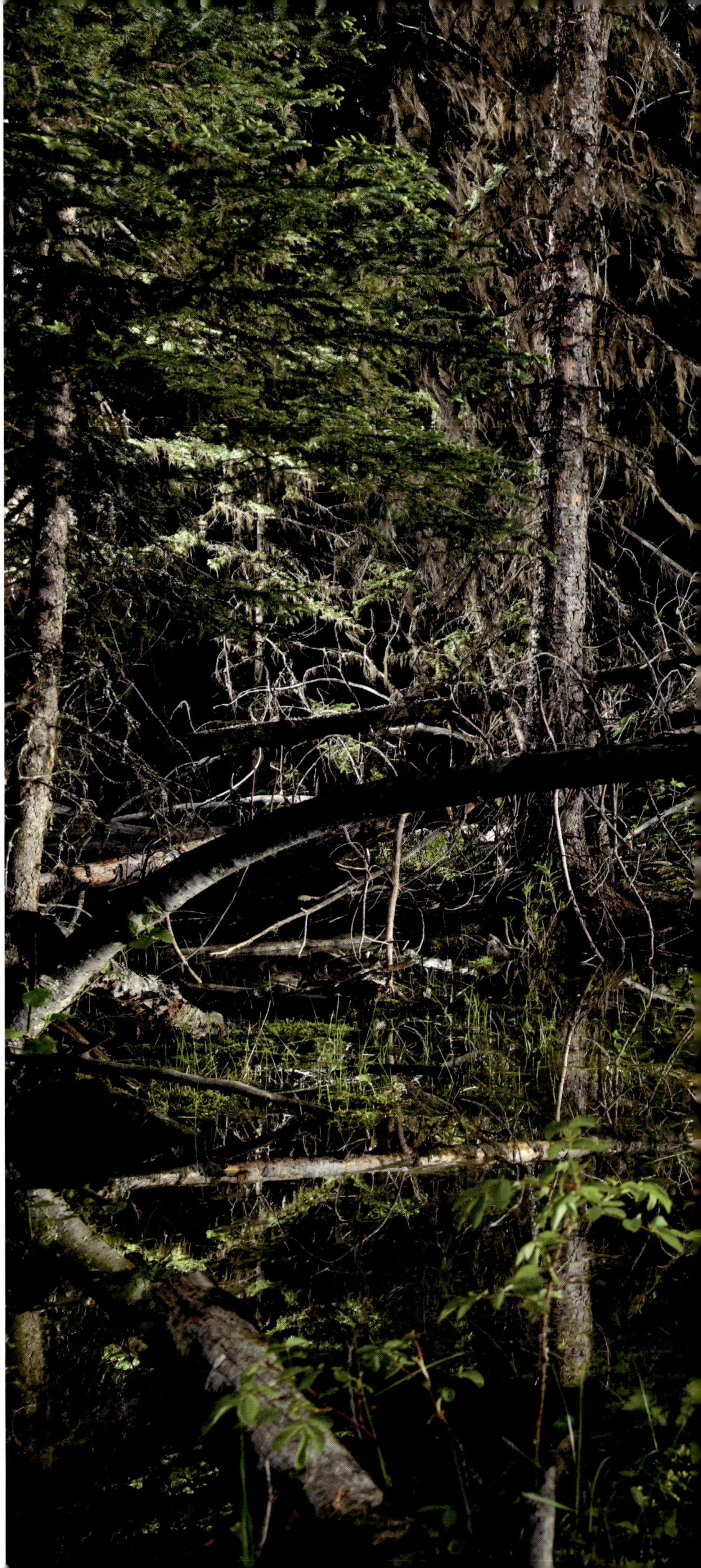

Enchanted Forest #1 (2018)

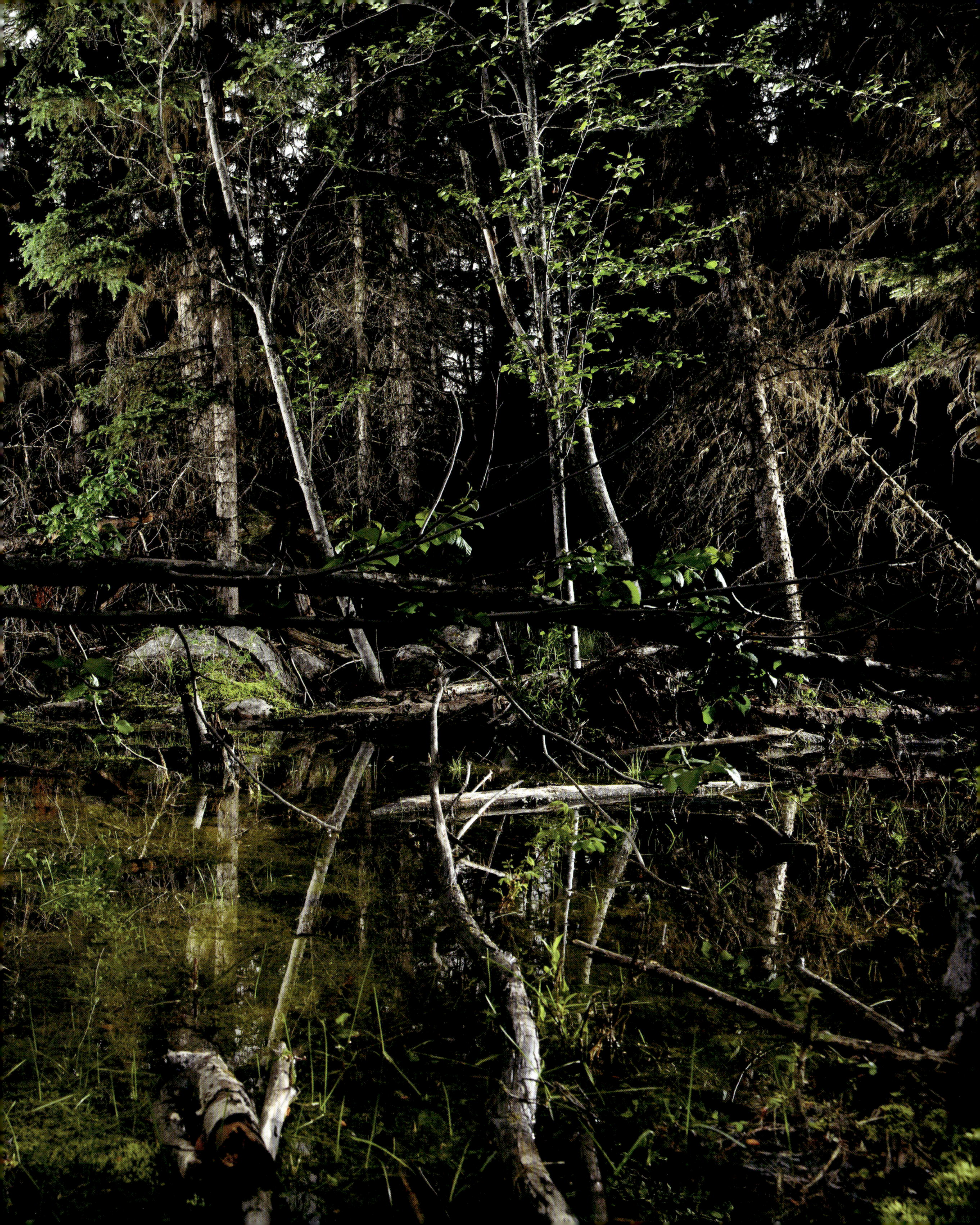

He looked for a way out of the forest,
but he could not find one.

Il cherchait un chemin de sortie
de la forêt, mais il n'en a pas trouvé.

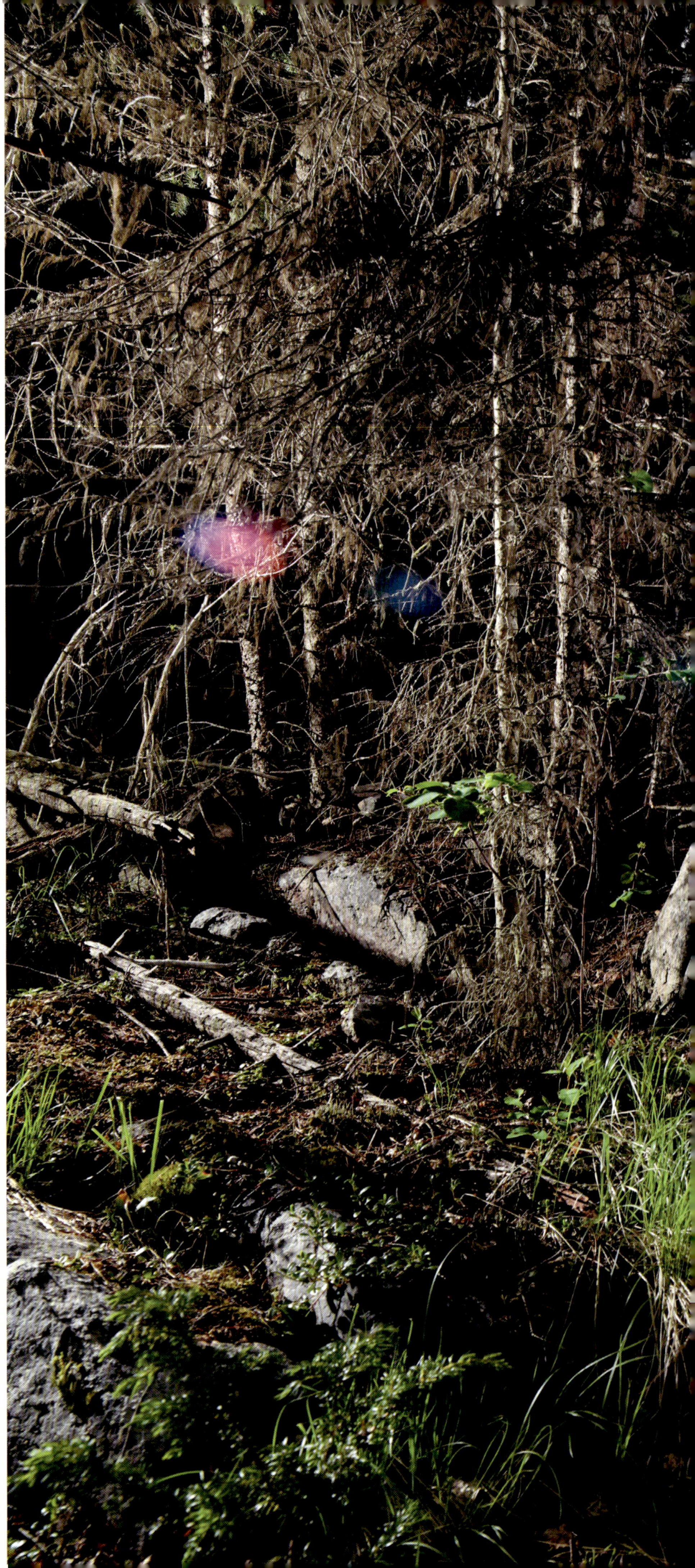

Enchanted Forest #2 (2018)

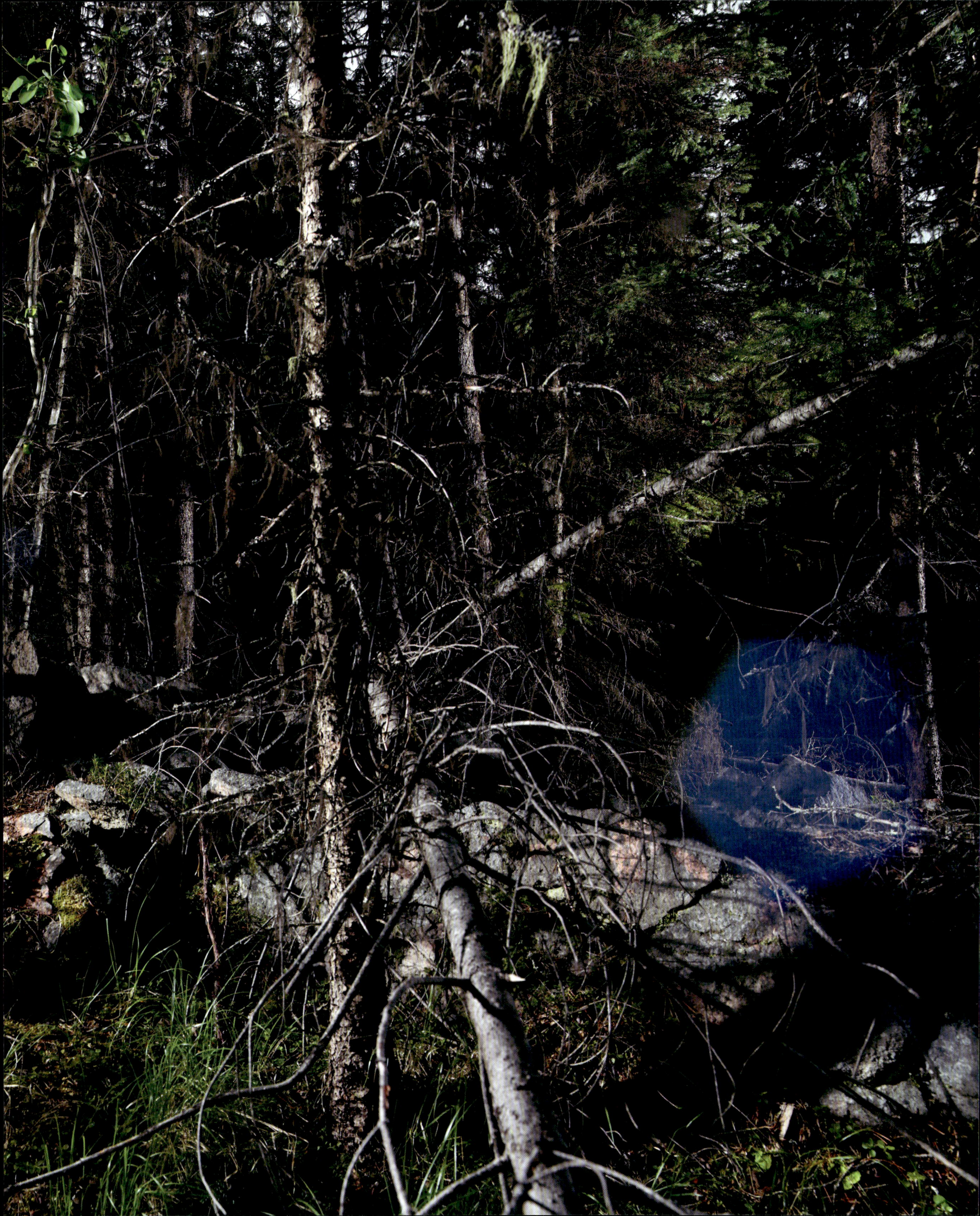

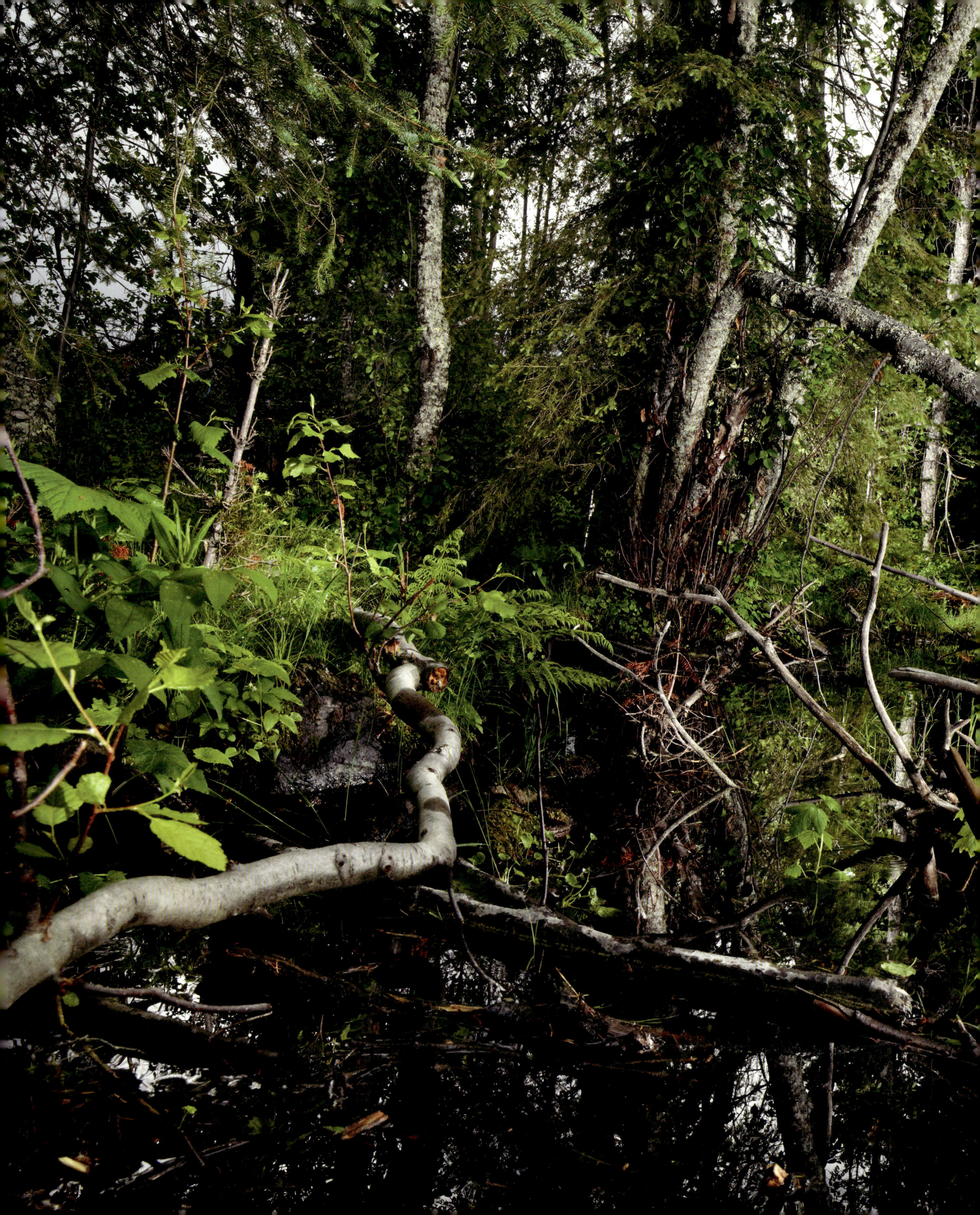

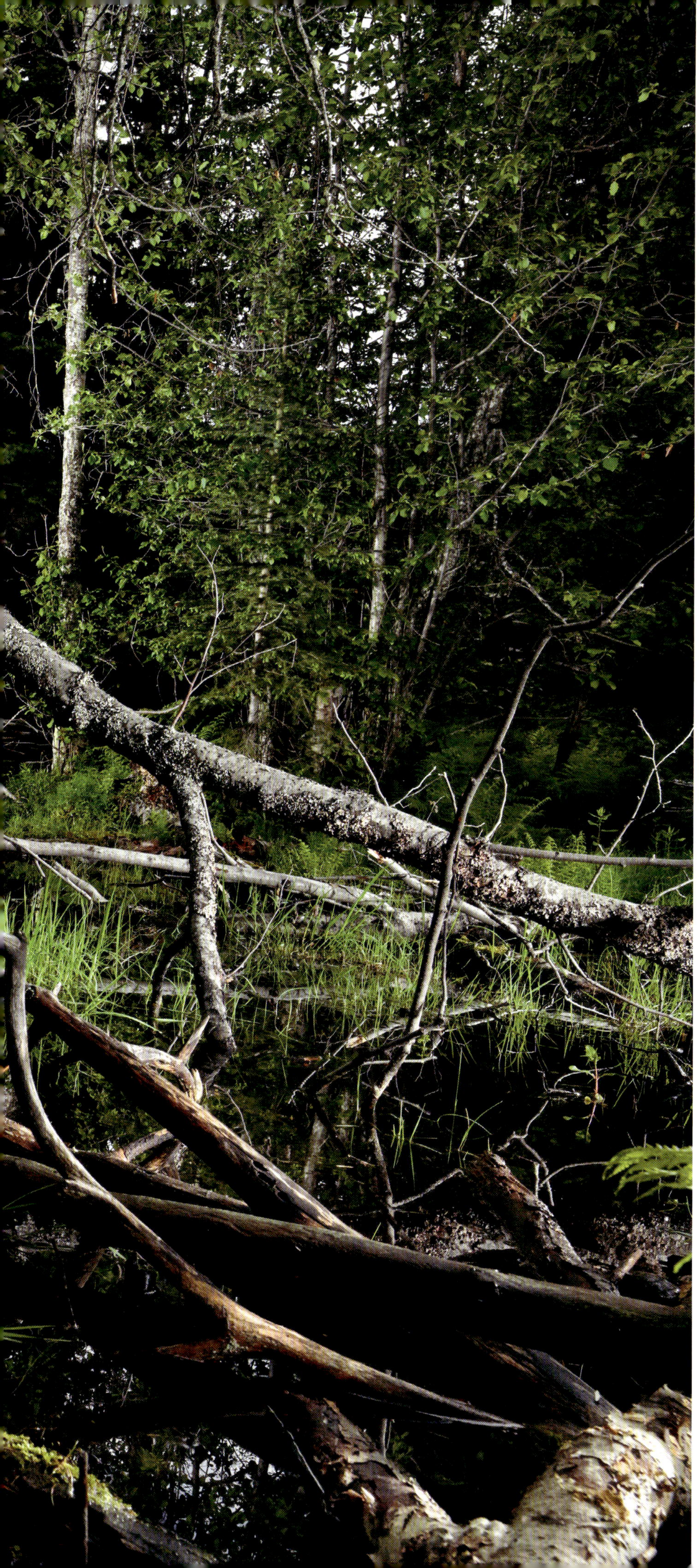

I'm usually so glad to be in the forest, but something feels really strange.

Normalement, je suis tellement content d'être dans la forêt, mais là, il y a quelque chose de vraiment bizarre.

Enchanted Forest #3 (2018)

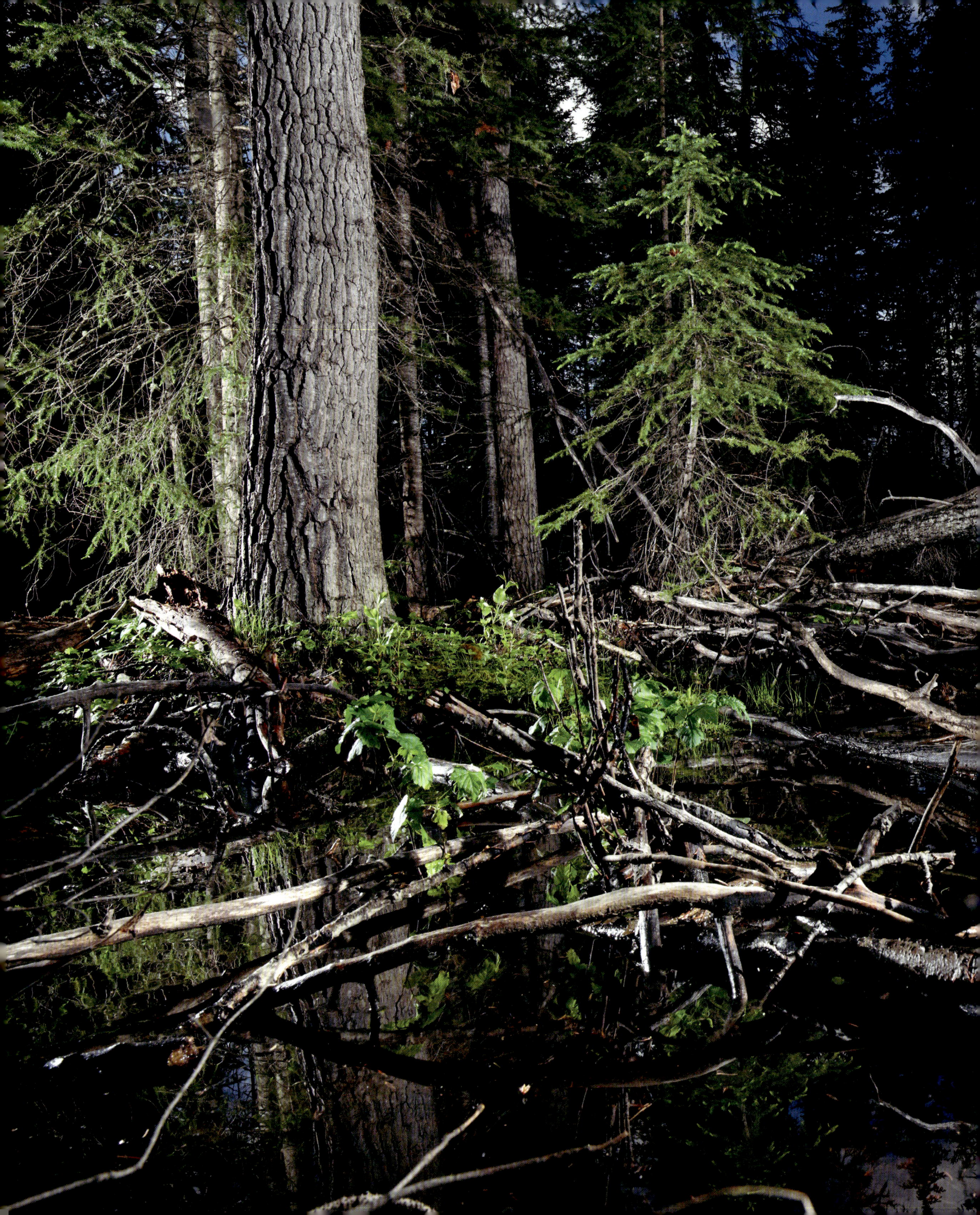

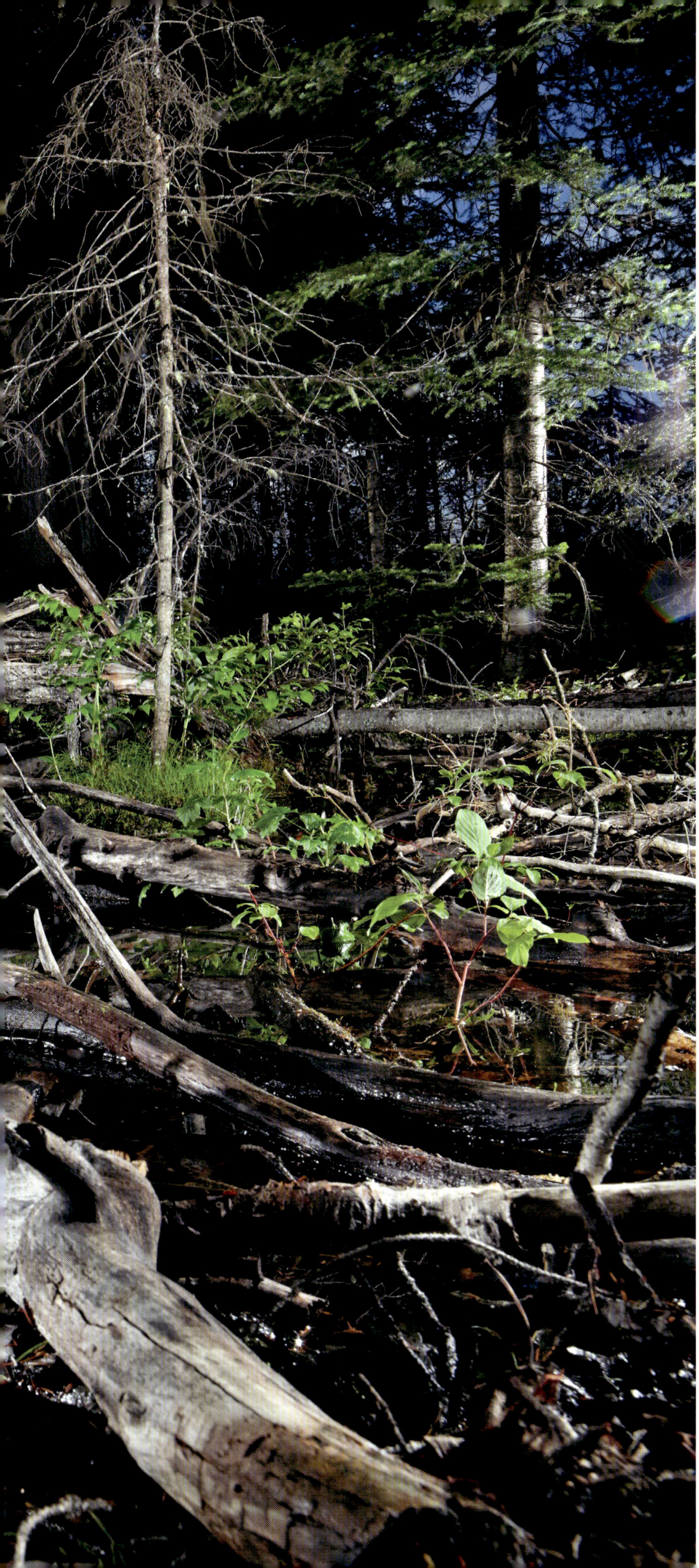

The wolf often disguises himself,
but you won't have any trouble
recognizing him.

Souvent le loup se déguise,
mais tu n'auras pas de problème
à la reconnaitre.

Enchanted Forest #4 (2018)

Open the door, dear children.
Mother's back and she's brought
something for each of you.

Ouvrez la porte, chers enfants.
Maman est de retour et elle vous
a apporté chacun quelque chose.

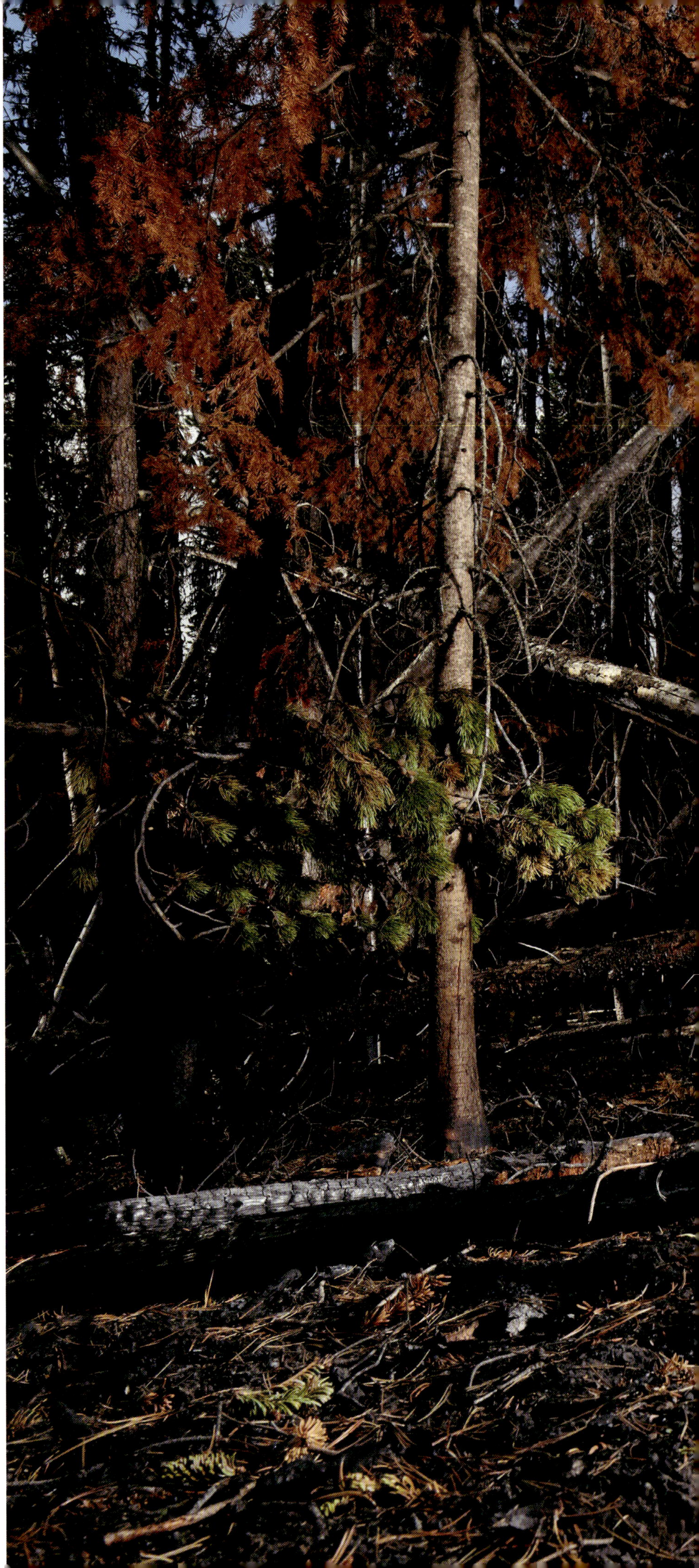

Enchanted Forest #5 (2018)

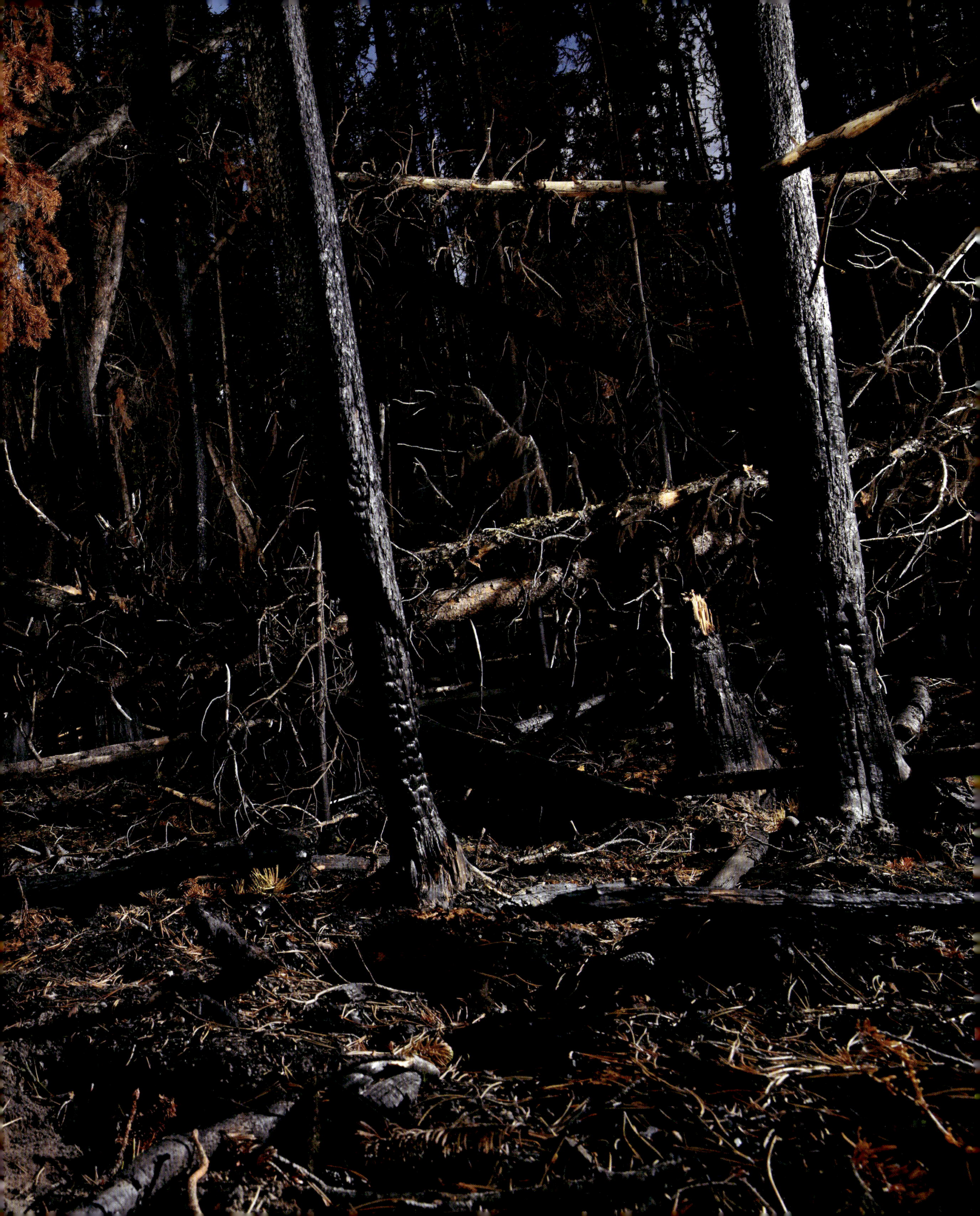

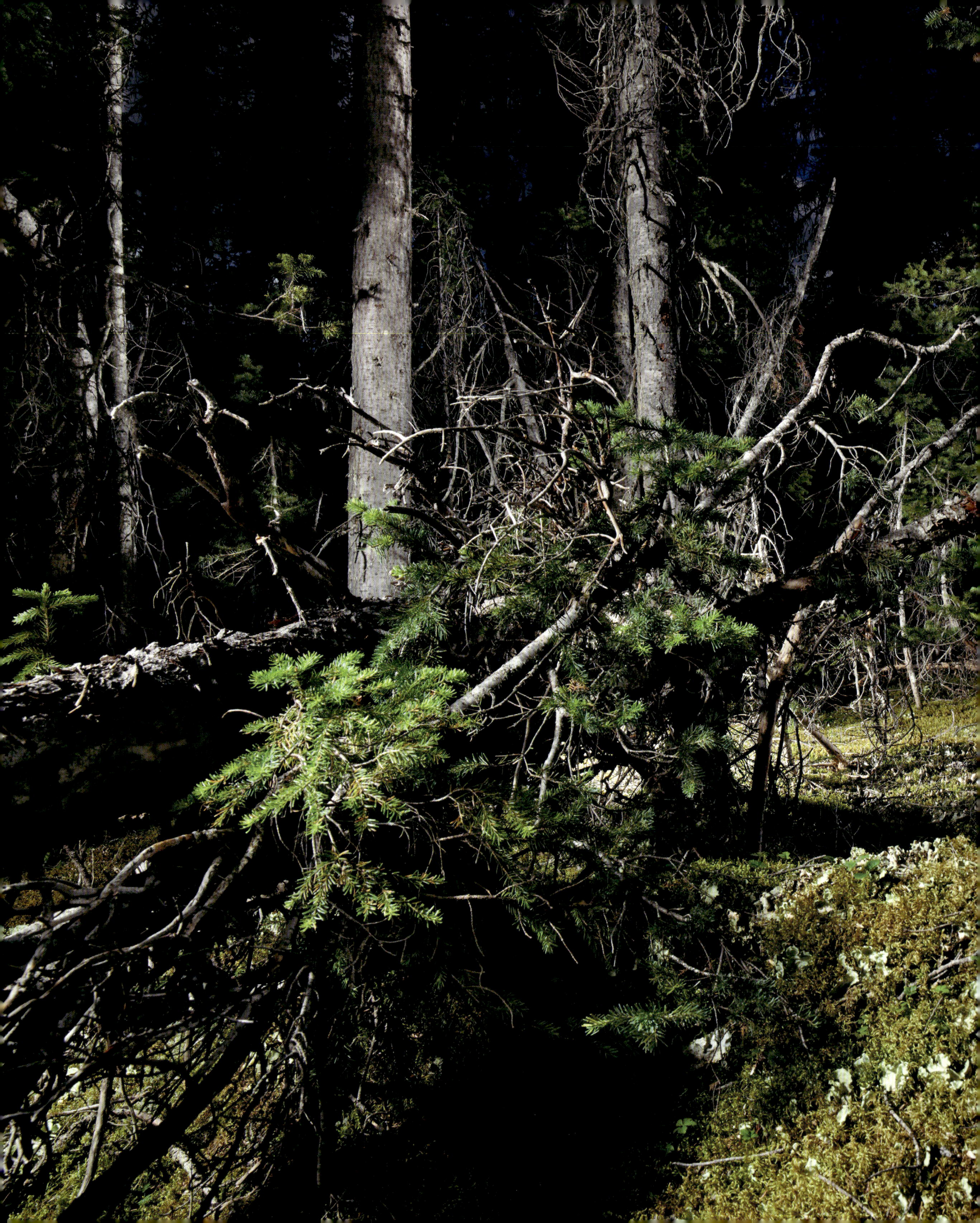

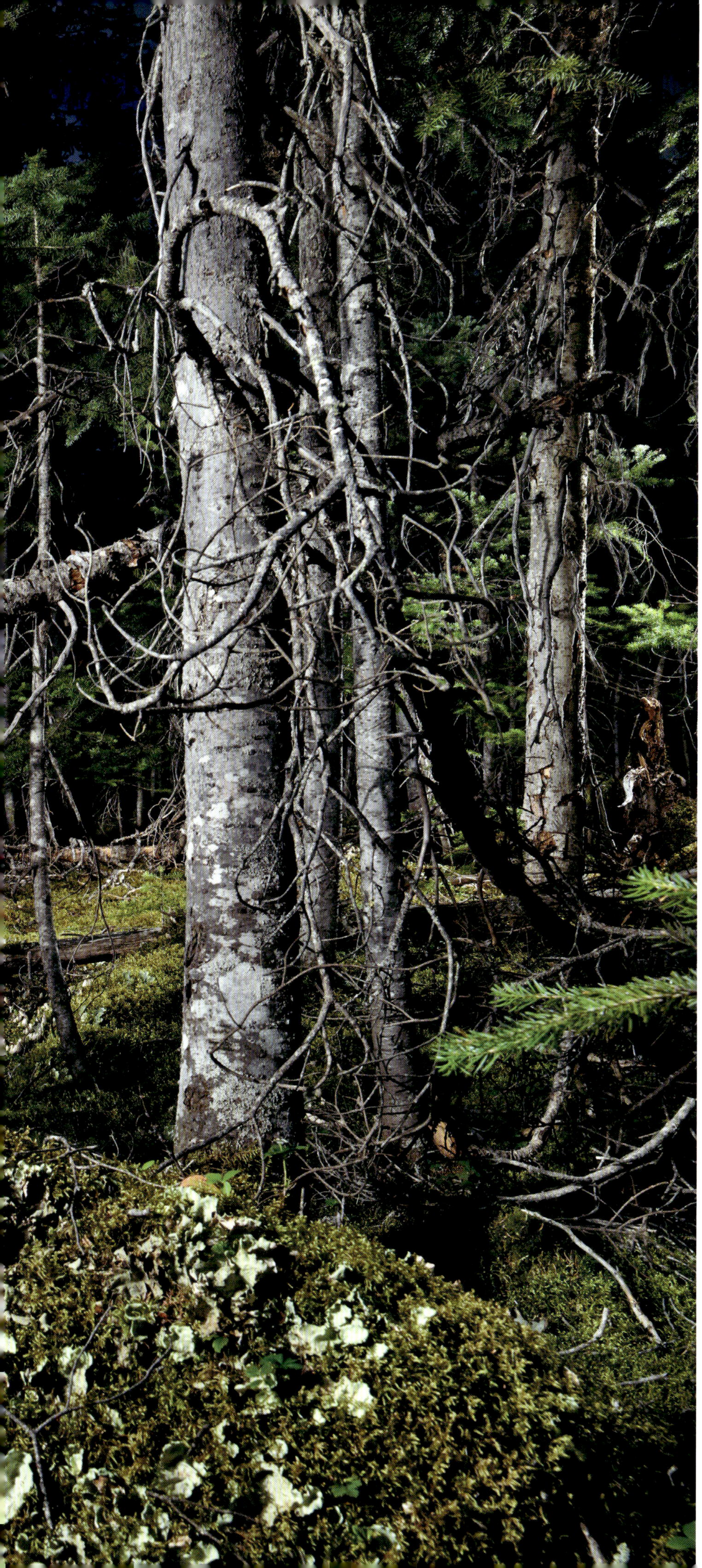

He lay down in the moss and
fell into a deep sleep.

Il s'est allongé sur la mousse et
s'est profondément endormi.

Enchanted Forest #6 (2018)

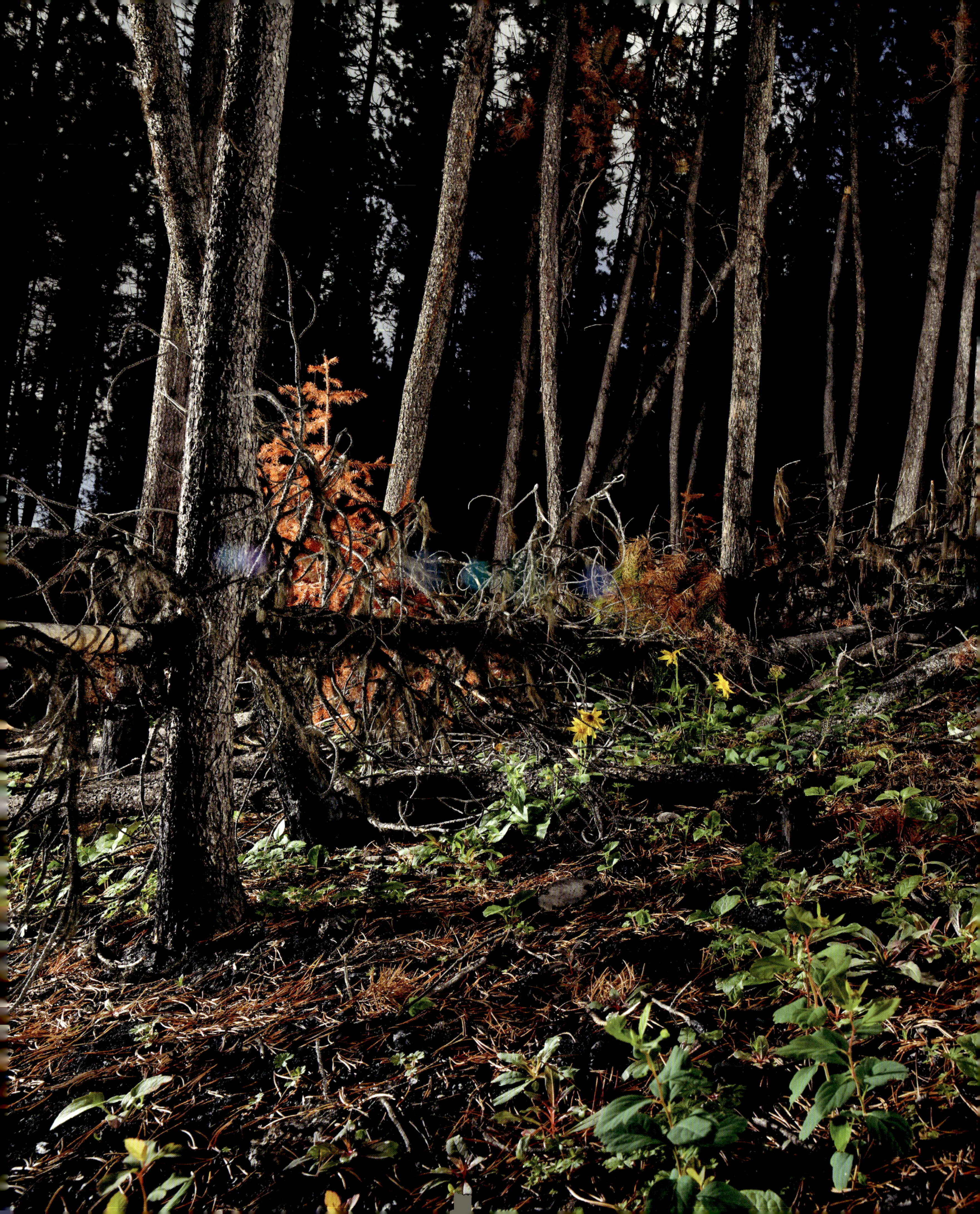

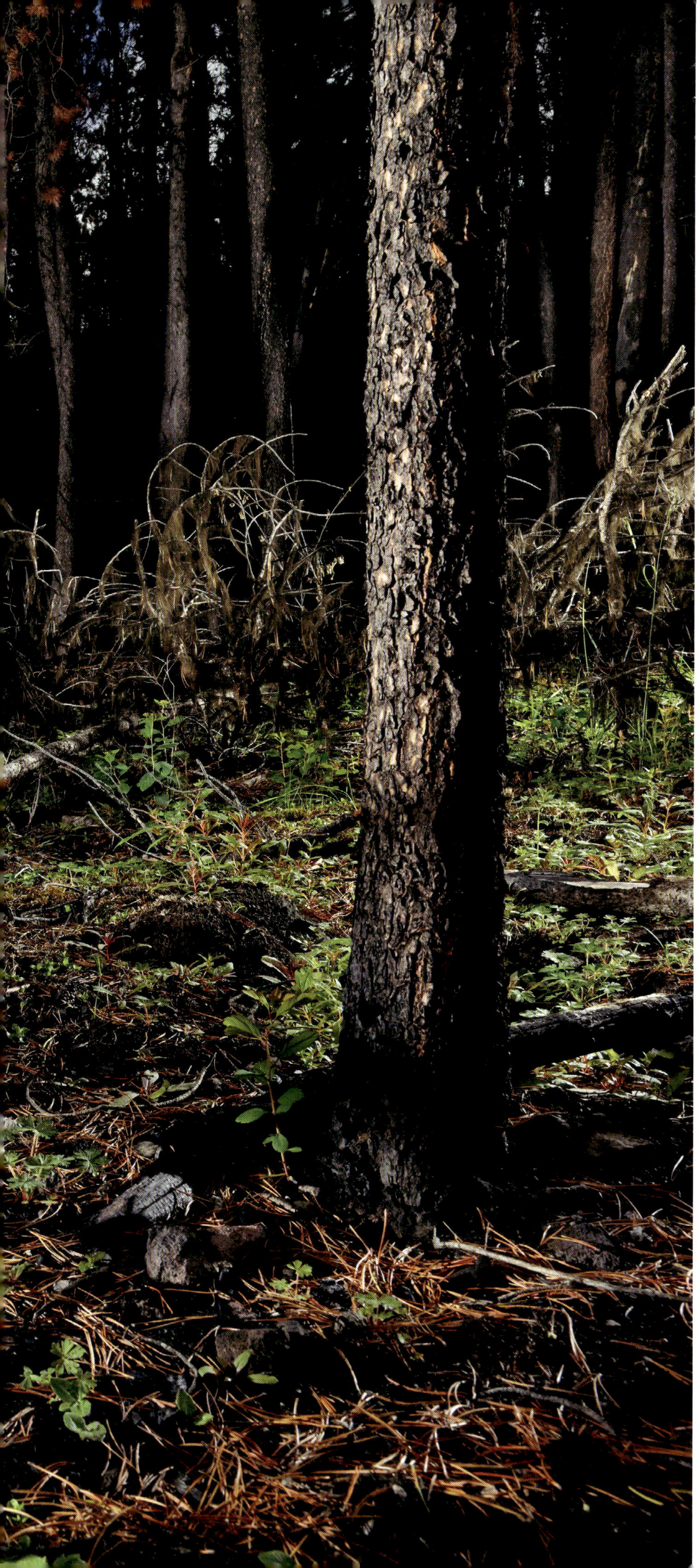

I expect they've gone off
to play some game or other,
and forgotten.

J'imagine qu'ils sont allés
jouer un jeu quelconque
et ils m'ont oublié.

Enchanted Forest #7 (2018)

They went far away and travelled for a long time, by many paths.

Ils s'en furent très loin et ils voyagèrent longtemps, par beaucoup de chemins.

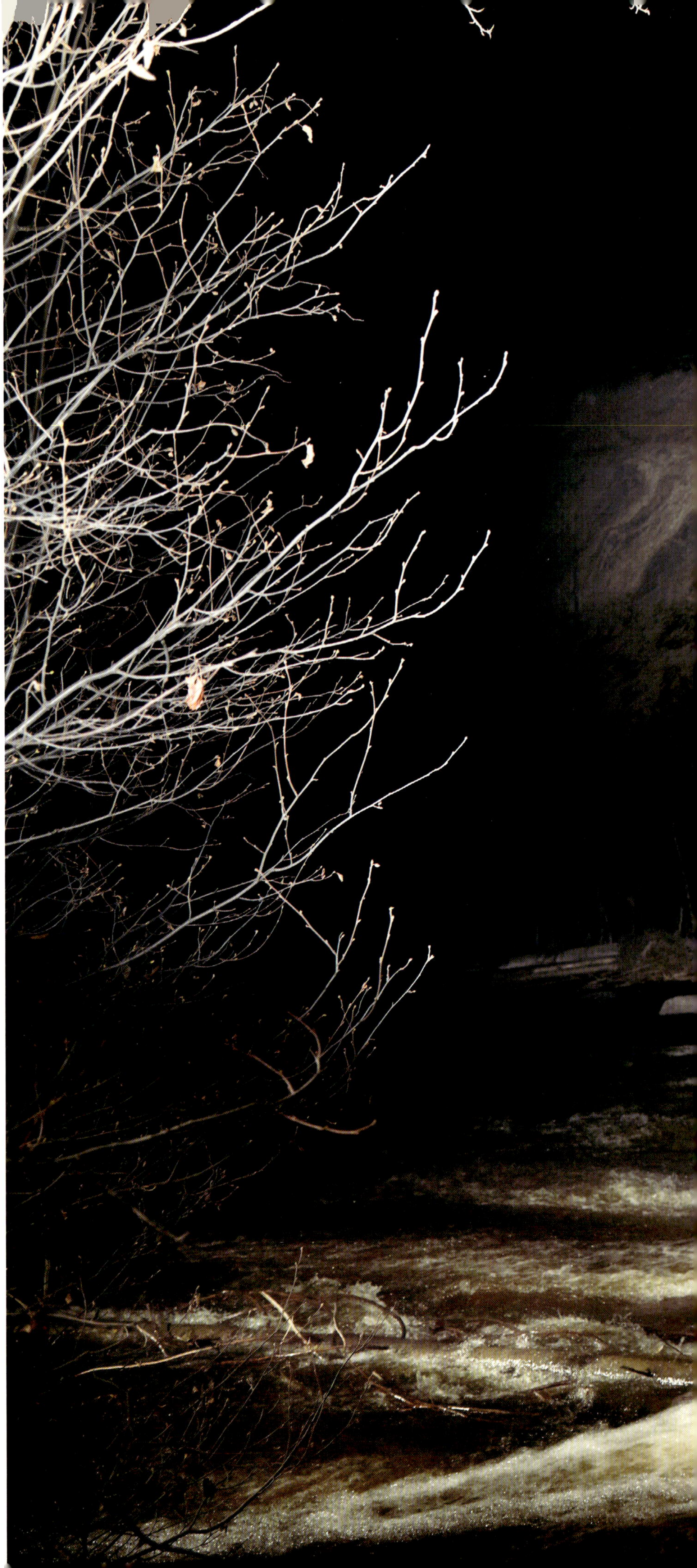

Enchanted Forest #8 (2019)

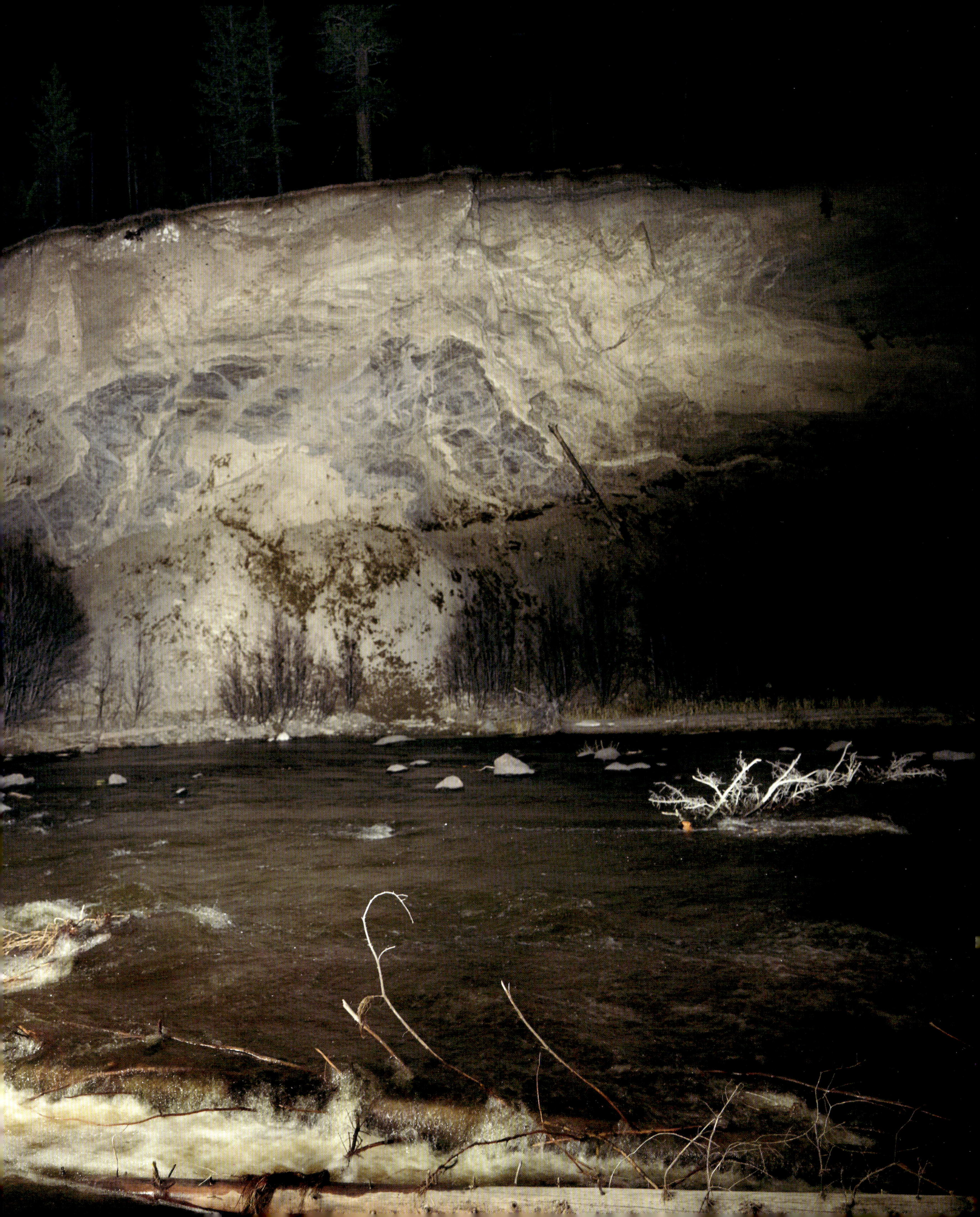

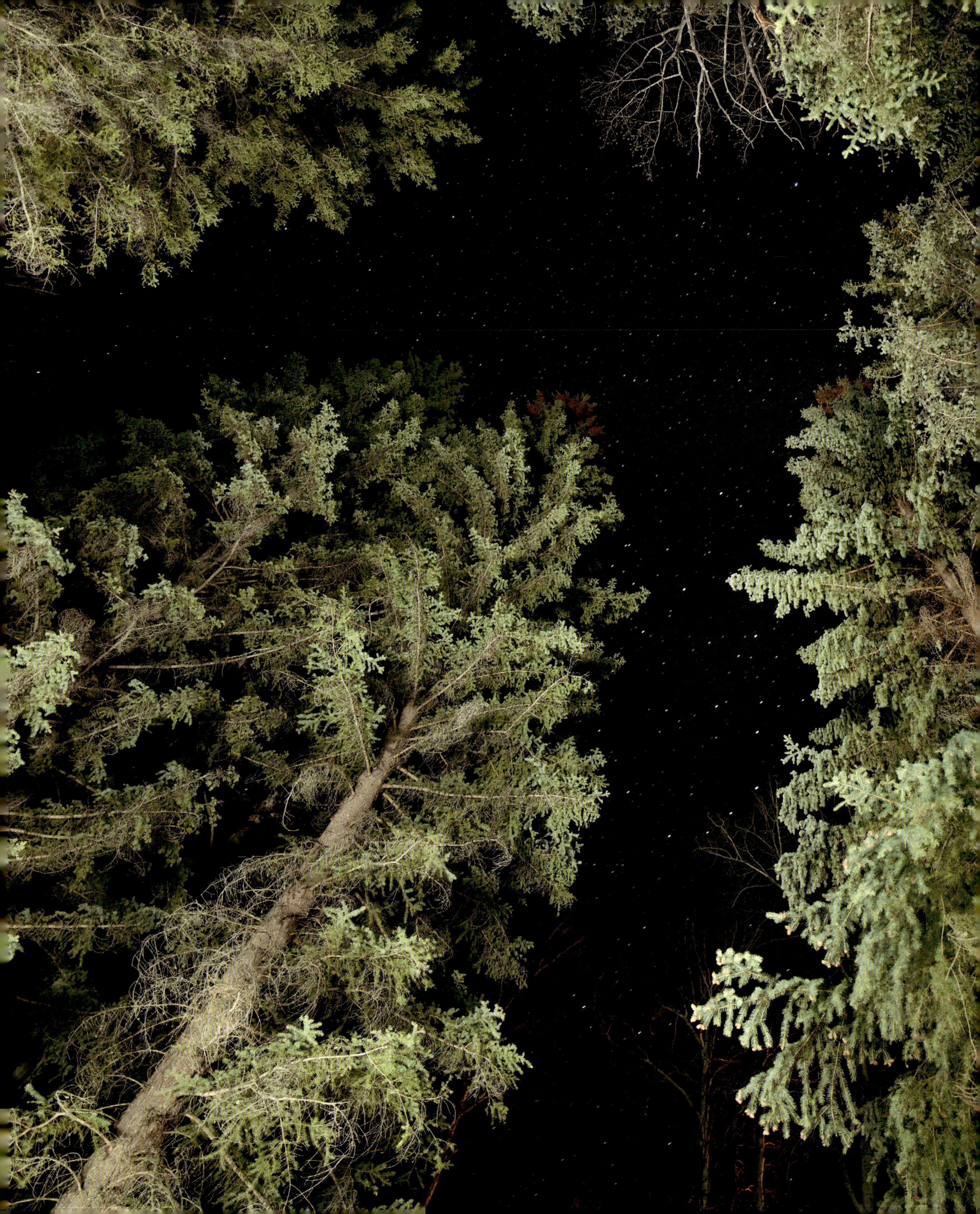

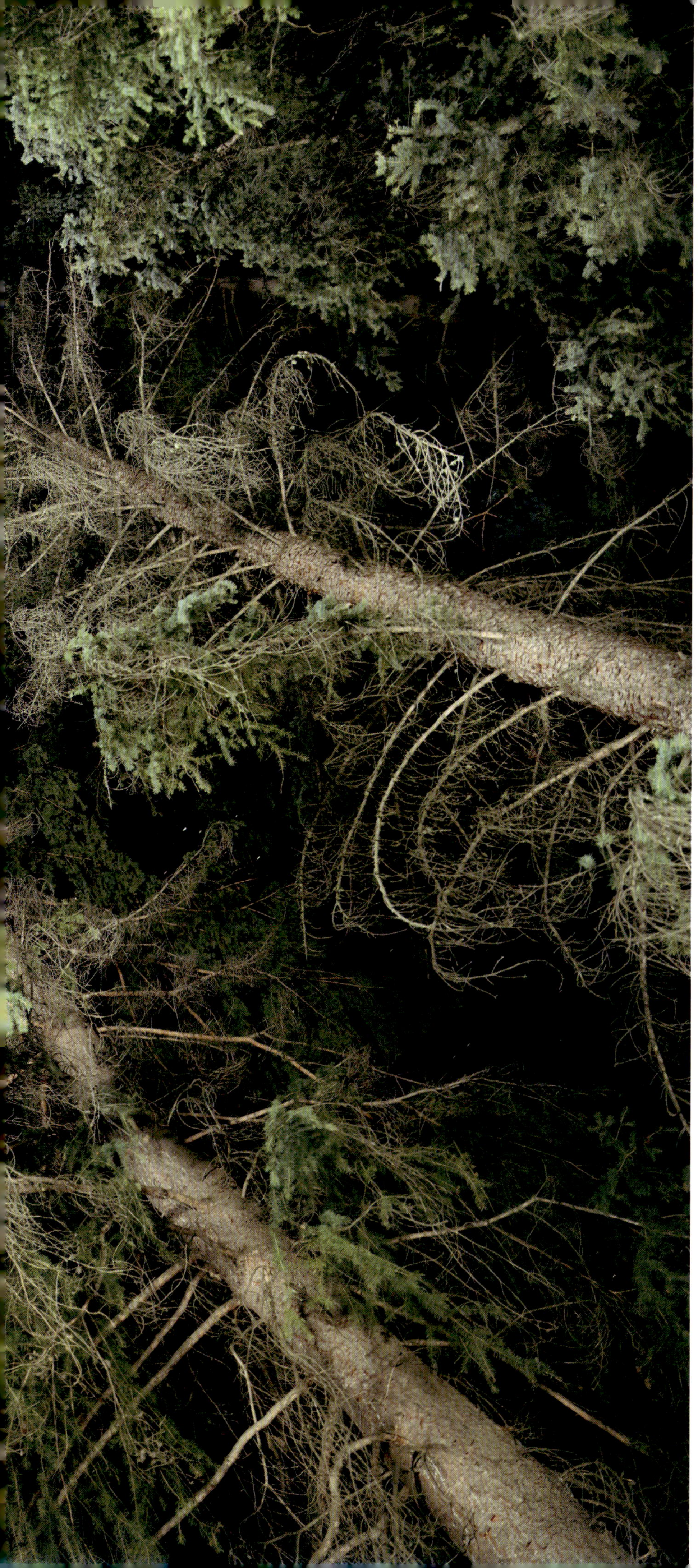

They've all gone away
and left me here alone.

Ils sont tous partis
et m'ont laissé seul ici.

Enchanted Forest #9 (2019)

Meanwhile, the wolf went straight to Grandmother's house and knocked on the door.

Entretemps, le loup s'en fut directement à la maison de grand-mère et frappa à la porte.

Enchanted Forest #10 (2019)

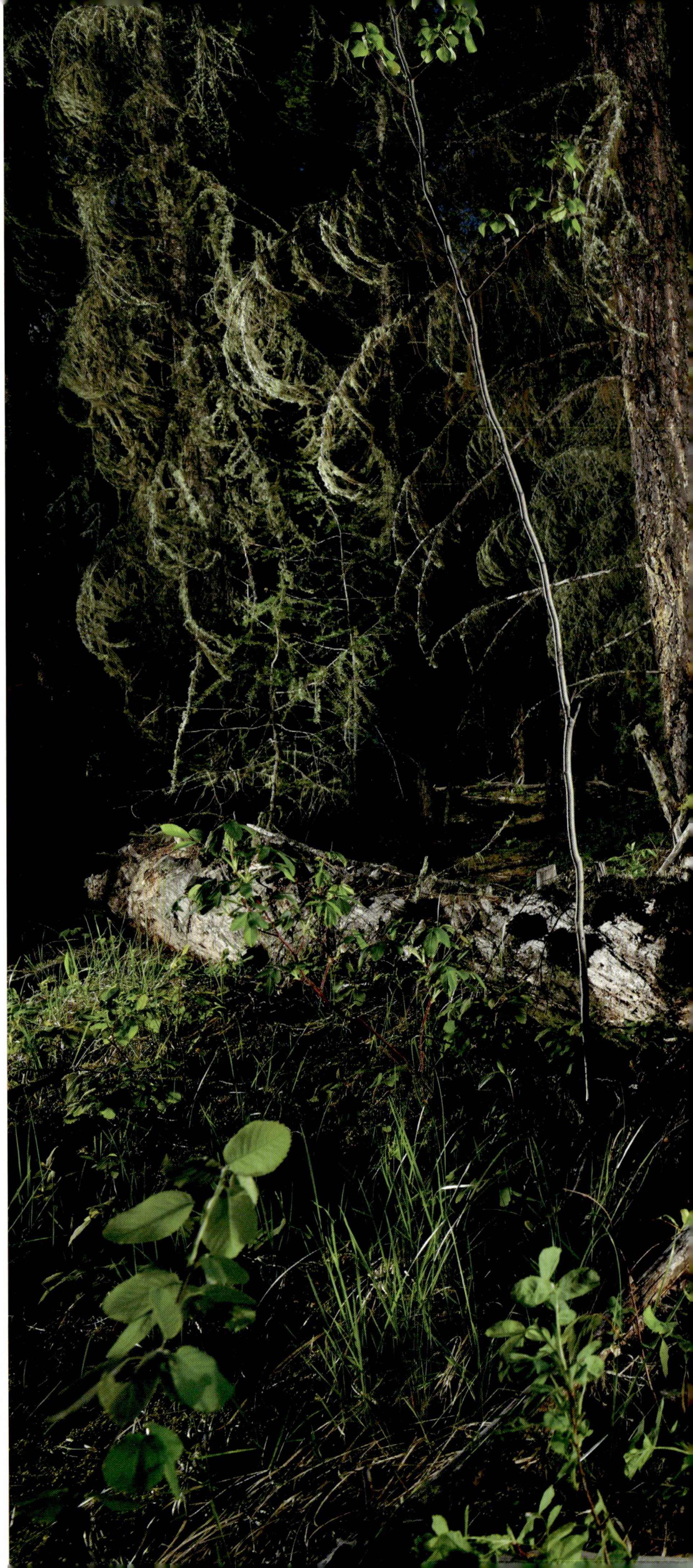

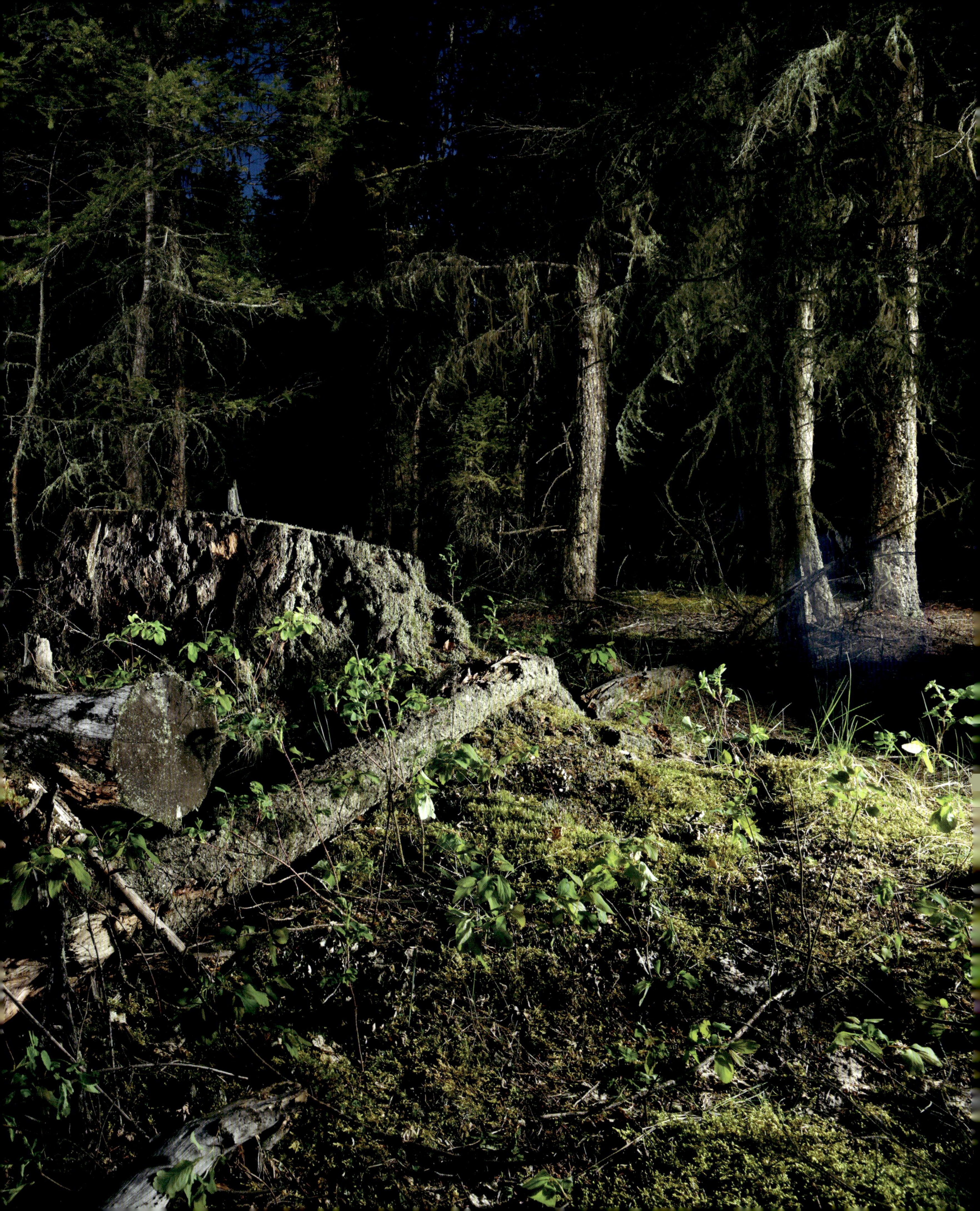

He sat down under the trees
and thought about his fate.

Il s'assit sous les arbres et songea
à son destin.

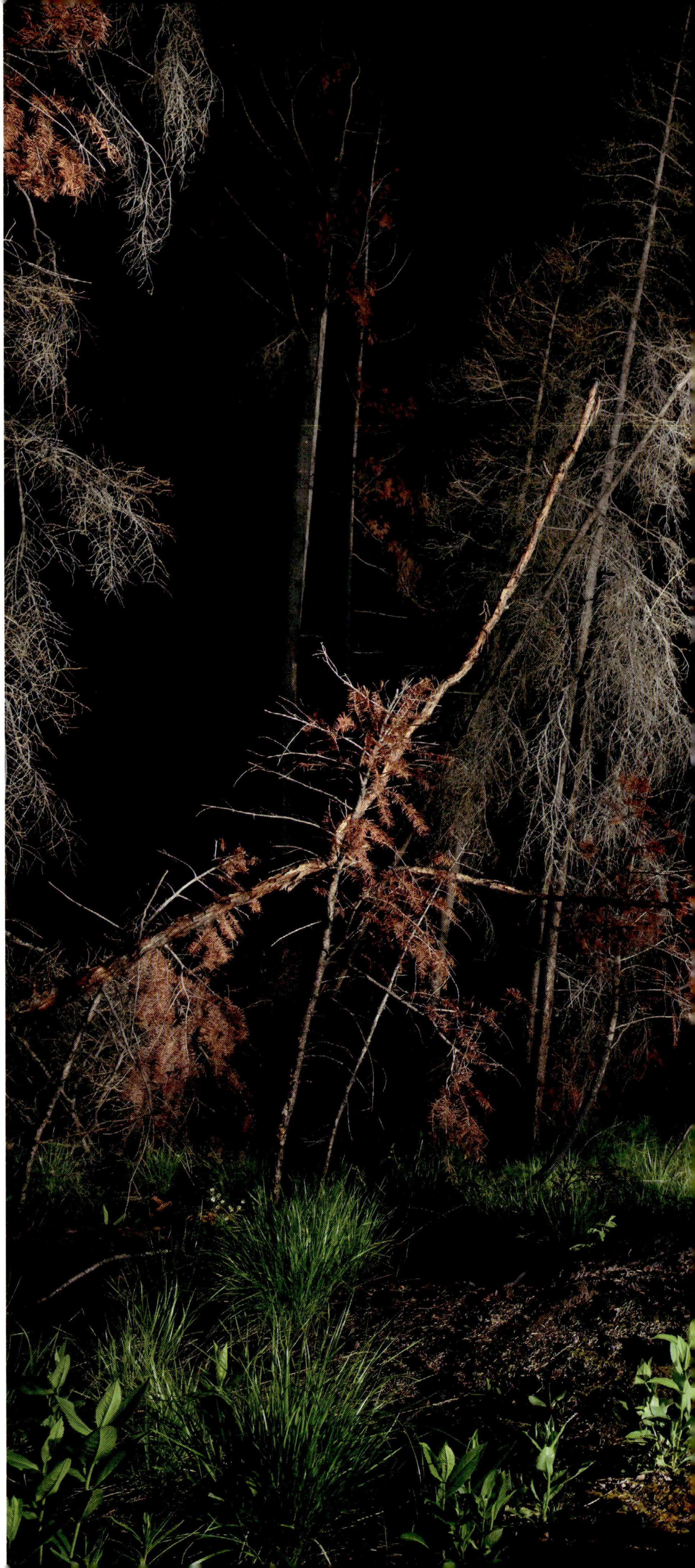

Enchanted Forest #11 (2019)

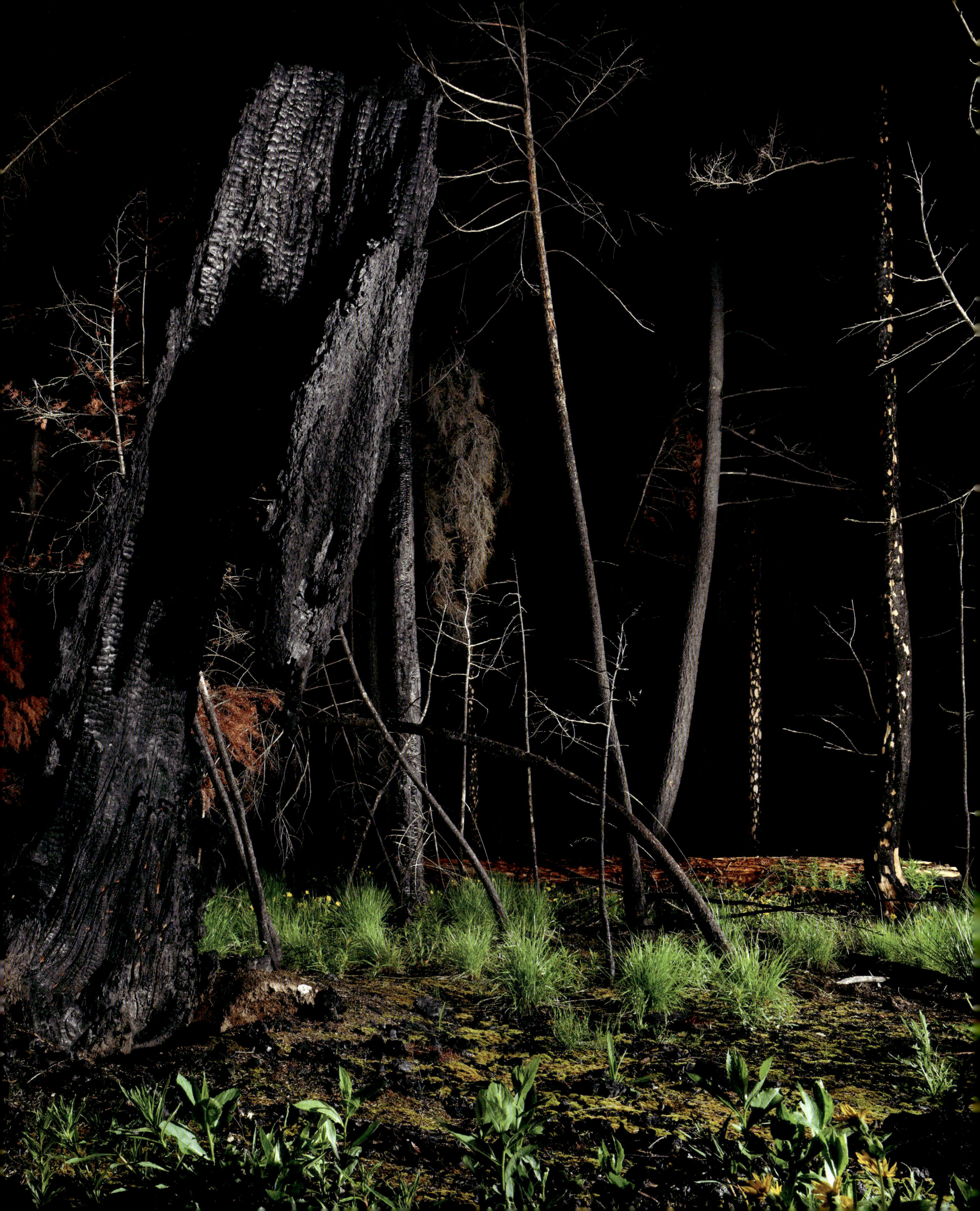

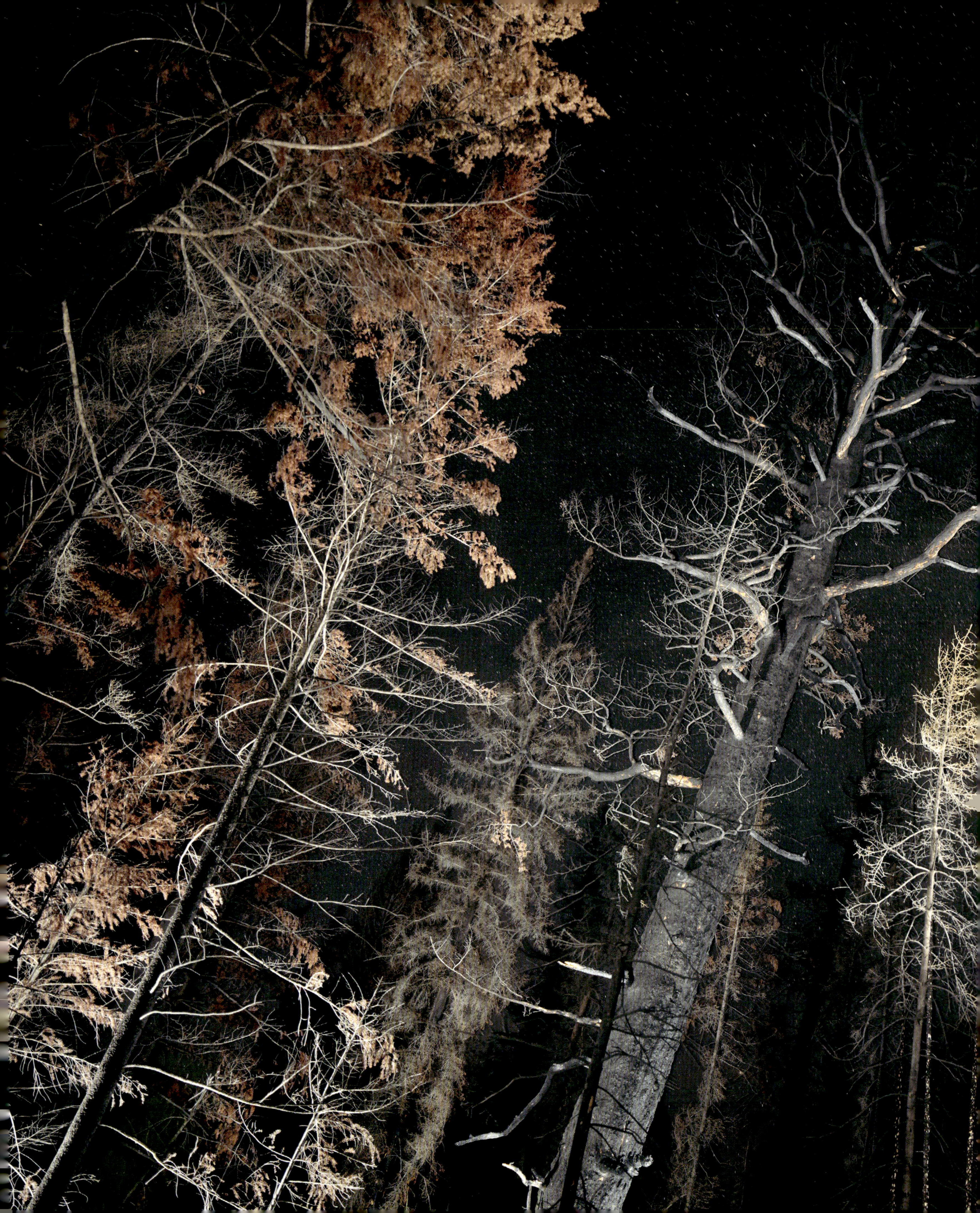

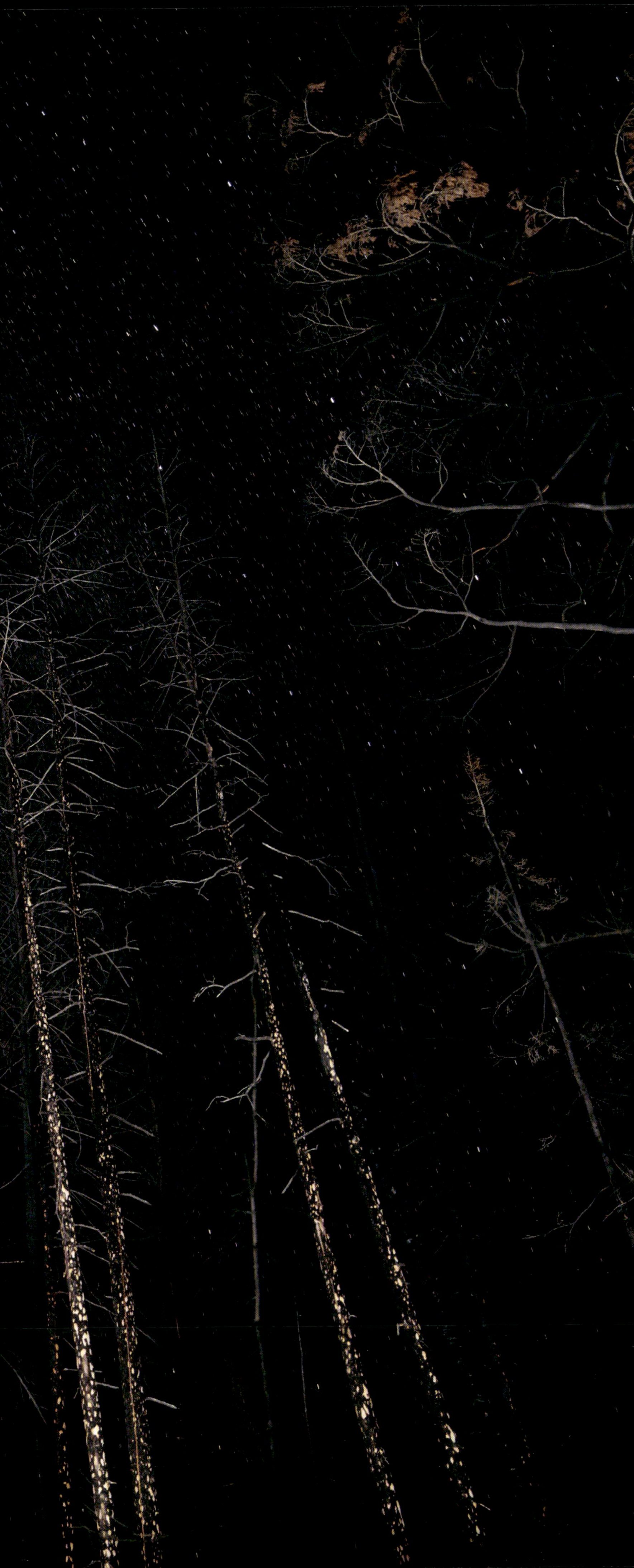

They sat there never moving until
the fire set their clothes alight.

Ils restèrent assis sans bouger jusqu'à
ce que leurs vêtements prirent feu.

Enchanted Forest #12 (2019)

We will take them deeper into the forest, so they will not find their way out.

Nous les conduirons au plus profond de la forêt, ainsi ils ne retrouveront plus leur chemin.

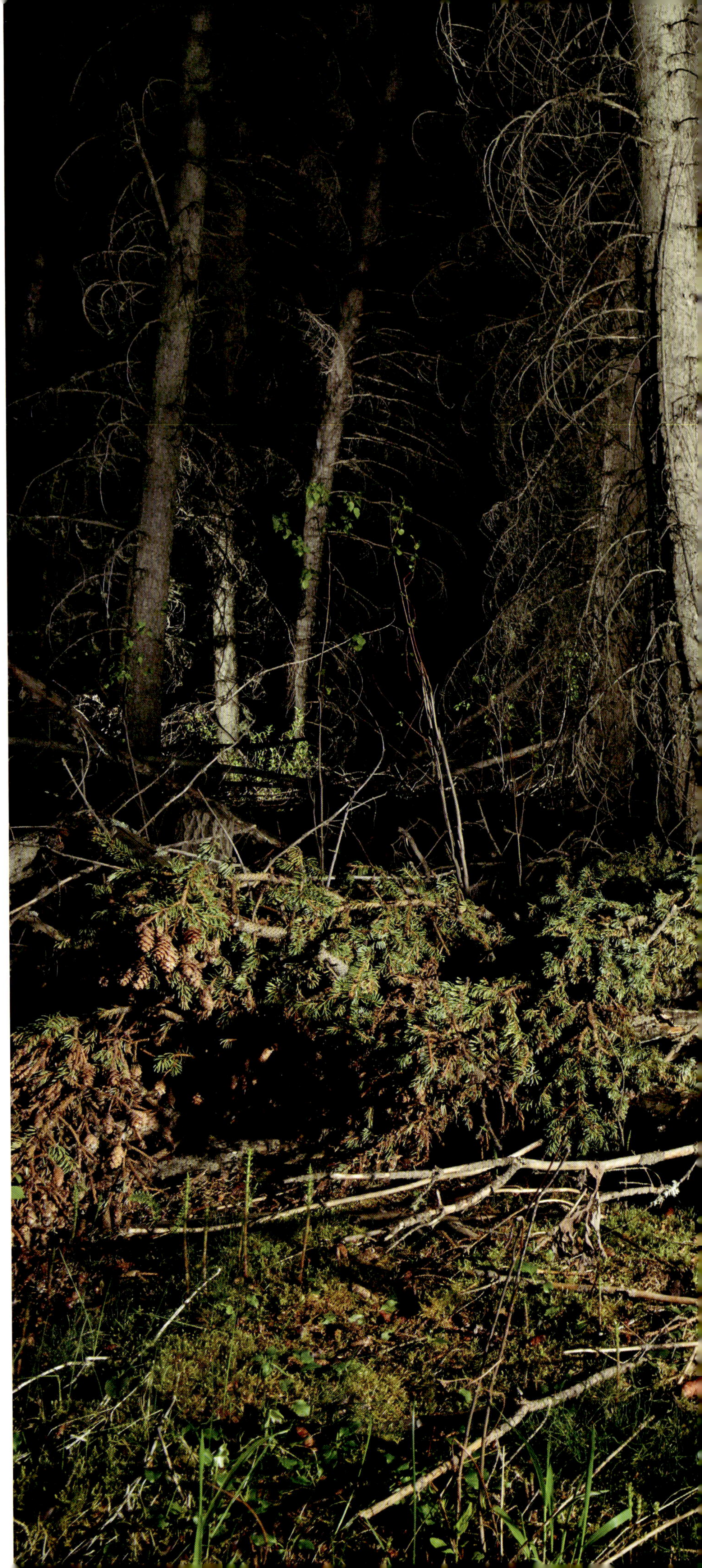

Enchanted Forest #13 (2019)

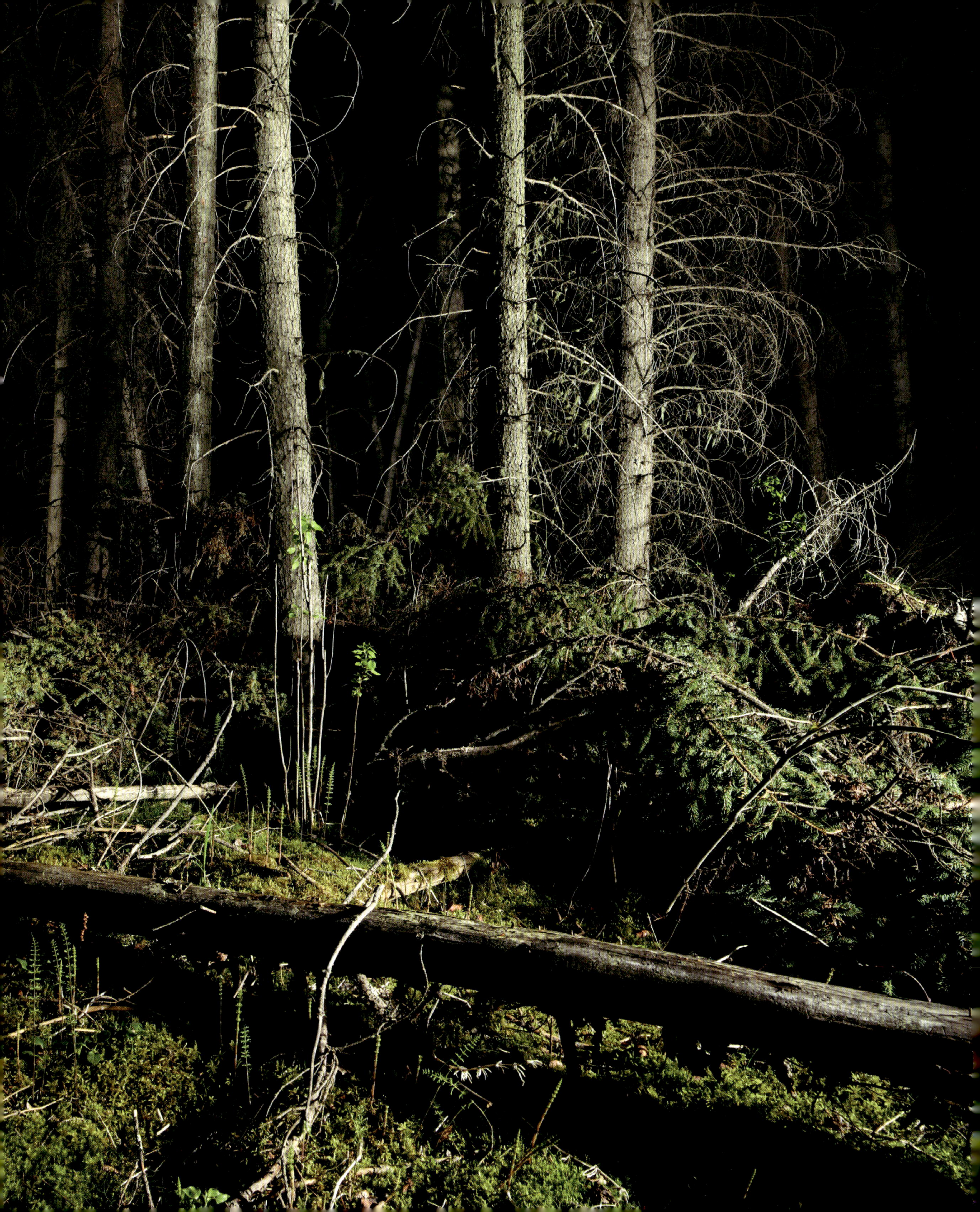

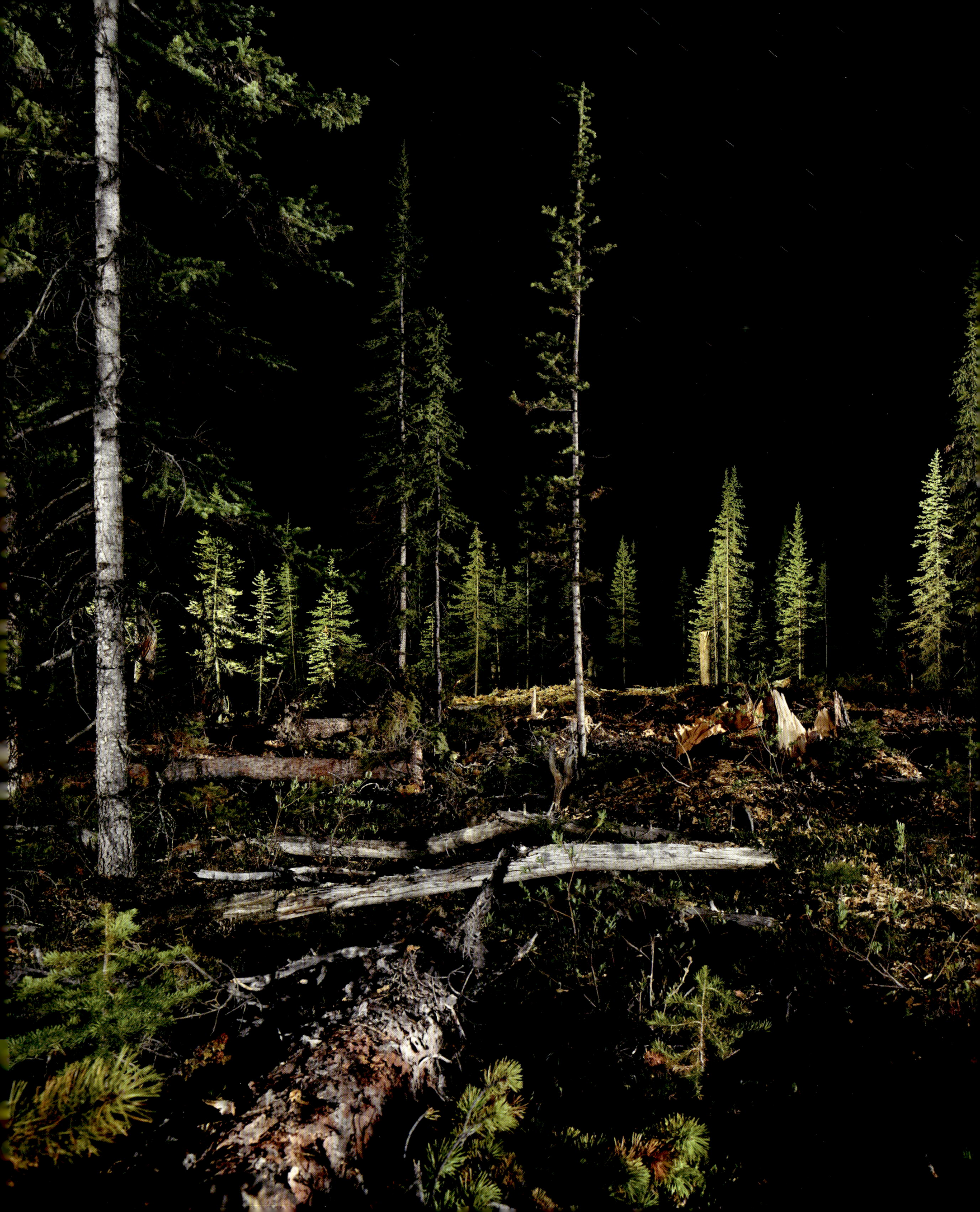

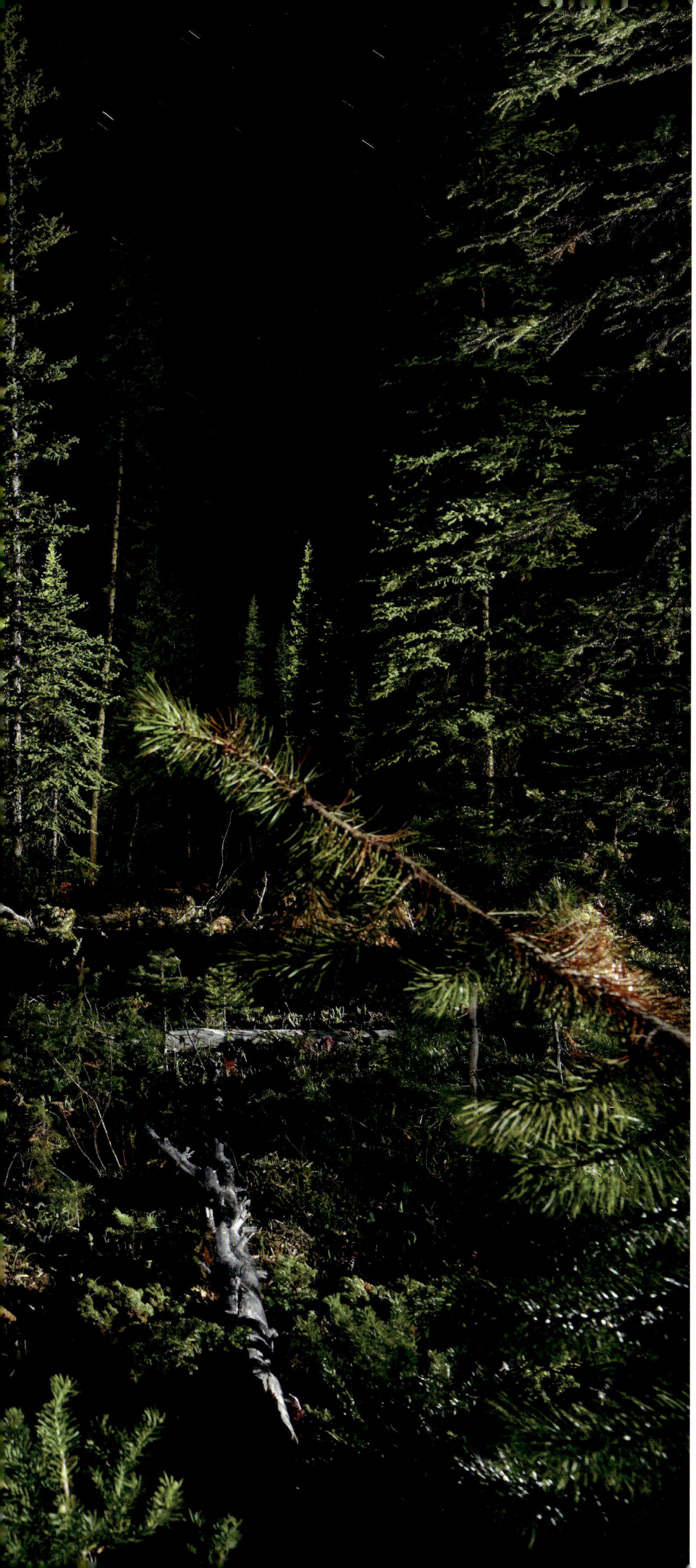

I went to the sun and the
moon and the four winds
to ask for news of you.

Je suis allé au soleil et à la lune
et aux quatre vents pour
prendre de tes nouvelles.

Enchanted Forest #14 (2019)

Such a cold wind blew that
in spite of the fire they couldn't
keep warm.

Le vent soufflait si froid que malgré
le feu ils ne purent se réchauffer.

Enchanted Forest #15 (2019)

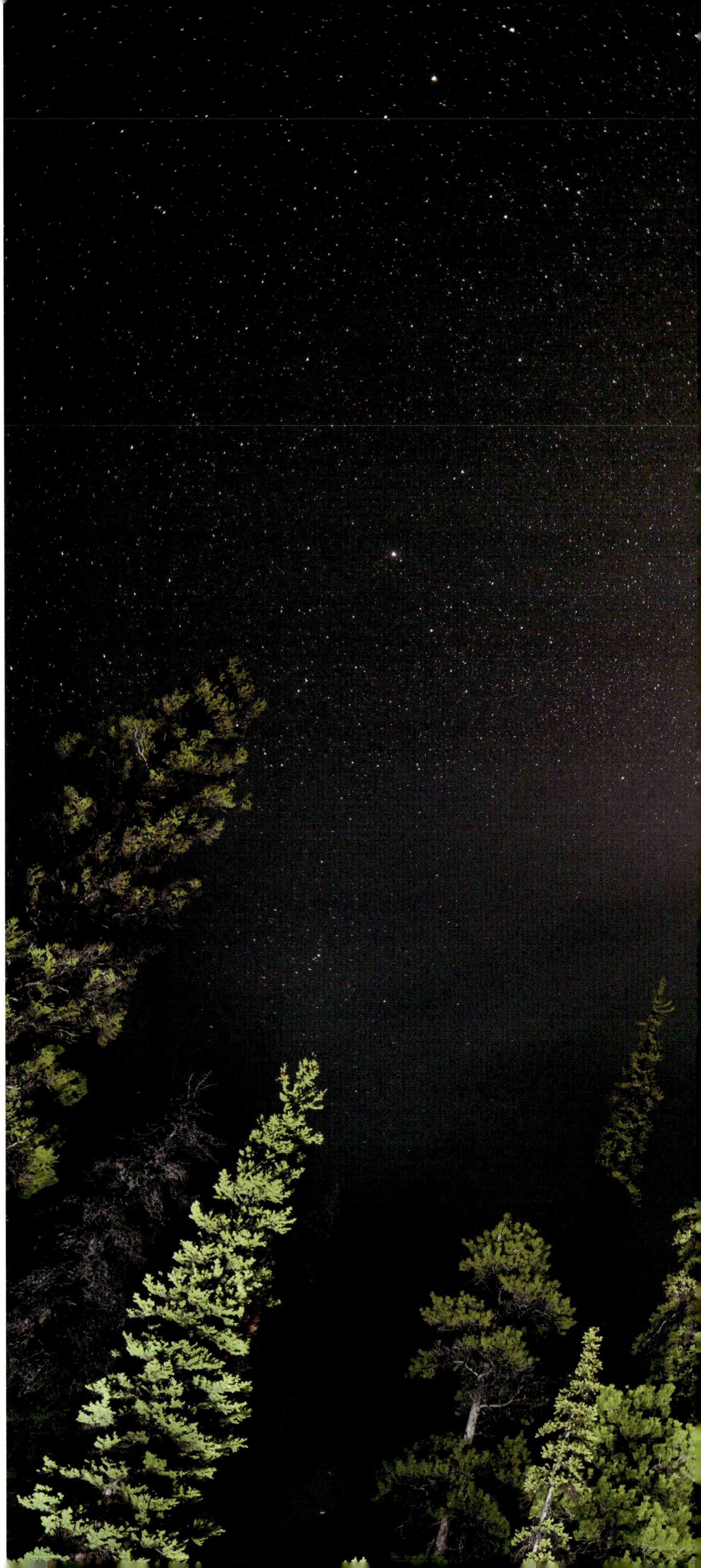

It was only a dream, and yet they were as tired as if they had really done all that.

C'était seulement un rêve, mais ils étaient aussi fatigués que s'ils avaient fait tout ça.

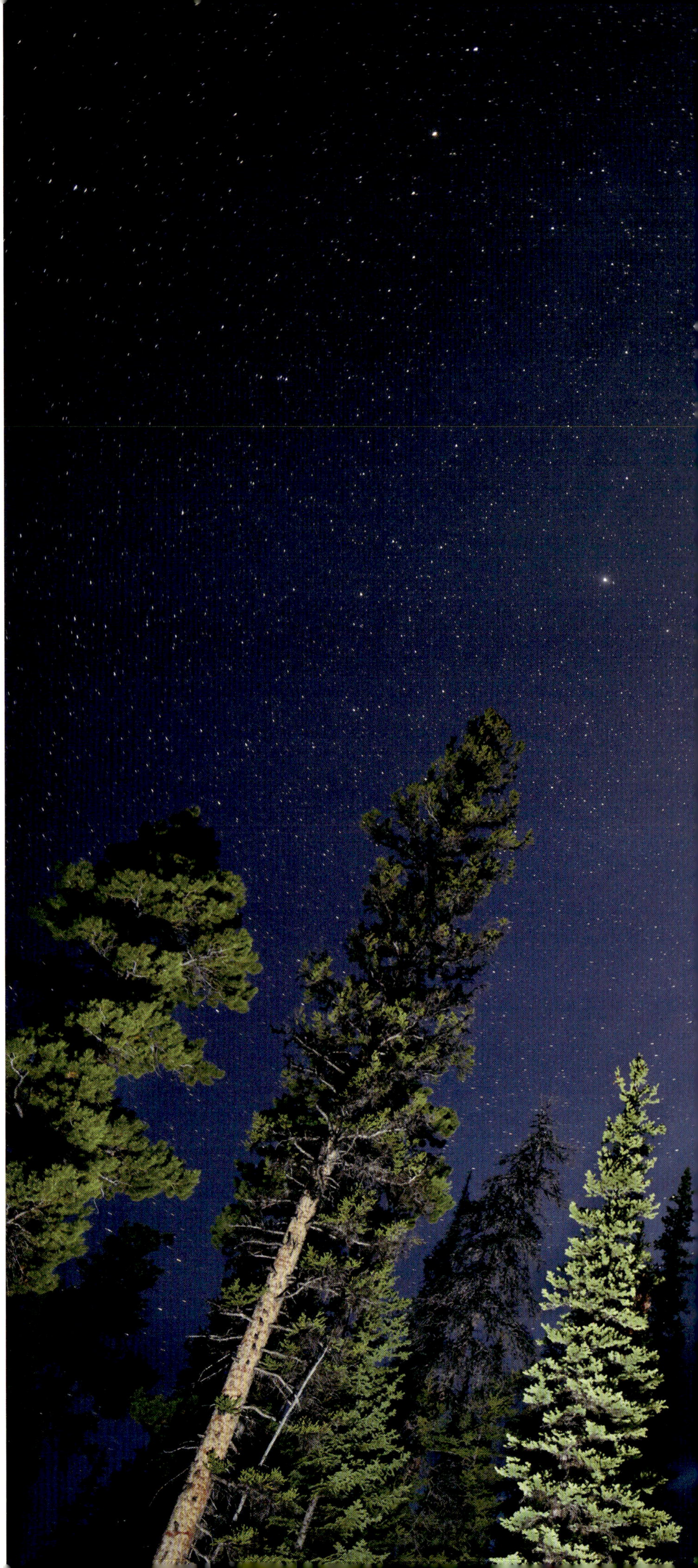

Enchanted Forest #16 (2019)

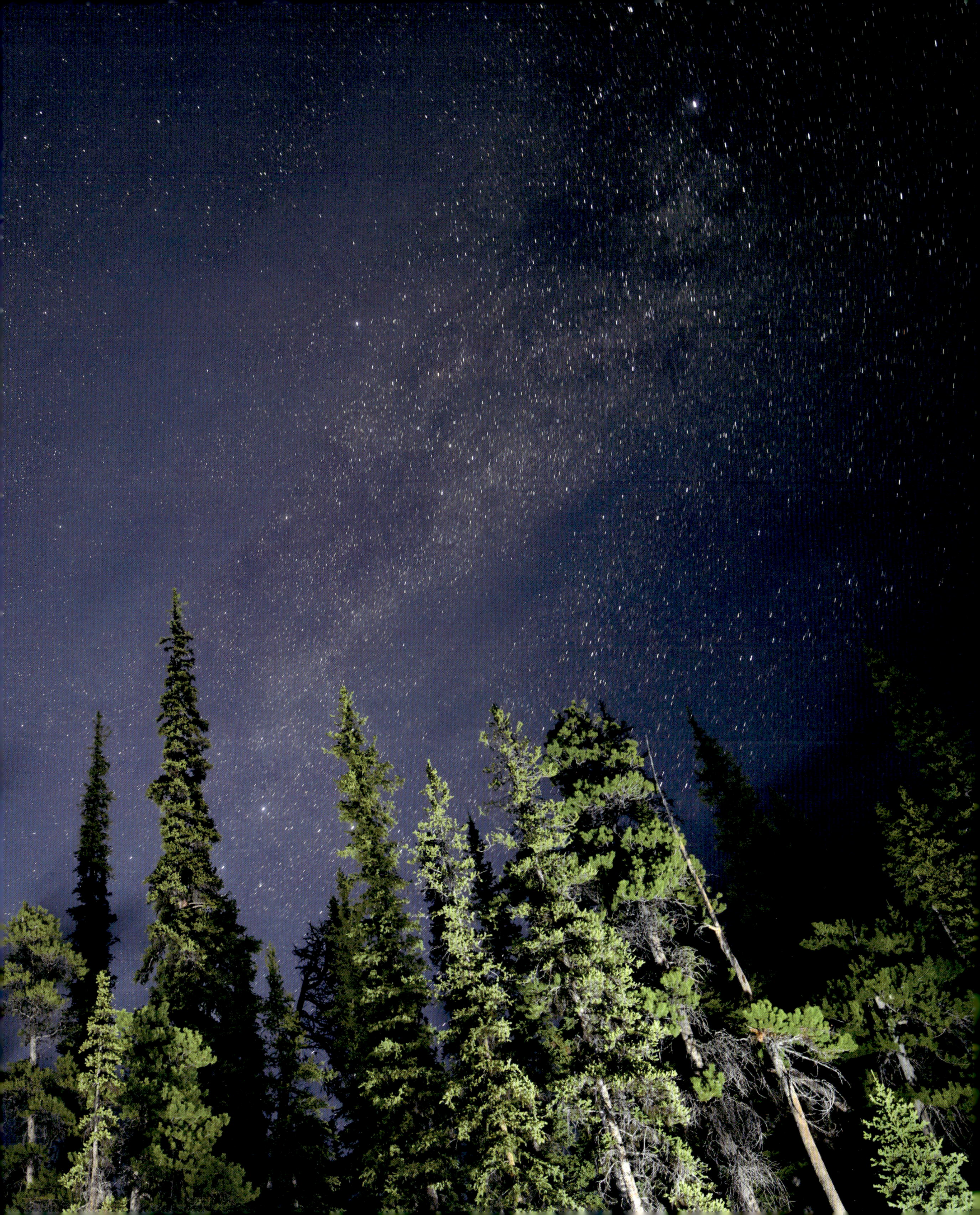

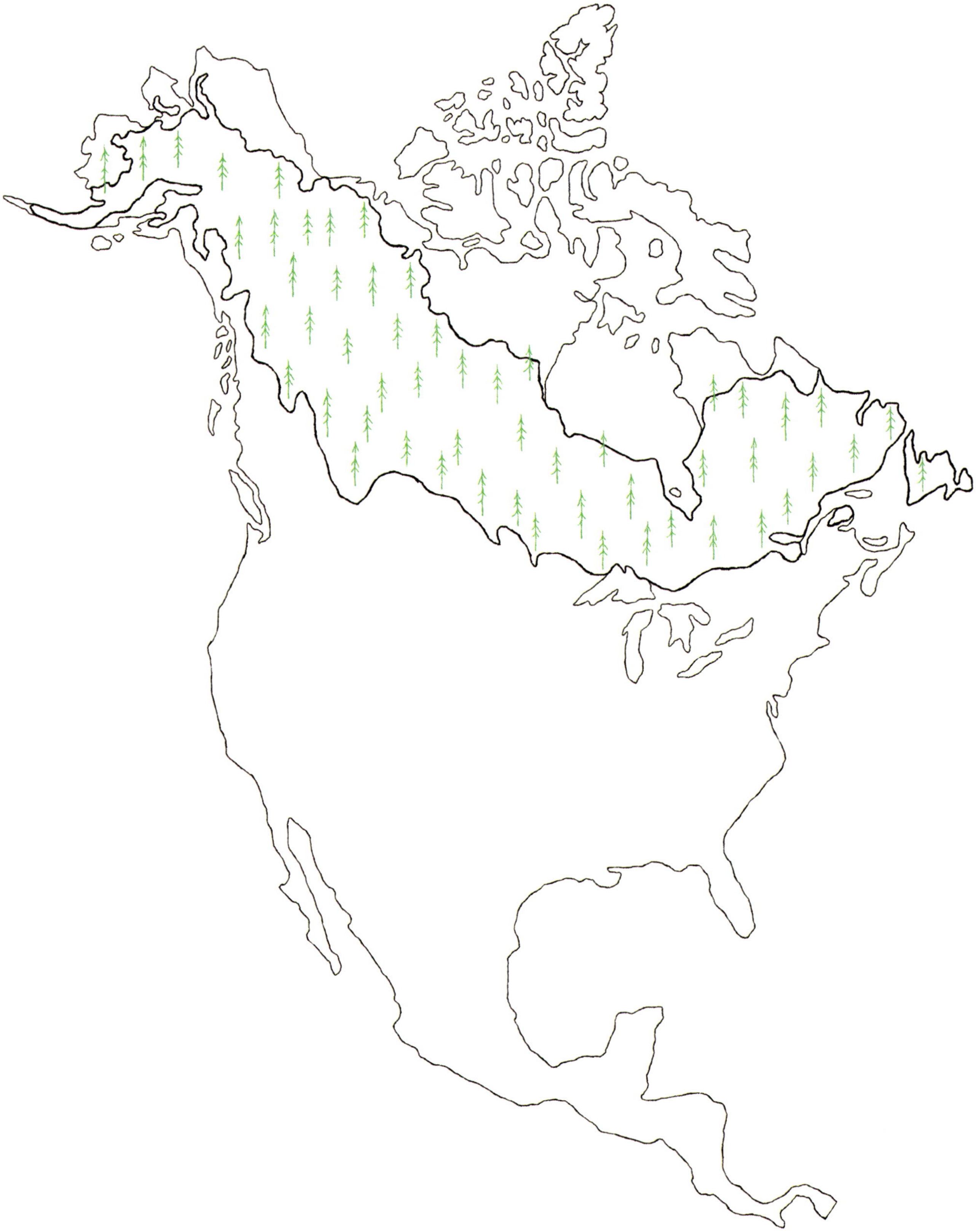

Canadian Boreal Forest Zone

IN CONVERSATION

Rita Leistner & Don McKellar

This one had me worried, I confess.

Rita is drawn to inhospitable environments (war zones, psychiatric hospitals, wrestling rings). She likes to immerse herself, long-term, until the work seems to come from the inside. I knew that. So in 2015, when she told me she was off to shoot tree planters in the British Columbia interior, I believed it to be one of her more reasonable ventures – a portrait series, in Canada no less. How hard could that be? I asked myself, naively.

But the years passed, and each time we reconnected, the scope of the project had broadened, her passion had deepened, and Rita was planning another trip back to the cut block for more. She was making a feature documentary on top of the photographs. She had invested hundreds of thousands of dollars into cameras, lighting equipment, a drone and a camper trailer. She had spent seasons, for years, in miserable conditions, out of communication with family and peers, with only mosquitoes, blackflies and twenty-year-olds for companionship – and by 2019, she still wasn't done. So, yes, as a friend, I started to worry, not for her safety – though that was a reasonable concern (my cousin Shelly famously had to shoot a marauding grizzly when she was a cook for a tree planting camp in BC) – but rather, I started to worry that Rita might choose never to return.

There is evidently an allure to the tree planting lifestyle. Decades ago, in my college years, my best friend Ted Wheeler got a job planting in BC and he never came back. He gave up his career as a musician (such as it was), moved up the ranks from foreman to supervisor, and lived year-round in Prince George, BC, until his death last year (R.I.P.). On his rare return visits to Toronto, he would complain about the noise and bullshit of the big city. These were, I thought, the obligatory self-justifications that urbanites expect from countrified transplants. I never tried to imagine it from his side. I love nature as much as anyone, in fact I crave its sustenance at regular intervals, but when I disappear into the bush, I do so for escape and relief, not back-breaking labour. Without question, tree planting holds a particular niche in the national psyche, but it is, by all reports, insanely hard work. What was the appeal in that?

Then I saw Rita's opening in Toronto at the Stephen Bulger Gallery and instantly I got it – the sensuality and athletic charisma of her young protagonists, subsumed by their symbolic quest for rebirth in fields of apocalyptic disarray. Even the satisfaction of private, hard-fought achievement – I got it. In a flash, I found myself reconsidering all sorts of youthful, half-forgotten dreams and ambitions, bonds of blood allegiance that I had unfairly dismissed out of inhibition and ignorance. The images were allegorical testimonials – vivid, dirty, aching – and damned if I didn't feel it all.

DON: So I thought it might be interesting to talk about the work as Art with a capital "A". It's easy to discuss from a sociological or ecological angle, but it's in an Art context that it's initially most arresting.

RITA: Mm-hmm.

DON: The photographs don't look like journalism, as you might expect given the subject matter. It's hard not to see the pictures as Fine Art. Do other people say that?

RITA: Uh...

DON: I guess, what I mean to say is...

RITA: Yeah, no. I'm totally following you...

DON: ...that the viewer is immediately struck by the formal aspects – the framing, the dynamics within the frame, the lighting, the conceptual rigour. They're intricately planned. Or so they seem.

RITA: Or perhaps it's the contrast between that formalism and the very out-of-control environment.

DON: Exactly.

RITA: As you know, many people, including Dewi Lewis, the publisher of this book, look at this work for the first time and think it's staged, like a Crewdson or a Jeff Wall.

DON: Yes, that's so fascinating.

RITA: In fact, when my gallerist told him that staging wasn't part of my practice, that knowledge seriously affected how he responded to it.

DON: Although, would it matter if you had staged it?

RITA: Completely.

DON: Well, it would have to him, but would it have mattered to you?

RITA: Yes, completely. Well, first of all, you couldn't do it. But even if you could, I wouldn't care as much about them. Not even remotely. The way I practice documentary, it really is about something actual, something "real"...

DON: Right.

RITA: That takes it to another level, because it's connected to experience, particularly in this case, where I am trying to make the point that planting trees and making this work are parallel activities...

DON: I see.

RITA: And that I only became the photographer I am through my experience as a tree planter when I was a young woman. That led me on a career path – working in the film industry, as a documentarian in war zones, working with fast moving subjects, developing logistic and technical skills and a certain aesthetic that I could then bring back to tree planting, to this formative environment. It's an aesthetic that is really a hybrid of many ways of working and my formal understanding of painting, literature and the history of photography.

DON: Right, right, right. But in the end, you did create images that almost look stylised. At first glance, they almost look like Renaissance paintings of gods or warriors: the formal dynamism, the strain in your subject's bodies, their semi-nudity at times, the hyper-natural deep focus, the lighting. They seem unnaturally perfect at times. Sometimes they are evocative of academic studio portraiture. Not just Renaissance work actually; they seem to reference a wide swath of Art History – Géricault, Delacroix, Rubens...

RITA: So it's kind of an action countering a purist vision of realist photography...

DON: Okay.

RITA: ...that would argue against flash, for instance, against drawing attention to the presence of the photographer, when the truth is that you don't change a subject by casting light on it.

DON: I see.

RITA: You change the viewer's perception, but the thing that you're observing is not changed. That's why it was important that my subjects were in motion. They are doing what they do and I'm not changing it. The shots are happening in real time and I'm shooting them as I would an athlete. Of course, the tree planters know that I am there, anticipating their moves, scrambling backwards right in front them with my big camera, my assistant, my lighting, but they're completely unaware of what the images will look like.

DON: And it is a big camera, we should say. Huge.

RITA: And heavy – a 100-megapixel Phase One.

DON: But they're working so hard that they don't have time to be self-conscious.

RITA: And neither do I. But then, of course, I have a visual vocabulary that pushes me, allows me to pursue these Romantic, painterly images, to see when the landscapes and the cloud formations complement the foreground action, for instance, attributes that help to emphasise the heroism...

DON: That's the word – "heroism".

RITA: I'm not afraid to apply that word to tree planters because I think their work is undervalued. I planted trees for all those years and no one in the city ever understood what I was talking about.

DON: You thought of it as a way to valorize that work.

RITA: Validate it.

DON: At times, there's an almost mock-heroic feel, as your subjects stride those landscapes like allegorical figures.

RITA: Yeah, but you know, you go to museums and art galleries and you see all these...

DON: ...soldiers.

RITA: It's ironic, because I've been criticized for making American soldiers in the Iraq war look young and vulnerable...

DON: And this is like the opposite.

RITA: Yeah, I'm trying to honour young people. For how hard they can work and what they can contribute.

DON: It's hard for people to see images of labour these days.

RITA: They're very rare.

DON: True, but I mean it's hard for people to process them. To some, your portraits might call to mind Barbizon school portraits of labourers in landscapes – Millet's famous sowers and gleaners, for instance – work that represented a new understanding of labour. But culturally those images quickly devolved into Victorian sentimentality or, by the twentieth century, communist agitprop. But your stuff somehow avoids both the condescension and the propaganda, by focusing on your subjects' youthful vitality, their optimism and their unique personalities and style.

RITA: That's the way they dress.

DON: Some very striking looks.

RITA: Because they're also impressing each other, right? It's a mating ritual. They're much more fashionable than we were in the day. But I see your point.

DON: Thank you.

RITA: That's why I go for these heightened, painterly effects in the portraits. It needs to be more than the thing itself.

DON: Right.

RITA: And you know, I may take a picture of so-and-so, maybe I've done five sessions with them, over multiple seasons, but in the end, they're not in the final edit and I have to explain to them that I'm trying to make pictures that represent everyone in the community, so it doesn't really matter. Like...

DON: Right. You mean you're trying to raise it to a symbolic level of representation.

RITA: Absolutely. So, you know, in fifty years, these photographs will still be titled with a person's name, but they have to represent all tree planters.

DON: Right, right. And the subjects seemed very aware of, um... participating in their own mythologizing.

RITA: Eventually they were. Once they saw the pictures...

DON: And it's a mythology that is so deeply tied in with the mythos of Canada. It must be hard to explain to outsiders. It's all tied up with our legends of nation building and constructs of masculinity, "I'm a lumberjack and I'm okay", our dependence on Indigenous peoples and our subsequent betrayal of them, "Survival" as defined by Margaret Atwood, The Group of Seven and Emily Carr...

RITA: Sure. And lots of people have photographed tree planters. Throughout our history. Lorraine Gilbert's portraits were a big influence.

RITA: And I think I told you that, according to a producer friend of mine, a TV show about tree planting is the number one pitched reality show...

DON: That's funny.

RITA: ...in Canada, but they've never actually done it because... nothing really happens at a tree planting camp. Except work. It wouldn't be much of a show, but people think it would be perfect...

DON: Because it's one of those jobs in Canada. We all know people who have done it, who talk about it obsessively.

RITA: It's a huge part of their lives.

DON: Like I told you, I think my brother tree planted back in... when was that? When did it start? It must have been close to when you did.

RITA: It's a young profession. In British Columbia, where these pictures were taken, it really started in the mid '70s. And your brother I think planted a bit before me, maybe. Early '80s? I started in '84.

DON: I mean, at the time I remember thinking of tree planting as being something... As being an opportunity something akin to Outward Bound. A sort of...

RITA: Right. Which it's not.

DON: ...a strenuous exercise for young people that was considered very good for character building. Especially good for troubled or maladjusted kids...

RITA: Mm-hmm.

DON: ...for, at least I felt at the time, middle or upper middle-class families. Sort of privileged kids who were sent into the wilderness to become men...

RITA: Well, perhaps some.

DON: It definitely had a kind of Protestant underpinning to it, akin to Scouting or canoe tripping...

RITA: I don't think you're appreciating how hideously gruelling it is.

DON: I think I am. That was part of it. And committing to it, surviving, allowed you admittance into a select alternative club.

RITA: Sure...

DON: I mean, I don't... I don't think I'm being dismissive...

RITA: Comparing it to Scouting. Give me a break.

DON: The origins of Scouting. Baden-Powell...

RITA: But when tree planting started, Indigenous people did it, women, prisoners of war. Loggers did it, but they considered it the lowest job in the forest.

DON: But then in the '70s it became a youth thing?

RITA: Coincided with the rise of the environmental movement.

DON: Right.

RITA: Up until the '60s, logging was still being done with horses. But when mechanization came in, everything changed. Suddenly they could cut for 24 hours a day, because machines never rest. It was the beginning of clear-cutting, and for the first time in North America, the existence of the forest was threatened. In response, the Trudeau government mandated for tons of trees to be planted but the logging industry didn't know how to do that, so they opened up the field to private contracting...

DON: Right.

RITA: ...for tree planting and a group of young people from the west coast saw it as an opportunity to make money. And they proposed that more could be planted by paying piece work, by the tree.

DON: Right.

RITA: And then, just through the coincidence of the planting season coinciding with school's summer breaks, it appealed to youth.

DON: Plus the fact that it's such punishing work. You can't make money unless you plant more than...

RITA: ...2000 trees in a day. Right. And up to 6000 for the best. It's not suitable work for older people.

DON: Still, I feel it couldn't have developed as a youth movement if it wasn't tied to the optimism of the ecology movement.

RITA: Yeah.

DON: They're planting trees.

RITA: Sure. Of course.

DON: It wouldn't have happened if they were tearing them down.

RITA: Yeah, but a lot of the planters are very cynical about that.

DON: Well, they're correct to be...

RITA: As Tara says in my film, the other side of it is that you go there and you actually learn about what logging is.

DON: Right.

RITA: You see the cut blocks, you see the scale of the industry, so a lot of tree planters...

DON: ...become cynical.

RITA: They become environmentalists. They get involved in the forestry industry.

DON: Which has a co-dependent relationship with planting.

RITA: Sure but, you know, forestry is sustainable, of course, so I'm not anti-forestry. Forestry is a science that helps us log more sustainably.

DON: All I'm saying is that its green image is part of the recruiting pitch for the industry.

RITA: Of course, but it's not the only draw. There are a lot of appealing aspects. In the documentary I made about the project, a planter describes the job as a combination of industrial labour and extreme sports.

DON: That seems absolutely correct.

RITA: I grew up skiing – I had posters on my bedroom wall of Jean-Claude Killy that probably influenced this work [laughter] – and, you know, alpine racing is like planting: it's just you and the mountain. A lot of skiers plant trees, because you need to have super strong legs. It doesn't take as much upper body strength. That's why women can excel at it, another thing that makes it an unusual and rare trade.

DON: Was it like that when you were planting?

RITA: There was a lot more sexism when I started and few women, but that changed quickly, because you're paid by how much you work. So no one can say that women don't work as hard.

DON: You prove your worth every day.

RITA: So for a young woman like me it was a great job. I tried to get a job in the city, but I couldn't do shit. I had no skills. And the kind of jobs that were available to girls with no experience... Can you imagine me working as a hostess in a restaurant?

DON: You asked the question, and the answer is no.

RITA: Or working in an office and being told to wear panty-hose...

DON: So for you it was a godsend.

RITA: At my first camp, way the hell outside Prince George, we spent 21 days in the bush with no shelters, just me and 12 guys. We had no potable water, so we added bleach to make it drinkable. The conditions are much better now. It's 50% women. And they're not as tired, because they plant three days on and one off. They plant many more trees.

DON: The industry has learned how to exploit their workers more effectively.

RITA: Of course, it's a business. It's all about production.

DON: It's a brutally exploitative business, but looking at your photos of the camps, you don't feel the workers see it that way.

RITA: How is it more exploitative than any other job?

DON: Well, they're not organized. They work harder than at comparable jobs, for less pay.

RITA: I'm not sure it's less than in retail.

DON: But much more arduous. They endure hard conditions, physical pain.

RITA: But I would still prefer it. There's something satisfying about the self-discipline. Learning where to land your shovel. It's not mind-numbing. There's expertise in learning to read the terrain, which is always changing.

DON: Yes, it's partly the environment. The great outdoors. If the same conditions were applied to a meat processing plant, you'd say it was very oppressive. The industry has fostered a lot of competition amongst the planters to be the best.

RITA: That's changed actually. What they used to do was come in and publicly ask how many trees you had planted. Very publicly. So when you got on the bus at the end of the day, everyone knew if you'd had a bad day.

DON: They humiliated you, to improve productivity.

RITA: But they don't do that anymore...

DON: They didn't change for humanitarian reasons. They realized that their productivity was dependent on the appeal of the mythology. The strength of the bonds in the camps.

RITA: For sure. Of course.

DON: What's clear from looking at the pictures, is that they've created the ideal lab conditions for breeding a youth subculture. It's like a sociological experiment -- "Let's bring a bunch of young people of different ethnicities, from diverse regions of the country, place them together and watch how their vocabulary becomes codified, watch the semiological development in the clothing and hairstyle..."

RITA: People have written PhD theses about it, in fact.

DON: ...But what's fascinating is how the subculture is both incorporated into the industry and resistant at the same time. Do you know what I mean? The workforce understands their difference, how they are apart from society, but also that they have a place in it.

RITA: Yes, a lot of that is simply a result of being a member of this community, the self-chosen isolation of a tree planting camp. You can go there and be an accepted outsider.

DON: You're separated from your family and any judgment of society...

RITA: ...in the middle of nowhere, off the grid.

DON: Right, it's hard to overemphasize that point. Again, I think it would be hard for a non-Canadian to imagine. The vastness. The distance from civilization.

RITA: Hard for most Canadians to imagine as well, but yes, Europeans really have this manicured, managed idea of a forest that this is not. They don't understand how rugged the terrain is, that forests are wild and scary places.

DON: Because forests of this scale literally do not exist in their countries, which were lumbered clean centuries ago.

RITA: When I was talking to Julien, a crew boss at one of the camps, about a particular contract we were on, he would describe it in how many trees it took to make that space. So he would say, "Well, it's a million-tree block."

DON: Meaning?

RITA: That's how many trees were going in. Think about how much clearing had gone on before to make that space. Tree planting is mainly in logged areas as a replacement planting. If the trees hadn't been logged, they wouldn't be planting.

DON: Right. That's very clear in your pictures. The planters literally have to climb over the carcasses of those fallen trees.

RITA: They're filling to the edges of a cut block.

DON: And what's beyond those edges?

RITA: There's a big variety: much of it is replanted, maybe 30 to 60 years ago. Some is burnt from recent wildfires. And some is old growth that wasn't allotted in the cutting contracts, buffers next to rivers and streams, or alongside public roadways, for instance, or else left behind as wildlife corridors.

DON: So some is natural, some is not.

RITA: The distinction isn't that simple. You're planting on a cut block and beyond it is always the tree line, which is kind of scary. You can go from a place that is open as far as you can see, to a forest where there may be bears or cougars.

DON: Lions and tigers and bears. Like a storybook. We're in Bruno Bettelheim country now. Is that the feeling you were trying to capture with your photographs of the unpeopled forests, your "Enchanted Forests" series.

RITA: Yes, it intrigued me – what's beyond the boundaries of the job? You might cross that boundary to take a dump, for instance, or escape to a hidden lake and need to flag your way so you won't get lost, right? Like Hansel and Gretel. I've been lost and it's terrifying. So I really thought long and hard about how to capture that feeling. And that involved a lot of technology. Sometimes I had to walk through the cut block carrying 200 pounds of gear.

Like 100 kilometres out of radio range. By myself. At least after my assistant quit.

DON: Understandably.

RITA: There's something really powerful about being so far away from everyone and everything. Even if it's just for a day. A day's a pretty long time.

DON: But why at night?

RITA: Because it's more scary then, and that was the point. Plus, I wanted to get the sky and the stars.

DON: And why the lights?

RITA: So that you could see it.

DON: Yes, literally, but was there a sense that the complexity of that environment and the hidden mythology can't be seen without technological intervention? That you needed the light to draw out the sort of association with the story-teller who is able to conjure order from the danger of an unchartable territory?

RITA: Yes. To think narratively and to try to imagine the forest more metaphorically as a place of escape, confusion or fear. The things they mean in fairy tales.

DON: Right. I think those photos are very effective at the end of your book, because it's why we plant trees too, isn't it? Why we as a society cut trees, in the first place, to build cities and farms, to create a sense of order out of chaos...

RITA: Yeah, and a photograph is the same, it's a way of controlling the uncontrollable by putting a frame around it. But the forests I represent aren't, you know, beautiful pristine redwood forests. They're like, sawed off. Re-planted. Despoiled.

DON: Right, the forest you show us isn't simply a symbol of the wild, it's actually manipulated in itself, in actuality and in the way it is shot. It brings us back to a theme of the work that we keep returning to again and again: this idea of Nature, interfered with and unaltered. How it is impossible even to see without falling back on our visual history, our cultural preconditioning. It's an idea that helps to explain why these images are often so... miraculous. Uncanny. The supernatural poses, the saturated colours, the hyper-real details...

RITA: I think the whole project is about what I remembered from tree planting in my 20s and wanting to show what it had done for me.

DON: Right.

RITA: And my subjects were aware of that.

DON: In a sense they are embodying archetypes, allegories.

RITA: Yes.

DON: They're representing that youthful vigour or courage that's carried you through your life. The determination that has kept you on focus even though you might be aware of the landscape around you being compromised or being...

RITA: I went from tree planting to war zones.

DON: But still you navigated your way through. And you still have the optimism to persevere, uh...

RITA: You're trying to wrap this up with a positive spin, huh?

DON: ...even though the whole venture is contained within an industry that you can't control.

RITA: Yeah.

DON: And with that we should probably stop, at least for now.

Bon Echo, Canada
August 25, 2020

EN CONVERSATION

Rita Leistner & Don McKellar

J'avoue que cette fois j'étais inquiet.

Rita est attirée par les environnements inhospitaliers (zones de guerre, hôpitaux psychiatriques, rings de lutte). Elle aime s'immerger longuement, jusqu'à ce que le travail semble lui venir d'en dedans. Ça, je le savais. Donc, en 2015 quand elle m'a dit qu'elle s'en allait photographier les planteurs d'arbres au beau milieu de la Colombie- Britannique, ça me semblait une de ses aventures les plus raisonnables, une série de portraits, au Canada. Ça peut pas être si difficile que ça, je me suis dit, naïvement. Mais les années ont passé, et chaque fois qu'on se revoyait, le projet avait pris de l'ampleur, sa passion s'était approfondie et Rita planifiait un retour au bloc de coupe pour prendre d'autres photos. Elle filmait un long-métrage documentaire en plus des photos. Elle avait investi des centaines de milliers de dollars en caméras, en équipements d'éclairage, aussi un drone et une roulotte. Elle avait passé des saisons, durant des années, dans les conditions les plus dures, hors de communication avec sa famille et ses paires, avec seulement des moustiques, des mouches noires et des jeunes de vingt ans pour compagnie. En 2019, elle n'avait pas encore fini. Donc, oui, comme ami, je m'inquiétais–pas pour sa sécurité – malgré que c'était une préoccupation raisonnable (ma cousine Shelly avait dû tirer sur un grizzli ravageur quand elle était cuisinière pour un camp de planteurs en Colombie-Britannique) – mais plutôt, j'ai commencé à m'inquiéter que Rita pourrait choisir de ne pas revenir.

Il y a évidemment quelque chose d'attrayant dans la vie des planteurs d'arbres. Il y a des décennies, quand j'étais à l'université, mon meilleur ami Ted Wheeler s'était trouvé un emploi à planter des arbres en Colombie-Britannique et il n'est jamais revenu. Il a délaissé sa carrière comme musicien (telle qu'elle était), a gravi les échelons de contremaître à superviseur. Il a vécu à l'année à Prince George, Colombie- Britannique, jusqu'à sa mort l'année dernière (qu'il repose en paix).

Durant ses rares retours à Toronto, il se plaignait du bruit et de la bullshit de la grande ville. C'était, je pensais, les autojustifications obligatoires que les citadins s'attendent des transplantés à la campagne. Je n'ai pas essayé de le voir de son point de vue. J'aime la nature autant qu'un autre, en fait j'en ressens un vif besoin de façon régulière, mais moi, quand je disparais dans le bois, j'y vais pour m'échapper et pour me décharger, pas pour y faire un travail épuisant. Que planter des arbres ait une niche particulière dans la psyché nationale est incontestable, mais c'est, à l'avis de tous, un travail extrêmement difficile. C'est quoi le trip là-dedans?

Par la suite, j'ai vu l'exposition de Rita à la galerie Stephen Bulger Gallery à Toronto et j'ai tout de suite compris – la sensualité et le charisme athlétique de ses jeunes protagonistes, subsumés par leur quête de renaissance dans des champs de désarroi apocalyptique. Même cette satisfaction d'un accomplissement privé, acharné – j'ai compris. Tout à coup, je me suis retrouvé à remettre en cause toutes sortes de rêves et d'ambitions oubliés de ma jeunesse, des liens de loyauté que j'avais rejetés par inhibition ou ignorance. Les images étaient des témoignages allégoriques – saisissantes, sales, endolories– et je jure que j'ai tout senti.

DON: Alors je pensais que ça serait intéressant de parler de l'œuvre comme Art, avec un « A » majuscule. C'est facile d'en parler sous l'angle de la sociologie ou de l'écologie, mais c'est dans le contexte de l'art qu'elle est la plus remarquable.

RITA: Mm-hmm.

DON: Les photos ne ressemblent pas à du journalisme, comme on pourrait s'en attendre par la thématique. C'est difficile de ne pas voir les images comme des œuvres d'art. Est-ce qu'on te dit ça?

RITA: Euh...

DON: Je suppose, ce que je veux dire c'est...

RITA: Ouais, non. Je te suis...

DON: ... que ce qui frappe le spectateur immédiatement c'est les aspects formels– l'encadrement, la dynamique du cadre, l'éclairage, la rigueur conceptuelle. C'est finement planifié. Ou ça le semble, du moins.

RITA: Ou c'est peut-être le contraste entre le formalisme et l'environnement hors de contrôle.

DON: Exactement.

RITA: Comme tu le sais, il y a beaucoup de gens, incluant Dewi Lewis, l'éditeur de ce livre, qui regardent ces œuvres pour la première fois et pensent que c'est une mise en scène, comme un Crewdson ou un Jeff Wall.

DON: Oui, c'est fascinant.

RITA: En fait, quand mon galeriste lui a dit que de mettre en scène ne faisait pas partie de ma pratique, cette information a sérieusement affecté sa réaction à l'œuvre.

DON: Mais en fait, est-ce ça ferait une différence si tu en avais fait la mise en scène?

RITA: Absolument.

DON: Bon, pour lui, mais est-ce que ça t'aurait dérangé, toi?

RITA: Oui, absolument. Et bon, premièrement, tu pourrais pas le faire. Mais même si c'était faisable, je les apprécierais pas autant. Pas du tout. Ma pratique du documentaire, c'est qu'il y a quelque chose de vrai, quelque chose de « réel »...

DON: C'est ça.

RITA: Ça ramène à un autre niveau, parce que c'est lié à l'expérience, particulièrement dans ce cas-ci, où j'essaye de démontrer que planter des arbres et créer cette œuvre c'est des activités parallèles...

DON: Je vois.

RITA: Et que je suis devenue la photographe que je suis à travers l'expérience de planter des arbres quand j'étais une jeune femme. Ça m'a acheminé vers une carrière – travailler dans l'industrie du film, comme documentariste dans les zones de guerre, travailler avec des sujets qui bougent rapidement, développer des habiletés techniques et de logistique et une certaine esthétique que je pouvais ensuite ramener à la plante d'arbres, à cet environnement qui m'a formé. C'est une esthétique qui est vraiment un hybride de plusieurs façons de travailler et de ma compréhension formelle de la peinture, de la littérature et de l'histoire de la photo.

DON: Oui, oui, oui. Mais en fin de compte, tu as créé des images qui semblent presque stylisées. Au premier coup d'œil, ça ressemble à des tableaux de la Renaissance représentant des dieux ou des guerriers: le dynamisme formel, la tension dans les corps de tes sujets, parfois leur semi-nudité, la profondeur de champ hypernaturelle, l'éclairage. Ils sont d'une perfection hors-nature parfois. Des fois, ça évoque les portraits académiques faits en studio. Pas juste les œuvres de la Renaissance, mais tes images semblent faire allusion à tout un éventail de l'histoire de l'Art – Géricault, Delacroix, Rubens...

RITA: Ben c'est un comme une action qui contrarie une vision puriste de la photographie réaliste...

DON: OK.

RITA: ... ça irait à l'encontre de l'usage du flash, par exemple, qui veut éviter d'attirer l'attention à la présence du photographe, quand la vérité c'est qu'on ne change pas un sujet en l'éclairant.

DON: Je vois.

RITA: Tu changes la perception du spectateur, mais la chose qu'on observe n'est pas transformée. C'est pour ça que c'était important que mes sujets soient en mouvement. Ils font ce qu'ils font et je ne les change pas. Les photos se font en temps réel et je les photographie comme des athlètes. C'est sûr que les planteurs savent que je suis là, que j'anticipe leurs mouvements, me lançant en arrière devant eux avec ma grosse caméra, mon assistant, mon éclairage, mais eux ils sont complètement inconscients de ce que les images auront l'air.

DON: Et c'est une grosse caméra, il faut le dire. Gigantesque.

RITA: Et pesante – une 100-megapixel Phase One.

DON: Mais ils travaillent si forts ils ont pas le temps de se sentir gênés.

RITA: Pis moi non plus. Mais moi, évidemment, j'ai un vocabulaire visuel qui me pousse, qui me permet de poursuivre ces images romantiques, picturales, qui me permet de voir quand le paysage et les nuages complémentent l'action au premier plan, par exemple, des attributs qui soulignent l'héroïsme…

DON: C'est bien le mot – « héroïsme ».

RITA: J'ai pas peur d'appliquer ce mot-là aux planteurs d'arbres parce que je pense que leur travail est sous-évalué. J'ai planté des arbres pendant toutes ces années-là et jamais personne de la ville comprenait de quoi je parlais.

DON: Tu voyais ça comme une façon de valoriser ce travail-là.

RITA: De le valider.

DON: Parfois, il y a presque une sensation de faux héroïsme, quand tes sujets arpentent ces paysages comme des figures allégoriques.

RITA: Ouain, mais tu sais, tu vas aux musées et aux galeries d'art et tu vois tous ces…

DON: … soldats.

RITA: C'est ironique, parce qu'on m'a critiqué pour avoir montré les soldats américains dans la guerre d'Iraq comme jeunes et vulnérables…

DON: Et ici c'est le contraire.

RITA: Ouais, j'essaye d'honorer ces jeunes. Pour à quel point ils travaillent forts et ce qu'ils ont à contribuer.

DON: C'est dur pour les gens de voir des images de travail ces temps-ci.

RITA: Ils sont très rares.

DON: C'est vrai, mais ce que je veux dire c'est que c'est difficile pour les gens de les digérer. Pour certains, tes portraits pourraient évoquer les portraits de travailleurs dans les paysages de l'École de Barbizon – les fameux glaneurs et semeurs de Millet, par exemple, des œuvres qui représentaient une nouvelle compréhension du travail. Mais culturellement ces images ont rapidement dégénérées vers un sentimentalisme victorien ou, au vingtième siècle, de l'agit-prop communiste. Mais ton œuvre évite à la fois la condescendance et la propagande, en mettant l'accent sur la vitalité de tes jeunes sujets, sur leur optimisme, sur leurs personnalités et sur leurs styles uniques.

RITA: C'est comme ça qu'ils s'habillent.

DON: Il y a des looks impressionnants.

RITA: Parce qu'ils s'impressionnent entre eux, non? C'est un rituel d'accouplement. Ils sont beaucoup plus à la mode qu'on l'était à l'époque. Mais je vois ce que tu veux dire.

DON: Merci.

RITA: C'est pour ça que je cherche des effets rehaussés, picturaux dans les portraits. Il faut que ça soit plus que la chose en elle-même.

DON: C'est ça.

RITA: Et tu sais, je peux prendre une photo d'un tel, peut-être j'ai fait cinq sessions avec eux, sur plusieurs saisons, mais en fin de compte, ils ne sont pas dans la version finale et je dois leur expliquer que j'essaie de faire des images qui représentent tout le monde dans la communauté, alors c'est pas grave. Comme…

DON: OK, tu veux dire que tu essaies d'élever ça à un niveau symbolique de représentation.

RITA: Absolument. Alors, tu sais, dans cinquante ans, ces photos seront titrées avec le nom de la personne, mais elles doivent représenter tous les planteurs d'arbres.

DON: C'est ça, c'est ça. Et les sujets semblaient conscients de, euh… participer dans la création de leur propre mythe.

RITA: Éventuellement oui. Quand ils ont vu les photos…

DON: Et c'est une mythologie qui est si profondément reliée au mythe du Canada. Ça doit être difficile d'expliquer ça à des étrangers. C'est relié à nos légendes d'édification de la nation et la construction de la masculinité « Je suis bûcheron et ça va ben, » notre dépendance sur les peuples autochtones et le fait qu'on les a trahis par après, « la survie » comme l'a défini Margaret Atwood, le Groupe des sept et Emily Carr…

RITA: Bien sûr. Et il y en a beaucoup qui ont photographié les planteurs d'arbres. À travers notre histoire. Les portraits de Lorraine Gilbert ont été une grande influence. Et je pense que je t'ai dit, que selon un ami producteur, une émission sur les planteurs d'arbres, c'est l'idée la plus souvent lancée pour une série télé-réalité...

DON: C'est drôle, ça.

RITA: ... au Canada, mais on le fait jamais parce que... y'a rien qui se passe dans un champs de planteurs. Sauf le travail. Ce serait pas vraiment intéressant comme émission, mais le monde pense que ce serait parfait...

DON: Parce que c'est une de ces jobs au Canada. On connait tous quelqu'un qui l'a fait, qui en parle avec obsession.

RITA: C'est une grande partie de leur vie.

DON: Comme, je pense que je t'ai dit que mon frère a planté, c'était quand? Quand est- ce que ç'a commencé? C'était proche de quand tu as commencé, toi.

RITA: C'est une profession jeune. En Colombie-Britannique, où ces photos ont été prises, ç'a vraiment commencé au milieu des années soixante-dix. Et ton frère je pense qu'il a planté un peu avant moi, peut-être. Début des années quatre-vingt? Moi, j'ai commencé en 1984.

DON: Je veux dire, à l'époque, je me souviens que je m'imaginais que planter des arbres c'était comme... une occasion comme Outward Bound. Un genre de...

RITA: Ouain. Ça l'est pas.

DON: ... un exercice physique ardu pour les jeunes qu'on considérait comme bon pour former son caractère. Surtout bon pour les jeunes troublés ou mal adaptés...

RITA: Mm-hmm.

DON: ... pour, au moins il me semblait à l'époque, les familles de classe moyenne ou moyenne supérieure. Des jeunes privilégiés qui étaient envoyés dans le bois pour devenir des hommes...

RITA: Ben, peut-être quelques-uns.

DON: Il y avait définitivement un genre de soutènement protestant là-dedans, comme les scouts ou des voyages en canoë...

RITA: Je pense que tu ne te rends pas compte à quel point c'est affreusement épuisant.

DON: Je pense que oui. Ça en fait partie. Et de s'engager, survivre, ça te donnait la clé d'entrée dans un club alternatif et sélectif.

RITA: Ouain...

DON: Je veux dire, je veux pas... Je pense pas que je suis en train d'être méprisant...

RITA: Le comparer aux scouts ? Franchement.

DON: Les origines des scouts. Baden-Powell...

RITA: Mais quand la plante des arbres a commencé, c'était les autochtones qui le faisaient, les femmes, les prisonniers de guerre. Les bûcherons le faisaient, mais c'était la pire job.

DON: Mais ensuite dans les années soixante-dix c'est devenu une affaire de jeunes?

RITA: Ce qui a coïncidé avec le mouvement environnemental.

DON: C'est ça.

RITA: Jusqu'aux années soixante, l'exploitation forestière se faisant encore avec des chevaux. Mais quand la mécanisation est advenue, tout a changé. Tout à coup, ils pouvaient couper 24 heures sur 24, parce que les machines ne se reposent jamais. C'était le début des coupes à blanc, et pour la première fois en Amérique du Nord, l'existence de la forêt était menacée. En réponse, le gouvernement de Trudeau a mandaté qu'on plante des tonnes d'arbres, mais l'industrie forestière savait pas comment faire ça, alors ils ont ouvert ça à la sous-traitance privée...

DON: D'accord.

RITA: ... pour planter des arbres et un groupe de jeunes de la côte ouest a vu ça comme une occasion de faire de l'argent. Et ils ont proposé qu'on plante plus en payant à la pièce, par arbre.

DON: OK.

RITA: Et là, juste par coïncidence, la saison de planter les arbres coïncidait avec la pause de l'été des écoles, donc c'était intéressant pour les jeunes.

DON: Plus le fait que c'est un travail si punissant. Tu peux pas faire de l'argent à moins que tu plantes plus de...

RITA: ... 2000 arbres par jour. C'est ça. Et jusqu'à 6000 pour les meilleurs. C'est pas un travail pour les personnes plus âgées.

DON: En même temps, il me semble que ça ne se serait pas développé comme un mouvement de jeunes si c'était pas relié à l'optimisme du mouvement écologiste.

RITA: Ouais.

DON: Ils plantent des arbres.

RITA: C'est vrai, bien sûr.

DON: Ça ne se serait pas passé comme ça s'ils les détruisaient.

RITA: Ouais, mais beaucoup de planteurs sont cyniques là-dessus.

DON: Ben, ils ont raison de l'être…

RITA: Comme le dit Tara dans mon film, l'autre côté de la médaille, c'est que tu vas là et tu apprends ce que c'est l'industrie forestière.

DON: C'est ça.

RITA: Tu vois les blocs de coupe, tu vois l'envergure de l'industrie, alors il y a beaucoup de planteurs d'arbres…

DON: … qui deviennent cyniques.

RITA: Ils deviennent écologistes. Ils s'impliquent dans l'industrie forestière.

DON: Qui a une relation co-dépendante avec la plantation.

RITA: D'accord, mais tu sais, l'industrie forestière est durable, je suis pas anti-foresterie. La foresterie, c'est une science qui nous aide à couper de façon plus durable.

DON: Tout ce que je dis c'est que l'image écolo, ça fait partie du pitch de recrutement pour l'industrie.

RITA: Évidemment, mais c'est pas la seule attraction. Il y a beaucoup de choses qui attirent. Dans le documentaire que j'ai fait du projet, un planteur décrit le travail comme une combinaison de labeur industriel et de sport extrême.

DON: Ça me semble absolument exact.

RITA: Moi j'ai grandi en faisant du ski – j'avais des affiches sur les murs de ma chambre de Jean-Claude Killy qui ont probablement influencé ce travail [rires] – et tu sais, le ski alpin c'est un peu comme planter: c'est juste toi et la montagne. Il y a beaucoup de skieurs qui plantent des arbres, parce qu'il faut avoir les jambes très fortes. Ça ne prend pas autant de force du haut du corps. C'est pour ça que les femmes y brillent, un autre aspect qui fait que c'est un métier rare.

DON: C'était comment quand tu plantais, toi?

RITA: Il y avait beaucoup plus de sexisme quand j'ai commencé et peu de femmes, mais ça a changé rapidement, parce qu'on est payé pour combien on travaille. Tu peux pas dire que les femmes travaillent moins fort.

DON: Tu devais prouver ce que tu valais tous les jours.

RITA: Donc pour une jeune femme comme moi c'était un bon boulot. J'ai essayé de trouver un travail en ville, mais je savais rien faire. J'avais pas de compétences. Et le type de travail qui était disponible pour les filles sans expérience… Tu peux-tu m'imaginer comme hôtesse dans un restaurant?

DON: Tu as posé la question et la réponse c'est non.

RITA: Ou travailler dans un bureau où on te dit de porter des collants…

DON: Donc pour toi c'était un cadeau de ciel.

RITA: Dans mon premier camp, à l'extérieur de Prince George, on a passé 21 jours dans le bois, sans abri, juste moi et 12 gars. On n'avait pas d'eau potable, donc on ajoutait de l'eau de Javel pour pouvoir la boire. Les conditions sont meilleures maintenant. C'est 50% des femmes. Et ils ne sont pas aussi fatigués, parce qu'ils plantent trois jours et prennent une journée de congé. Ils plantent plus d'arbres.

DON: L'industrie a appris à exploiter ses travailleurs de façon plus efficace.

RITA: Évidemment, c'est un business. C'est la productivité qui compte.

DON: C'est un business brutalement exploitant, mais en regardant les photos des camps, il semble que les travailleurs voient pas ça de même.

RITA: Dans quel sens c'est plus exploitant qu'un autre travail?

DON: Ben, ils ne sont pas organisés. Ils travaillent plus fort que d'autres travaux comparables, et ils sont moins payés.

RITA: Je suis pas sûr que c'est moins payant que la vente au détail.

DON: Mais c'est beaucoup plus ardu. Ils endurent de rudes conditions, la douleur physique.

RITA: Mais quand même, je préfèrerais ça. Il y a quelque chose de satisfaisant dans l'autodiscipline. Apprendre où mettre ta pelle. C'est pas abrutissant. Il y a de l'expertise à apprendre à lire le terrain, qui change toujours.

DON: Oui, c'est en partie l'environnent. Le plein air, les grands espaces. Si les mêmes conditions existaient dans une usine de transformation de viande, tu dirais que c'est oppressif. L'industrie a fomenté beaucoup de compétition entre les planteurs pour qui sera le meilleur.

RITA: En fait, c'est plus comme ça. Ce qu'ils faisaient avant, c'était de venir te demander combien d'arbres tu avais plantés. Très publiquement. Donc quand tu montais dans l'autobus à la fin de la journée, tout le monde savait si t'avais eu une mauvaise journée.

DON: Ils t'humiliaient, pour améliorer ta productivité.

RITA: Mais ils font plus ça...

DON: Y'ont pas changé pour des raisons humanitaires. Ils se sont rendu compte que leur productivité dépendait sur l'attrait de la mythologie. L'intensité des liens de complicité dans les camps.

RITA: C'est sûr. Évidemment.

DON: Ce qui est clair en regardant les images, c'est qu'ils ont créé les conditions de laboratoires idéales pour créer une sous-culture de jeunesse. C'est comme une expérience sociologique – « mettons ensemble des jeunes de différentes ethnies, de différentes régions du pays, gardons-les ensemble pour voir comment leurs vocabulaires se codifient, regardons le développement sémiologique de leurs vêtements et coiffures... »

RITA: En fait, y'a des gens qui ont écrit des thèses de doctorat là-dessus.

DON: ... mais ce qui est fascinant c'est que la sous-culture est à la fois incorporée dans l'industrie et qu'elle est résistante à la fois. Tu sais ce que je veux dire? La main-d'œuvre comprend leur différence, qu'ils sont à part de la société, mais qu'ils ont aussi leur place.

RITA: Oui, y'a beaucoup de ça qui vient du fait d'être membre de cette communauté, le camp des planteurs d'arbres, un isolement qu'on a choisi. Tu peux aller là et être un marginal accepté.

DON: Tu es loin de ta famille et du jugement de la société.

RITA: ... au fin fond des bois, hors réseau.

DON: C'est ça, c'est dur d'y donner trop d'importance. Encore une fois, je pense que c'est difficile pour quelqu'un qui n'est pas Canadien d'imaginer. L'étendue. L'éloignement de la civilisation.

RITA: C'est difficile pour la majorité des Canadiens de se l'imaginer aussi, mais oui, les Européens ont cette idée de forêt manucurée, gérée et c'est pas ça. Ils ne comprennent pas à quel point le terrain est rude, que les forêts c'est des endroits sauvages et épeurants.

DON: Parce que les forêts de cette taille n'existent littéralement plus dans leur pays qui ont été déboisés il y a des siècles.

RITA: Quand je parlais à Julien, un chef d'équipe dans un des camps, d'un contrat en particulier, il le décrivait en termes du nombre d'arbres que ça prenait pour faire cette espace-là. Alors il disait « Ben, c'est un bloc d'un million d'arbres. »

DON: Voulant dire?

RITA: C'est combien d'arbres on allait planter. Penses-y, combien de défrichage ça représente pour faire un espace comme ça. La plante des arbres c'est surtout dans les zones défrichées, comme remplacement. Si on n'avait pas coupé d'arbres, on n'aurait pas à en planter.

DON: C'est ça. C'est clair dans tes photos. Les planteurs doivent carrément grimper sur les carcasses de ces arbres tombés.

RITA: Ils remplissent jusqu'aux limites du bloc de coupe.

DON: Et qu'est-ce qu'il y a au-delà des limites?

RITA: Il y a une grande variété de choses: beaucoup ont été replantés il y a de trente à soixante ans. Il y a du bois brulé des feux de forêt récents. Il y a des forêts anciennes qui n'étaient pas allouées dans le contrat, des zones tampons près des rivières et des ruisseaux, ou près des routes, par exemple, ou laissées derrière comme corridors fauniques.

DON: Alors il y a du naturel et pas.

RITA: La distinction n'est pas si simple que ça. Tu plantes sur un bloc de coupe et plus loin c'est toujours la limite des arbres, qui fait un peu peur. Tu passes d'un endroit ouvert du plus loin qu'on peut voir à une forêt où il pourrait y avoir des ours ou des cougars.

DON: Des lions et des tigres et des ours. Comme un conte de fées. On est dans le territoire de Bruno Bettelheim maintenant. C'est la sensation que tu voulais capter dans tes photos de forêts sans personne, ta série « Enchanted Forests ».

RITA: Oui, ça m'intriguait – qu'est-ce qu'il y a au-delà des frontières du travail? Tu pourrais croiser cette frontière pour aller chier, par exemple, ou t'échapper à un lac caché et tu as besoin de laisser des indications pour pas te perdre, hein? Comme Hansel et Gretel. J'ai été perdue et c'est terrifiant. Alors j'ai longtemps réfléchi à comment capter cette sensation. Et ça impliquait beaucoup de technologie. Quelquefois je devais marcher dans le bloc de coupe avec 80 kilos d'équipement. Comme 100 kilomètres hors de portée radio. Toute seule. Ou du moins après que mon assistante a démissionné.

DON: Je la comprends.

RITA: Il a quelque chose de vraiment puissant d'être loin de tout et de tous. Même pour un jour. Un jour, c'est pas mal long.

DON: Mais pourquoi la nuit?

RITA: Parce que ça fait plus peur la nuit, c'était l'intérêt. En plus, je voulais le ciel et les étoiles.

DON: Et pourquoi les lumières?

RITA: Pour qu'on puisse les voir.

DON: Oui, au sens propre, mais est-ce qu'il y avait un sens que la complexité de cet environnement et la mythologie ne pourrait pas se voir sans médiation technologique ? Et que t'avais besoin de l'éclairage pour tracer le type d'association avec le raconteur qui peut alors conjurer un ordre à partir du danger d'un territoire inconnaissable?

RITA: Oui. Penser de façon narrative et essayer d'imaginer la forêt plus métaphoriquement comme un lieu d'évasion, de confusion ou de peur. Ce que ça veut dire, dans les contes de fées.

DON: C'est ça. Je crois que ces photos-là sont très émouvantes à la fin du livre, parce que c'est pour ça qu'on plante les arbres, n'est-ce pas? Pourquoi on coupe les arbres comme société, en premier lieu, pour donner de l'ordre au chaos…

RITA: Ouais, et une photo, c'est un peu la même chose, c'est une façon de contrôler l'incontrôlable en mettant un cadre autour. Mais les forêts que je représente ne sont pas, tu sais, de belles forêts vierges. Elles sont comme, sciées. Replantées. Dépouillées.

DON: C'est ça, les forêts que tu nous montres ne sont pas simplement un symbole de la nature, elles sont manipulées en elles-mêmes, dans leurs réalités et de la façon qu'elles sont photographiées. Ça dérive vers un thème auquel on revient encore et encore: cette idée de la Nature, perturbée et inaltérée. De comment c'est impossible même de la voir sans s'appuyer sur notre histoire visuelle, notre préconditionnement culturel. C'est une idée qui aide à expliquer pourquoi ces images sont si souvent… miraculeuses. Inouïes. Les poses surnaturelles, les couleurs saturées, les détails hyperréels.

RITA: Je pense que tout le projet évoque de ce que je me rappelais de planter des arbres dans ma vingtaine et l'envie de montrer ce que ça avait fait en moi.

DON: Bon.

RITA: Et mes sujets étaient conscients de ça.

DON: Dans un sens ils incarnent des archétypes, des allégories.

RITA: Oui.

DON: Ils représentent cette vigueur ou ce courage de jeunesse qui t'a soutenu au long de ta vie. La détermination qui t'a gardée concentrée même si t'es consciente que le paysage autour de toi était compromis ou…

RITA: Je suis passée de planter des arbres à des zones de guerre.

DON: Mais t'as quand même trouvé ton chemin. Et t'as l'optimisme de persévérer euh…

RITA: Tu veux conclure sur une note positive, hein?

DON: … même si toute l'aventure est encadrée par une industrie que tu peux pas contrôler.

RITA: Ouais.

DON: Et avec ça on devrait probablement terminer, du moins pour le moment.

Bon Écho, Canada
le 25 aout 2020

A substantial contribution towards the printing and production costs of the first edition of this book was funded through advance book purchases by over 400 individuals through a social media and Indiegogo campaign run by Rita Leistner, assisted by Tara McGowan-Ross, from June 9th to July 22nd, 2021. Thank you all for purchasing books in advance of printing!

In tree planting, a “highballer” is the person who plants the most trees. It’s an old term taken from the logging industry. We also use it more generally, to refer to anyone who goes above and beyond. For their extra generous support, I would like to say a special thankyou to the following supporters for highballing my book campaign:

Une contribution substantielle à l’impression et la production de la première édition de ce livre a été financée grâce aux achats anticipés de plus de 400 individus par le biais d’une campagne de médias sociaux et Indiegogo menée par Rita Leistner avec l’assistance de Tara McGowan-Ross du 9 juin au 22 juillet 2021. Merci à tous et à toutes qui ont acheté des livres avant l’impression !

Dans la plantation d’arbres, un « highballer » c’est celui ou celle qui plante le plus d’arbres. C’est un vieux terme qui vient de l’industrie forestière. On l’utilise aussi plus généralement, pour désigner une personne qui va au-delà des attentes. Pour leur appui particulièrement généreux, je voudrais dire un gros merci aux personnes suivantes d’avoir soutenu ma campagne au-delà de toutes attentes:

Highballers

Stephen Andrews and John Greyson
Hillary and Andy Cumming
Ravi Jain
Garth Hadley
Donna Leistner
Joan and Henry Leistner
Linda Leistner and Daniel Lavoie
Raja and Martin Leistner
June and Franco Ntazinda
Liz Russ and Bill Buxton
Lin Stranberg
Sandy Smith

One more tree, one more picture, one more day.
Rita Leistner, Montreal, July 27, 2021

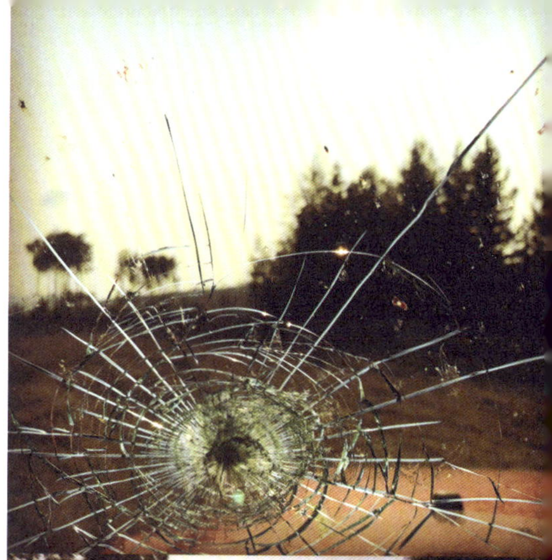

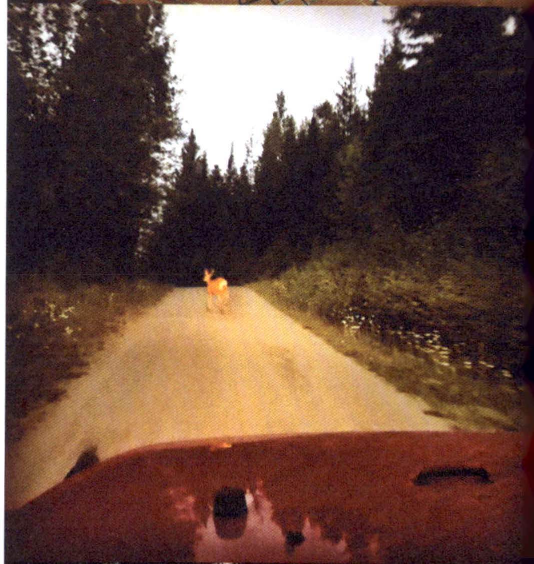

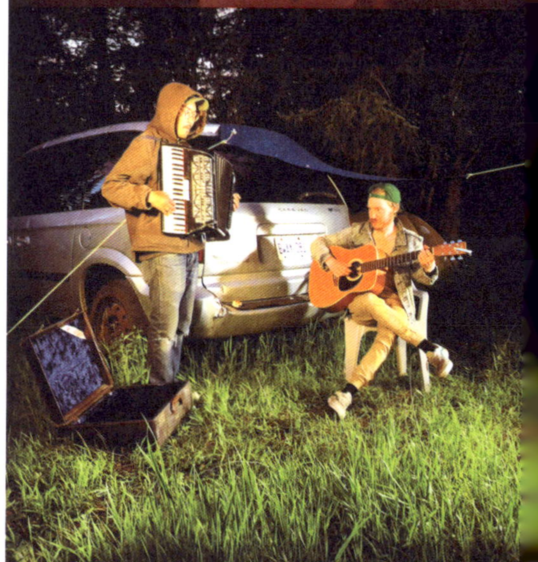

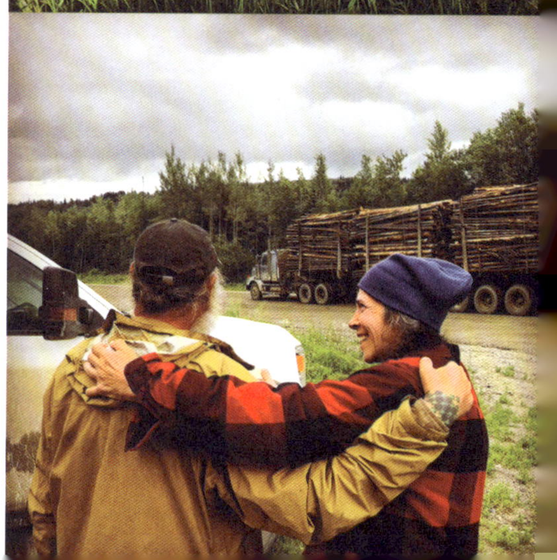

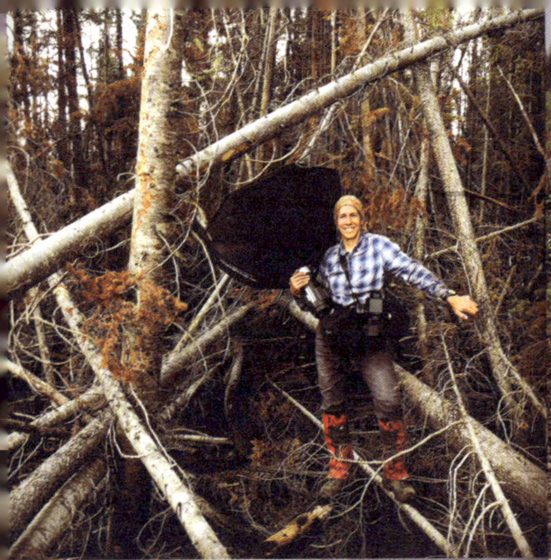
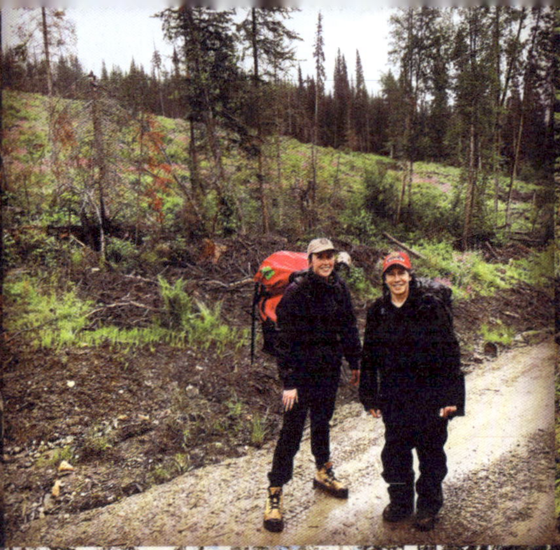
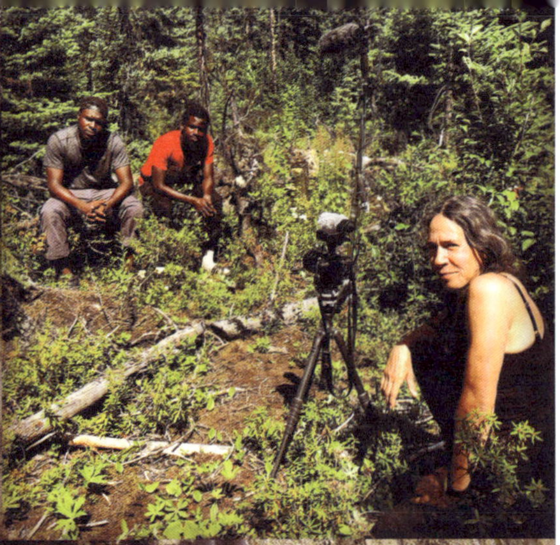
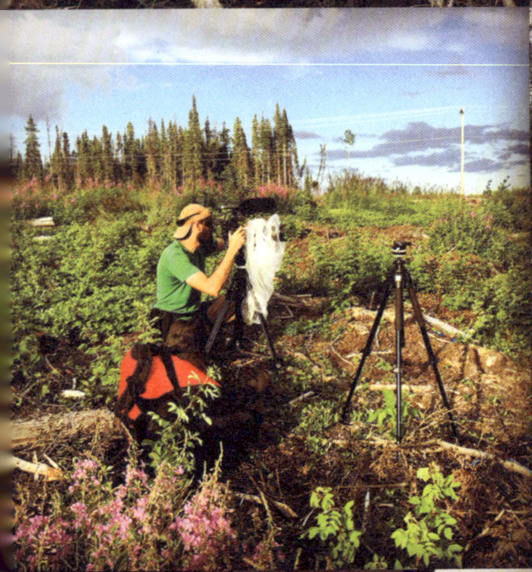
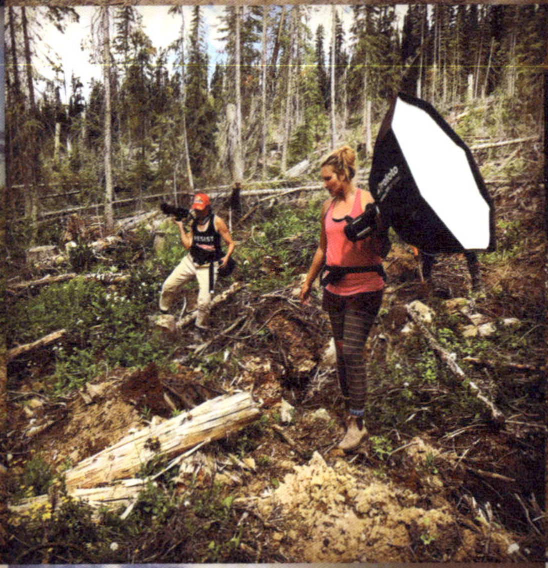
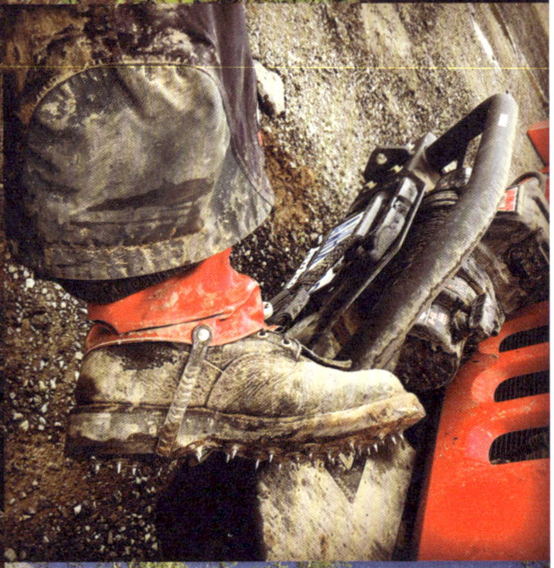
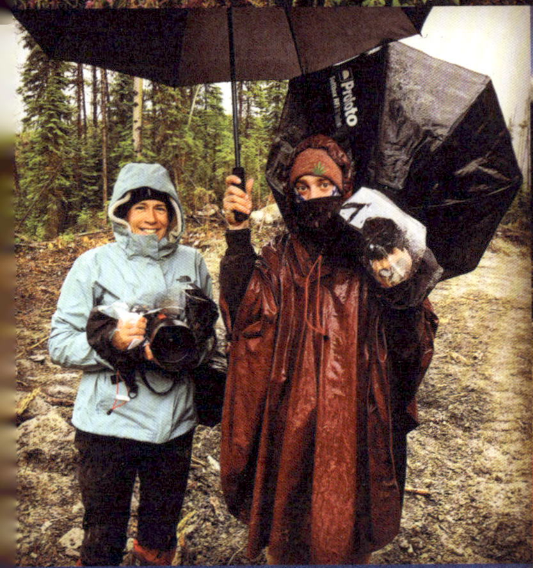
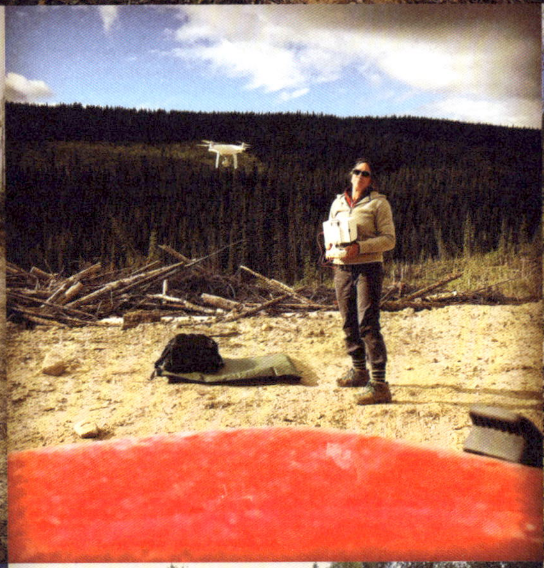
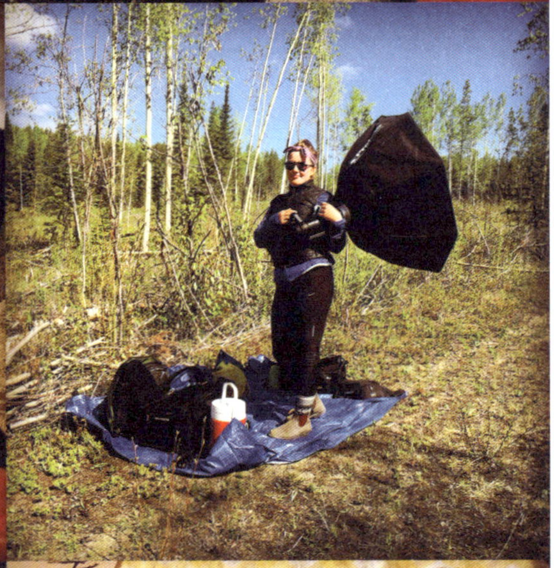
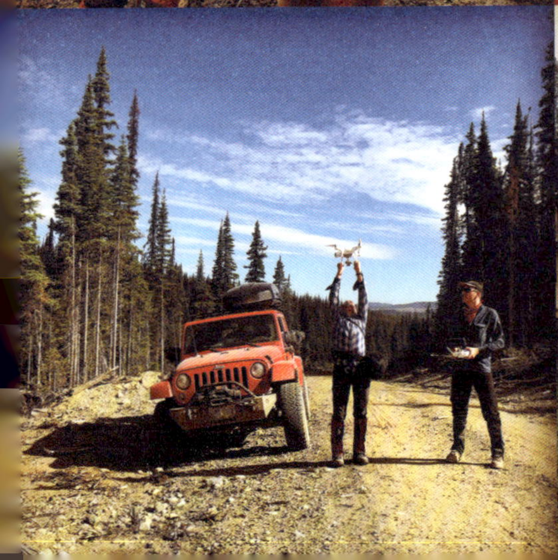
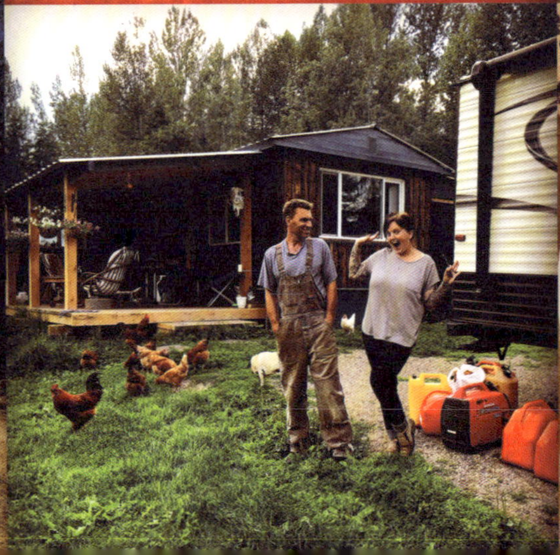
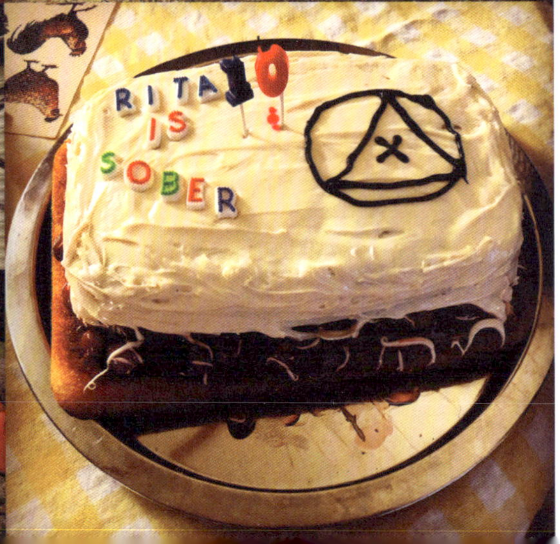
RITA 10
IS
SOBER